光明社科文库
GUANGMING DAILY PRESS:
A SOCIAL SCIENCE SERIES

·历史与文化书系·

清代西南官学藏书研究

柳 森 著

光明日报出版社

图书在版编目（CIP）数据

清代西南官学藏书研究 / 柳森著． -- 北京：光明日报出版社，2022.6
ISBN 978 - 7 - 5194 - 6689 - 3

Ⅰ.①清… Ⅱ.①柳… Ⅲ.①藏书—研究—中国—清代 Ⅳ.①G253

中国版本图书馆 CIP 数据核字（2022）第 111326 号

清代西南官学藏书研究
QINGDAI XI'NAN GUANXUE CANGSHU YANJIU

著　　者：柳　森	
责任编辑：黄　莺	责任校对：阮书平
封面设计：中联华文	责任印制：曹　净

出版发行：光明日报出版社
地　　址：北京市西城区永安路 106 号，100050
电　　话：010 - 63169890（咨询），010 - 63131930（邮购）
传　　真：010 - 63131930
网　　址：http://book.gmw.cn
E - mail：gmrbcbs@gmw.cn
法律顾问：北京市兰台律师事务所龚柳方律师

印　　刷：三河市华东印刷有限公司
装　　订：三河市华东印刷有限公司
本书如有破损、缺页、装订错误，请与本社联系调换，电话：010-63131930

开　　本：170mm×240mm
字　　数：315 千字　　　　　　　　　印　张：17.5
版　　次：2022 年 6 月第 1 版　　　　印　次：2022 年 6 月第 1 次印刷
书　　号：ISBN 978 - 7 - 5194 - 6689 - 3
定　　价：95.00 元

版权所有　　翻印必究

目 录
CONTENTS

绪 论 ……………………………………………………………… 1

第一章 清代西南官学藏书的背景 …………………………… **11**
　第一节　清政府对西南的多维治理 …………………………… 12
　第二节　尊经育才——清代学术与科举对官学教育的引领 …… 19
　第三节　清代西南官学概况 …………………………………… 28

第二章 清代西南官学藏书的来源 …………………………… **35**
　第一节　以朝廷颁赐为主 ……………………………………… 35
　第二节　以官方购置为辅 ……………………………………… 41
　第三节　以官绅捐赠为有益补充 ……………………………… 46

第三章 清代西南官学藏书书目 ……………………………… **50**
　第一节　清代四川官学藏书 …………………………………… 50
　第二节　清代云南官学藏书 …………………………………… 72
　第三节　清代贵州官学藏书 …………………………………… 97

第四章 清代西南官学藏书的数量、种类与特征 …………… **111**
　第一节　清代西南官学藏书数量统计与分析 ………………… 112
　第二节　清代西南官学藏书的种类 …………………………… 117
　第三节　清代西南官学藏书的特征 …………………………… 133

1

第五章　清代西南官学尊经阁修建沿革史考释 ⋯⋯⋯⋯⋯ **143**
　　第一节　清代四川官学尊经阁 ⋯⋯⋯⋯⋯⋯⋯⋯⋯⋯ 145
　　第二节　清代云南官学尊经阁 ⋯⋯⋯⋯⋯⋯⋯⋯⋯⋯ 178
　　第三节　清代贵州官学尊经阁 ⋯⋯⋯⋯⋯⋯⋯⋯⋯⋯ 216

第六章　清代西南官学藏书的意义与影响 ⋯⋯⋯⋯⋯⋯⋯ **226**
　　第一节　加速西南边疆教化 ⋯⋯⋯⋯⋯⋯⋯⋯⋯⋯⋯ 227
　　第二节　促进西南儒学兴盛 ⋯⋯⋯⋯⋯⋯⋯⋯⋯⋯⋯ 229
　　第三节　文字狱与犬儒主义 ⋯⋯⋯⋯⋯⋯⋯⋯⋯⋯⋯ 234
　　第四节　信息茧房与国家认同 ⋯⋯⋯⋯⋯⋯⋯⋯⋯⋯ 240

结　语 ⋯⋯⋯⋯⋯⋯⋯⋯⋯⋯⋯⋯⋯⋯⋯⋯⋯⋯⋯⋯ **245**
参考文献 ⋯⋯⋯⋯⋯⋯⋯⋯⋯⋯⋯⋯⋯⋯⋯⋯⋯⋯⋯ **249**
后　记 ⋯⋯⋯⋯⋯⋯⋯⋯⋯⋯⋯⋯⋯⋯⋯⋯⋯⋯⋯⋯ **273**

绪 论

一、官学、藏书、意识形态塑造——选题缘起

书籍是知识载体与文化媒介，在文化教育尚未普及、知识传播渠道单一的中国古代社会，书籍对知识分子群体的文化素养培育与意识形态塑造发挥着根本作用。其中，官学藏书的主体是专制统治者编纂、审定、颁行的官方教材，对于官学教育、科举选才、文化融合等意义重大。

本书将"西南"的地域范围限定在清中央政府管辖的四川、云南、贵州，即今四川省、重庆市、云南省、贵州省。西南地区历来是多元族群文化交汇融合之地，也是中国古代历代中央政府统治视域中的边疆地区。清代是中国古代最后一个专制王朝，其在西南地区亦采取恩威并施、文武并用、因俗而治等专制王权传统治边策略。清中央政府在武力平定三藩之乱之后，在相对稳定的社会环境下，正式开始对西南地区进行政治、经济、军事、文化等多维治理，伴随着官方组织的大规模移民涌入，西南地区社会经济逐渐繁荣，而儒家文化亦在西南地区获得更广阔的传播空间。一方面，在西南地区社会中下层，外来移民在与当地土著及少数民族民众交往过程中，持续传播着其秉承的儒家日常生活伦理；另一方面，在官绅、知识分子层面，清政府通过士人由科举入仕为官后分享专制权力的示范效应，进一步在西南地区大力推广与科举考试密切相关的官学教育，由此，清中央政府通过官方与民间的两个时空、上层与下层的两个阶层，实现儒家文化在西南地区的立体型播布。

官学在西南地区具有推动文化转向与文化濡化的重要作用，其与科举相辅相成、共同作用，将西南文明形塑成中国正统的文化架构。官学是中国古代各级政府举办的传播官方意识形态的学校。其具有专制权力护持的正统性、权威性、垄断性，因此，其政治地位是民间书院无法比肩的。官学分为中央官学与地方官学两类，其始于西周、兴于汉唐而明清渐衰。中央官学置于京师并由朝

廷直接管理，地方官学则设在府、厅、州、县等各级行政区域。值得一提的是，西汉时期蜀郡守文翁在成都创办的郡学"石室精舍"传播儒学，其被后世公认为中国历史上第一所地方官学，由此，西南官学尤其是四川官学在中国古代官学发展史上独具开创地位，也奠定了西南主流文化的儒学正统性基础。历经两千余年，官学发展至清代则迎来了顶峰期与消亡期，除了中央官学国子监之外，地方官学如府、厅、州、县学等也受到清廷高度重视，表现之一即在西南地区增设官学，对官学藏书楼——尊经阁等官学基础设施多加复建或增修，并向西南官学数次颁发官方编纂和审定的各类儒学典籍以备师生教学之用。实际上，清廷此举乃是出于培养选拔行政人才与强化知识精英的意识形态塑造的双重政治考量。

在中国古代社会，一种社会价值观的形成需要专制政权的政策引导与知识群体的认同响应相互配合，由此形成一种社会主流风气，再通过知识分子个体传播至其家族与生活区域而造成一种或赞成或默认的"势"，同时，这种社会认知的最终形成，又要求支持者与传播者必须获取公众可见的物质或精神利益。对此，中国古代社会的"由士而仕"人生观与价值观即属此类。

儒学士子经过官学教育由科举入仕，不仅可以实现名正言顺的阶层流动，完成其获取或改善生活水准的物质利益目标，而且其追逐权力也事关个人社会地位与家族荣耀，因此，他们在各级官学苦心研读承载理学道统的官学藏书，展现其为科举而读书的意愿和行动，这些现实言行时刻都在向所处社会展现着进入官学读书的重要性，而对经由科举入仕的社会认知又在外部环境上强化着官学藏书在儒学士子心目中的重要地位。

官学教育作为培育专制政权所需行政人才的公共活动，意味着地方知识精英的群体聚集、儒学观念的深度散播、包括尊经阁在内的学宫建筑与藏书购置等方面的公共财政投入。在专制统治者的视域中，知识精英的群体聚集与其儒学观念的交流与散播，均会提高意识形态管控风险，而官学的软硬件建设与消耗也会加大政府财政支出负担。但是，自唐代开始逐渐形成的"科举必由学校"的官方传统以及广大儒学士子对官学教育与科举考试的客观需求，使得专制政权必须采取积极措施处理好官学教育事宜。对于以少数民族身份入主中原的清政府统治者来说，保持政权稳定、维护统治集团利益是其终极目标，同时，其不可能更无实力对明代专制统治者业已施行数百年的崇儒重道的文教政策进行颠覆式改革，因此，其主动沿袭了明廷将官学教育与科举考试相融合的传统方针，以培养治理人才、固化知识分子群体人生观，从而达到保持专制政权长治久安的根本目的。

承载着程朱理学等官方意识形态的官学教育，必须通过官学藏书这一纸质媒介得以实现。官学藏书的基本性质是官学教育专用教材和科举考试必备参考资料，在生员士子的学习实践中，其直接作用亦可被视为"举业指南"。清代官学藏书的主体是清政府逐级颁发的御纂、钦定儒家经典书籍，这些书籍承载着清廷推崇的官方哲学——程朱理学，程朱理学将儒家的社会纲常伦理与准宗教式的个人禁欲主义相结合，由此，官学藏书持续发挥着传播官方意识形态、形塑知识分子群体思维观念尤其是国家认同的重要作用。

在中国古代社会，民众整体受教育程度偏低，以儒家文化为核心的文化知识与通过科举等为官渠道获取的公权力，长期被少数知识精英掌握，由此形成了专制皇权控制下的金字塔式的知识与权力分配体系。专制统治者的驭民之道恰恰是通过这个愚民体系逐级实现的，其掌控了认同并依附于这个体系的知识分子群体，再通过他们对所在区域内长期身为"沉默的大多数"的平民百姓的管理与代言，便实现和维护了专制统治的整体稳定。对于包括少数民族知识精英在内的清代西南地区知识分子群体，清廷必然要借助科举入仕这个价值观指挥棒来推动官学教育发展，在培养和控制认同并寄生于专制体制的行政人才的基础上，逐步实现儒家文化对西南地区的文化融合，从而塑造以知识分子为代表的西南民众对清廷统治的制度文化认同，在此基础上最终实现其对清廷治下中国的国家认同。

诚如卢梭所言："要真正研究一个民族的天才和风尚，应当到边远的省份……正如在最大的半径的尖端才能最准确地量出一个弧形的面积的一半，我们在边远的省份才最能看出一个政府的好坏。"① 由此，由西南一隅即可管窥中华全貌。对清代西南官学藏书开展综合性研究，不仅可以系统梳理该区域官学藏书的来源、数量、种类、特征等基本史实，而且可以考证清代西南官学尊经阁的修建沿革历史、分析官学藏书的时代背景、总结官学藏书对清代西南地区的意义与影响，以此为基础，可以进一步揭示清中央政府对西南开展文化治理的功过得失，从而为清代文教政策研究、清代治边策略研究、清代儒家文化传播与发展史研究、西南古代史研究等提供重要参考。

二、研究综述

学界关于清代西南官学藏书研究尚属空白。以往学界对于中国藏书史尤其

---

① ［法］卢梭. 爱弥儿：下卷［M］. 李平沤, 译. 北京：商务印书馆, 2007：720.

是古代、近代藏书家及书目的研究成果十分丰富，但对于中国古代官学藏书问题则讨论不多，截至目前，学界尚无相关学术专著问世。同时，在西南古代史研究中，学界对清代西南官学藏书亦极少关注。其原因在于，一方面，清代西南官学藏书史料散落于数百种清代及民国时期西南方志之中，若想进行比较全面的书目整理与数量统计，则需耗费大量的时间与精力；另一方面，清代西南官学藏书是一个多学科交叉的研究议题，涉及清代政治史、西南边疆史、教育史、藏书文化史等诸多方面，以往学界对清代西南边疆史、民族文化史、国家认同等问题着墨较多，但囿于"一切历史皆是政治史"的注重现实关照的学术传统，认为官学与藏书问题的重要性与影响力相对不彰，因此，学界对此论题的直接关注极少。在此，对学界已有相关研究成果总结如下：

（一）关于清代西南官学藏书研究

许晓红《〈御制训饬士子文〉碑与丽江儒学》[1] 指出在康熙帝《御制训饬士子文》颁发后，云南丽江地方官以此作为丽江建学造士之圣训，从而成功打破木氏土司对教育的垄断，尤其是在改土归流后，经过一批清正贤能官员的不断努力，儒学在丽江传播开来并对丽江经济文化发展起了推动作用。何俊伟《云南古代官府藏书浅谈》[2] 提出官学藏书是古代云南官府藏书的重要组成部分，但此文十分简短且仅以寥寥数语提及清代云南学宫修建问题，并未具体言及官学藏书。娄玲敏的硕士学位论文《清代〈圣谕广训〉在西南少数民族地区的传播与影响》[3]，其中提及《圣谕广训》通过官学教育在云南、贵州、广西等西南地区传播，使广大士子成为统治者需要的孝子、顺民、忠臣，以维护并加强清政府在西南的统治。遗憾的是，该文聚焦义学及书院的宣讲活动，并未以官学及其藏书为研究视角，因此，其对清代西南官学藏书研究牵涉极少。

（二）关于清代西南官学研究

对于清代四川官学，在著作方面，熊明安等主编《四川教育史稿》[4] 第四

---

[1] 许晓红. 《御制训饬士子文》碑与丽江儒学 [J]. 丽江师范高等专科学校学报，2018 (2)：27-30.

[2] 何俊伟. 云南古代官府藏书浅谈 [J]. 云南图书馆，2009 (2)：70-71.

[3] 娄玲敏. 清代《圣谕广训》在西南少数民族地区的传播与影响 [D]. 昆明：云南大学，2014.

[4] 熊明安，等. 四川教育史稿 [M]. 成都：四川教育出版社，1993. 此外，涉及清代四川官学概况的同类著作还有：陈世松. 四川通史：第五卷 [M]. 成都：四川大学出版社，1993. 四川省地方志编纂委员会. 四川省志·教育志 [M]. 北京：方志出版社，2000. 涂文涛. 四川教育史 [M]. 成都：四川教育出版社，2007.

章《明至清中叶时期的四川教育（1368—1840）》，叙述了清代四川官学恢复与兴盛概况，第五章《清末四川教育（1840—1911）》则述及清代四川府、州、县学的衰亡过程。

在学术论文方面，吴洪成、蔡晓莉《清代前期重庆官学述评》①从教育目的、办学经费、学生管理、办学环境等方面分析了清前期重庆官学教育的办学状况与内容特点，认为官学发展与完善是清前期重庆教育发展史的重要标志，而重庆府治下官学数量增加、地理布局扩大，从而提高了儒学教育在当地的社会影响力。在此文基础上，蔡晓莉的硕士学位论文《清代重庆官学研究》②进一步阐述了清代重庆官学的历史背景、教育管理、建筑规格，并重点叙述了教学、考试、祭祀三大活动，认为清代重庆官学在提高地方文教水平、改变社会结构、加强文化建设方面功不可没。其中，作者提及光绪年间丰都县学藏书目录，但未述及重庆府辖区其他官学藏书情况，亦未对官学藏书展开相关讨论。

对于清代云南官学，在著作方面，云南省地方志编纂委员会编《云南省志·教育志》③第三章《旧制教育》，简述了清代云南府、州、县学的建设与发展情况。蔡寿福主编《云南教育史》④第四章《元明清时期的教育》、何耀华总主编《云南通史》⑤，对清代云南教育发展史料予以梳理，亦简述了清代云南官学发展概况。

在学术论文方面，古永继《清代云南官学教育的发展及其特点》⑥认为清代云南官学教育以鸦片战争为界限而分为两个发展阶段，第一阶段坚持官学教育服务于科举，官学在明代基础上继续发展，第二阶段则因势利导地建立新式学堂从而为云南培养了一批经世致用的人才。杨永福《崇儒重道与文化象征：清代云贵地区的学宫》⑦以明清时期云南官学建造概况为例，指出学宫外在建

---

① 吴洪成，蔡晓莉. 清代前期重庆官学述评［J］. 河北科技师范学院学报（社会科学版），2019（3）：1-12.
② 蔡晓莉. 清代重庆官学研究［D］. 保定：河北大学，2019.
③ 云南省地方志编纂委员会. 云南省志·教育志［M］. 昆明：云南人民出版社，1995.
④ 蔡寿福. 云南教育史［M］. 昆明：云南教育出版社，2001.
⑤ 何耀华. 云南通史［M］. 北京：中国社会科学出版社，2011.
⑥ 古永继. 清代云南官学教育的发展及其特点［J］. 云南社会科学，2003（2）：92-96.
⑦ 杨永福. 崇儒重道与文化象征：清代云贵地区的学宫［J］. 文山学院学报，2021（4）：1-7. 同类论文还有：段德龙. 云南古代学校教育［J］. 云南师范大学学报（对外汉语教学与研究版），1985（3）：62-65. 解炳昆，杨友苏. 清代云南的教育概况［J］. 云南民族大学学报（哲学社会科学版），1987（4）：24-29. 党乐群. 云南古代的学校［J］. 云南师范大学学报（对外汉语教学与研究版），1998（6）：69-72. 顾霞，顾胜华. 清代滇东北地区的学校教育［J］. 昭通师范高等专科学校学报，2011（2）：14-19.

筑规制与内部陈设布局均体现出严格的封建等级观念、浓厚的儒学气息，彰显了当时统治者提倡之主流文化内核，由此，清代云贵地区学宫建设即是清廷崇儒重道治理策略在西南边疆民族地区的具体实践。赵美仙的硕士学位论文《明清时期大理地区的儒学教育及其影响》① 以明清时期大理地区官学与书院为中心，重点论述了二者的历史背景、地理分布、发展状况及其对大理社会文化发展的积极作用。

对于清代贵州官学，在著作方面，张羽琼《贵州古代教育史》② 第三章《清代前中期贵州教育的全面发展》，简要论述了清代前中期贵州官学、书院、私学及科举制度等发展概况，但其中并未专门论及官学藏书。孔令中主编《贵州教育史》③ 第三章《清代的贵州教育（一）》，用较小篇幅简述了官学的恢复与发展并附以《贵州清代官学表》，但未涉及官学藏书。

在学术论文方面，欧多恒《浅析清代贵州教育发展的原因》④ 认为康雍年间是贵州官学快速发展时期，其原因在于清廷出于政治考量而重视发展贵州教育，并通过增加科举解额、提供办学官员待遇、严格考试制度及实施照顾性措施等多种手段来推动贵州教育发展。张羽琼《论清代前期贵州民族教育的发展》⑤ 对道光二十年（1840）之前的清代贵州民族教育展开讨论，其认为清代贵州官学的兴起促进了贵州民族教育的发展，一方面加强对承袭土司的儒学教育，另一方面发展官学、社学、义学并扩大科举范围，通过教授《御制性理精义》《朱子全书》《性理大全》等指定教科书来培育和选拔精通儒学的统治人才，但在清廷的专制统治下，贵州民族教育处境艰难且发展缓慢，成为制约贵州社会经济发展的历史根源。谭德兴《晚清时期贵州的儒学教育及影响》⑥ 认为晚清时期儒学教育仍分为官学教育与非官学教育，其教育内容仍以儒学思想文化为主，并罗列了道光年间大定府学与遵义府学书目，体现了晚清之际清廷仍然秉承着以儒学教育维系统治的根本目的。刘畅的硕士学位论文《清代黔东

---

① 赵美仙. 明清时期大理地区的儒学教育及其影响 [D]. 昆明：云南师范大学，2007.
② 张羽琼. 贵州古代教育史 [M]. 贵阳：贵州教育出版社，2003.
③ 孔令中. 贵州教育史 [M]. 贵阳：贵州教育出版社，2004. 此外，对于清代贵州官学有所涉及的著作还有：贵州省教育委员会. 贵州省志·教育志 [M]. 贵阳：贵州人民出版社，1990.《贵州通史》编委会. 贵州通史 [M]. 北京：当代中国出版社，2003. 贵州省教育厅. 贵州教育概览 [M]. 贵阳：贵州人民出版社，2005. 林开良，林朝晖. 贵州教育溯源 [M]. 贵阳：贵州人民出版社，2006.
④ 欧多恒. 浅析清代贵州教育发展的原因 [J]. 贵州社会科学，1985（2）：102-106.
⑤ 张羽琼. 论清代前期贵州民族教育的发展 [J]. 贵州民族研究，2001（2）：146-150.
⑥ 谭德兴. 晚清时期贵州的儒学教育及影响 [J]. 教育文化论坛，2015（6）：28-33.

南侗族地区官办儒学研究》①讨论了清代黔东南侗族地区官办儒学的具体情况，其指出进入官学求学的一部分有识之士通过科举成为官员和儒学的传播者，由此，官办儒学也得以在侗区社会全面发展，使更多少数民族子弟获得读书求学机会，也为地方发展培养了向学的文明之风与实用型建设人才。姜明《清代清水江下游地区的官学教育》②则认为清廷通过以儒家典籍为教学内容的官学教育对清水江下游地区苗族民众的文化治理，是该地区社会变迁和文化濡化的制度性诱因之一。

此外，霍红伟的博士论文《清代府州县学研究》③对清代地方官学进行了整体性研究，可为探讨清代西南官学发展背景提供有益借鉴。王筱宁、李忠《清代官学教育的特点——兼论适应性教育的后果及其启示》④认为清代官学教育具有以下特点：教育服务于政治需要，将程朱理学作为教学的统一思想与行为规范，以科举带来的功名利禄为调动士子求学的激励因素，以文字狱实现对士人的彻底控制。

（三）关于清代官学藏书研究

已有学者对清代省域官学藏书进行了较为系统的研究。胡玉雷的硕士学位论文《清代甘肃府州县学藏书研究》⑤、张雄的硕士学位论文《清代山西府州县学藏书研究》⑥，分别聚焦清代甘肃、山西的官学藏书，对藏书背景、种类、来源及阶段性特征展开详细论述，指出官学藏书解决了当地教育事业发展资源不足的问题，并扶植了落后区域的文教发展。王秀山《清代湖南地方官学藏书考》⑦对清代湖南官学藏书进行了考证，指出藏书来源及其辅助教学、保存文化资源等作用。薛栋《甘州儒学尊经阁贮书考》⑧对明清时期甘州学尊经阁的建置沿革、藏书盛衰、建设思想、管理方式、历史地位等进行了阐述。马玉蕻

---

① 刘畅. 清代黔东南侗族地区官办儒学研究 [D]. 南昌：江西科技师范大学，2018.
② 姜明. 清代清水江下游地区的官学教育 [J]. 教育文化论坛，2013 (5)：103-109.
③ 霍红伟. 清代府州县学研究 [D]. 北京：北京大学，2007.
④ 王筱宁，李忠. 清代官学教育的特点——兼论适应性教育的后果及其启示 [J]. 教育理论与实践，2012 (31)：11-15.
⑤ 胡玉雷. 清代甘肃府州县学藏书研究 [D]. 兰州：西北师范大学，2016.
⑥ 张雄. 清代山西府州县学藏书研究 [D]. 武汉：华中师范大学，2018.
⑦ 王秀山. 清代湖南地方官学藏书考 [J]. 湘潭师范学院学报（社会科学版），2003 (2)：135-138.
⑧ 薛栋. 甘州儒学尊经阁贮书考 [J]. 图书与情报，2004 (1)：27-29.

《明清时期河西走廊学校图书收藏及其特点——以四篇藏书目录为中心》①，以明清时期河西走廊地区甘州、肃州现存四种藏书记及其所附书目为中心，对明清时期河西走廊地区官学藏书进行了简述，并重点提及当地官学藏书传播总体比较滞后且趋于保守。此外，吴晞《我国古代的官学藏书》②虽篇幅较小，但对中国古代官学藏书的基本特点予以简单归纳，薛晓丽的硕士论文《明代江浙地区府州县学藏书研究》③讨论了明代江浙地区官学藏书，均对清代西南官学藏书研究具有一定的参考价值。

（四）关于清代西南官学与科举考试的关系研究

具体涉及清代西南官学与科举考试论题的学术成果不多，李良品《渝东南民族地区明清官学教育与科举考试》④认为，明清时期清廷对渝东南民族地区实行文化控制的办法是推行官学教育制度和科举考试制度，这对于民族地区培养封建科举人才、造就少数民族文人、改变风俗习惯等起了重要作用，而土家族地区官学教育也使用清廷颁发的儒家经籍即官学藏书。

因涉及科举问题，故而有关清代科举总论类研究成果林林总总、非常丰富，在此不做过多列举。在著作方面，商衍鎏《清代科举考试述录》⑤、王德昭《清代科举制度研究》⑥是论述清代科举制度的代表作品，均涉及官学教育尤其是官学藏书服务于科举考试等问题。毛礼锐主编《中国古代教育史》⑦、顾树森《中国历代教育制度》⑧、马镛《中国教育制度通史（第五卷）》⑨等，均对清代教育制度予以综合性论述。在学术论文方面，近十年比较有代表性的作品是田建荣《论古代地方官学与科举的关系》⑩，该文指出科举是地方官学生存的目标和基础，至明清时期，官学教育透过科举考试发挥的人才培养与地方教化功能越发显著，由此，地方官学对促进地方文教兴盛起了重要作用。此外，姜传

---

① 马玉蕻. 明清时河西走廊学校图书收藏及其特点——以四篇藏书目录为中心［J］. 甘肃社会科学，2009（4）：192-195.
② 吴晞. 我国古代的官学藏书［J］. 中国图书馆学报，1991（4）：23-24.
③ 薛晓丽. 明代江浙地区府州县学藏书研究［D］. 长春：东北师范大学，2012.
④ 李良品. 渝东南民族地区明清官学教育与科举考试［J］. 西南民族大学学报（人文社科版），2003（11）：225-228.
⑤ 商衍鎏. 清代科举考试述录［M］. 北京：生活·读书·新知三联书店，1958.
⑥ 王德昭. 清代科举制度研究［M］. 北京：中华书局，1984.
⑦ 毛礼锐. 中国古代教育史［M］. 北京：人民教育出版社，1979.
⑧ 顾树森. 中国历代教育制度［M］. 南京：江苏教育出版社，1981.
⑨ 马镛. 中国教育制度通史［M］. 济南：山东教育出版社，2000.
⑩ 田建荣. 论古代地方官学与科举的关系［J］. 考试研究，2013（4）：3-9.

松的硕士学位论文《清代科举与官学教育的关系研究》①认为，清代科举考试与官学教育是一对矛盾统一体，科举内容的窄化、固化和僵化，与官学教育内容丰富性之间矛盾的激化，是其走向消亡的根本原因。姜海军《清入关前后："尊孔崇儒"与儒学官学化》②讨论了皇太极、顺治主动推行汉化政策并积极学习儒家经典，实行儒学官学化并利用儒家经典选拔人才，为康乾时期全社会的儒学认同与学术繁荣奠定了基础。以上这些有关清代官学与科举关系的成果均为研究清代西南官学藏书的制度背景提供了重要参考。

综上所述，关于清代西南官学藏书研究尚属空白，其中既无清代四川、云南、贵州的省域、区域性官学藏书研究，也缺少对西南三省官学藏书书目的集中整理与全面揭示。因此，对于清代西南官学藏书的背景、来源、数量、特征、意义、影响、藏书楼建造等进行整体性研究，既刻不容缓，也势在必行。

三、研究方法与内容梗概

本书将从历史学、政治学、文献学、边疆学、教育学、文化学等角度，对清代西南官学藏书问题展开综合性研究。在具体研究过程中，采用以文献研究法为主，以定量分析法、定性分析法与跨学科分析法为辅的研究方法，力争全面揭示清代西南官学藏书的背景、来源、数量、种类、特征、意义与影响及尊经阁的修建沿革史。

首先，使用文献调查方法，从版本目录学角度全面收集并整理清代西南官学藏书书目。鉴于官学藏书书目均载于中国历代方志之中，因此，本书聚焦现存清代、民国时期西南方志，以《中国地方志联合目录》③所收录的1094部清代、民国时期西南方志（其中，四川668部、云南288部、贵州138部）为中心，集中梳理其中所载清代西南府、厅、州、县学藏书书目。其次，采用计量史学的定量分析方法，对清代西南官学藏书采取定量分析，初步确定清代西南官学藏书总量以及清代四川、云南、贵州三省官学藏书数量，并分别统计出三省府学、厅学、州学、县学的藏书数量。再次，利用定性分析法总结清代西南官学藏书的种类与特征，通过文献考证来梳理清代西南官学尊经阁的修建沿革史。最后，集中采用跨学科分析法，探讨清代西南官学藏书的背景与来源，并

---

① 姜传松.清代科举与官学教育的关系研究［D］.厦门：厦门大学，2006.
② 姜海军.清入关前后："尊孔崇儒"与儒学官学化［J］.河北学刊，2017（1）：206-210.
③ 中国科学院北京天文台.中国地方志联合目录［M］.北京：中华书局，1985.

对其重要意义与深远影响加以阐释。

本书内容除绪论、结语之外，共分六章。第一章详述清代西南官学藏书的背景，清廷以军事平乱为前提对西南进行了政治、经济、文化等多维治理，从而为官学藏书发展提供了相对稳定的外部环境。同时，清代学术文化发展与政治、社会现实息息相关，而清廷坚持以程朱理学为官方哲学并将其贯穿官学教育与科举考试始终，导致人才培养与选拔符合皇权政治之需却脱离社会现实需求。此外，清代西南官学323所、学额17006名，官学藏书储备与尊经阁建设均远超前代，而庙学合一体制也反映出清廷在西南推广儒家文化力度空前。第二章分析指出清廷颁赐是清代西南官学藏书的主要来源，地方政府购置次之，而受惠于官学藏书并由科举入仕的官绅之捐赠亦属"反哺"之举。第三章对清代西南110所（四川38所、云南50所、贵州22所）官学藏书目录予以集中整理与揭示。第四章以统计图表展现清代四川、云南、贵州三省府、厅、州、县学的各朝藏书数量，计算出清代西南官学藏书总量区间值为3261~3562部（四川1006~1070部、云南1358~1574部、贵州897~918部），而清代西南官学藏书的生均占有率为19.18%~20.95%（四川13.52%~14.38%、云南24.10%~27.93%、贵州22.84%%~23.37%）。其种类为御纂钦定儒学典籍类、史志类、法规则例类、学规祀典类及诗文类典籍，并具有地域分布不均、以程朱理学为宗、时代变化性显著、武英殿刻本居多、前代遗存稀少等基本特征。第五章围绕清代西南官学藏书楼尊经阁的修建沿革史展开讨论，首次揭示出其总体数量为75座（四川34座、云南32座、贵州9座），并对其修建沿革史进行逐一梳理与系统考证。第六章指出清代西南官学藏书不仅在官学教育与科举考试中发挥了加速西南边疆教化、促进当地儒学逐渐兴盛的重大作用，而且其作为官方意识形态的传播介质对西南士子的个体人生观与群体价值观影响较大，儒家文化的超级实用理性使得当地大部分士子在文字狱运动来临之际选择了犬儒主义之路。当然，官学藏书配合科举选官制度最终在西南地区制造了包括"沉默的大多数"的下层民众在内的"信息茧房"，从而最终实现了西南民众对清廷治下中国的国家认同。

10

第一章

清代西南官学藏书的背景

在中国古代专制集权制度环境下，资讯信息渠道单一，文化教育归于一统，因此，控制了资讯与教育就等于控制了民众的基本认知。以少数民族身份入主中原的满族政治精英们从自身经历出发，深知边疆民族地区对维护中国政治大一统格局的重要性，由此，清政府对西南地区进行了长期的多维治理。官学藏书的主体是官学教育与科举考试指定教材与参考书，是中国专制集权政府主流意识形态的晴雨表与社会学术文化发展的风向标。在信息传播尚不发达的西南地区，官学藏书成为传播官方意识形态与社会主流学术文化的标准文化工具。清廷统治者在官学教育与科举考试中大力推广程朱理学，主要表现是日常教学教材与科举指定参考书均是经官方审定的钦定、御纂类儒家典籍，而这类典籍即是程朱理学学术文化在教育领域与意识形态中的普及型传播与映射，因而也是清代官学藏书的主体。

"一个革命政权必须为自己植入新的历史根源，以使政权合法，因此对于革命事业的诠释，竟然可以事关一个政权的存亡绝续，可说是毫不夸张。"① 清廷为自身异族性所大力植入的这种"新的历史根源"，即其对儒家文化继承与传播的身份合法性，因此，其对明代的崇儒尚学的文教政策未予变革并积极弘扬。康熙五十一年（1712），康熙帝谕令升朱熹配祀孔庙"十哲"之列，朱熹的牌位从此进入了孔庙即学宫的大成殿，由此，清廷在天下士子面前正式确认了程朱理学的官方哲学地位。当然，这种源于程朱理学推崇的"内圣外王"及其对士人的人生发展规划有助于清廷维护统治秩序的稳定。对此，余英时先生指出："程、朱一方面以《大学》为基本纲领，循着格、致、诚、正、修、齐、治、平的次第逐步从'内圣'推出'外王'。另一方面他们又以'治道'为重建合理秩序的始点，因此采取'得君行道'为运作模式。在这一规划中，'格物、致

---

① ［美］魏斐德. 大清帝国的衰亡［M］. 廖彦博，译. 台北：时报文化出版企业股份有限公司，2017：269.

知'是全部活动历程的第一步,其重要性自不待言。但程、朱解'格物'为'即物而穷其理','致知'则使'心'对于天地间一切事物之'理'的知识不断扩充,最后达到'一旦豁然贯通'的境界。(见朱熹《大学》补传)所以'格物致知'其实是一件事,不能分开。只有在这个坚实的基础上一个人才能逐步展开,从'内圣'推至'外王'。很明显的,这一儒家规划是特别针对着'士'到'人君'这一部分的人而提出的,因为他们负有'同治天下'的责任。'士'固然必须在各个不同的岗位上'即物而穷其理','人君'也同样应该从整体的观点不断进行'穷理'的努力。不过,他的'穷理'不必一定要采取'今日格一物,明日又格一物'的方式,而不妨'先立其大',从'已知之理'而见于圣贤之书者下手。"①

诚如其言,程朱理学特别契合以异族身份入主中原的清廷统治者在明廷统治基础上重建政治秩序的现实需要。同时,萧公权先生认为:"理学家哲学思想之内容互殊,而其政论则多相近。约言之,皆以仁道为政治之根本,而以正心诚意为治术之先图。"② 于是,清廷统治者继续高举儒学文化大旗,培育和笼络广大儒学士人"同治天下"即分享和运用一部分专制权力,引导他们成为利益共同体的一员。与此同时,官学生员士子们通过对官学藏书的集中学习,在科举考试中或直接阐发程朱理学的合理性,或以汉学考证为路径表达对忠君观念、程朱正统的主观认同,从而表达个人对清廷专制统治合法性的认可,在客观上塑造了清代主流知识精英阶层对清廷的群体性政治忠诚。

第一节 清政府对西南的多维治理

在继承明代对中华大地专制集权统治的政治法统之后,清政府对西南的治理目标仍是保持政治稳定与边疆安宁,而传统的"守中治边""守在四夷"并以此保卫中原安全仍是其治理西南的核心指导思想。由此,有清一代,清政府对西南地区开展了军事、政治、经济、文化等诸多手段融合的多维治理,这些"恩威并施""文武并用"的治理举措对西南的历史与文化予以全方位形塑,其结果不仅贯穿近现代西南区域发展全程,而且对当今构建中华民族命运共同体仍有重要影响。这一时代背景是理解清代西南官学藏书来源、种类、特征、影

---

① 余英时. 宋明理学与政治文化 [M]. 桂林:广西师范大学出版社,2014:439-440.
② 萧公权. 中国政治思想史 [M]. 台北:联经出版事业股份有限公司,2019:534.

响等一系列问题的基本前提。

在专制集权时代，以武力征服为特征的军事手段是实现一切政治、经济、文化治理目标的前提与基础。为了维护西南地区稳定、强化对西南地区各族民众的有效治理，清政府对西南民族地区众多土司"剿抚并用""因俗而治"，积极开展了一系列军事征伐与怀柔招抚，比较有效地解决了诸多地域冲突，从而使西南地区与中央政府的联系日益紧密。

清前期，清政府集中精力平定明末农民起义军、南明永历朝廷、吴三桂叛军等三股军事势力。明末清初，西南地区战乱不断。张献忠领导的农民起义军转战四川并建立了大西政权。顺治三年（1646），清军进兵四川，张献忠败亡，其余部一支转战四川各地，一支由孙可望与李定国率领转战滇黔，并与流亡西南的南明永历朝廷合流。顺治十四年（1657），孙可望降清，平西大将军吴三桂率军进入贵州。顺治十六年（1659），清军平复四川，同年，吴三桂率军攻下云南。顺治十八年（1661），永历帝逃亡缅甸，次年被吴三桂处死，至此，南明永历朝廷彻底消亡。盘踞滇黔的吴三桂拥兵自重，在康熙帝力主削藩之际起兵反清，后于康熙十七年（1678）病亡。康熙二十年（1681）冬，清军攻占昆明，历时八年的"三藩之乱"被平定。由此，清军基本平复西南乱局，西南三省正式进入大规模社会重建期，这为西南地区经济与文化的恢复与发展奠定了重要基础。

清中期，清政府对西南少数民族地区进行了"改土归流"改革，同时也对一部分土司展开军事征伐，从而比较彻底地改变了清中央政府对西南土司盘踞区域"统而不治"的不利局面，将其纳入中原王朝的直接性行政管理体系之中。

在清前期用兵西南的过程中，清政府对当地土司采取了"柔远抚绥"政策，减少了统一西南的军事阻力，同时也获得了一部分土司的军事拥护与政治认同，但随着局势发展尤其是清政府对西南多维治理力度的不断强化，这种怀柔政策也并非长久之计，"康熙朝还无力对拥有重兵的土司改流直辖，但也不能对土司单纯地施以恩德，柔远抚绥，虽短期内可增强边疆土司对清朝政府的认同，但迁延日久土司难免傲慢骄纵，无视政府，加上土民多尚武好斗，鲜知国法礼仪，反而不利于边疆民族对清朝政府和中国的认同。因此，在构建边疆民族对国家的认同时，康熙朝还采取武力与政治手段对土司施以威压，以达到不战屈人之兵的目的，使边疆土司与土民服从国家治理"[①]。可见，尾大不掉的土司问题日

---

① 马亚辉. 从清代西南边疆的民族政策看中华民族共同体意识的铸建［J］. 广西民族研究，2019（3）：18.

益成为影响西南边疆稳定的不利因素,由此,自雍正帝开始,清中央政府在西南地区进行大规模改土归流,这一举措在整体上为西南边疆民族地区带来了积极效果,不仅彻底改变了西南地区的行政管理制度,有效防止了西南边疆民族地区出现裂土之危,也进一步加速了西南地区民众的国家认同。

不过,改土归流进程并非一帆风顺,因武力改流而引发的地区局部冲突仍难以避免。雍正初年至乾隆初年,清廷先后以武力解决了西南乌蒙土司之乱、贵州古州苗疆问题。自咸丰初年起,又对四川雅州府瞻对藏族土司辖区予以武力弹压。清末之际,赵尔丰主导了川边藏族地区的改土归流。不过,武力改流中影响最大的莫过于"平定大、小金川之役",其被乾隆帝视为"十全武功"之首。乾隆十一年(1746),大金川土司莎罗奔掠夺小金川土司泽旺,经清中央政府干预后双方和解。次年,莎罗奔又进攻明正土司,清中央政府派兵前往弹压,却遭莎罗奔抵抗。清政府命川陕总督张广泗自小金川进兵大金川,正式开始征伐莎罗奔。由此,乾隆十二年(1747)三月至乾隆十四年(1749)十二月,乾隆三十六年(1771)四月至乾隆四十一年(1776)二月,清政府两次用兵大、小金川地区以平定土司之乱,历时七年,耗帑七千余万两白银。此役过后,以四川为中心的西南政局再次趋稳,为清政府在西南发展儒学教育提供了有利的社会环境。

清后期,清政府需要面对西南多地并起的、包括部分少数民族民众在内的农民起义军对其腐朽统治的军事反抗。其中,以太平天国运动、云南杜文秀领导的回民起义影响最大。前者发生在清咸丰元年至同治三年(1851—1864),后者则自咸丰六年(1856)起、止于同治十二年(1873),此间正值清廷治下中国内忧外患之际,而连年战事又给西南地区经济与文化带来了极大的破坏。

由上可知,清代西南地区战事频仍,战乱不仅致使西南地区人口减少、经济发展缓慢、社会满目疮痍,而且直接造成多地文庙、学宫等文教基础设施严重损毁,自然给清代西南官学藏书带来无法弥补的巨大损失,这也正是清代西南官学藏书中前代遗留典籍罕少、如今传世典籍不多的主要原因。

在军事征服顺利推进的基础上,清中央政府对西南地区进行了行政区划整合。在四川,顺治五年(1648)置四川巡抚,治成都,乾隆十三年(1748)正式设置四川总督,这标志着清政府对四川省政权建设的最后完成。同时,清政府对四川的行政区划予以较大调整:康熙四年(1665),改乌撒府为威宁府并隶贵州;雍正间(1723—1735),改东川府、乌蒙府、镇雄府隶云南,遵义府隶贵州。至宣统三年(1911),四川领府十五、直隶厅三、直隶州九、厅十一、州十

一、县百十八、土司二十九。在云南与贵州，清初沿明制设云南布政使司、贵州布政使司，即为云南省、贵州省。顺治十六年（1659），设云贵总督；康熙元年（1662），分设云南总督驻曲靖府、贵州总督驻安顺府；康熙三年（1664），取消云南、贵州总督，复置云贵总督驻贵阳府；康熙十二年（1673），又分置云南总督及贵州总督，次年再罢，仍置云贵总督驻曲靖府；康熙二十六年（1687），云贵总督府迁云南府；乾隆十二年（1747），仍置云贵总督两省互驻并成定制，而云南总督与贵州总督之名遂废；光绪三十一年（1905），云贵总督兼任云南巡抚驻云南府。至宣统三年（1911），云南领府十四、直隶厅六、直隶州三、厅十二、州二十六、县四十一，又土府一、土州三、土司十八。同时，贵州领府十二、直隶厅三、直隶州一、厅十一、州十三、县三十四、土司五十三。虽总督之名屡经变动，但云南、贵州两省政区自康熙朝起基本趋于稳定。

改土归流运动的逐步推进以及清政府对西南三省行政区划的积极调整，直接影响了西南地区官学及学宫的建设数量与地理分布，更给各地官学藏书的添置及尊经阁等官学藏书楼建设带来重要影响。

在政治趋于稳定的基础上，清政府加速推进了西南与中原经济一体化进程。清政府在平定三藩之乱后出台政策，号召和鼓励湖广等地民众入川垦殖，由此，轰轰烈烈的"湖广填四川"运动正式拉开帷幕，加之此后实行了改土归流和庄田制等改革措施，也为以汉族为主的移民大量进入西南消除了制度性障碍。李中清先生认为，18世纪至19世纪初，西南地区的采矿业与城市商业的兴盛吸引了大批非农移民进入西南，使西南人口大幅增加，造成了经济发展的先决条件，其考证出这一移民群体数量为："一八五〇年，居住于西南的两千万人口中至少有六分之一至五分之一，即有三至四百万人是移民人口总数。"[①] 汉地移民大量涌入西南，加之玉米、甜薯、烟草等美洲作物在西南边疆民族地区大量种植，"到清末，西南的耕地面积已达四千万亩以上，也即明末耕地面积的三倍多。在此期间，西南的人口从五百万增加到二千一百万，增长了四倍，而人均占有耕地的面积推测起来则从三亩下降到两亩。换句话说，在1850年，人口与耕地的比率大约与1950年相同。人均占有耕地的减少也意味着为了支撑不断增长的人口，清代土地的承载能力得到了相应的提高"[②]。一方面，这加大了土地开垦面

---

① ［美］李中清. 一二五〇—一八五〇年西南移民史［J］. 吴宏元，译. 社会科学战线，1983（1）：119.

② ［美］李中清. 清代中国西南的粮食生产［J］. 秦树才，林文勋，译. 史学集刊，2010（4）：75.

积并增加了粮食生产，从而加速了西南农业开发并从根本上促进了西南经济发展，另一方面也带来了不可避免的土地集中问题，而移民与土著之间的经济利益冲突问题也日益突出。当地土司与新兴地主阶级兼并土地与过度征税，加大了各民族底层民众的经济负担，从而引发了一系列各族民众群起对抗地方政府腐朽统治的武装起义。

值得注意的是，清政府十分重视西南地区矿业与盐业开发，这些生产、生活资源型产业的封建经济因素不断增长，其跨省销售与输出以及清廷主导下的调控、缉私等行政管理，促使西南边疆经济内地化程度不断提高。对于清代云南铜矿开发情况，有学者根据中国第一历史档案馆藏内阁户科题本等资料进行了详细考证，其结论是"云南铜矿年产最高可达1300余万斤，通常保持在1000万斤以上。云南铜矿的大规模开采，使滇铜取代洋铜成为铸钱的主要原材料，清代铜钱铸造事业从此进入大发展时期。更为重要的是，清政府通过对云南铜矿开采的巨大投资，以及为保证铜斤运输开修水陆交通所做的艰苦努力，极大地促进了云南及西南边疆地区社会经济的开发"①。直至清末，西南地区金属矿业开发利用之重要性仍备受重视。光绪十四年（1888），两广总督张之洞在其《粤省购办机器试铸制钱疏》中写道："窃惟上古铸帑，本意开山泽之。铸通行之货，固以利民，即以富国。今以外洋铜铅充铸，只属一时权宜。缘洋舶铜铅，炼精耗少，易受模范。港去粤近，价值亦平。滇铜黔铅，所产至富，而提炼未净，价脚过昂，目前难资应用。查西南诸省，多产五金，此乃天地储此无尽之藏，以供国家边防之用。今日为西南实边计，莫如大兴务，就近鼓铸一端。然非下手试办，参考盈亏，并变通采炼鼓铸转运之法，其事必不能举。"② 可见，有清一代，以滇铜黔铅为代表的金属矿业始终是西南地区实业经济发展的重点领域。

同时，四川与云南的盐业也在三藩之乱平定后得以恢复和发展。例如，对于云南盐业运销体制，清廷即秉持因势利导、因地制宜的基本原则，清初实行商包、商销，康熙四十三年（1704）改革为官运、官销，嘉庆五年（1800）因有民变之忧而改作"灶煎灶卖，民运民销，不限井区，不拘销岸"③。值得一提

---

① 王德泰，强文学. 清代云南铜矿的开采规模与西南地区社会经济开发［J］. 西北师大学报（哲学社会科学版），2011（5）：39.
② ［清］张之洞. 粤省购办机器试铸制钱疏［M］//［清］盛康. 皇朝经世文续编：卷五十九·户政三十一. 清光绪二十三年（1897）武进盛氏思补楼刻本：6b-7a.
③ 龙云，卢汉，周钟岳.［民国］新纂云南通志：卷一百四十九·盐务考三［M］. 民国三十八年（1949）铅印本：11b.

的是，在西南盐文化中有一种独特的"盐币"，其在云南、贵州部分交通不便地区的使用一直持续至近代。在清代云南临安府新平县溪处乡、思陀乡、左能乡、阿邦寨，据〔雍正〕《临安府志》载："衣服饮食与汉人别，交易用盐用货。"①对此，有学者指出："云南历史上使用'盐币'历时约一千年，有力地说明了云南社会经济发展的落后性，特别是商品经济发展的缓慢历程。云南的商品交换长期以来处在一个较低的水平中，正因如此，云南才有'盐币'这种不成熟的货币的流通，二者是相适应的。"② 恰如其言，"盐币"在云南逐步废退的过程，即是云南商品经济逐步发展并实现与中原经济一体化的过程。

清代西南地区铜、银、铅等贵重金属产量之高，可从乾隆朝之后西南地区屡禁不止的私铸问题得以管窥。有清一代，西南地区是中国非法铸造私钱的中心。乾隆六十年（1795）十月，谕曰："至云贵、四川，尤为私铸之薮，虽据该督抚奏，现在实力收缴，渐次净尽，但所奏如果属实，则私铸既绝，来源肃清，因何各省仍复挽和行使？是该督抚所奏现无私铸之处，亦系托诸空言。"③ 可见，正是西南三省银产量高于其他省份，才支撑起西南地区民间银钱私铸产业，西南地区私钱经湖北汉口流通至大江南北，而这一非法行业也在一定程度上解决了西南地区一部分底层民众的就业与生计问题。

清代西南地区尤其是云南是中国银业的主要产区之一，对当时中国金融安全与货币稳定意义重大。全汉升先生对清代云南银课与银产量进行了系统研究，其结论是："清中叶左右云南银矿每年产额约为四十六万余两，显然要较明中叶的三十四万余两为多。自十三世纪以来长期成为中国银矿主要产区的云南，于十五世纪后半叶每年多时缴纳银课在十万两以上，及十八世纪前半叶每年多时缴纳七万两左右，在全国银课中自然占有重要的地位。"④ 但自道光朝起，云南银业产能逐渐下降，继而全国多地出现了"银贵钱贱"的不利局面，由此，清廷必须从日本和拉丁美洲等海外地区进口白银，"从白银在中国这个大经济体中扮演如此重要的通货角色来看，中国事实上早在1842年以前就深深地卷入外部世界之中。中国卷入世界经济体的根本原因，就是云南、缅甸和安（越）南等

---

① 〔清〕张无咎，〔清〕夏冕.〔雍正〕临安府志：卷七·风俗 [M]. 清雍正九年（1731）刻本：5b.
② 李正亭. 清代云南盐业生产视角下的西南边疆内地化析论 [M]//中国盐文化研究中心. 中国盐文化：第11辑. 成都：西南交通大学出版社，2018：10.
③ 清高宗实录：卷一千四百八十九 [M]. 清乾隆六十年（1795）十月丁未：39b-40a.
④ 全汉升. 中国经济史研究：下册 [M]. 台北：稻乡出版社，1991：641.

陆上地区白银供应的不足所需"①。

西南地区经济的恢复与发展为文教事业发展提供了重要的物质保障，这种资金支持是清代西南官学藏书得以充实和发展的基本前提。清代西南地区逐步实现与中原地区政治、经济一体化，必然会推动文化一体化进程。文化手段是最终实现大一统政局的关键一步，而文化受众对中央政府所推广文化的群体性主观认同以及当地精英对这一主体文化的客观运用，即是专制统治者文化治理是否成功的主要标志。以《东方学》闻名世界的萨义德（Edward Waefie Said，1935—2003）认为，在某种程度上文化是具有排他的民族性的，"文化成为一个舞台，各种政治的、意识形态的力量都在这个舞台上较量。文化不但不是一个文雅平静的领地，它甚至可以成为一个战场，各种力量在上面亮相，互相角逐"②。因此，在多民族聚居的西南地区，历代中央政府推广的官方主流文化，均不得不面对与西南当地少数民族文化的竞争与融合问题。

随着军事平叛与改土归流的不断推进，加之西南地区社会经济重建与发展，尤其是内地移民的大量涌入，清政府具备了在西南地区进行文化治理的前提条件。对此，有学者指出："中央政府通过土司上层对广大土司区域的间接统治，并没有触及各个部族的传统文化，而有机会接触汉文化的土司上层，为了维护自己在辖区内的无上权威，往往推行不准辖下土民读书识字的政策。因此，汉文化并不因为土司区域名义上的归附而随之深入土司社会。相反，因为土司区域的设置，不同文化的隔离甚至更深。雍正西南改流后，随着行政区划的统一，原土司区域与中原内地的文化隔离政策随之消失，中原汉文化随之大规模渗入原土司区域。文化上处于弱势地位的西南土著居民，开始积极向汉文化靠拢。"③

钱穆先生指出："中国社会尤有一值得注意者，则为其有化外之一部分。中国自古即华夷杂居。所谓戎夷，实多与华夏同血统，特以人文生活即文化为分别，故曰夷狄而中国则中国之，中国而夷狄则夷狄之也。两汉广迁塞外异族入居中国，是即夷狄而欲中国之。明清两代，西南诸省乃有土司制度。如何以相异民族，而能在同一地区和平共存，此又为研究中国社会学者一项大值注意之

---

① 林满红. 银线——十九世纪的世界与中国 [M]. 台北：台湾大学出版中心，2017：52.
② ［美］萨义德. 文化与帝国主义 [M]. 李琨，译. 北京：生活·读书·新知三联书店，2004：4.
③ 黄秀蓉. 论清代改流与中国西南疆域的整合 [J]. 云南师范大学学报（哲学社会科学版），2010（6）：35.

问题。"① 实际上，正是清政府实现了对西南地区军事、政治、经济等多维度有效治理，才最终为包括广大少数民族民众在内的西南民众和平共存提供了物质保障，而这种总体和谐局面的背后即西南民众对儒家文化的日益深入式的广泛认同。

清政府致力于在西南地区推行以忠君爱国为核心的儒家文化，并通过推行官学、书院、义学等多层次儒学教育与科举制度，培养和造就众多主观认同与客观传播儒学文化的各民族文化精英。在此，仅以云南省石屏县为例，"自元至清，人物科第，后先振起，服食器用，骎骎乎有中原之风焉。士以立品为先，博文为务，四书五经，人人诵习。大约品学优者，设塾收徒，晨背旧书，饔习楷字，读新书三次，再背旧书。学徒稍高者，或课文，或课对课诗，或讲经史。飧后休息，晚温书，此其大略也。若聪颖之徒，有一年课毕数经者"②。由此，通过西南文化精英群体对"沉默的大多数"的中下层民众的政治代表，最终实现并巩固了西南民众对清政府治下中国的国家认同。实际上，实现这一意识形态灌输与文化传播的媒介，就是集中体现官方意志的官学藏书。

第二节　尊经育才——清代学术与科举对官学教育的引领

清中央政府对西南的文化治理，是以官方意识形态输出与覆盖为目标的文化传播与思想再造的系统工程。孔飞力（Philip Alden Kuhn，1933—2016）指出："从历史上看，中国的统一是通过军事力量来实现的，而由征服者所建立的文官政府，其背后也总是有着军事力量的存在。全国性精英阶层在地方上的显赫地位，并非经由世系的途径，而是通过科举考试或做官积聚财富的途径而获得的，因而需要中央政府对于这种地位的认证。同征服者所强加的意识形态保持一致，便是精英们为获得这种认证的好处所付出的代价。虽然并非每个人都会心甘情愿地这么去做，但总会有很多人愿意这么做，从而使整个体制得以维护下去。"③ 因此，以官学教育为基础的科举考试，即成为清政府培育、吸收和操控西南地区知识精英的最有力的文教手段。

---

① 钱穆. 现代中国学术论衡［M］. 北京：生活·读书·新知三联书店，2004：232.
② 袁嘉谷.［民国］石屏县志：卷六·风土［M］. 民国二十七年（1938）铅印本：6a-6b.
③ ［美］孔飞力. 中国现代国家的起源［M］. 陈兼，陈之宏，译. 香港：香港中文大学出版社，2014：196.

对于身处战事频繁、乱局初定的西南地区的知识精英来讲，他们在亲身经历朝代更迭与战争洗礼之后，其群体性的文化紧张感与茫然感自然在所难免，而这种社会心理紧张在客观上也需要一种强力的意识形态来抚慰和疏解。正如解释人类学家克利福德·格尔茨（Clifford Geertz, 1926—2006）所言："正是因为社会心理紧张的交互影响，及缺乏说明这种紧张的意义的文化资源，使得二者互相加剧，终于导致系统（政治、道德或经济）意识形态的出现。反过来，正是意识形态努力要赋予一个不能理解的社会形势以意义，将其解释为可能在其中进行有目的的活动，既说明了意识形态的高度象征性，又说明为什么它一旦被接受后，就抓住接受它的人不放。"① 对此，清政府在政治安抚与经济重建的基础上，必须以此"大乱到大治"的文化空窗期为契机，尽快开展以儒家文化为核心的文化重塑，而在实际操作过程中，这一官方意识形态灌输以官学教育与科举考试相互配合来传播儒学为主要手段。

一、清代学术文化的基本脉络

儒家文化是中国古代社会文化核心，其与专制集权制度紧密共存、相互成就，成为具有强烈的政治背景并得到专制政权背书和极力推广的主流文化，从而始终占据着中国古代学术文化的主流地位，因此，儒学发展进程即代表了中国传统学术文化的整体风貌。

专制集权社会的学术文化依赖于服从体制并接受官方教育体系培育的广大知识分子的吸收与推广，但专制政体必然倡导单一驯化型教育制度，这无疑会形成一个文化与教育相辅相成的知识闭环。但是，教育成果必须经过考试制度来检验，而衍生并服务于专制集权体制的科举制在具体运行过程中，却已将官方力推的主流学术文化不断塑身和过滤，从而导致广大知识分子的官学教育与学术应用之间出现了较大鸿沟，亦即呈现出二元对立状态。这种情况对于清政府这个中国最后一个专制集权政权来说尤为显著。

清代学术文化既是中国古代学术文化的集大成者，又是中国近代学术文化的历史源头。王国维先生对清代学术文化发展脉络的概括非常精练："我朝三百年间，学术三变：国初一变也，乾嘉一变也，道咸以降一变也。顺康之世，天造草昧，学者多胜国遗老，离丧乱之后，志在经世，故多为致用之学。求之经史，得其本原，一扫明代苟且破碎之习，而实学以兴。雍乾以后，纪纲既张，

---

① [美] 克利福德·格尔茨. 文化的解释 [M]. 韩莉, 译. 南京：译林出版社，1999：263.

天下大定，士大夫得肆意稽古，不复视为经世之具，而经史小学专门之业兴焉。道咸以降，涂辙稍变，言经者及今文，考史者兼辽金元，治地理者逮四裔，务为前人所不为。虽承乾嘉专门之学，然亦逆睹世变，有国初诸老经世之志。故国初之学大，乾嘉之学精，道咸以降之学新。"①

学术文化必须回应社会现实发展之需要。诚如王国维先生所言，清代学术文化大致经历了清初期顺康雍时期的经世致用实学、清中期乾嘉时期的古典考据汉学、清晚期道咸及之后的辅世救时今文经学等三个发展阶段。但是，清政府在官学教育与科举考试中大力推广的却是程朱理学，即官方主流意识形态是以理学为核心的儒家文化。

明清之际，社会动荡，清廷在各地进行军事征伐之后便开始社会重建，由此，顾炎武、王夫之、黄宗羲等一批学者纷纷倡导崇实黜虚、经世致用，理学受到猛烈抨击，实学逐渐成为学术文化主流。至乾隆朝初期，社会政局稳定、经济繁荣，清廷迎来了所谓的"康乾盛世"的发展顶峰时期。康乾之际尤其是乾隆帝在全国施行的高强度的文字狱，致使理学在乾嘉之际持续衰微，而汉学考证则成为学术文化主流，当时的知识界恰如梁启超先生所言"家家许郑，人人贾马，东汉学灿烂如日中天"②。对此，图书市场是一个社会学术风气的晴雨表，据《啸亭杂录》载："自于、和当权后，朝士习为奔竞，弃置正道。黠者诉罟正人，以文己过，迂者株守考订，訾议宋儒，遂将濂、洛、关、闽之书，束之高阁，无读之者。余尝购求薛文清《读书记》及胡居仁《居业录》诸书于书坊中，贾者云：'近二十年来，坊中久不贮此种书，恐其无人市易，徒伤赀本耳。'伤哉是言，主文衡者可不省欤？"③ 昭梿指出，自于敏中、和珅当权之后，实际上就是乾隆朝期间，士人们畏于文字狱而纷纷投向考据之学，周敦颐、二程、张载、朱熹等宋儒理学书籍已被束之高阁。同时，在嘉庆年间的北京书坊中，书贾们早已不再售卖明代理学家薛瑄（1389—1464）的《读书录》与胡居仁（1434—1484）的《居业录》这两种理学经典作品，原因是"几无销路、存之亏本"。这正是当时理学一蹶不振甚至偃旗息鼓的有力证明。

同时，乾隆元年至乾隆十年（1736—1745）、乾隆三十八年至乾隆五十八年（1773—1793），清廷分别开设"三礼馆"以纂修"三礼"、设立"四库全书馆"

---

① 王国维. 沈乙庵先生七十寿序［M］//王国维. 观堂集林：卷二十三. 民国十二年（1923）乌程蒋氏密韵楼铅印本：21a-21b.
② 梁启超. 清代学术概论［M］. 上海：上海古籍出版社，1998：74.
③ ［清］昭梿. 啸亭杂录：卷十·书贾语［M］. 北京：中华书局，1980：317-318.

21

以编纂卷帙浩繁的《四库全书》，这两项官修典籍编纂工程聚集了当时最知名的学术精英。三礼馆虽以程朱理学为学术指导思想，但这一官方编纂工程"从一定意义上说，有清一代学术由理学而经学的转向，实发挥了承前启后的重要作用"①。而四库全书馆的规模与运行则对学术风气带来重要影响，"北京成为考据学在全国的交流中心，而四库馆则成为考据学家汇集的大本营"②。这一贯彻清廷文教政策的学术共同体推动了乾嘉考据学的迅猛发展，并使其占据了当时学术文化的主流地位。

随着嘉庆朝起国力衰减、矛盾丛生、内外交困，乾嘉考据学亦走向衰落，例如，方东树为程朱理学正名而著《汉学商兑》、魏源为贺长龄辑成旨在发挥经世致用功效的《皇朝经世文编》等均是例证。尤其自道光年间发生鸦片战争之后，在学术文化领域积极回应现实关切的是今文经学，其在中西文化交锋的背景下，不断探寻改革与救国之道。不过，理学、汉学在官学教育与科举考试中仍然并行不悖，这也是清代官学教育与科举考试同学术文化发展脱节、日益脱离社会现实之需并走向衰亡的主要体现。

二、清代科举考试与官学教育的耦合关系

尽管清廷一直在官学教育与科举考试中大力推广程朱理学，但官学教育与科举考试均有赖于饱读儒家经典的知识分子来具体践行，因此，无论是官学师资还是命题考官均会受到其时学术文化潮流与风气的强烈影响，而清代科举考试也必然与清代学术文化密不可分。其具体表现之一即自乾隆朝中期开始，科举考题尤其是策论题目中汉学考证类题目所占比重逐渐增高，并呈现出与程朱理学类题目并驾齐驱之势。

对此，美国学者本杰明·艾尔曼（Benjamin A. Elman, 1946—）曾指出："对于一个以宋儒言论维护政权合法性的朝代而言，会试及殿试题的改变要较乡试题改变缓慢是可想而知的。此处我们亲见一些活力充沛的学术变化，始于江南重要城市，首先影响地方乡试，而后这种新发展才渗入京师的考选过程。清代学术潮流借着汉学与考证学者之力登上科举之梯，这些学者本身亦在成功的仕途之梯上攀升。"③ 本杰明·艾尔曼在其文中也指出清代四川科举乡试策论题

---

① 林存阳. 三礼馆：清代学术与政治互动的链环 [M]. 北京：社会科学文献出版社，2008：187.
② 漆永祥. 乾嘉考据学研究 [M]. 北京：中国社会科学出版社，1998：68.
③ [美] 本杰明·艾尔曼. 清代科举与经学的关系 [J]. 故宫博物院院刊，1996 (4)：9.

目中呈现的汉学与宋学并列的变化趋势。其指出自 1741 年开始，四川乡试策论题目即已出现有关儒学文献问题，但以程朱理学为代表的宋学在 18 世纪四川的科举命题中仍是主流。在 1800 年之后的四川乡试策论题目中，开始频繁出现汉学考证问题，例如，1846 年的四川乡试策论第三题直接指明"通经以识字为始，识字以《说文》为先"。这无疑是汉学考证的学术之风在清代西南科举考试中的直接映射。

因历史传统与地域文化差异，从总体上看，清代西南地区儒学水平与江南、中原地区相比还有一定差距。乾隆年间出任丽江知府的江苏人吴大勋，对云南儒学水平尤其是经学水平有如下评价："滇省书籍，远莫能致，而士子于所习经书，亦少运用之妙，熔铸之才。故文气每嫌其薄，此又滇之人士所当勉力从事于斯，而勿徒恃钟灵者厚与夫教育之深且久也。"[①] 吴大勋已指出交通尚欠发达且信息交流滞后，导致儒学书籍在云南的传播与影响并不理想，由此在儒学文化基础方面便出现欠缺。当然，这也凸显出持续加强西南官学教育并提高科举考试水平的必要性。

清代西南经济与社会的持续性发展以及清廷主导的理学等儒学文化在西南的广泛传播，为科举在西南的推行提供了坚实基础，清代西南科举也必然是全国科举的一部分，其报考程序与考试内容均执行清廷的统一规定。

中国古代的社会结构是非常典型的官民二元分立模式，因专制集权制度在军事暴力的支撑下，掌握着几乎一切社会公共资源及其实际分配，因此，以官民矛盾为代表的阶级矛盾始终是中国古代社会的主要矛盾。在此制度背景下，科举便成为中下层知识精英实现阶级跃层和跨阶层流动的主要通道。饱读儒家经典的士子们通过参加科举，实现其入仕为官而爬升至社会上层的人生理想，而这种经由科举实现阶级跃层的成功模式，将知识分子的成才路径通过社会整体价值观认可与推崇的方式予以固定。

同时，科举作为儒家士人的人生价值实现方式则更受认同，这一模式在中国古代社会是相对而言最公平的国家选官模式，正如何炳棣先生所言："虽然长期以来不免有偏私与收受贿赂的事发生，但难得有严重到会改变科举考试基本性格的事发生，科举考试仍是基于个人贤才的通用的选官制度。事实上，明清朝廷把考试制度视为一个令人敬畏的、几乎是神圣的制度，从未放弃其消除特

---

① 〔清〕吴大勋. 滇南闻见录 [M] // 方国瑜. 云南史料丛刊：第 12 卷. 昆明：云南大学出版社，2001：48.

殊主义和褒扬诚实行为的意志。"① 其引导广大士人在代际传递的传统观念影响下，日益服从并力求成为体制中的一员而参与国家管理并分享运用专制权力。

当然，士子们也非常清楚参加并通过科举考试的前提与基础是大量阅读官方指定的各类儒学典籍。因此，以官方教材与辅导资料为主体的官学藏书，成为中国古代社会广大知识精英参加科举考试并最终实现人生理想的重要依托。实际上，科举的本质是一种选官制度而并非选才制度，但科举的相对公平性与超稳定性将"官"与"才"等同化了，并使"官"成为儒家文化乃至中国传统文化中人才观的主体人群。

劳思光先生认为："考试制度一方面能使政府人具有客观的资格，不完全由统治者的喜怒决定；另一方面又能提供一种'阶级流动性级'，使被统治的人民依一定轨道而分掌政权。这是考试制度的两大功能，恰能防止君权下的政治的恶化。"② 中国的科举制度是专制王朝为选拔国家管理人才而定期举行的中央与地方级考试制度，其创始于隋代但确立于唐代，经过宋元时期的螺旋式发展，至明代则日臻成熟，而清代成为科举鼎盛与衰亡时期。在具体运行过程中，清代科举仍沿明制，实行童试、乡试、会试、殿试的固定模式。由于专制权力对教育的全面垄断，"科举必由学校"这一传统政策至清代仍未改变，这意味着士子必须取得生员资格方可应考科举，因此，通过童试进入官学即成为参加科举的必由之路。

本书仅以文举为例，重点关注与官学藏书息息相关的科举考试内容。童试亦称小试、小考，是士子获取生员资格的入学考试，包括县试、府试和院试三级考试。县试由本县县官主考，童生在本县礼房报名，须填具三代履历、籍贯并以同考五人互结，复请本县廪生五人作保后方可应考。如属散州籍、散厅籍者由本州知州、本厅同知或通判主考。童生通过县试并被录取后，便具备了参加府试的资格。府试是童生取得生员资格的第二级考试，报名程序与县试类似，但在各府及与府平级的直隶州、直隶厅举行，由各府知府、知州、同知主考。凡经县试、府试两次考试录取的童生，即可参加由各省学政主持的考试，因学政别称提督学院，此级考试故名院试。院试与县试、府试略同，此外，乾隆五十七年（1792）又增加"派保廪生"一项以防"认保廪生"舞弊。

童试内容与科举息息相关，可被视作科举考试内容的雏形或延伸。嘉庆四

---

① 何炳棣. 明清社会史论［M］. 徐泓，译注. 台北：联经出版事业股份有限公司，2013：241.

② 劳思光. 中国文化要义新编［M］. 香港：香港中文大学出版社，1998：130.

年（1799）安徽学政王绶奏请对于童试采用四书经文各一篇的旧例予以微调，对此，嘉庆帝谕曰："查考试凭文取士，以四书文为重，诚以代圣人立言，一因义蕴闳深，非空疏无据者所能袭取。即四书文之优劣，可知经学之浅深。是以议定章程，乡、会试头场用三篇。小试正考用二篇，即使发挥尽致，各展所长。其中间有抄录成文者，亦可以手笔互较，立分真伪。其乡、会试二场及小试招复，则兼用经文，以睹其底蕴，立法最为尽善。"① 可见，嘉庆帝仍然对于前朝科举政策采取守成原则而予以坚持，而八股文依旧是科举的核心要素。

县试与府试内容基本相同，围绕四书文、试帖诗、经论、诗文、律赋等各进行四五场考试，当然，《圣谕广训》是必考的默写内容。院试则正场试二文一诗，复场试一文一诗，并默写《圣谕广训》百字左右。凡通过院试考取者即可入官学为生员，俗称"秀才"，并送府、厅、州、县学学宫接受教官教谕与考校，称为入学，亦称"入泮"，成绩优秀且经科试合格者方可参加乡试。值得一提的是，童试考题皆出自"四书"、《性理大全》《太极图说》《孝经》《西铭》《正蒙》等儒家理学经典。

清代官学生员分作廪膳生员（简称"廪生"）、增广生员（简称"增生"）、附学生员（简称"附生"）三等，但官学生员入学后必须通过岁试、科试才能正式取得参加乡试的资格。至于岁试与科试内容，亦经清廷动态调整。清初，均为四书文二篇、经文一篇。雍正二年（1724）覆准："嗣后学政岁考，用四书文二篇，科考于四书文二篇外，加经文一篇。如遇冬月日短，则用四书文一篇，经文一篇。"② 乾隆年间，清廷又对题目范围予以数次变革，据［光绪］《钦定大清会典事例》载："二十三年覆准：各省岁试，书艺一、经艺一、诗一。科试，书艺一、策一，均增五言六韵诗……二十五年议准：嗣后岁、科两试，童生兼作五言六韵排律诗一首。又奏准，考试童生自乾隆二十八年以后，以一书、一经、一诗，永为定例。如三者不能兼作，照任缺毋滥之例办理。"③ 岁试结果与官学生员地位升降直接相关，科试则是官学选拔生员参加乡试的重要考试，而科试位列前三等（大省前十名、小省前五名）的生员可直接获得参加乡试的资格。在八月省城通过乡试的举人于次年春季将参加由礼部主

---

① 〔清〕童璜，等.钦定学政全书：卷二十一·考试题目［M］.清嘉庆十七年（1812）刻本：16b-17a.

② 〔清〕昆冈，等.［光绪］钦定大清会典事例：卷三百八十八·学校［M］.清光绪二十五年（1899）会典馆石印本：1b.

③ 〔清〕昆冈，等.［光绪］钦定大清会典事例：卷三百八十八·学校［M］.清光绪二十五年（1899）会典馆石印本：3b-4a.

持的会试。

至于乡试与会试内容,清初沿明制,顺治三年(1646)规定:"第一场,四书三题,五经各四题,士子各占一经。第二场,论一篇,诏、诰、表各一通,判五条。第三场,经、史、时务策五道。"① 此后,康熙、雍正间又做微调,如第二场论题用《孝经》《性理》等。乾隆二十一年(1756),"嗣后乡试第一场,止试以四书文三篇。第二场,经文四篇。第三场,策五道。其论、表、判,概行删省。至会试,则既已名列贤书,且将拔其尤者,备明廷制作之选,淹长尔雅,斯为通材。其第二场,经文之外,加试表文一道,即以明春会试为始。乡试以己卯(笔者注:乾隆二十四年,1759)科为始,著为例"②。自乾隆五十八年(1793)至清末,乡试与会试题目范围变化不大且几成定制,据《钦定科场条例》载:"乡会试题,第一场四书制义题三,五言八韵诗题一。第二场五经制义题各一。第三场策问五。四书题,首论语,次中庸,次孟子,如第一题用大学,则第二题用论语,第三题仍用孟子。五经题,首易经,次书经,次诗经,次春秋,次礼记。"③ 殿试内容为时务策,题目或由皇帝亲撰,或由翰林代拟。

值得注意的是,在各级考官命题所依的参考书环节,清廷也规定必须以御纂、钦定等儒学典籍为要,不得使用坊间流行的畅销书籍。"又议准,书艺以阐圣贤精蕴,而命题关系行文,即欲杜抄袭之弊,避熟取新,亦必联络贯穿,勿背于理。若上下不伦,绾合无理,流传学校,殊非厘正文体之意。至府、州、县均有童试之责,亦应一体饬禁,其坊间所刻,时尚巧搭选本,并饬地方官查禁销毁。"④

由上可知,清代科举各级考试试题均以程朱理学为宗,并围绕儒家经典"四书""五经"等进行考核。同时,清廷也明确了官学生员必须参考的官方指定标准教科书即颁发至各地学官的御纂、钦定的各类儒学典籍,而这类典籍即官学藏书的主体。乾隆九年(1744)议准:"嗣后乡会试及岁科试,均以《钦定四书文》为准。二十三年议准,学宫颁行'御纂四经''钦定三礼',博采先儒之说,折中至当,嗣后考校经文,以遵奉圣训及用传注为合旨。其有私心自用,

---

① 〔清〕昆冈,等.〔光绪〕钦定大清会典事例:卷三百三十一·礼部 [M].清光绪二十五年(1899)会典馆石印本:1a.
② 清高宗实录:卷五百二十六 [M].清乾隆二十一年(1756)十一月辛丑:6b-7a.
③ 〔清〕詹鸿谟,〔清〕徐埌.钦定科场条例:卷十五·三场试题 [M].清光绪间刻本:1a-1b.
④ 〔清〕素尔讷,等.钦定学政全书:卷十四·考试题目 [M].清乾隆三十九年(1774)武英殿刻本:8a.

与泥俗下讲章一无禀承者，概置不录，违者议处。"① 这就在制度层面明确指定《钦定四书文》为科举考试中最重要的首场所考四书文的唯一参考书，同时，也进一步确认御纂四经、钦定三礼等官学藏书在清代科举考试中的官方主流地位。当然，八股文是科举考试的重中之重，"乡、会试首场试八股文"②，生员士子们要熟练掌握八股文写作的模式技巧，就必须大量阅读清廷指定的科考用儒学典籍，而这种情况一直延续至清末。例如，光绪二十二年（1896）九月初八日，山西学者刘大鹏（1857—1942）在日记中写道："弟子武人瑞自京来归，为余捎买一箱书籍，可谓累赘之至矣，且送团扇一柄。御纂七经共十六套。御批通鉴辑览两大套，共二十四本。皇朝经世文编四套，共二十四本，贺耦庚辑。皇朝经世文续编二套，共二十四本，葛子源辑。康熙字典一部，洋板。"③ 因刘大鹏已于光绪二十年（1894）中举，因此，其视《御纂七经》《御批历代通鉴辑览》等御纂、钦定类儒学典籍为累赘，但其弟子因有科举备考之需，故而仍将此类书籍视为上品。

科举作为一种针对接受官学教育的知识分子开展的选拔性考试，始终是引导和控制官学教育内容与形式的指挥棒。科举这种选官考试运行至清代，其考试形式的固化与题目内容的窄化，时刻制约着官学教育的多样化发展，二者矛盾日益激化也导致服务于科举的官学教育日益脱离社会现实需要。清代专制统治者妄图继续运用科举考试与官学教育这一矛盾统一体来维护其政权与文化的合法性，但实际效果是官学教育培育之才不仅拉低了清代学术文化的整体水平，而且科举考试选拔之官只唯上而不唯实，更奢谈具备经世致用与保国救民之才能。最终，科举考试与官学教育均在清末踏上灭亡之路。

官学藏书实际上是官学教育与科举考试所依托的双料资源，经官方制造与强力推广，其重要性不言而喻。对于经济发展与学术文化整体水平相对落后的西南地区来说，在个人购藏书籍需要较为优渥的经济条件的前提下，官学藏书对于广大应试生员士子的重要性则进一步凸显出来。

---

① 〔清〕昆冈，等.［光绪］钦定大清会典事例：卷三百八十八·学校［M］.清光绪二十五年（1899）会典馆石印本：7b-8a.
② 赵尔巽，等.清史稿：卷一百八·志八十三［M］.北京：中华书局，1976：3149.
③ 刘大鹏.退想斋日记［M］.太原：山西人民出版社，1990：62.

第三节 清代西南官学概况

自明代起，官学教育与科举考试彻底合流，清代学者汤成烈（1805—1880）对此流弊评价道："自明科举之法兴，而学校之教废矣。国学、府学、县学徒有学校之名耳。考其学业，科举之法外，无他业也。窥其志虑，求取科名之外，无他志也。其流弊至于经书可以不读，品行可以不修，廉耻可以不讲，以剽袭为揣摩，以钻营为捷径。其初既有苟得之心，其后遂为患失之计。持禄幸位，逶蛇朝阙。容头过身，承顺奸权。朝政猥杂，国是日非。君子患之，退而讲学。"① 这正是官学教育沦为科举附庸的悲哀之处，专制政府通过官学教育培养士人，又经过科举考试选拔仕宦，由此完成了"由士到仕"的治国人才拣选过程。实际上，伴随着官学教育模式与科学选才的永久制度化，加之清代康乾之际的文字狱运动，制造出明显的脱离政治、专事考据的学术风气，正如钱穆先生所言："江浙学风这一种的转变，虽于古经典之训释考订上，不无多少发明；但自宋以来那种以天下为己任的'秀才教'精神，却渐渐消沉了。至少他们只能消极地不昧良心，不能积极地出头担当，自任以天下之重。"② 由此可见，清代官学始终是专制政治的附属品，其进一步形塑出大量秉承理学道统、寄生于专制体制却贪图功利、惧怕清议而极少为民代言的犬儒群体。

当然，应举教育由此也正式成为明清之际官学教育的代名词，官学不仅成为专制政府所需科举人才的储备场所与培养基地，也是基层儒学士子博得功名、入仕为官，进而实现阶级跃层、光耀门庭的必经之所，因此，清政府也延续明代的文教策略，十分重视开展地方官学建设事业。同时，"地方官学在封建王朝的教化体系中起着十分重要的作用，是中央对地方推行教化的主要渠道和具体象征。地方官学，尤其是文庙，对维护封建统治的正当性、合法性，教化民众发挥了重要影响。因此，一般在新王朝建立之初，往往都会把恢复和重建地方官学作为重视文教的重要举措"③。

明清时期，绝大多数学宫均是与文庙合一的，因此，这种庙学合一的建筑

---

① 〔清〕汤成烈. 学校篇（上）[M] // 〔清〕盛康. 皇朝经世文续编：卷六十五·礼政五·清光绪二十三年（1897）武进盛氏思补楼刻本：1b-2a.
② 钱穆. 国史大纲 [M]. 北京：商务印书馆，2015：860.
③ 田建荣. 论古代地方官学与科举的关系 [J]. 考试研究，2013（4）：8.

规制与内部陈设不仅承载了祭孔等国家祭祀功能与生员教学等官学教育功能，而且通过官学藏书楼尊经阁的建造也进一步向各地民众传播着国家"崇儒重道"的文教政策与研读儒家圣贤经典而由科举入仕的人才观，由此，学宫在西南各地的建造程度即体现着清中央政府对西南边疆民族地区的文化改造力度。"清政府如此重视学宫的建设与维护，目的在于通过对孔子的尊崇和文庙的维护而实力推行教化，体现'怀柔远人'的基本思想，在多民族的西南边疆达到'建学校以化夷'的终极目的。学宫建筑庄重、朴实、肃穆，具有深厚的文化意味，可以使得当地的民众面对它们时肃然起敬，更重要的是位列其中的这些人物及他们的德行与事迹，可以让人产生敬仰和向往，从而产生强大的激励与引领的作用，这样的影响是潜移默化的。"①

对于清代西南官学而言，虽然经历了数次战争破坏，但在当地官府与乡绅的共同运作下，多数官学都得以复建或增建修，以此保证了官学教育的持续性发展，当然，其中对尊经阁的修建更是为官学藏书存贮提供了安全空间。例如，云南白盐井提举夏宗尧于康熙二十三年（1684）创建了白盐井尊经阁，其在《新建尊经阁记》中写道："今天子崇文教，而于被兵之数省，首重补制科、修文庙，以为适皇盛治。滇之南被兵尤甚，蒙制抚两台亟疏请于朝廷，为通省有司捐俸修学之典。"②

清代西南官学多数是在元、明代官学基础上修缮和增建的，而清政府也审时度势、因地制宜地增建了一些官学。在此以清代云南官学为例，"清代，云南主要维持元、明两代已建学宫，新建学宫仅27所（其中9所，仅奏设而实际未设）"③。实际上，清代云南新建官学18所，分别是：康熙六年（1667）开化府学、康熙三十九年（1700）丽江府学、康熙四十二年（1703）东川府学、康熙四十八年（1709）广南府学、雍正二年（1724）中甸厅学、雍正六年（1728）昭通府学与永善县学、雍正七年（1729）普洱府学、雍正十年（1732）镇源厅学与恩乐县学、雍正年间（1723—1735）丘北县学、嘉庆十九年（1814）思茅厅学与顺宁县学、道光元年（1821）他郎厅学、道光七年（1827）威远厅学、道光九年（1829）龙陵厅学、道光十九年（1839）大关厅学、道光二十八

---

① 杨永福. 崇儒重道与文化象征：清代云贵地区的学宫［J］. 文山学院学报，2021（4）：6.
② 〔清〕夏宗尧. 新建尊经阁记［M］// 〔清〕刘邦瑞.［雍正〕白盐井志：卷八·艺文志·记. 清雍正八年（1730）刻本：6a.
③ 云南省地方志编纂委员会. 云南省志·教育志［M］. 昆明：云南人民出版社，1995：122.

年（1848）巧家厅学。

　　值得注意的是，清代西南地区少数民族众多，因此，清廷十分重视发展儒学教育以培养少数民族人才。顺治十六年（1659），贵州巡抚赵廷臣奏请令土司子弟入官学，"今后土官应袭、年十三岁以上者，令入学习礼，由儒学起送承袭。其族属子弟愿入学者，听补廪科贡，与汉民一体仕进"①。对此，清廷议准。顺治十八年（1661），"礼部议覆，云南巡抚袁懋功疏言：'滇省土酋既准袭封，土官子弟应令各学立课教诲，俾知礼义。地方官择文理稍通者，开送入泮应试。'应如所请，从之"②。此后，康熙六年（1667），清廷在云南边陲开化府设置府学，"为清代云南新设最早的少数民族地区儒学"③。由此，传播儒学的官学逐步覆盖清代西南少数民族地区，提高了当地少数民族中上层子弟的文化教育水平，也强化了这一精英群体对清廷的政治依附与主流文化认同，从而巩固了西南边疆的安全与稳定。

　　光绪三十一年（1905），科举制度彻底退出中国历史舞台，而［光绪］《钦定大清会典事例》成书于光绪二十五年（1899），因此，该书所载清代各省官学数量应是权威可信的。由此，笔者根据该书集中梳理可知，清代西南官学由四川、云南、贵州三省的府学、州学、厅学、县学、乡学组成，共323所。其中，四川官学数量最多，共155所；云南官学数量次之，共101所；贵州官学数量最少，共67所。

　　清代四川155所官学与其学额的具体情况是：成都府学（100名）、成都县学（42名）、华阳县学（42名）、简州学（75名）、崇庆州学（75名）、汉州学（72名）、郫县学（28名）、崇宁县学（28名）、温江县学（52名）、金堂县学（49名）、新都县学（48名）、灌县学（48名）、什邡县学（48名）、新繁县学（28名）、彭县学（28名）、新津县学（28名）、双流县学（28名）、重庆府学（100名）、巴县学（52名）、江津县学（52名）、长寿县学（48名）、大足县学（48名）、永川县学（48名）、荣昌县学（48名）、綦江县学（48名）、南川县学（48名）、璧山县学（48名）、定远县学（48名）、铜梁县学（47名）、安居乡学（47名）、合州学（72名）、涪州学（72名）、江北厅学（18名）、保宁府学（100名）、阆中县学（55名）、南部县学（55名）、广元县学（52名）、苍溪县学（48名）、昭化县学（48名）、通江县学（48名）、南江县学（48名）、

---

　　① 清世祖实录：卷一百二十六［M］．清顺治十六年（1659）五月壬午：9b.
　　② 清圣祖实录：卷二［M］．清顺治十八年（1661）三月甲戌：10b.
　　③ 古永继．清代云南官学教育的发展及其特点［J］．云南社会科学，2003（2）：96.

巴州学（67名）、剑州学（72名）、顺庆府学（75名）、南充县学（52名）、西充县学（52名）、营山县学（52名）、蓬州学（66名）、广安州学（66名）、仪陇县学（48名）、邻水县学（48名）、岳池县学（40名）、叙州府学（100名）、宜宾县学（52名）、富顺县学（52名）、南溪县学（48名）、长宁县学（48名）、隆昌县学（48名）、庆符县学（48名）、筠连县学（48名）、高县学（48名）、珙县学（48名）、兴文县学（48名）、屏山县学（42名）、马边厅学（13名）、夔州府学（50名）、奉节县学（34名）、大宁县学（20名）、巫山县学（47名）、云阳县学（47名）、万县学（48名）、开县学（48名）、龙安府学（75名）、平武县学（48名）、江油县学（48名）、石泉县学（48名）、彰明县学（28名）、宁远县学（38名）、西昌县学（50名）、理州学（46名）、盐源县学（46名）、冕宁县学（38名）、越巂厅学（48名）、雅州府学（38名）、雅安县学（52名）、天全州学（28名）、名山县学（48名）、荥经县学（48名）、芦山县学（48名）、清溪县学（26名）、嘉定府学（55名）、乐山县学（56名）、峨眉县学（48名）、犍为县学（52名）、洪雅县学（52名）、夹江县学（52名）、荣县学（26名）、威远县学（26名）、潼川府学（55名）、三台县学（52名）、射洪县学（52名）、遂宁县学（52名）、盐亭县学（50名）、中江县学（50名）、蓬溪县学（48名）、安岳县学（48名）、乐至县学（48名）、绥定府学（60名）、达县学（48名）、东乡县学（48名）、新宁县学（38名）、渠县学（52名）、大竹县学（28名）、太平县学（36名）、城口厅学（18名）、眉州学（56名）、彭山县学（28名）、青神县学（28名）、丹棱县学（48名）、邛州学（75名）、大邑县学（48名）、浦江县学（48名）、泸州学（75名）、江安县学（48名）、合江县学（48名）、纳溪县学（48名）、九姓乡学（48名）、资州学（62名）、仁寿县学（49名）、资阳县学（49名）、井研县学（50名）、内江县学（52名）、绵州学（50名）、德阳县学（39名）、安县学（48名）、绵竹县学（48名）、梓潼县学（50名）、罗江县学（26名）、茂州学（38名）、汶川县学（35名）、忠州学（72名）、酆都县学（48名）、垫江县学（48名）、梁山县学（38名）、酉阳州学（40名）、秀山县学（40名）、黔江县学（48名）、彭水县学（48名）、叙永厅学（52名）、永宁县学（52名）、松潘厅学（29名）、石砫厅学（34名）、理番厅学（40名）、雷波厅学（15名）、懋功厅学（2名）。①

　　清代云南101所官学与其学额的具体情况是：云南府学（100名）、昆明县

---

① 〔清〕昆冈，等.〔光绪〕钦定大清会典事例：卷三百七十八·礼部·学校·四川学额[M].清光绪二十五年（1899）会典馆石印本：1a-7b.

31

学（60名）、宜良县学（60名）、富民县学（52名）、罗次县学（52名）、禄丰县学（52名）、易门县学（52名）、呈贡县学（55名）、晋宁州学（80名）、安宁州学（80名）、昆阳州学（75名）、嵩明州学（75名）、曲靖府学（100名）、南宁县学（60名）、沾益州学（75名）、陆凉州学（75名）、马龙州学（72名）、罗平州学（72名）、寻甸州学（80名）、平彝县学（52名）、宣威州学（48名）、临安府学（100名）、建水县学（60名）、石屏州学（80名）、阿迷州学（75名）、宁州学（75名）、通海县学（80名）、河西县学（80名）、嶍峨县学（52名）、蒙自县学（58名）、澄江府学（100名）、河阳县学（60名）、新兴州学（80名）、路南州学（72名）、江川县学（52名）、广西州学（80名）、弥勒县学（55名）、师宗县学（39名）、邱北县学（13名）、元江州学（75名）、新平县学（48名）、开化府学（94名）、安平厅学（4名）、文山县学（8名）、广南府学（70名）、宝宁县学（8名）、昭通府学（36名）、恩安县学（3名）、镇雄州学（26名）、大关厅学（2名）、永善县学（26名）、鲁甸厅学（2名）、东川府学（50名）、巧家厅学（4名）、会泽县学（8名）、楚雄府学（100名）、楚雄县学（60名）、镇南州学（75名）、南安州学（72名）、广通县学（52名）、定远县学（55名）、黑盐井学（24名）、琅盐井学（24名）、姚州学（80名）、大姚县学（60名）、白盐井学（36名）、武定州学（80名）、禄劝县学（54名）、元谋县学（52名）、景东厅学（100名）、大理府学（100名）、太和县学（60名）、浪穹县学（60名）、赵州学（80名）、邓川州学（80名）、云南县学（55名）、宾川州学（75名）、云龙州学（72名）、永昌府学（100名）、保山县学（58名）、龙陵厅学（4名）、永平县学（52名）、腾越州学（80名）、顺宁府学（72名）、顺宁县学（28名）、云州学（72名）、缅宁厅学（2名）、蒙化厅学（100名）、永北厅学（100名）、丽江府学（48名）、中甸厅学（2名）、丽江县学（27名）、维西厅学（2名）、鹤庆州学（80名）、剑川州学（80名）、普洱府学（58名）、思茅厅学（3名）、宁洱厅学（3名）、他郎厅学（2名）、威远厅学（2名）、镇沅厅学（52名）。①

  清代贵州67所官学与其学额的具体情况是：贵阳府学（100名）、贵筑县学（60名）、定番州学（72名）、贵定县学（52名）、修文县学（52名）、广顺州学（68名）、开州学（68名）、龙里县学（48名）、安顺府学（98名）、郎岱厅学（40名）、普定县学（52名）、清镇县学（52名）、安平县学（52名）、镇宁

---

① ［清］昆冈，等．［光绪］钦定大清会典事例：卷三百八十·礼部·学校·云南学额［M］．清光绪二十五年（1899）会典馆石印本：1a-6a．

州学（72名）、永宁州学（70名）、兴义府学（72名）、贞丰州学（8名）、兴义县学（48名）、普安县学（48名）、安南县学（48名）、都匀府学（92名）、都匀县学（48名）、清平县学（48名）、独山州学（60名）、麻哈州学（64名）、荔波县学（8名）、八寨厅学（22名）、镇远府学（100名）、镇远县学（48名）、黄平州学（75名）、施秉县学（52名）、天柱县学（52名）、思南府学（100名）、安化县学（52名）、印江县学（48名）、婺川县学（48名）、思州府学（96名）、玉屏县学（48名）、青溪县学（48名）、石阡府学（97名）、龙泉县学（48名）、铜仁府学（92名）、铜仁县学（48名）、黎平府学（103名）、开泰县学（57名）、锦屏乡学（38名）、永从县学（48名）、古州厅学（22名）、大定府学（98名）、威宁州学（80名）、黔西州学（75名）、平远州学（60名）、毕节县学（55名）、水城厅学（17名）、遵义府学（90名）、遵义县学（55名）、正安州学（72名）、绥阳县学（52名）、桐梓县学（48名）、仁怀县学（38名）、平越州学（108名）、余庆县学（48名）、瓮安县学（52名）、湄潭县学（52名）、仁怀厅学（20名）、普安厅学（58名）、松桃厅学（8名）。[①]

清廷对各级官学学额有明确规定，据此可知清代西南地区各地官学生员的大致数量。"顺治四年定，各省儒学视人文多寡，分大、中、小学，取进童生，大学四十名，中学三十名，小学二十名。又定，直省各学廪膳生员，府学四十名，州学三十名，县学三十名，卫学十名，增广生名额数同。十五年题准，直省取进童生，大府二十名，大州县十五名，小学或四名、或五名。康熙九年题准，各省直取进童生，大府、州、县仍旧。中学十二名，小学或八名、或七名。"[②] 至咸丰三年（1853），清廷因镇压太平天国运动而军费紧张，其广开捐纳之门导致官学学额增多，加之鸦片战争后西学渐兴而官学衰落，官学学额已失去原有的教育指标意义。

由此，根据［光绪］《钦定大清会典事例》所载清代四川、云南、贵州各级官学学额可推算出，清代西南官学学额共17006名。其中，四川官学学额7443名，云南官学学额5635名，贵州官学学额3928名。从下文所述清代西南官学藏书数量可知，这类教育文献资源与官学学额总量相比无疑是相对较少的，

---

① 〔清〕昆冈，等．［光绪］钦定大清会典事例：卷三百八十·礼部·学校·贵州学额［M］．清光绪二十五年（1899）会典馆石印本：15a-18b．
② 〔清〕昆冈，等．［光绪］钦定大清会典事例：卷三百七十·礼部·学校·学额通例［M］．清光绪二十五年（1899）会典馆石印本：1a-1b．

这也进一步体现出官学藏书的珍贵之处。

按照清廷的统一规定，清代西南官学不仅要实行六等黜陟法，对生员岁考进行分等奖罚，而且实行针对生员的月课、季考制度。"教官考校之法，有月课、季考，四书文外，兼试策论。翌日讲大清律刑名、钱谷要者若干条。月集诸生明伦堂，诵训饬士子文及卧碑诸条，诸生环听。除丁忧、患病、游学、有事故外，不应月课三次者戒饬，无故终年不应者黜革。试卷申送学政查覆。"① 由此可知，月课与季考仍以考查生员对官学藏书所载儒学话语与知识体系的学习掌握情况为主。其中涉及的《钦定四书文》《大清律》《训饬士子文》及卧碑等，均是清代西南官学藏书中的必备典籍。

---

① 赵尔巽，等. 清史稿：卷一百六·志八十一 [M]. 北京：中华书局，1976：3116.

34

第二章

清代西南官学藏书的来源

清代官学藏书来源分为朝廷颁赐、官员购置、官绅捐赠等，对于清代西南官学藏书来说，其来源亦未出此范围，但因西南地区的历史特殊性，与中原地区距离较远，同时，相较而言经济不甚发达，刻书、藏书传统氛围更无法与中原地区相提并论，而四川、云南、贵州三省之间及各省内各地区之间在经济发展与文教传统方面，亦呈现出较大的不平衡性。因此，清代西南官学藏书的来源以体现官方权威的朝廷颁赐为主，以官方购置为辅，并以官绅捐赠为有益补充。

第一节 以朝廷颁赐为主

专制制度的本性即把控一切社会资源而为某一利益集团所用，其必然会对文化教育实施全方位覆盖，而层层叠叠的行政系统便将以帝王意志为主导的官方意识形态传输至国家的各个角落，其中，最有效和最直接的传播手段便是官学教育。官学教育有助于实现服从意识的代际传递，形成士子群体的价值观塑造与一切唯上的社会认知传统，以利于巩固专制统治的千秋基业。官方审定的统一的儒学教科书即科举考试的唯一参考资料，由此，控制了教科书即相当于控制了其时知识分子的教育内核与主流就业渠道。基于此，官学藏书的主要来源必然是朝廷即中央政府的统一颁赐。对此，康熙年间浙江巡抚赵士麟（1629—1699）作《新建河阳县学尊经阁记》曰："至宋，周、程、张、朱诸大儒明于斯道，乃取《诗》《书》《易》《礼》《春秋》而阐明之，若揭日月于中天，庠序育才，师儒讲学一以尊之。我国家肇造，颁六经于学宫，明一经者，皆得与于明经，乡会之试登进而用之。皇上崇儒重道，细旃之上于六经四子之书，日有讲，著有义，颁行天下兼赐内外诸大臣，故文治之盛莫加焉。"① 同时，为了扩大官方审定、朝廷颁赐的儒学书籍的阅读受众与传播范围，清政府还要求坊间书贾加入刊刻行列，但前提是必须以朝廷颁赐儒学书籍即官学藏书为底本。对此，清代四川、云南、贵州方志所载各府、州、厅、县学藏书书目中，均在开篇列举"御颁""钦颁"书籍。

首先，清政府向各直省颁赐儒学典籍，明确规定原本存于学宫。康熙四十五年（1706），清政府首次向各直省颁赐儒学典籍："朕制《古文渊鉴》《资治通鉴纲目》等书，皆已刷印颁赐大臣。此等书籍，特为士子学习有益而制，可速颁行直省。凡坊间书贾有情愿刊刻售卖者，听其传布。"②

此后，清廷在康熙五十二年（1713）、康熙五十四年（1715）、雍正元年（1723）、雍正二年（1724）、雍正八年（1730）、乾隆元年（1736）、乾隆三年（1738）、乾隆六年（1741）、乾隆十五年（1750）、乾隆二十九年（1764）、乾隆三十年（1765）、咸丰六年（1856）、同治二年（1863）、光绪四年（1878），共14次向各直省颁赐典籍。例如，[道光]《贵阳府志》载："我朝乾隆元年，颁《圣祖仁皇帝律书渊源》于直省书院及所属各学，又命各省督抚以公帑购《十三经》《二十一史》交各学教官，藏于尊经阁。九年，又命各省督抚藩司刷印从前御纂诸书，每种二部颁之各学，其御纂三礼俟告成后，再行颁发。二十九年，颁御纂《周易述义》《诗义折中》《春秋直解》各一部于直省，令依式锓版，原书即庋藏学宫。三十年，颁《御制诗初集二集》《御制文初集》各一部于直省，照经书之例。"③ 这一记载表明，清政府颁赐各省的典籍多为一部、二部，再由各省督抚组织或招募书贾以此样书雕版印刷数部颁发于府、州、县官学，而各省获颁的内府刻本样书则存于官学学宫。

乾隆四年（1739）二月，"谕：朕前降旨，内廷编纂刊刻诸书许各省翻刻刷印，广为传布。盖以五经、通鉴等书为士子诵读所必需，而内廷纂刻者实为善本，可以裨益后学，为艺苑之津梁也。至朕所制《乐善堂全集》及《日知荟说》，乃就朕所知所见，著为文辞，其能阐发圣贤之义蕴与否，究未能自信。年来颁赐廷臣，亦不过令其阅看，岂可与经史并列，令天下士子奉为诵习之资乎?

---

① [清]赵士麟．读书堂彩衣全集：卷九·记[M]．清光绪十九（1893）浙江书局刻本：3b．

② [清]童璜，等．钦定学政全书：卷二十二·颁发书籍[M]．清嘉庆十五年（1810）刻本：1a．

③ [清]周作楫，[清]萧琯，[清]邹汉勋．[道光]贵阳府志：卷四十二·略三·学校略·第四上[M]．清道光二十年（1840）刻咸丰二年（1852）补刻本：18a–18b．

今巡抚石麟、法敏先后奏请颁发二书，欲为翻刻流传，是不知朕心之甚矣。二臣既有此奏，恐他省踵至者不少，朕一一批示不胜其烦，特降此旨，谕令共知之"①。由此可见，乾隆帝执政之初还对廷臣的赐书之请表现出象征性的谦虚，并用"不胜其烦"来表达专制君主那欲扬先抑式的得意与炫耀。实际上，乾隆朝《乐善堂全集》等书早在乾隆二年（1737）即已颁赐至各地官学。乾隆二年（1737）九月，"丁酉，颁赐《圣祖仁皇帝御制文集》《世宗宪皇帝朱批上谕》《御制乐善堂集》各十部于官学，从翰林院侍读学士春台请也"②。乾隆朝《乐善堂全集》及《日知荟说》在清代西南官学藏书中比比皆是。在此仅举一例，在乾隆二十一年（1756）刻本《琅盐井志》所载提举司学藏书中有："书籍：……《古文渊鉴》一部四套共二十四本，《御制乐善堂》一部二套共十二本，……"③ 琅盐井是清代云南重要的盐场之一，虽人口稀少，但仍藏有《御制乐善堂集》，由此可见清廷颁赐典籍早已深入清代西南边陲的各级官学之中。

乾隆二十九年（1764）七月，"谕：前辑《周易述义》《诗义折中》《春秋直解》告成，于从来传注离合异同之处，参稽是正，允宜津逮士林，而校刊讫工，未经颁发，著将此三书每省各颁一部，依式锓版流传，俾直省士子咸资诵习，其原本庋藏学官，以示嘉惠广励至意。该衙门即遵谕行"④。由此可进一步确认，清政府颁赐各直省典籍原本均藏于学官，官学藏书多为校印精良的武英殿刻本。

其次，为了进一步扩大这些颁赐典籍即官学藏书的受众范围，清政府数次下令各直省以官学藏书为底本组织刻印，以利于广大士子学习与传播。在此基础上，谕令各地组织坊间书贾广为翻刻，以扩大这些官学藏书的流通范围。对此，最具代表性的是乾隆帝执政之初发布的谕令。乾隆元年（1736），谕曰："命广布御纂经书，定生员试经解。谕总理事务王大臣，从来经学盛，则人才多，人才多，则俗化茂。稽诸史册，成效昭然。我皇祖圣祖仁皇帝道隆羲顼，学贯天人，凡艺圃书仓靡不博览，而尤以经学为首重，御纂《周易折中》《尚书汇纂》《诗经汇纂》《春秋汇纂》等编，又有《朱子全书》《性理精义》，正学昌明，著作大备。我皇考世宗宪皇帝至德同符，孝思不匮，特敕直省布政司将诸

---

① 清高宗实录：卷八十七［M］．清乾隆四年（1739）二月甲午：2b-3a．
② 清高宗实录：卷五十［M］．清乾隆二年（1737）九月丁酉：33b．
③〔清〕孙元相，〔清〕赵淳．［乾隆］琅盐井志：卷三·学校［M］．清乾隆二十一年（1756）刻本：4b．
④ 清高宗实录：卷七百十四［M］．清乾隆二十九年（1764）七月辛酉：12b．

书敬谨刊刻，准士子赴司呈请刷印。盖欲以广圣教，振儒风，甚盛典也。乃闻各省虽有刊板，而士子刷印寥寥，盖由赴司递呈，以俟批发，既多守候之劳，且一生所请不过一部，断不能因一部书而特为发板开刷，士子所以欲多得书而其势不能也。朕思诸书实皇祖惠教万世，皇考颁行天下之典籍，安可不广为敷布？著直省抚藩诸臣加意招募坊贾人等，听其刷印，通行鬻卖，严禁胥吏阻挠需索之弊，但使坊贾皆乐于刷印，斯士子皆易于购买。庶几家传户诵，足以大广厥传。朕又思圣祖仁皇帝四经之纂，实综自汉迄明二千余年群儒之说而折其中，视前明大全之编仅辑宋元讲解，未免肤杂者相去悬殊。各省学臣职在劝课实学，则莫要于宣扬圣教以立士子之根底。每科岁案临时，豫饬各该学，确访生童中有诵读御纂诸经者，或专一经，或兼他经，著开名册，报俟考试文艺之后，该学政就四经中斟酌旧说，有所别异处摘取数条，另期发问，只令依义条答，不必责以文采，有能答不失指者，所试文稍平顺，童生即予入泮，生员即予补廪以示鼓励。务宜实力奉行，以副朕尊经育才之意。"①

首先，乾隆帝意在发扬经学而培育人才。其次，其途径是通过康熙帝、雍正帝御纂《周易折中》《尚书汇纂》《诗经汇纂》《春秋汇纂》《朱子全书》《性理精义》等儒学典籍对天下士子实行定向灌输。再次，以上御纂儒学典籍颁予各直省并存于官学，这一方面保证了官学藏书的权威性与稀有性，另一方面也极大地限制了官学生员以外士子的阅读权利。因此，为了打破官学藏书在科举教材方面的垄断性，乾隆帝谕令各直省主动招募民间书坊依官学所藏颁赐典籍底本广为刊行，并要求严查胥吏勒索等行政潜规则以提供行政管理保障，提高书贾刊刻热情并降低成本，从而切实扩大士子阅读范围与官学藏书的受众范围。此外，要求各级官学在选拔生员时降低经学考试要求，以继续巩固经学典籍的吸引力与权威性。由此，朝廷颁赐的儒学典籍即在数量与种类方面占据了清代西南官学藏书的主流地位。

在清代四川官学藏书来源中，朝廷颁赐书籍占据绝对的主流地位。例如，[嘉庆]《汉州志》对州学藏书来源明确写道："雍正二年钦颁敕谕一道，乾隆二年钦颁敕谕一道、上论一篇，由国子监敬谨刊刻，通行颁发直省学政，转发各儒学师生咸资诵习，以广教思。恭藏奉旨颁发各种全书名目。"②

乾隆间，四川威远县学藏书均来自朝廷颁发。据[乾隆]《威远县志》载：

---

① 清高宗实录：卷十七 [M]．清乾隆元年（1736）七月辛卯：19a-21a．
② 〔清〕刘长庚．[嘉庆] 汉州志：卷十二·学校 [M]．清嘉庆十七年（1812）刻本：12b-14b．

"典籍：原颁《学政全书》一部，续颁《钦定学政全书》一部，续增《学政全书》一部，《大清律》一部，《上谕》一部，《御纂诗义折中》一部，《御纂春秋直解》一部，《御纂周易述义》一部，以上系儒学存贮书籍。"① 同治年间，德阳县学藏书颇为丰富，"恭藏康熙、雍正、乾隆三朝奉旨颁发书籍，于直省学政转发各儒学师生咸资诵习，以广教思"②。

清代云南官学藏书也主要来自朝廷颁赐。康熙年间，云南政局初定，各地官学藏书稀少且主要来自朝廷颁赐。例如，安宁州学藏书为："经籍：本朝新颁《四书解义》一部，《书经》一部。"③ 禄丰县学藏书与来源情况与安宁州相同，据康熙《云南府志》载："经籍：本朝新颁《四书解义》一部、《书经》一部。"④

乾隆三十二年（1767），云南县学藏书情况为："钦颁典籍：《圣谕广训》二本，《日讲四书》一部，《尔雅》《春秋汇纂》《上谕》二本，《五经文》五部，《学政全书》一部，《御纂性理》《资治通鉴》《明史》《近思录》《通志》四部，《本朝四书文解》《明四书文》《古文渊鉴》，各部《仪注》《斯文精萃》《五华四书大全》《书经传说》《大清律例》《四书制义》《名教罪人诗》。"⑤

较有特色的是白盐井提举司学藏书，[乾隆]《白盐井志》对官学藏书情况描述为："颁存书籍：《上谕》一部又一部，《驳吕留良四书讲义》一部，《御纂书经》一部，《诗经》一部，《春秋》一部，《性理精义》一部，《四礼》一本，《四礼翼》一本，《小学纂注》一本，《吕子节录》一套，《斯文精萃》一部，《资治纲目》十二套，《尔雅注疏》一套，《乡饮酒礼》一本，《大学衍义辑要·补辑要》共一套，《近思录》一部，《钦定四书文》一部，《乐善堂集》二套，《明史》一部十二套，《学政全书》一套，《御纂资治通鉴纲目》一部，《四书大全》一部六套。"⑥ 由此可见，白盐井提举司学藏书均来自朝廷颁赐。

---

① 〔清〕李南晖，〔清〕张翼儒.［乾隆］威远县志：卷三·建置志［M］.清乾隆四十年（1775）刻本：27b-28a.
② 〔清〕何庆恩，〔清〕刘宸枫，〔清〕田正训.［同治］德阳县志：卷十五·学校［M］.清同治十三年（1874）刻本：11b-16b.
③ 〔清〕张毓碧，〔清〕谢俨.［康熙］云南府志：卷九·学校志［M］.清康熙三十五年（1696）刻本：8b-9a.
④ 〔清〕张毓碧，〔清〕谢俨.［康熙］云南府志：卷九·学校志［M］.清康熙三十五年（1696）刻本：9b.
⑤ 〔清〕李世保，〔清〕张圣功，〔清〕王在璋.［乾隆］云南县志：卷二·学校［M］.清乾隆三十二年（1767）刻本：15b-16a.
⑥ 〔清〕郭存庄.［乾隆］白盐井志：卷二·学校［M］.清乾隆二十三年（1758）刻本：6b.

清代贵州官学藏书来源即以朝廷颁赐为主。贵阳府是贵州的经济、政治、文化中心，因此，贵阳府学的藏书来源相对来讲最具代表性。据［道光］《贵阳府志》载："学有尊经阁以贮书籍，自宋大观二年始。元、明尚未改其制，永乐中，又命儒臣辑《五经》《四书》《性理大全》颁于学校，于是学宫之书寖广矣。我朝乾隆元年，颁圣祖仁皇帝《律书渊源》于直省书院及所属各学，又命各省督抚以公帑购《十三经》《二十一史》，交各学教官，藏于尊经阁。"① 由此可知，贵阳府学藏书不仅有来自前朝尤其是明朝的府学藏书遗存，而且应以入清之后中央政府的历次颁赐为主。

再以道光年间贵州安平县为例，其时县学藏书情况为："恭记钦颁学校书目：《文庙祭器图》一本，《先贤先儒位次》一本，《钦定乐章》一本，《钦定各坛庙祭文》一本，《御纂性理精义》一套，《古文渊鉴》一部共二十四本，《钦定十三经》一十二函共一百二十本，《钦定三礼义疏》二十五函共一百八十一本，《钦定大学衍义》二部每部十本，《学政全书》八本，《御纂日讲四书解义》一部，《朱子全书》一部，《上谕》一部二十四本，《臣鉴录》一部计二十本，《御纂资治通鉴纲目三编》一部共四本，《御纂明史》一部共一百一十二本，《圣谕广训万言谕解注》一部计二本，《钦定四书文》一部，《乡饮酒礼仪注》一本，《钦定诗经传说》一部、《书经传说》一部、《春秋传说》一部、《周易折中》一部共九十六本，《御纂孝经·近思录》一部计三本，《驳吕留良四书讲义》一部。乾隆六年宪发《贵州通志》一部。道光四年宪发宋版《五经》一部。"② 由此明显可见，该县学藏书几乎均来自朝廷颁赐书籍，而对于经济不甚发达的贵州来说，其各地府、州、县学的藏书来源均与之类似。

---

① 〔清〕周作楫，〔清〕萧琯，〔清〕邹汉勋.［道光］贵阳府志：卷四十二·略三·学校略·第四上［M］.清道光二十年（1840）刻咸丰二年（1852）补刻本：18a.
② 〔清〕刘祖宪，等.［道光］安平县志：卷六·学校［M］.清道光七年（1827）刻本：17a-18a.

第二节 以官方购置为辅

清代地方官学的经费基本来自学田租金收入,其可用于府、州、县学自行购置所需藏书。例如,据［宣统］《恩安县志》载:"新增书籍(乾隆三十七年,知县饶梦铭以三十七、八两年学租变费买书,存书于学):《四书大全》一部,《昭明文选》一部,《左翼》一部,《左绣》一部,《近思录》一部,《史记》二部,《五经注解体注》各二部,《吴楼村诗集》一部。"① 由此可见,乾隆三十七年(1772)恩安知县饶梦铭使用学田租金为官学购置了8种典籍。

同时,也有很多地方官员出于主政一方的责任感、惠及桑梓的荣誉感、留名青史的功利心、声誉远播的政治观,主动捐俸或牵头组织下属及士绅出资为官学购买相关书籍,经由此类行政手段的强力推动与上行下效式的正面示范,使得各地府、州、厅、县学藏书得到有效补充。此外,清政府也明令各直省官员应从地方财政中拨发专款为官学购置书籍。对此,据《清高宗实录》载,乾隆元年(1736)三月,"协办大学士三泰奏请,颁发《十三经》《二十一史》各一部于各省会府学中,令督抚刊印,分给府、州、县学。部议:应令督抚于省会书院及有尊经阁之府、州、县,就近动项购买颁发。从之"②。

乾隆年间,江南进士陈克绳出任四川保县知县,感慨于当地远离中原儒文化核心区,因藏书紧缺而导致文教发展缓慢,因此,也致力于计划为当地购置儒学典籍以充实官学藏书。陈克绳在其编纂的［乾隆］《保县志》中详列了这份书单:

《御纂性理精义》《御纂周易折中》《钦定书经传说汇纂》《钦定诗经传说汇纂》《钦定春秋传说汇纂》《钦定小学·孝经·三礼》。现在奉敕纂修《十三经注疏》。《汉上易传》(宋·朱震)、《周易玩辞》(宋·项安世)、《周易辑闻》(宋·赵汝棋)、《易纂言》(元·吴澄)、《周易集注》(明·来知德)、《尚书全解》(宋·林之奇)、《禹贡集解》(宋·傅寅)、《书蔡传旁通》(元·陈师凯)、《书集傅纂疏》

---

① 〔清〕汪炳谦.［宣统］恩安县志:卷四·学校［M］.清宣统三年(1911)抄本:4a-4b.
② 清高宗实录:卷十四［M］.清乾隆元年(1736)三月丁未:25a.

（元·陈栎)、《尚书通考》（元·黄镇成)、《四书辑释》（元·倪士毅)、《大学衍义补》（明·邱浚)、《陆氏三鱼堂大全》（本朝汪份)、《四书困勉录》（本朝陆陇其)、《性理要解》（明·蔡清)、《读朱随笔》（本朝陆陇其)、《御批资治通鉴纲目全书》、《御定子史精华》、《御定诸史提要》、《钦定古文渊鉴》、《钦纂朱子全书》、《御定历代赋汇》、《御纂律书渊源》、《御定文献通考纪要》、《御定明文》、《御制乐善堂文集》、《御制日知荟说》、《钦颁明文》、《大清会典》、《禹贡锥指》（本朝胡渭)、《毛诗集解》（宋·李枢、黄櫄)、《诗辑》（宋·严粲)、《诗经疑问》（元·朱倬)、《诗经解缋》（明·季本)、《春秋尊王发微》（宋·孙复)、《春秋经筌》（宋·赵鹏飞)、《春秋诸传会通》（元·李廉)、《春秋辨义》（明·卓尔康)、《三礼图》（宋·聂崇义)、《仪礼图》（宋·杨复)、《周礼订义》（宋·王与之)、《仪礼集说》（元·敖继公)、《三礼类编》（明·李经纶)、《周礼全解》（明·张采)、《礼记陈氏集说补正》（本朝成德)、《六经图考》（明·陈仁锡)、《孝经集解》（明·曹瑞)、《孝经本义·大全·或问》（明·吕维祺)、《大学衍义》（宋·真德秀)、《二十一史》、《杜氏通典》、《郑氏通志》、《马氏通考》、《班马异同》（宋·刘辰翁)、《新旧唐书折衷》（明·袁祥)、《历代通鉴纂要》（明·李东阳等)、《诸史会编》（明·金濂)、《资治通鉴补》（明·严衍)、《十九史节定》（明·安都)、《史类》（明·吴琯)、《函史》（明·邓元锡)、《学史会同》（明·邵经邦)、《荆川八编》（明·唐顺之)、《经济类编》（明·冯琦)、《续文献通考》（明·王圻)、《汉魏丛书》（明·屠龙)、《图书编》（明·章潢)、《日知录》（本朝顾炎武)、《律吕新书直解》（明·韩邦奇)、《律吕正声》（明·王邦直)、《乐律全书》（明·朱戴堉)、《钦定四书文》《唐文粹》《宋文鉴》（宋·吕祖谦)、《元文类》《古文关键》（宋·吕祖谦)、《崇古文诀》（宋·楼编)、《文章正宗》（宋·真德秀)、《文章轨范》（宋·谢枋得)、《唐宋八大家文抄》（明·茅坤)、《文选》《续文选》（明·胡震亨)、《文苑英华》（本朝宫梦仁选本)、《论衡表衡策衡》（明·茅维)、《策海正传》（明·唐顺之)、《策学会元》（明·戴鳖)、《十科策略》（明·刘定之)、《类字判章》、《御选四朝诗》、《御定全唐诗》、《御定广群芳谱》、《御定佩文韵府》、《诗源辨体》（明·许学夷)、《乐府源》（明·徐献忠)、《校汉魏诗》（明·

何景明)、《唐诗品汇·唐诗正声》(明·高棅)、《风雅逸编·选诗外编·五言律祖·近体始音·诗林振秀》(明·杨慎)、《古经诗删唐诗选》(明·李于麟)、《唐诗正体·宋诗正体·明诗正体》(明·符观)。

保处万山荒僻中,学无斋舍,士少藏书。余故取吾浙敷文书院书目开载于右,盖待有志者知所购求云。书目,元程畏斋先生所定,本朝陆清献公补,今之书院鲁山长又补之。①

纵观陈克绳为地处西南边陲的保县开列的这份长长的书单,其自身的文化优越感跃然纸上。陈克绳以其家乡即儒文化底蕴深厚、文教科举十分发达的江浙地方为标准,参照江南著名书院浙江杭州敷文书院藏书目录,为学无斋舍、士少藏书的保县确定了官学购书目录,这显然是脱离当地经济实力与文教环境等实际情况的。实际上,陈克绳开列的这份书单,对于清代四川、云南、贵州三省官学来说都是遥不可及的。经此官学藏书书目方面的对比,也显现出清代西南地区与江浙地区在文教发展方面的明显差距。

清光绪年间,四川越巂厅学藏书业已出现有目无书、书籍散佚等情况,为此,光绪二十七年(1901)出任同知的孙锵为厅学购置了一批新书。"厅署所存各种久已有目无书,与各厅州县例载书目无甚区别,盖据礼房所呈须知册也。学署所存十二种系前总督部堂吴给发,迄三十余年,颇有残缺。余以光绪二十七年八月履任,见其士风夐陋,特购新书散给诸生并筹款另购多种存贮书院,以备诸生借阅。虽远道寄购未皆纯备,而披沙拣金不无可采,比诸空目无宁过而存之。况朝廷百度维新,编书日出,后来颁发企踵可溪,兹将本省各宪新颁诸书报与夫筹购各种开列于后,以资先导,他日增置图书仪器,经理学务者其各赓续登载可也。"② 其中,学署藏书由前任四川总督吴棠(1813—1876)颁发,但30余年过后,藏书早已残缺不全。见此情形,同知孙锵为厅学购置了新书。

在云南官学藏书中,官方购置亦是主要来源之一。例如,康熙年间云南武定府学藏书即由知府王清贤主持购置。据〔康熙〕《武定府志》载:"尊经阁藏

---

① 〔清〕陈克绳.〔乾隆〕保县志:卷四·学校·经籍[M].清抄本:29a-34b.
② 〔清〕马忠良,〔清〕马湘,〔清〕孙锵.〔光绪〕越巂厅全志:卷五·学校上[M].清光绪三十二年(1906)越巂厅厅署铅印本:5a-5b.

书：《四书》《五经》《性理》《通鉴》《忠经》《孝经》，以上诸书，知府王清贤购备。"① 永北直隶厅学藏书，据［光绪］《续修永北直隶厅志》载："置备书籍，光绪十七年由公筹款买。"②

清末之际，云南马龙县学藏书为："经籍：按，县属旧志，曰所存经籍颇多，遭清咸同年兵燹，都归煨烬。自清光绪二十九年学正武之铭率通学士子由膏火存项款，同县清增生王维经赴省购置先存学署，讫因儒学裁撤，移县存公署，残缺遗失在所难免，守土者颇爱而惜之，乃于民国六年（1917）正月，命移置高等小学校内交由劝学员长保管，以便学子课余得就近参观焉。"③ 由此可知，马龙县学藏书亦难逃兵燹，即便马龙县地处边疆，但当地学正、儒生仍高度重视儒学教育，于是在光绪二十九年（1903）前往昆明购置书籍。这也反映出两方面问题：一方面，因地域距离中央政府较远，其时身处边陲的云南对中原地区政治乱局与风云变幻尚不敏感，在文教政策执行方面未受过多影响，更未显现出分离倾向；另一方面，云南虽属于多民族聚居区域，但中央政府的文教政策在该地早已浸润颇深，儒学教育已形成覆盖至县域的社会风气。

康熙年间，官至大理寺卿的马士芳为其家乡贵州印江县文昌阁题写碑记曰："印江僻在荒裔，考古舆图志，属武陵郡，人文风土不异中原，病在田亩狭而民鲜储蓄，书籍乏而士寡取资。前已医之得效，今已医之又得效，继予而医者，不知为谁。大抵开荒芜、广树植、治葛养蚕、点茶种芋，以及购经史子集以博其辞章，阐周程朱张以昌明其理学，皆印邑当急自医欤。余欲为印邑医而未逮者，总以俟夫后之君子，操华扁善技，补泄而调济之，以俾而寿而康。"④ 其中，马士芳指出印江虽处边疆，且文化方面与中原相同，皆为儒家文化占主导地位，但之所以发展相对滞后，长期以来当地书籍匮乏而导致士子无力研学是主要原因之一。因此，马士芳身体力行地为当地购置儒学典籍，并希冀继任诸君继续在儒学书籍购置方面不遗余力。

---

① 〔清〕王清贤，〔清〕陈淳.［康熙］武定府志：卷三·学校［M］.清康熙二十八年（1689）刻本：30a.
② 〔清〕叶如桐，〔清〕秦定基，〔清〕刘必苏，等.［光绪］续修永北直隶厅志：卷四·学校志·庙学［M］.清光绪三十年（1904）刻本：30a.
③ 王懋昭.［民国］续修马龙县志：卷七·学校·经籍［M］.民国六年（1917）铅印本：6a.
④ 〔清〕郑士范.［道光］印江县志：卷上·祠祀志［M］.清道光十七年（1837）刻本：9a.

贵阳府学藏书中即有"《方舆纪要》一部,道光二十六年总督贺长龄购留"①。贺长龄(1785—1848),字耦庚,号西涯,晚号耐庵,清湖南善化(今长沙)人,原籍浙江会稽(今绍兴)。嘉庆十三年(1808)进士,选庶吉士,授编修。道光元年(1821),出任江西南昌知府,历山东兖沂曹济道、江苏按察使、布政使。道光七年(1827),署山东巡抚。道光十六年(1836),任贵州巡抚。道光二十五(1845),擢云贵总督,兼署云南巡抚。道光二十七年(1847),乞病归。后因云南平乱不力褫职。工文章,有《耐庵文集》《耐庵诗存》等,辑有《皇朝经世文编》《经世文粹》《江苏海运全案》。贺长龄主政云贵之际,正值第一次鸦片战争结束不久,经世致用再次成为其时学术文化的主流思潮,朝野上下纷纷关注世界地情,而儒学士人对舆地之学的重视程度亦达到顶峰。由此,贺长龄于道光二十六年(1846)购置了一部清初地理学家顾祖禹(1631—1692)的军事地理学代表作《读史方舆纪要》,亦称《二十一史方舆纪要》,该书共130卷并附录《舆图要览》4卷,共280余万字。该书对中国历代都邑形势、山川险要、战守事迹、河渠水利等予以详细梳理,尤其突出古今用兵、战争攻守等舆地内容,因其具有浓厚的军事地理特点,张之洞《书目答问》将其归类为兵书。贺长龄为府学购置此书,不仅是其时以经世致用为核心学术儒学风潮在中原复兴后,迅速传播至西南边疆的有力证明,而且该书亦会对贵阳乃至贵州儒学士人的知识视野与学术价值观构建起一定的塑造引导作用。

贵州思州府学于明末毁于兵燹,至"康熙六年,知府陈龙岩重建,规制具备,置铜尊、铜炉。十一年,知府李敷治置笾、豆、簠、簋、锡爵、盏各一,百锡炉瓶全钟一,讲鼓一,并五经、四书、七书、通鉴、性理、字汇各全部"②。可见,康熙十一年(1672),思州府知府李敷治在府学重建五年后,牵头为府学购置了一些科举必备典籍。

---

① [清]周作楫,[清]萧琯,[清]邹汉勋.[道光]贵阳府志:卷四十二·略三·学校略·第四上[M].清道光二十年(1840)刻咸丰二年(1852)补刻本:20a.
② [清]鄂尔泰.[乾隆]贵州通志:卷九·营建·学校[M].清乾隆六年(1741)刻嘉庆间增刻本:8a-8b.

第三节　以官绅捐赠为有益补充

四川中江县学藏书存贮于尊经阁，尊经阁于道光十六年（1836）重修完毕，经清查得知，官学藏书早已残缺不全，于是该县绅士捐资购补典籍以充实官学藏书。据［道光］《中江县新志》载："道光十七年，查得儒学旧存书籍大半遗失，间有存者亦多残阙（缺），首领绅士等复捐资购补贮藏阁上，署知县段荣恩酌定章程，与文庙祭器礼服等项共立印簿四本，一存县署，二存两学，一交首领绅士互相稽察，毋仍损失。"① 此后，"光绪间，川督吴捐发《四史》，邑令赵捐置并提公款余赀所购及学校改制增购诸书，是为乙种，皆存贮县立高等小学校"②。由此可知，光绪初年，中江县学接收了时任四川总督吴棠捐置的《四史》，之后，光绪十一年至光绪十三年（1885—1887）任中江知县的赵源浚又捐赠了一批书籍。

四川嘉定州学的一部分藏书即来自上川南道参议张能鳞的捐赠。张能鳞（1617—1702），字玉甲，号西山，亦号西山燕人③，顺天宛平人。顺治四年（1647）进士，授仁和知县，后迁礼部主客司主事、仪制司员外郎。顺治十一年（1654）授江南提学按察司佥事。顺治十八年（1661）任上川南道参议，驻节嘉定州七年余，奉裁。康熙十三年（1674）补山东按察司分巡青州海防道参议。康熙十八年（1679）举博学鸿儒未果。康熙二十六年（1687）致仕，诰授光禄大夫。其勤于著述，著有《孝经衍义》《诗经传说取裁》《峨眉志略》《理学宗要》《儒宗理要》《西山集》《孝经衍义补删》《青齐政略》等。张能鳞不仅组织修复了包括尊经阁在内的嘉定州学宫，而且专门派人前往南京购置典籍并捐置于尊经阁。据张能鳞组织纂修的［康熙］《嘉定州志》载："又发人白下，购《十三经》凡十三套，《二十一史》凡四百二十七本，《文献通考》凡一百本，《宪章录》凡八本，《大学衍义》凡十六本，《儒宗理要》凡十本，《通鉴白眉》

---

① 〔清〕杨霈，〔清〕李福源，〔清〕范泰衡.［道光］中江县新志：卷二·建置志·学校［M］.清道光十九年（1839）刻本：65a.
② 苏洪宽，陈品全.　　［民国］中江县志：卷十三·政事下·学校［M］.民国十九年（1930）日新印刷工业社铅印本：6b.
③ 〔清〕刘如汉.高幖书院记［M］//〔清〕张能鳞，〔清〕彭钦.［康熙］嘉定州志：卷二·建设志［M］.清乾隆四十一年（1776）抄本：14a.

凡十四本,《张公子全书》凡六本,藏尊经阁上,以惠后学,意甚盛矣。"①

清末,西南官学普遍衰落,大部分官学历经损毁后均未得以复建,而官学教育以官办书院形式得以延续。晚清重臣张之洞(1837—1909)于同治十二年(1873)六月出任四川乡试副考官,十月担任四川学政。针对此前四川学风不佳、科场混乱、育才不多的教育困局,张之洞参与创建了近代蜀学兴起的重要标志与人才培养基地——尊经书院。此前,四川仅有一所省级书院锦江书院,但在人才培养方面已呈僵化不前、江河日下之势。同治十三年(1874)四月,洋务派成员之一、前工部侍郎、已致仕回川的薛焕联络官绅15人,上书创设一所倡导经世致用的新式书院,主管四川教育的张之洞遂与四川总督吴棠协商,经吴棠奏请清廷批准,这所准官学——尊经书院正式成立。

张之洞深知书籍是教育之根本媒介,若藏书不足,则尊经书院的一切文教事业均无从发展。虽为官办书院,但在创立之初,尊经书院在藏书方面十分匮乏。鉴于此种不利局面,光绪元年(1875),张之洞"复以边省购书不易。捐俸置四部书数千卷。起尊经阁庋之"②。随后,为了引导学子及川省士人阅读有方,张之洞编写了著名的目录学著作《书目答问》。同时,为了缓解藏书紧缺问题,光绪元年(1875),张之洞在尊经书院草创了尊经书局,"由于教学的需要,主要刊印一些经史小学类重要书籍,除《书目答问》《𫐓轩语》外,几乎都是重刻本,其中《史记》《汉书》《后汉书》《三国志》是借用成都书局覆刊内府本刷印的。这些书一方面供书院师生阅读研讨,另一方面也开始对外销售。这一时期的刻书经费很不稳定,只是根据所需刊印的具体书籍临时拨给相应的钱银,有些书籍得以刊刻还是书院师生勤俭节约的结果。尽管这一时期的刻书工作不很完善,但为刻书人员的培养、技术造诣的提高和刻书风气的养成打下了良好的基础。"③

康熙年间,云南府学与昆明县学合一而建,藏书非常丰富,[康熙]《云南府志》详细记载了府学即县学藏书目录并明确指出:"以上经籍,康熙三十年总督范承勋、巡抚王继文倡,同布政使于三贤、按察使许弘勋、驿盐道王照、督

---

① 〔清〕张能鳞,〔清〕彭钦.[康熙]嘉定州志:卷二·建设志[M].清乾隆四十一年(1776)抄本:3a.
② 许同莘.张文襄公年谱:卷一[M].民国二十八年(1939)武汉南皮张氏舍利函斋铅印本:19b.
③ 黄海明.概述四川尊经书院的刻书[J].四川大学学报(哲学社会科学版),1992(4):102.

学道吴自肃捐置。《云南郡志》一部，康熙三十四年云南府知府张毓碧纂定存学。"① 可见，其时府学即县学藏书均由当地官员捐置。

乾隆年间，云南弥勒州学藏书也以官员捐赠为多。据［乾隆］《弥勒州志》载："弥勒州学藏书：《圣谕广训》二本，《御纂书经传说汇纂》二函，《诗经传说汇纂》二函，《春秋传说汇纂》二函，《性理精义》四函（署州王纬捐置），《御选古文渊鉴》二函（署州王纬捐置），《朱子格言》一本，《斯文精萃》（总督尹继善选刊颁发），《四礼》一部，《四礼翼》一部（布政司陈弘谋捐发），《孝经·小学·近思录》一函（布政司陈弘谋捐发），《书院条规》一本（布政司陈弘谋捐发），《吕子节录》（布政司陈弘谋捐发）。"②

光绪初年，云南镇南州学在咸同战乱中受损严重，藏书荡然无存。由此，邑人刘少璞秉承先君遗志而为家乡官学捐赠了一批书籍。对此，光绪元年（1875）知州李毓兰写道："特是地方僻陋，文教素驰，兵燹之余，书籍益缺，纵有读书好古之士，难免不抱憾面墙，且惜且慨。适有刘君少璞者，前四川泸州直刺璞生公之哲嗣，赀购觅经史一千九百余卷，由蜀专运回籍并殷勤以书致余，备述仰承乃翁遗命，特成先志，请余赐印札发书院俾资诵阅，此有益于乡人士身心性命也，岂浅鲜耶？"③

对于云南楚雄县学藏书来说，［宣统］《楚雄县志》的纂修者沈宗舜曾任云南开化府教授，深知书籍对教育发展的重要作用，因此，其向清末官办的楚雄书院捐赠了若干书籍。"教授沈宗舜送：欧阳修《新五代史》一部，杨慎《廿一史弹词》连《明史》一部，《郑板桥遗集》一部，《廿四史论赞》全部，司马迁《史记》全部，谢金銮《教谕语》一册，周保珪《制服成诵篇》一本，《二十五子汇函》全部，《历代名臣言行录》全部，《御批通鉴辑览》全部，《时务通考续编》全部。"④

贵州省官学亦有一部分藏书来自官绅捐赠。在府学藏书方面，据［道光］《贵阳府志》载："《相台五经》一部，《近思录》一部，《周易观象》一部，

---

① ［清］张毓碧，［清］谢俨.［康熙］云南府志：卷九·学校志［M］.清康熙三十五年（1696）刻本：3b-4a.
② ［清］秦仁，［清］王纬，［清］伍士琯.［乾隆］弥勒州志：卷七·学校［M］.清乾隆四年（1739）刻本：35b-36a.
③ ［清］李毓兰.书刘氏捐置书籍清册后［M］//［清］李毓兰，［清］甘孟贤.［光绪］镇南州志略：卷十·艺文略·序.清光绪十八年（1892）刻本：26b-27a.
④ ［清］崇谦，［清］沈宗舜.［宣统］楚雄县志：卷三·建置·学校［M］.清宣统二年（1910）抄本：28b.

《黔书》一部、《贵州通志》一部、《五经集注》一部，皆官绅捐购之书。"① 贵阳乃贵州省文教中心，其官学藏书接收官绅捐赠必然不少。

在贵州厅学藏书方面，亦有书籍来自当地官员捐献。松桃是苗族的传统聚居区域，康熙四十三年（1704），置正大营厅。雍正八年（1730），置松桃厅。嘉庆二年（1797），升松桃厅为直隶厅，属贵东道。道光十五年（1835），松桃直隶厅由贵州省直辖。道光九年（1829），松桃厅同知高中谋为厅学捐赠了14部儒学书籍。"书籍：道光九年，厅主高中谋捐制存学，共十四部：《钦定四书正蒙》一部、《钦定周易折中》一部、《钦定书经传说》一部、《钦定诗经传说》一部、《钦定春秋》一部、《钦定礼记义疏》一部、《钦定仪礼》一部、《钦定四书文》一部、《御纂纲目三编》一部、《古文渊鉴》一部、《朱子全书》一部、《性理精义》一部、《康熙字典》一部、《古文雅正》一部。"②

在贵州县学藏书方面，光绪年间余庆县学藏书即主要来自知县蒋深捐置。据〔光绪〕《余庆县志》载："书籍：御颁《朱子全书》《渊鉴古文》（总督贝公颁给），《易经讲义》（学院孙公颁给），《唐诗》全部、《家礼》全部、《小学》全部、《大清律》全部、《一隅集制义》《本草备要》《笺注太上感应》《笺注阴骘文》《颜真卿多宝塔碑》《柳公权符公碑》（以上十部，知县蒋公讳深捐置）。"③

---

① 〔清〕周作楫，〔清〕萧琯，〔清〕邹汉勋．〔道光〕贵阳府志：卷四十二·略三·学校略·第四上［M］．清道光二十年（1840）刻咸丰二年（1852）补刻本：20a．
② 〔清〕徐鋐，〔清〕萧琯．〔道光〕松桃厅志：卷八·学校［M］．清道光十六年（1836）刻本：29a-29b．
③ 〔清〕蒋深，〔清〕许之獬，〔清〕汤鉴盘．〔光绪〕余庆县志［M］．清末抄本：40a-40b．

第三章

清代西南官学藏书书目

受到经济水平、交通环境、文化传统等因素影响，清代西南地区私人藏书并不兴盛。乾隆十七年至乾隆二十六年（1752—1761），福建建宁人谢圣纶先后出任云南大理府、丽江府通判，其对处于"盛世"时期的云南私人藏书相对较少的情况描述如下："滇中僻介边徼，书籍最少，书价亦最昂，虽当富室亦难购觅，寒素之儒于经、史、子、集鲜有能举其名者，亦滇士之不幸也。"① 由此可见，官学藏书对于清代西南地区儒学教育、科举选才、文化融合具有重要作用，因此，清代、民国时期西南方志大多会在《学校》《书籍》《建置》《教育》等篇目详列官学藏书书目以彰显当地文教之兴。有鉴于此，本书以《中国地方志联合目录》所收录的1094部清代、民国时期西南方志（其中，四川668部、云南288部、贵州138部）为中心，集中梳理出其中所载清代西南府、厅、州、县学藏书书目。

第一节 清代四川官学藏书

"文翁化蜀"是中国教育史上具有划时代意义的重大事件，文翁不仅在成都创办了中国历史上第一家地方官学——文翁石室，由此开创了中国地方官学发展之先河，而且其选拔平民子弟入学而开展平民教育，并遣张叔等游学京师、研学儒家"七经"，后者学成回蜀、还教吏民，由此在四川塑造了尊师重道的社会风气和崇儒兴学的优良传统。对此，光绪三十二年（1906），四川越嶲厅同知孙锵作诗曰："风气边城未大开，学堂规划费心裁。文翁遣学当年事，输入文明

---

① 〔清〕谢圣纶. 滇黔志略点校［M］. 古永继，点校. 贵阳：贵州人民出版社，2008：64.

待后来。"① 以此为文化基础，儒学在四川传播历史悠久，还形成了独具特色的"蜀学"。同时，自唐、宋以来，四川造纸业与雕版印刷业十分兴盛，蜀刻本早已闻名全国，唐代刻书特点之一即"就地区而言，四川刻书最多，江苏、浙江等地次之"②。加之科举制逐步兴起，四川士子读书、藏书蔚然成风。此后，元代尤其是明代的科举制度发展，为清代四川官学藏书发展打下了坚实的文化基础。

经历了明末清初兵燹之祸，明代四川官学藏书几乎丧失殆尽，"随着四川经济文化教育的恢复发展，具有悠久传统的四川刻书业迅速复苏，并进而发展起来。乾嘉时期，四川书坊如雨后春笋般出现，外省刻书技术和经验随着湖广、陕西、江西、广东等省人的大量入川开垦、做工、经商以及省内外文化交流，也传到了四川，促使四川刻书业更加兴旺发达，逐渐形成了各具特色的成都帮、岳池帮、重庆帮、绵竹帮四大帮"③。书坊的恢复与兴盛无疑为各种朝廷颁赐官学藏书的刻印与传播提供了有利的外部条件。

清政府在疆土初定的基础上，非常重视儒学教育的有序延续与大力发展。自康熙时期开始，四川府学、厅学、州学、县学在复建学宫的基础上逐步开始了藏书储备进程。至乾隆、嘉庆时期，清代四川官学藏书达到顶峰。自道光、同治时期开始，清代四川官学藏书走向衰落。其中，府学藏书理应相对最为丰富，但限于史料匮乏，笔者仅叙述雅州府、龙安府、叙州府等3个府学的藏书情况，由此归纳清代四川府学藏书的基本特征。在厅、州学藏书中，越嶲厅及嘉定州、合州、汉州、邛州、忠州等5个州的官学藏书也比较丰富，其中康熙朝州学藏书较少，而乾隆、嘉庆、道光朝时州学藏书较多，均维持在30部左右。在县学藏书中，笔者发掘出彭水、大足、富顺等29个县学藏书书目，通过同时期的不同县学藏书的横向对比与同一县不同时期藏书的纵向比较，可全面揭示清代四川官学藏书的兴衰全貌。此外，光绪三十二年（1906）越嶲厅学的藏书情况，也进一步展示了官学藏书的增减损益不仅取决于地方官员的个人重视与藏书喜好，更受限于其时社会环境变化并且必须呼应时代发展大势的必然规律。

---

① 〔清〕马忠良，〔清〕马湘，〔清〕孙锵．［光绪］越嶲厅全志：卷十二·艺文［M］．清光绪三十二年（1906）越嶲厅厅署铅印本：13a–13b．
② 曹之．中国古籍版本学［M］．武汉：武汉大学出版社，2015：194．
③ 贾大泉，陈世松．四川通史：第六册·清卷［M］．成都：四川人民出版社，2018：477．

一、清代四川府学藏书

就笔者目力所及，清代及民国时期四川方志对府学藏书的记载十分稀少，目前仅发现［乾隆］《雅州府志》、［道光］《龙安府志》、［光绪］《叙州府志》等3种方志分别叙述了其时雅州、龙安、叙州府的府学藏书情况。尽管如此，这三地府学藏书却各有千秋、极具代表性，亦可以此管窥清代四川府学藏书的地域性、多元性、时代性特征。

第一，雅州府学藏书凸显了清代四川府学藏书的地域性特征。雅州位于四川西部，不仅是茶马古道川藏线的起点，而且历来是汉族、藏族等多民族聚居地区。明代雅州辖芦山、名山、荥经三县。清雍正七年（1729），因西藏在当时清廷边疆治理过程中战略地位不断提升，清廷将雅州升为府，下辖雅安县、名山县、芦山县、清溪县、荥经县、天全州，府治雅安县。虽然雅州辖区得以扩大，但当地文教事业却发展缓慢，这也突出地体现在雅州府及其所辖州、县的官学藏书方面。

在笔者所见清代及民国时期雅州府及其所辖州、县的方志中，仅［乾隆］《雅州府志》述及官学藏书情况，这一方面反映出当时在多民族文化交融地区，儒家文化并未占据完全的主体地位，科举文化及与其相关的儒学典籍阅读与收藏，在此类特殊地域并未出现蔚然成风、受士子追捧等文化热潮，儒家文化也尚未成为当地文化风气与社会价值观的主流意识形态。有清一代，以雅州府为代表的多民族聚居地区的官学藏书传统性空白，与四川省内其他府、厅、州、县形成强烈反差，这恰恰体现了清代四川府学藏书的地域性特征。

目前存世的成书最早的清代雅州府志即［乾隆］《雅州府志》，其刊刻于乾隆四年（1739），该志记录了乾隆元年至乾隆三年（1736—1738）雅州府学藏书情况："乾隆元年，颁给《学政条约》。二年，颁《诗》《书》《春秋》《性理》各一部于学宫。三年，从尚书徐元梦请升先贤有子于东哲，颁《四书日讲》并'与天地参'匾额于学宫。"[1] 由此可见，当时雅州府学仅藏有6部儒学典籍，同时，这些典籍均来自清廷颁赐，此外并无前朝遗留，亦无官员购置，更无士绅捐赠，这也佐证了笔者对其时当地尚未形成儒学风气的基本判断。

第二，龙安府学藏书体现了清代四川府学藏书的多元性特征。龙安地处四川省北部、涪江上游，明嘉靖四十五年（1566）改龙州宣抚司为龙安府。入清

---

[1] ［清］曹抡彬.［乾隆］雅州府志：卷七·学校［M］.清乾隆四年（1739）刻本：30b.

以后，仍延明制设龙安府。就笔者目前所见，龙安府学藏书数量不仅冠绝四川，而且是清代西南官学藏书之最。同时，龙安府学藏书种类丰富，多元性特征显著。

道光二十二年（1842），龙安府学藏书130部，具体书目为："《世祖章皇帝晓示生员八条》《圣祖仁皇帝训饬士子文》《古文渊鉴》《资治通鉴纲目》《朱子全书》《周易折中》《孝经衍义》《性理精义》《书、诗、春秋三经传说汇纂》《律书渊源》《日讲四书解义》《人臣儆心录》《圣谕》《诗集》《文集》《避暑山庄诗》《千叟宴诗》《万寿盛典》《周易例启蒙附论》《日讲春秋解义》《仿刻宋板四书、小学、孝经》《性理大全》《分类字锦》《骈字类编》《音韵阐微》《月令辑要》《韵府拾遗》《子史精华》《文献通考纪要》《对数广韵》《大数表》《小数表》《道德宝章》《资政要览》《劝善要言》《牛戒汇钞》《日知荟说》《乐善堂集》《内则衍义》《御注孝经》《日讲易经》《日讲四书》《辽史》《金史》《元史》《三国志》《佩文韵府》《御选唐诗》《绎史》《易经解义》《书经解义》《周易本义》《袖珍易经》《袖珍四书》《广群芳谱》《佩文诗韵》《古文约选》《国学礼乐录》《近思录》《世宗宪皇帝钦定孝经集注》《朋党论》《朱批谕旨》《高宗纯皇帝训饬士子文》《钦定周官义疏》《仪礼义疏》《同文韵统》《大清会典》《大清会典则例》《大清则例》《大清通礼》《皇朝礼器图》《四书文》《周易注疏》《尚书注疏》《毛诗注疏》《左传注疏》《公羊注疏》《穀梁注疏》《周礼注疏》《仪礼注疏》《礼记注疏》《论语注疏》《孟子注疏》《尔雅注疏》《史记》《汉书》《三国志》《晋书》《宋书》《南齐书》《梁书》《陈书》《魏书》《北齐书》《周书》《隋书》《南史》《北史》《旧唐书》《新唐书》《五代史》《宋史》《辽史》《金史》《元史》《明史》《通典》《通志》《文献通考》《书经传说》《四书解义》《文庙乐章》《文庙祭礼仪节》《春秋三礼义疏》《乡会墨选》《钦定学政全书》。附：唐《李太白全集》十六卷（板存彰明县），《阴平县志》（大中六年，周茵撰），宋《苏子美文集》十卷（苏舜钦撰），《文房四谱》《续翰林志》《文宪公文集》二十卷（以上三书皆苏易简撰），《龙门志》（无卷数，宋郡守杨熹序），《彰明逸事》（杨天惠撰），《文献通考·剑南广记》四十卷（龙州助教郭友直撰），《龙门续志》（宋之源序），明《范龙门远咎子集》（无卷数，范辂撰），《射法成书》一册（郡守林有麟撰），《皇清野樵语录》（僧人野樵撰），《如乾语录》（僧人如乾撰）。"①

---

① 〔清〕邓存咏，等.［道光］龙安府志：卷四十六下·学校志［M］.清道光二十二年（1842）刻本：53a—55a.

如上所示，龙安府学藏书种类丰富，除了传统的《十三经注疏》《二十一史》《朱子全书》《学政全书》等颁赐书籍以及《书、诗、春秋三经传说汇纂》等御纂儒学典籍，另有《大清会典》《大清则例》等律书，更有《阴平县志》《龙门续志》等方志，亦有《李太白全集》《苏子美文集》《范龙门远咎子集》《避暑山庄诗》《乐善堂诗文集》《皇清野樵语录》等历代个人诗文集。由此，龙安府学藏书的多元性不言而喻。

第三，叙州府学藏书展示了清代四川府学藏书的时代性特征。叙州地处四川省南部，位于长江、岷江、金沙江汇流地带。明洪武六年（1373），明廷改叙州为叙州府，隶属四川行省，下辖宜宾、南溪、富顺、长宁、庆符、隆昌、兴文、筠连、珙县、高州等10个州县。入清之后，清廷沿袭明制仍置叙州府，所辖州县增加了屏山县、雷波厅、马边厅，府治仍在宜宾县。嘉庆七年（1802），叙州府改隶永宁道。对比地理方位，叙州府无疑要比雅州府、龙安府更具经济发展区位优势而且税收形势更好。值得注意的是，咸丰元年至同治三年（1851—1864）涤荡中国南部的太平天国运动对湖北、湖南地区的盐业供应破坏极大，导致淮盐无法入两湖地区，由此，咸丰三年（1853）清廷饬令实行"川盐济楚"之策，而富顺井盐销量暴增，水运十分发达的叙州府亦迎来了航运发展高峰，其直接结果就是虽处清末乱世，但叙州府税收状况十分理想。

以较为雄厚的财政税收为经济基础，叙州府文教事业理应呈现繁荣之势，而与之相关的官学藏书也理应更为丰富多元，但实际情况却非如此。光绪二十二年（1896），叙州府学藏书14部，具体书目为："钦颁书籍（贮学署）：《御纂周易述义》一部，《御纂书经传说》一部，《御纂诗经传说》一部，《御纂诗义折中》一部，《御纂春秋传说》一部，《御纂周官义疏》一部，《御纂仪礼义疏》一部，《御纂礼记义疏》一部。同治十一年，总督吴棠捐发：《钦定朱子全书》一部，殿本《史记》一部，殿本《汉书》一部，殿本《后汉书》一部，殿本《三国志》一部。同治十二年，学政夏子鍚捐发九经，所有八经名目与前同，只多《御纂周易折中》一部。"[1]

由此观之，清末之际的叙州府学藏书种类较少，即便是以往在各地官学中常见的《十三经注疏》《二十一史》在叙州府学中也早已残缺不全，若无官员捐置则藏书更少。之所以出现府学藏书数量急剧下降之势，实则与其时清末中国社会发展大势息息相关。实际上，自所谓的"康乾盛世"结束后，清政府治

---

[1] 〔清〕王麟祥，〔清〕邱晋成.［光绪］叙州府志：卷二十四·学校［M］.清光绪二十二年（1896）刻本：1b-2b.

下中国即已出现停滞之势。此后，以鸦片战争为开端的外敌入侵和以太平天国运动为标志的内部动荡，不仅是其时中国社会经济、政治走向衰败的结果，而且这种衰败又反作用于其时日渐腐朽的中国社会肌体，加速推动传统专制制度走向衰亡。这种社会发展形势体现在文化方面，即促使传统儒学危机持续发生，官学教育与科举制度也明显衰微。由此，全国各地官学地位不断下降，而以富强之学为代表的西学与新式学堂地位上升，这直接导致各地官学藏书受重视程度下降，藏书管理日渐松弛，发生普遍性的流失散佚情况自不待言。鉴于此，光绪年间叙州府学藏书状况显示出清代四川府学藏书的时代性特征。

二、清代四川厅、州学藏书

目前可见的清代四川厅学藏书情况仅有越巂厅学1例。光绪三十二年（1906），越巂厅学藏书原有33部，其中厅治衙署藏书21部，另有12部典籍藏于学署，具体情况为："厅治所存（案曰书已久佚）：《圣谕广训》一部，《吏部续纂清汉则例》一部，《钦定授时通考》一部，《户部则例》一部，《户部续纂则例》一部，《学政全书》一部，《钦定科场则例》一部，《科场则例》一部，《大清律》一部，《大清律纂条例》二部，《大清律纂修条例》二本，《三流道里表》一部，《五军道里表》一部，《督捕则例》一部，《滇省编发各省军流程站》一部，《洗冤录》一部，《工部做法》一部，《通行札饬稿》一本，《牧令书》一部，《学治臆说》一部，《晴雨经》一部。学署所存（案曰：间有残缺）：《御纂周易折中》一部，《钦定书经传说汇纂》一部，《钦定诗经传说汇纂》一部，《钦定春秋传说汇纂》一部，《钦定周官义疏》一部，《钦定仪礼义疏》一部，《钦定礼记义疏》一部，《御定朱子全书》一部，《钦定史记》一部，《钦定汉书》一部，《钦定后汉书》一部，《钦定三国志》一部，以上原纂。"①

实际上，厅署的21部藏书均已散佚不存，而学署的12部藏书由前任四川总督吴棠颁发，30余年过后也已残缺不全。见此情形，光绪二十七年（1901）出任越巂厅同知的孙锵为厅学购置了一批新书。

一方面，从个人因素考量，同知孙锵力倡兴学并且嗜好藏书。孙锵（1856—1933），字仲鸣、高康，号玉仙、砚舫居士，浙江奉化人，光绪十一年（1885）拔贡，光绪二十年（1894）进士，授内阁中书，光绪二十五年（1899）选四川候补道，光绪二十七至光绪二十九年（1901—1903）任越巂厅同知，光绪三十

---

① 〔清〕马忠良，〔清〕马湘，〔清〕孙锵.〔光绪〕越巂厅全志：卷五·学校上［M］.清光绪三十二年（1906）越巂厅厅署铅印本：4a-5b.

二年（1906）任浙江金华府教授，民国初年任浙江省教育会副会长。在越嶲厅同知任内，孙锵重视兴办文教，不仅将凤文书院改作新式学堂，而且派遣学生前往省外游学。值得一提的是，孙锵特别重视学校教科书的推广，其捐助刊刻了《越嶲要略》《时务三字经》《国学古文蒙学读本》《体操图说》等书籍，用于各级学堂教学之用，另外还注重吸收培养当地彝族学生。对此，孙锵在离任之际作诗曰："文庙迁修百载余，金秋群喜兆贤书。须知插架万千卷，继起多才赖凤储（文庙自嘉庆八年迁入城内，今年始行培修并改外门，浚泮池，而陈生在□适领乡荐，然科名未也。书院新购经史及中外新书万余卷，诸生潜心肄业，必有人才出其中矣）。"① 由此，其将官学及其藏书对当地人才培育的重要作用和盘托出，并寄望于当地官员、士人继续重视以阅读为核心的文教建设事业。此外，孙锵喜好藏书，"辛亥革命间寓居德阳好古山房。善书法，秀雅中含有沉雄浑厚之势。于上海爱俪园筑十二万卷楼，藏书甚富，所蓄之书皆四库未收秘笈"②。因此，孙锵重视治下厅学藏书之事，不仅在其续修的［光绪］《越嶲厅全志》中详细梳理此前厅学藏书数量与留存情况，而且主动筹款并组织寄购书籍以充实厅学所藏，意在以此利于士子借阅、提高当地教育水平。

另一方面，从外部环境出发，值得注意的是，百日维新虽然归于失败，但当时相对进步的维新思潮业已成为社会的主流思潮，而清政府在经历了义和团运动和八国联军入侵的重创之后，为了挽救岌岌可危的集权统治，又顺势高举此前其极度打压的维新大旗，从仇视维新的专制者转身为倡导维新的领导者。于是，光绪二十七年（1901），清廷宣布实行新政。在清末新政的政策背景下，由政府主导故而承载着西方科学技术信息的各类书籍报纸不断涌现，正可谓"编书日出"。由此，孙锵在该志中详细记录了其为厅学购置承载西学知识的新书的重大政绩。

入清之后，清廷仍沿明制置嘉定州，雍正十二年（1734），升嘉定州为嘉定府，改府治龙游县为乐山县。目前可知，康熙六年（1667）成书的《嘉定州志》中保留了当时嘉定州学的藏书情况，这40部典籍均由时任上川南道参议张能鳞遣人自南京购置："（笔者注：张能鳞）又发人白下，购《十三经》凡十三套，《二十一史》凡四百二十七本，《文献通考》凡一百本，《宪章录》凡八本，《大学衍义》凡十六本，《儒宗理要》凡十本，《通鉴白眉》凡十四本，《张公子全

---

① ［清］马忠良，［清］马湘，［清］孙锵.［光绪］越嶲厅全志：卷十二·艺文［M］.清光绪三十二年（1906）越嶲厅厅署铅印本：13a.
② 王河.中国历代藏书家辞典［M］.上海：同济大学出版社，1991：118.

书》凡六本。"①

乾隆十三年（1748），合州学藏书15部，具体书目为："《上谕》二十四本续颁十本，《圣谕广训》一部，《御纂周易折中》一部，《御纂书经》一部，《御纂诗经》一部，《御纂春秋》一部，《御纂性理》一部，《朱子近思录》一部，《雍正平定青海碑文》一张，《明史》六套，《学政全书》一部，《天章炯戒》二本，《祀典仪注》一本，《御批资治通鉴纲目》一部，《御撰资治通鉴纲目三编》一部。"②

据〔嘉庆〕《汉州志》载："雍正二年钦颁敕谕一道，乾隆二年钦颁敕谕一道、上谕一篇，由国子监敬谨刊刻，通行颁发直省学政，转发各儒学师生咸资诵习，以广教思。恭藏奉旨颁发各种全书名目：《御纂周易折中》一部，《御纂周易述义》一部，《御纂书经传说汇纂》一部，《御纂诗经传说汇纂》一部，《御纂诗义折中》一部，《御纂春秋传说汇纂》一部，《御纂春秋直解》一部，《御纂性理》一部，《圣谕广训》一部，《上谕》一部，《御制平定两金川告成太学碑文》一段，《御制补笙诗乐谱》一部，《钦定文庙乐谱》一部，《通鉴》一部，《近思录》一部，《四书文》一部，《性理精义》一部，《读令常言》一部，《民间易犯律例》一卷，《应禁书籍目录》一卷，《查明违碍书目》一卷，《学政全书》二部，《明史》一部，《遵旨议奏》一部，《新颁学政全书》一部，《新颁圣谕讲章》一卷，《新发圣谕》一卷，《新发读令常言》一卷，《新发民间易犯律例》一卷。"③ 由上可知，嘉庆十七年（1812）汉州学共藏有御颁典籍29部。

嘉庆二十三年（1818），邛州学藏书24部，具体书目为："颁发书目（仅据学署现存者列于左）：《圣谕广训》一册计二部，《上谕》二十五本，《御纂周易折中》二十八卷计二部，《钦定书经传说汇纂》二十四卷计三部，《钦定诗经传说汇纂》二十二卷序二卷计三部，《钦定春秋传说汇纂》四十七卷计三部，《性理精义》共四卷计二部，《近思录》十六卷计二部，《精萃文集》一部，《孝经》一部，《卧碑文》一册，《资治通鉴》一部，《明史》一部，《学政全书》八卷计二部，《大清律》一部二十本，《御制平定两金川告成太学碑文》一张，《御论讲章附》一卷，《钦定文庙乐谱》一本，《御制补笙诗乐谱》二本，《祀典仪制》

---

① 〔清〕张能鳞，〔清〕彭钦．〔康熙〕嘉定州志：卷二·建设志［M］．清乾隆四十一年（1776）抄本：3a．
② 〔清〕宋锦，〔清〕刘桐．〔乾隆〕合州志：卷四·学校［M］．清乾隆十三年（1748）刻本：51a-51b．
③ 〔清〕刘长庚．〔嘉庆〕汉州志：卷十二·学校［M］．清嘉庆十七年（1812）刻本：12b-14b．

四本,《驳吕留良四书》一部共八卷,《民间易犯律条》一卷,《读令常言》一卷,《广行衍义》一本。"①

道光六年(1826),忠州学藏书62部,具体书目为:"《上谕》一部,《三朝宝训》一部,《学政条约》一本,《颁示教官条约》一本,《训饬士子文》一本,《周易折中》一部,《尚书汇纂》一部,《诗书汇纂》一部,《春秋汇纂》一部,《三礼汇纂》一部,《四书汇纂》一部,《十三经》一部二套一百一十七本,《通鉴纲目》一部八套八十本,《二十一史》一部(《史记》二套二十本、《前汉》二套二十四本、《后汉》二套二十本、《晋书》四套三十八本、《魏书》二套二十四本、《隋书》二套二十本、《唐书》四套四十六本、《梁书》一套八本、《陈书》一套四本、《南齐》一套十本、《北齐》一套八本、《蜀志》一套十二本、《宋史》十二套一百二十四本、《南史》二套二十本、《北史》三套三十本、《辽史》一套八本、《金史》二套二十本、《元史》五套五十本,共四十九套四百九十四本),《明史》一部四本,《学宫备考》一部八本,《御纂朱子全书》一部四本,《大清律》一部,《续律》二本,《性理》一部,《古文雅正》一部,《康熙字典》一部,《学政全书》一部,《续增学政全书》一部,《礼部则例》一部,《条例》七本,《续纂条律》三本,又《条律》一本,《四川通志》一部,《续修四川通志》一部。"②

此外,会理州金江书院属于官办书院,其在同治十三年(1874)之际所存贮书籍为:"《四川新通志》十八函一百八十卷,《十三经注疏》二十函二百卷,《通鉴纲目》十六函一百二十八卷,《朱子全书》四函三十卷,《子史精华》四函四十卷,《昭明文选》一函十二卷。"③ 对比以上各州学藏书可知,金江书院藏书明显欠缺朝廷颁赐的各类典籍,在种类与数量方面均处于明显劣势,因此,官学藏书在清代四川教育中的主体地位是难以撼动的。

三、清代四川县学藏书

因史料所限,目前可见的清前期四川县学藏书情况,仅有彭水县学1例。康熙四十九年(1710),彭水县学藏书22部,具体情况是:"《四书大全》《五

---

① 〔清〕吴巩,〔清〕王来遴.[嘉庆]邛州直隶州志:卷九·学校[M].清嘉庆二十三年(1818)刻本:28a-29b.
② 〔清〕吴友篪,〔清〕熊履青.[道光]忠州直隶州志:卷六·学校志下[M].清道光六年(1826)刻本:16b-18a.
③ 〔清〕邓仁垣,〔清〕杨昶,〔清〕吴钟仑.[同治]会理州志:卷十二·杂纪志·经籍[M].清同治十三年(1874)金江书院刻本:2b.

经大全》《十三经注疏》《朱子纲目》《资治通鉴》《性理大全》《史记》《汉书》《昭明文选》《唐宋大家文集》。以上诸俱河北学宫所藏，后因兵火焚毁，今皆残缺。"① 这也反映出清前期政局初定，四川官学及其藏书尚处于逐渐恢复阶段。

乾嘉时期是四川官学藏书的繁盛时期。其中，县学藏书呈数量增长之势，但来源渠道单一且种类趋同性十分显著。下面以大足县学、富顺县学、盐亭县学为例，三者在乾隆朝藏书情况如表3-1所示。

表3-1　乾隆间大足、富顺、盐亭县学藏书统计表

大足县学藏书	富顺县学藏书	盐亭县学藏书
《圣谕广训》一部，《上谕》一部，《钦定书经传说汇纂》一部，《钦定易经传说汇纂》一部，《钦定春秋传说汇纂》一部，《御制日讲四书》一部，《御纂性理精义》一部，《钦定四书文》一部，颁发《十三经》一部②	《上谕》一部十本，《御制训饬士子文》一本，《钦定学政全书》一本，《钦定诗经》一部二十四本，《钦定书经》一部二十四本，《钦定春秋》一部二十四本，《钦定性理》一部五本，《钦定明史通鉴纲目》一部四本，《明史》一部一百零五本，《新颁学政全书》一部八本。③ 另，乾隆四十二年（1777）《富顺县志》所载县学藏书与此相同④	《上谕》一部三十四本，《乐善堂集》一部十八本，《吏部品级考》一部十本，《学政全书》一部八本，《续增学政全书》一部四本，《周易折中》一部十三本，《书经汇纂》一部十本，《诗经汇纂》一部二十四本，《春秋汇纂》一部二十三本，《三礼义疏》一部九十二本，《四书解义》一部十二本，《性理精义》一部五本，《朱子全书》一部三十三本，《近思录》一部四本，《四书文》一部十本，《通鉴纲目》一部八十本，《明史》一部一百一十二本，《祀典仪制》一部四本⑤

由此表可见，三者藏书在类别与来源方面是相同的，均以官方颁发的御纂经学文献为主。但三者在数量方面差距明显，大足县学藏书21部（其中《十三

---

① 〔清〕陶文彬.［康熙］彭水县志：卷一·学校志.［M］清康熙四十九年（1710）刻本：24a-24b.
② 〔清〕李德.［乾隆］大足县志：卷五·学校志［M］．清乾隆十五年（1750）刻本：4a.
③ 〔清〕熊葵向.［乾隆］富顺县志：卷二·学校［M］．清乾隆二十五年（1760）刻本：20b-21a.
④ 〔清〕段玉裁，〔清〕李芝.［乾隆］富顺县志：卷二·学校［M］．清光绪八年（1882）刻本：84b.
⑤ 〔清〕董梦曾.［乾隆］盐亭县志：卷一·学校［M］．清乾隆二十八年（1763）刻本：20b.

经》可视为1部，故大足县学藏书亦可算作9部），富顺县学藏书10部，而盐亭县学藏书20部。因三者原存书籍应由上级部门统一颁发，由此亦可知，盐亭县学藏书的文献保存状况明显好于富顺县学与大足县学，而富顺县学、大足县学在藏书散佚之后，当地官学也未及时补充。值得一提的是，在篇目设置方面，刊行于乾隆十五年（1750）的《大足县志》将《学校志》置于卷五，刊行于乾隆二十五年（1760）的《富顺县志》将《学校》篇目置于卷二，而刊行于乾隆二十八年（1763）的《盐亭县志》将《学校》篇目置于卷一。三者刊刻年代相距不远，而后二者仅相差三年。因此，时任盐亭知县对包括官学及其藏书等内容在内的学校教育的重视程度，明显高于时任富顺知县、大足知县。这也说明在专制体制下，作为思想控制工具的文化教育的附庸性十分显著，而包括官学藏书在内的文教事业的发展状况，在很大程度上取决于当地专权者的重视程度即长官意志。

此外，据［嘉庆］《大足县志》载，其时大足县学藏书比乾隆朝少了一部《十三经》，但多了"《御册》一册，《资治通鉴》一部，《学政全书》一部，《朱子全书》一部"①。［光绪］《大足县志》也抄录了嘉庆志的这一记载。同时，道光七年（1827）刊行的《富顺县志》所载"颁发书籍"与以上两种［乾隆］《富顺县志》相同。另据［同治］《富顺县志》载，其时富顺县学藏书仅比乾隆朝多出"《朱子全书》一部，《东汉书》一部"②。［民国］《富顺县志》抄录了［同治］《富顺县志》的县学藏书内容，但明确注明"今皆佚"③。由上可知，乾隆至道光朝是四川县学藏书的巅峰时期，但实际上自嘉庆朝开始，四川各县学藏书即已出现驻足不前的发展态势。

同时，乾嘉年间，四川官学藏书呈现繁荣之势的另一个重要表征即官学藏书辐射范围广泛，即使在少数民族聚居地区，亦出现官学藏书实现零的突破等上升势头，这为其时当地民族文教事业发展尤其是儒学士子培养提供了重要的参考资料。据刊刻于乾隆三十三年（1768）的《石泉县志》载，石泉县学藏书20部："书籍：马融三入东观，张华再典史馆，欲取洽闻，咸资故册。石泉边境，家少藏书，市无插架，欲穷四库、二酉之奇，可得乎？天启时，林衷斋守

---

① 〔清〕张澍,〔清〕李型廉,〔清〕王松. [嘉庆]大足县志：卷二·建置志·学校[M]. 清嘉庆二十三年（1818）刻道光十六年（1836）增刻本：6a-6b.
② 〔清〕罗廷权,〔清〕吕上珍. [同治]富顺县志：卷十三·学校[M]. 清同治十一年（1872）刻本：30b.
③ 彭文治,李永成,卢庆家,等. [民国]富顺县志：卷六·学校[M]. 民国二十年（1931）刻本：5a.

龙安，自江南购经史古今文集分布斋舍，而兵燹屡经，只字不留。国朝，颁发书籍什袭学宫，士子如游群玉之府焉。爰志书目于左：《御纂周易折中》一部，《书经汇纂》一部，《诗经汇纂》一部，《春秋汇纂》一部，《三礼义疏》一部，《四书解义》一部，《性理精义》一部，《朱子全书》一部，《近思录》一部，《四书文》一部，《通鉴纲目》一部，《明史》一部，《乐善堂集》一部，《学政全书》一部，《祀典仪制》一部，《周易述义》一部，《诗义折中》一部，《春秋直解》一部。"①

石泉县即如今北川县前身，历来是羌族、藏族等少数民族民众聚居之地，因地处偏僻，经济欠发达，因此，其藏书文化相对不发达，具体表现之一即当地官私藏书稀少，"石泉边境，家少藏书，市无插架"，这无疑不利于当地文化教育发展。直至明末天启年间，方由龙安知府林有麟由江南地区采购了一批书籍，由此，石泉县官学藏书方得以创建。但不幸的是，此官学藏书却未能幸免于战争之害。不过，石泉县官学藏书空白的不利局面，在入清以后尤其是乾隆朝之际获得了根本性扭转。由上可知，石泉县官学藏书源自官方颁发，类别仍以御纂经学文献为主，比上文提及的富顺县官学藏书多10部，而与盐亭县官学藏书数量相同。同时，这些官学藏书在推动石泉县文化教育事业发展方面发挥了重要作用，为当地士子阅读和备考提供了官方认可的重要文献资源，即"士子如游群玉之府焉"。

至道光十四年（1834），石泉县学藏书缩减至16部，具体书目是："书籍：旧志谓马融三入东观，张华再典史馆，欲取洽闻，必资故册。此犹书生务博之学，非朝廷造就士子意也。天德王道，悉载于书，非广搜群籍，则其事不详，其理尤不出，故圣门立教由博而非徒侈博也。我朝相承，精一危微，直接心传，颁发各书，布之学宫，无非欲士子识见日广，道理日精，取诸往籍，见之实行，将魏莱诸儒不难复睹于今日，岂仅如马融、张华辈之徒以博洽闻哉？爰志其目于左，作书籍志。《御纂周易折中》一部，《书经汇纂》一部，《诗经汇纂》一部，《春秋汇纂》一部，《三礼义疏》一部，《性理精义》一部，《四书文》一部，《朱子全书》一部，《近思录》一部，《资治通鉴》一部，《明史》一部，《驳吕留良讲义》一部，《祀典仪制》一部，《学政全书》一部。"② 对比可知，

---

① 〔清〕姜炳璋．〔乾隆〕石泉县志：卷二·学校［M］．清乾隆三十三年（1768）刻本：24a—24b．

② 〔清〕赵德林．等．〔道光〕石泉县志：卷四·学校下［M］．清道光十四年（1834）刻本：37a—38b．

61

道光间石泉县学藏书比乾隆间少了《四书解义》《通鉴纲目》《乐善堂集》《周易述义》《诗义折中》《春秋直解》等6部，而代之以《资治通鉴》《驳吕留良讲义》，石泉县学不增反减之势十分明显。

至同治年间，四川官学藏书已呈明显的停滞衰颓之势，主要体现在官学藏书在数量上增长缓慢且因兵燹而普遍减少，且在文献保存方面出现虫蛀不堪等问题，这种下行趋势在县学藏书方面体现最为显著。在此，以乾隆二十七年（1762）、同治五年（1866）的高县学藏书状况为例。据［乾隆］《高县志》载："藏书：《御纂周易折中》二十二卷十二本，《钦定书经传说汇纂》二十一卷二十四本，《钦定诗经传说汇纂》二十一卷二十四本，《钦定春秋传说汇纂》二十八卷二十四本，《钦定三礼义疏周官》四十八卷二十三本，《仪礼》四十八卷二十九本，《礼记》八十二卷四十二本，《钦定四书文》一部十七本，《驳吕留良四书讲义》一部八卷，《御纂性理精义》十二卷四本，《近思录集解》二十四卷四本，《御纂资治通鉴纲目》二十卷四本，《御批资治通鉴纲目》九十四卷八套八十本，《钦定明史》三百三十二卷一百一十一本，《圣谕广训》一本，《上谕》一部二十四本，《钦定学政全书》八卷八本，《续增学政全书》四卷四本，《御制乐善堂全集定本》三十卷十八本，《御制赐钱名世诗》二本。以上书籍现贮学官存留交代。"①

刊刻于同治五年（1866）的《高县志》将以上书目全部照录，但在文末注明："俱蠹烂不全。"② 由此可知，当时的高县学藏书与乾隆朝时一致，仍为20部，其中，在文献类别方面，仍以御纂经部文献为大宗，其种类与数量均没有变化，而文献来源均为清廷颁赐，但在文献保存状态方面，则出现了蠹烂不全等不利状况。因此，由总体上看，高县官学藏书给人一种停滞不前且江河日下之感，这正是清末四川官学及其藏书走向没落的一个缩影。

乾隆十一年（1746），犍为县学藏书7部，具体书目为："历年颁发儒学书目：《世宗皇帝上谕》二部，《明史》一部，《近思录》一部，《钦定四书文》一部，总制尹继善发《斯文精萃》一部、《天章炯戒》一部、《学政全书》一部，其余尚有《御纂春秋三经》《朱子全书》《日讲四书》《性理》诸书板俱在布政

---

① 〔清〕李鸿楷.［乾隆］高县志：卷六·学校志［M］.清乾隆二十七年（1762）刻本：4b-5a.

② 〔清〕敖立榜.［同治］高县志：卷十五·学校［M］.清同治五年（1866）刻本：7b-8b.

司，未蒙颁发。"①

乾隆十六年（1751），巴县学藏书50部，具体书目为："书籍：《上谕》一部二十四本，《三朝宝训》一部十本，《学政全书》一部四本，《学政条约》一本，《颁示教官条约》一本，《训饬士子文》一本，《周易折中》一部十二本，《尚书汇纂》一部二十四本，《诗经汇纂》一部二十三本，《春秋汇纂》一部二十四本，《三礼汇纂》一部二十三本，《四书汇纂》一部，《十三经》一部二套一百一十七本，《通鉴纲目》八套八十本，《二十一史》一部（《史记》二套二十本、《前汉》二套二十四本、《后汉》二套二十本、《晋书》四套三十八本、《魏书》二套二十四本、《隋书》二套二十本、《唐书》四套四十六本、《梁书》一套八本、《陈书》一套四本、《南齐》一套十本、《北齐》一套八本、《蜀志》一套十二本、《宋史》十二套一百二十四本、《南史》二套二十本、《北史》三套三十本、《辽史》一套八本、《金史》二套二十本、《元史》五套五十本，共四十九套四百九十四本），《明史》一部四本，《御纂朱子全书》一部四本，《大清律》一部。"②

乾隆二十七年（1762），合江县学藏书6部，具体书目为："钦定颁行书籍：《资治通鉴纲目》八十本，《乐善堂集》十八本，《御纂资治通鉴纲目》四本，《周易折中》十二本，《上谕》二十四本，《学政全书》十本。"③

乾隆三十年（1765），资阳县学藏书19部，具体书目为："书籍：《钦定周易折中》一部十本，《颁发三礼义疏》一部一百三十本，《御制日讲四书解义》一部十二本，《御制资治通鉴纲目》一部八十本，《圣谕广训》三本，《上谕》二十三本，《上谕》共五本，《天章炳戒》一本，《中枢政考》一部十八本，《乐善堂全集定本》一部十八本，《学政全书》一部，《大清律例》一部二十本，《大清律续纂条例》二本，《大清律·校正》各一本，《大清律续纂条例》一本，《续增学政全书》一部八本。"④ 值得注意的是，此后编纂的嘉庆《资阳县志》、咸丰《资阳县志》均未记载县学藏书情况。

---

① 〔清〕宋锦，〔清〕李拔.〔乾隆〕犍为县志：卷四·学校志[M].清乾隆十一年（1746）刻本：41a.

② 〔清〕王尔鉴，〔清〕王世沿.〔乾隆〕巴县志：卷四·学校[M].清乾隆二十六年（1761）刻本：60a-61a.

③ 〔清〕叶体仁，〔清〕朱维辟.〔乾隆〕合江县志：卷二·学校[M].清乾隆二十七年（1762）刻本：39b-40a.

④ 〔清〕张德源.〔乾隆〕资阳县志：卷三·建置志·学校[M].清乾隆三十年（1765）刻本：30b-31b.

乾隆四十年（1775），威远县学藏书8部，具体书目为："典籍：原颁《学政全书》一部，续颁《钦定学政全书》一部，续增《学政全书》一部，《大清律》一部，《上谕》一部，《御纂诗义折中》一部，《御纂春秋直解》一部，《御纂周易述义》一部，以上系儒学存贮书籍。"①

乾隆年间，渠县学藏书13部，具体书目为："乃至诸帝颁发书目：康熙四十五年有《御批资治通鉴纲目》，旧存学宫；五十四年有《御纂周易折中》，旧存尊经阁；乾隆三年有《钦定书经传说汇纂》《诗经传说汇纂》《春秋传说汇纂》《御纂性理精义》《御注孝经》，旧存尊经阁；七年有《御纂三礼》旧存尊经阁；三十一年有《钦定明史》《四书文》，三十二年有《钦定学政全书》，旧存学署。"②

乾隆年间，彭县学藏书书目及藏书地点与渠县完全一致，共13部，其具体情况为："康熙四十五年，奉颁《御批资治通鉴纲目》于学宫。康熙五十四年，奉颁《御纂周易折中》，贮尊经阁。乾隆三年，奉颁《钦定书经传说汇纂》《钦定诗经传说汇纂》《钦定春秋传说汇纂》《御纂性理精义》《御注孝经》，俱贮尊经阁。乾隆七年，奉颁《御纂三礼》，贮尊经阁。乾隆三十一年，奉颁《钦定明史》《钦定四书文》；乾隆三十二年，奉颁《钦定学政全书》，俱存学署。"③

梁山县并未建立专门的官学藏书楼尊经阁，至嘉庆十三年（1808），县学藏书36部，分别藏于县署、学署，具体情况是："书籍：圣经贤传，微言大义所昭垂也。而觇盛代之文明奎娄有耀，钦圣朝之制，作河岳常灵，何莫非六艺之芳润乎？梁邑自乾隆九年七月官署被火延烧，奉发各种书籍无凭稽核，兹据现存者录之：清汉《上谕》二本，《上谕》一道，《钦定吏部则例》十六本，《钦定铨选则例》六本，《钦定满汉品级考》六本，《钦定中枢政考》十八本，《钦定军卫道理表》六本，《钦定三流道里表》四本，《洗冤录》四本，《续纂大清律》一百八十八页（乾隆二十五年奉发），《钦定学政全书》十二本（乾隆四十七年奉颁），《圣谕广训》一本，《读今常言》一本，《民间易犯条例》一本，《钦颁言志诗墨刻》一道（乾隆四十九年），《清汉则例》二部（嘉庆元年），《钦定学政全书》十五本（嘉庆六年），《寿民寿妇例册》一本（嘉庆十一年），

---

① 〔清〕李南晖，〔清〕张翼儒.〔乾隆〕威远县志：卷三·建置志［M］.清乾隆四十年（1775）刻本：27b-28a.

② 钟正懋，杨维中，郭奎铨.［民国〕渠县志：卷十·列传志·四［M］.民国二十一年（1932）铅印本：87a-87b.

③ 〔清〕张龙甲，〔清〕吕调阳.〔光绪〕彭县志：卷九·艺文门上·经籍志［M］.清光绪六年（1880）刻本：1a-1b.

《四川赋役全书》一本（嘉庆十二年奉发），以上俱存县署。《御纂性理》一部，《御纂诗经》一部，《御纂春秋》一部，《御纂书经》一部，《上谕》一部二十四本，《钦定日讲四书》十一本，《圣谕广训》一本，《御制碑文》一张，《钦依刊刻卧碑》一道，《御纂周易述义》一部，《御纂诗义折中》一部，《御纂春秋直解》一部，《学政全书》一部，《近思录》一部，《五言排律诗》一本，《明文》一部二十二本，《读今常言》一本，《民间易犯条例》一本，以上存学署。"① ［光绪］《梁山县志》将此全部抄录，但将"《明文》"修正为"《明文明》"。②

嘉庆十六年（1811），金堂县学藏书25部，具体书目为："经籍，学宫贮藏：《上谕》一部共二十四卷，《御纂周易折中》一部共二十二卷，《钦定书经传说汇纂》一部共二十一卷，《钦定诗经传说汇纂》一部共二十一卷，《钦定春秋传说汇纂》一部共三十八卷，《御纂性理精义》一部共十二卷，《御批资治通鉴纲目》一部共八十六卷，《敕修明史》一部共三百三十二卷，《钦定学政全书》一部共三卷，又《学政全书》一部共八十卷，《御制日讲四书讲义》一部共二十六卷，《御制乐谱》一部共三卷，《钦定四书文》一部共十八卷，《钦定乡会墨选》一部共二卷，《圣谕广训》一卷，《御制临雍讲义》一卷，《易知常言》一卷，《御讲》一卷，《御制平定金川碑文》一道，《应禁书目》共三卷，《新颁学政全书》一部共八十卷，《近思录》一部共十四卷，《易犯笔例》一卷，《祀典仪制》一部共四卷，《斯文精萃》共十一卷。"③ 此后，［同治］《续金堂县志》对县学藏书未做详载而仅述为"经籍：仍前志"④。由此可见，其时金堂县学藏书与嘉庆朝时基本一致，亦即金堂县学藏书保存情况良好，但值得注意的是，藏书并无增加，这也反映出自嘉庆朝之后，当地儒学教育停滞不前并已现日薄西山之势。

嘉庆十九年（1814），新繁县学藏书30部，具体书目为："《圣谕广训》一本，《上谕》一部，《御批资治通鉴纲目》一部，《钦定春秋传说汇纂》一部，《圣庙乐谱》一部，《御纂性理精义》一部，《钦定学政全书》一部，《钦定四书

---

① ［清］符永培.［嘉庆］梁山县志：卷四·书籍［M］.清嘉庆十三年（1808）刻同治六年（1867）增刻本：19a-21a.

② ［清］朱言诗，等.［光绪］梁山县志：卷五·学校志下·书籍［M］.清光绪二十年（1894）刻本：1a-3a.

③ ［清］谢惟杰，［清］陈一津，［清］黄烈.［嘉庆］金堂县志：卷七·学校［M］.清嘉庆十六年（1811）刻本：55b-56b.

④ ［清］王树桐，［清］徐璞玉，［清］米绘裳，等.［同治］续金堂县志：卷七·政事部上·学校志［M］.清同治六年（1867）刻本：1a.

文》一部,《颁发二十一史》一部,《史记》一部。"①

嘉庆二十年（1815），温江县学藏书29部，具体书目为："钦颁墨刻书籍：《诗经汇纂》一部二十四本,《春秋汇纂》一部二十四本,《上谕》一部三十四本,《性理精义》一部五本,《天章炯戒》一部一本,《名教罪人诗章》一部二本,《书经汇纂》一部十本,《学政全书》一部八本,《钦定学政全书》一部十二本,《明史》一部一百一十本,《周易折中》一部十五本,《乐善堂全集》一部十一本,《周易述义》一部十一本,《诗义折中》一部八本,《春秋直解》一部八本,《御制补笙诗乐谱》二册,《乡会试条例》一本,《四书讲义》一部十五本,《四书解义》一部十二本,《新颁学政全书》一部二十本,《圣谕广训》一本,《圣谕》一本,《圣谕》一本,《谕令常言》一本,《御书匾式》四张,《平定金川碑文》一本，新颁《圣谕广训衍义》一本,《圣谕》,《谕祭杨天纵文》。"② 值得注意的是，该志将官学藏书作为"钦颁墨刻书籍"置于卷首开篇之处，足见当地官员对官学藏书的重视。

在乾隆四十年（1775）刊刻的《隆昌县志》中并无县学藏书书目，但［道光］《隆昌县志》卷首开篇即记录了道光三年（1823）隆昌县学所藏的16部典籍："钦颁墨刻书籍：《圣训》，康熙二十三年奉颁《御书万世师表匾额》一道,《上谕》一道,《上谕讲略律例拟意》一道,《上谕讲训》一道,《嘉禾图》一道,《上谕》一部二十四本,《性理精义》一部五本,《上谕》一部十本,《名教罪人》一部二本,《书经》一部二十四本,《圣谕》一部一本,《驳吕留良四书》一部八本,《祀典仪制》一部四本,《书经》二部各二十四本,《四书解义》一部十二本。"③ 另，［同治］《隆昌县志》亦在卷首照录了以上藏书书目。

中江县学藏书在道光十六年（1836）尊经阁重修之后得到补充，数量为33部。据［道光］《中江县新志》载："《圣谕广训》壹本,《天章炯戒》壹本，二项书板俱全。《上谕》捌套共柒拾壹本,《中江县新志》壹套捌本，书板俱全。《御纂朱子全书》捌套叁拾陆本,《御纂诗义折中》贰套捌本,《御纂周易述义》贰套拾本,《御纂周易折中》贰套拾贰本,《钦定礼部则例》贰套拾叁本,《钦定春秋传说汇纂》肆套贰拾伍本,《钦定学政全书》壹部并《学校条规》，书板

---

① 〔清〕顾德昌，等.［嘉庆］新繁县志：卷十七·祠庙［M］.清嘉庆十九年（1814）刻本：3a-3b.
② 〔清〕李绍祖,〔清〕徐文贲,〔清〕车酉，等.［嘉庆］温江县志：卷首·书籍［M］.清嘉庆二十年（1815）刻本：1a-2b.
③ 〔清〕张聘三,〔清〕耿履端.［道光］隆昌县志：卷首［M］.清道光三年（1823）刻本：1a-1b.

全。《钦定四书文》贰套贰拾本,《新通志》拾陆套共壹百伍拾壹本,《钦定性理精义》壹套肆本,《十三经注疏》贰拾壹套共壹百陆拾肆本,《四川通志》捌套共肆拾捌本,《元史》拾套共壹百本,《近思录》壹部肆本,《琴谱》壹部,《圣庙祀典图考》壹套陆本。"①

同时,中江县学还有另一部分藏书来自四川总督吴棠、中江知县赵源浚在光绪年间的捐置以及清末教育体制改革后使用公款购置。据［民国］《中江县志》载:"尊经阁（在圣庙后）所藏书籍原归校官管理,校官裁后,移入小学堂,是为甲种……光绪间,川督吴捐发《四史》,邑令赵捐置并提公款余赀所购及学校改制增购诸书,是为乙种,皆存贮县立高等小学校。乙种:《皇清经解》,《周官义疏》,《仪礼义疏》,《礼记义疏》,《礼经笺》,《诗经传说》,《书经传说》,《尚书古今文注》,《公羊传注》,《公羊笺》,《榖梁传注》,《经籍籑诂》,《经典释文》,《四史》（大板全）,《廿四史》（缺三国志）,《钦定明纪》,《资治通鉴》,《续通鉴》,《五礼通考》,《续文献通考》,《皇朝文献通考》,《续通典》,《皇朝通典》,《续通志》,《皇朝通志》,《皇朝掌故》,《天下郡国利病书》,《蜀典》,《历代名臣言行录》,《绎史》,《万国通史》,《美史记事》,《英国志》,《俄史辑译》,《日本维新史》,《法政丛编》,《法令全书》,《经世文编》,《四库总目》,《玉函山房丛书》,《小玲珑山馆丛书》,《原富》,《说文通检》,《徐氏说文》,《古韵通说》,《广韵玉编》,《楚辞释》,《文选》,《一统舆图》,《瀛寰志略》,《水道提纲》,《读史方舆纪要》,《广学类编》,《阳明全集》,《苏子美集》（有板）,《八代文粹》,《古文集评》,《古文翼》,《形学》,《八线备旨》,《代数备旨》（其余教授用书,尚多不备载）。"② 其中,"甲种"藏书即上文所引［道光］《中江县新志》所载官学书目。"乙种"藏书数量较多,共计84部,而且门类多元、内容丰富,包括部分介绍西方历史与概况的新式书籍,这类书籍业已普及至西南县域,此即当时洋务运动与维新运动在中国轰轰烈烈开展的有力证明。

道光二十四年（1844）,新都县学藏书21部,具体书目为:"《学政全书》一部四本,《钦定学政全书》一部二十二本,《钦定明史》一部一百六十本,《御纂周易述义》一部八本,《御纂书经汇纂》一部十六本,《御纂诗经汇纂》

---

① ［清］杨霈,［清］李福源,［清］范泰衡. ［道光］中江县新志:卷二·建置志·学校[M]. 清道光十九年（1839）刻本:65a-66a.
② 苏洪宽,陈品全. ［民国］中江县志:卷十三·政事下·学校[M]. 民国十九年（1930）日新印刷工业社铅印本:6b-7a.

67

一部二十四本，《御纂诗义折中》一部十四本，《御纂书经传说》一部二十二本，《周礼义疏》一部三十本，《仪礼义疏》一部四十本，《礼记义疏》一部四十八本，《钦定日讲四书》一部十六本，《上谕》一部三十本，《圣谕广训》一部二本，《钦定四书文选》一部二十本，《四书讲义》一部八本，《朱子纲目》一部九十二本，《朱子全书》一部五十本，《礼部则例》一部二十四本，《四川通志》一部一百一十本，《学宫图考》一部四本。"①〔民国〕《新都县志》虽照录了以上书目，但明确指出"今俱无存"②。

  荣县尊经阁于康熙二十一年（1682）倾圮，之后再未重建，因此，县学藏书存于明伦堂。道光二十五年（1845），荣县学所藏10部典籍的书目为："儒学明伦堂敬刊《御制卧碑》。贮藏钦颁书籍：《圣谕》二本，《易经》一部，《书经》一部，《诗经》一部，《春秋》一部，《性理》一部，《学政全书》一部，《资治通鉴》一部，《明史纲目》一部，《明史》一部。"③

  目前可见的清咸丰年间四川官学藏书情况仅有冕宁县1例。咸丰七年（1857），冕宁县学藏书17部，具体书目为："存学书籍：《圣谕广训》三本，《上谕》一部，《天章炯戒》一部，《御论》二本，《御制训饬士子文运事例》二本，《钦定礼部则例》一部，《书经汇纂》一部，《春秋汇纂》一部，《周易折中》一部，《资治纲目》一部，《朱子全书》一部，《新修学政全书》一部，《续增学政全书》四部，《四川通志》一部，《修志采访章程格式》一本，《日知录》一部，《困学纪闻》一部。"④

  同治二年（1863），安县学藏书44部，均为康熙至嘉庆间中央政府颁赐典籍且保存完整无缺，具体情况为："钦颁墨刻书籍：康熙二十三年奉颁《御书万世师表匾额》一道，《上谕》一道，《上谕讲略律例拟意》一道，《上谕讲训》一道，《嘉禾图》一道，《上谕》一部二十四本，《上谕》一部二本。雍正四年奉颁《御书生民未有匾额》一道。乾隆三年奉颁《御书与天地参匾额》一道。乾隆十四年奉颁《上谕》二本又一道，《圣谕广训》十二本，《天章炯戒》一

---

① 〔清〕张奉书，〔清〕张怀洵.〔道光〕新都县志：卷五·学校志〔M〕.清道光二十四年（1844）刻本：18a-19a.
② 陈习删，闵昌术.〔民国〕新都县志：第二编·政纪·教育〔M〕.民国十八年（1929）铅印本：31a.
③ 〔清〕王培荀.〔道光〕荣县志：卷二十五·学校志〔M〕.清道光二十五年（1845）刻本：1a-1b.
④ 〔清〕李英粲，〔清〕李昭.〔咸丰〕冕宁县志：卷五·建置志二〔M〕.清咸丰七年（1857）刻本：7b-8a.

本，《祀典图册》一本，《学政全书》二本，《军流道里表抄刻》共四本，《钦定三流道里表》一部四本，《刑名例限》一本，《洗冤录》一部四本又抄写一本，《停刑日期考》一本，《大清律例》一部二十本，《续纂条例》一部二本，《钦定吏部处分则例》二十六本，《工程做法并抄册》二十九本。乾隆十八年续颁《督捕则例》二本，《钦定科场条例》四本，《酌归建议条款》一本，《钦定学政全书》二部八本。乾隆二十二年颁发《学政全书》二部八本，《三礼义疏》一部共一百八十三本。乾隆二十三年颁发《大清律例》四本，《诗集文集》一部共七十三本。乾隆五十一年奉颁《御论墨刻》一道。乾隆五十二年奉颁《御制补笙诗乐谱》二本，《御定圣庙乐谱》一本，《户部则例》一部三十九本。乾隆五十三年奉颁《御笔仿李迪鸡雏待饲图诗画》一道。乾隆五十五年奉发《户部续纂则例》一部八本。乾隆五十七年奉发《科场条例》一部十六本。嘉庆元年奉发《钦定学政全书》一部二十四本。嘉庆五年奉发《御制邪教说墨刻》一道，《御书圣集大成匾额》一道。嘉庆十年奉发《勤政殿记墨刻》一卷。嘉庆十四年奉发《御制耕织图诗墨刻》一分。"①

同治十三年（1874），德阳县学藏书颇为丰富，共87部，具体情况为："《御纂周易折中》一部，《御纂周易述义》一部，《御纂书经传说汇纂》一部，《钦定书经解义》一部，《御纂诗经传说汇纂》一部，《御纂诗义折中》一部，《御纂春秋传说汇纂》一部，《御纂春秋直解》一部，《钦定周官义疏》一部，《钦定仪礼义疏》一部，《钦定礼记义疏》一部，《钦定左传注疏》一部，《钦定公羊注疏》一部，《钦定穀梁注疏》一部，《钦定论语注疏》一部，《钦定孟子注疏》一部，《御注孝经》一部，《钦定孝经集注》一部，《钦定尔雅注疏》一部，《钦定宋版小学》一部，《钦定学政全书》一部，《钦定朱子全书》一部，《钦定性理精义》一部，《列朝宝训》一部，《圣谕广训》一部，《钦定文庙乐谱》一部，《御制补笙乐谱》一部，《钦定文庙祭礼仪节》一部，《钦定四书文》一部，《御批通鉴辑览》一部，《钦定祀典仪制》一部，《日讲四书解义》一部，《御选唐宋文醇》一部，《御选唐宋诗醇》一部，《皇清礼器图》一部，《大清会典》一部，《大清律》一部，《大清则例》一部，《皇清开国方略》一部，《满洲源流考》一部，《国学礼乐录》一部，《资治通鉴》一部，《紫阳纲目》一部，《近思录》一部，《史记》一部，《前汉书》一部，《后汉书》一部，《三国志》一部，《晋书》一部，《宋书》一部，《南齐书》一部，《梁书》一部，《陈书》一部，

---

① 〔清〕杨英灿，〔清〕余天鹏，〔清〕陈嘉绣．〔同治〕安县志：卷首［M］．清同治二年（1863）刻本：1a-4a．

《北魏书》一部,《北齐书》一部,《北周书》一部,《隋书》一部,《南史》一部,《北史》一部,《旧唐书》一部,《五代史记》一部,《宋史》一部,《辽史》一部,《金史》一部,《元史》一部,《明史》一部,《杜佑通典》一部,《郑樵通志》一部,《文献通考》一部,《同文韵统》一部,《朱批谕旨》一部,《分类字锦》一部,《音韵阐微》一部,《广群芳谱》一部,《佩文韵府》一部,《月令辑要》一部,《韵府拾遗》一部,《子史精华》一部,《民间易犯律例》一部,《查明违碍书目》一部,《古文约选》一部,《骈字类编》一部,《资政要览》一部,《劝善要言》一部,《日知荟说》一部,《精萃文集》一部,《古文渊鉴》一部。"①

光绪二年（1876）刊行的《庆符县志》载庆符县学藏书原有16部,具体书目为:"《上谕》一本,《御制日讲四书》一部,《钦定诗经汇纂》一部,《钦定春秋汇纂》一部,《御批明鉴》,《钦定三礼义疏》全部,《近思录》一部,《驳吕留良解义》二部,《明史》一部,《学政全书》一部,《续定学政全书》一部（以上存学署,兵燹后尽失）。《汉书》一部（同治八年,总督部堂吴札饬捐输刊刻,庆捐银三十两,发到一部）,《朱子全书》一部（总督部堂吴发）,《九经》一部（同治十年,学使夏奖发优等,以上均存学署）。"② 以上16部藏书中,前13部已毁于兵乱,实际仅存时任四川总督吴棠捐置的《汉书》《朱子全书》以及时任四川学政夏子鍚（1824—1894）捐置的《九经》。

光绪十年（1884）,荣昌县学藏书14部,具体书目为:"颁发书籍:《上谕》一部,《圣谕广训》一部,《书经汇纂》一部,《易经汇纂》一部,《诗经汇纂》一部,《春秋汇纂》一部,《日进四书》一部,《性理精义》一部,《学政全书》一部,《通鉴纲目》一部,《朱子全书》一部,《明史》一部,《礼部则例》一部,《四书文》一部。以上书籍历久不全,嗣因城陷,尤多遗失。"③

光绪十九年（1893）,酆都县学藏书64部,"书室三间,训导乔松就署西隙地建并购置:《皇清经解》,《十三经注疏》,《经典释文》,《五经小学述》,《段注说文》,《康熙字典》,《史记》,《汉书》,《后汉书》,《三国志》,《南史》,《北史》,《五代史》,《辽史》,《金史》,《国语》,《国策》,《史通削繁》,《唐

---

① 〔清〕何庆恩,〔清〕刘宸枫,〔清〕田正训.［同治］德阳县志:卷十五·学校［M］.清同治十三年（1874）刻本:11b-16b.
② 〔清〕孙定扬,〔清〕胡锡祜.［光绪］庆符县志:卷五十·典籍［M］.清光绪二年（1876）刻本:339b-340a.
③ 〔清〕文康,〔清〕施学煌,〔清〕敖册贤.［光绪］荣昌县志:卷六·学校［M］.清光绪十年（1884）刻本:8b-9b.

<<< 第三章 清代西南官学藏书书目

鉴》、《蜀典》、《资治通鉴》、《水经注笺》、《三才略》、《皇朝经世文编》、《汉魏丛书》、《玉函山房丛书》、《翁注困学纪闻》、《增广事类统编》、《山海经》、《王子安集》、《李太白全集》、《杜诗镜铨》、《李义山诗文集》、《三苏全集》、《斜川集》、《湖海文传》、《袁文笺正》、《有正味斋骈文笺注》、《乐志堂文集》、《文选》、《古文苑》、《蒋评四六法海》、《宋四六选》、《纪评文心雕龙》、《骈体文钞》、《三诗别裁》、《七十家赋钞》、《书目答问》、《輶轩语》、《弟子箴言》、《学政全书》、《忠州志》。"①

光绪二十年（1894），盐源县学藏书19部，具体书目为："存学书籍：《圣谕广训》三本，《书经汇纂》一部，《上谕》一部，《春秋汇纂》一部，《天章炯戒》一部，《周易折中》一部，《御论》二本，《资治纲目》一部，《御制训饬士子文运事例》二本，《朱子全书》一部，《御制劝善要言》一本，《新修学政全书》一部，《钦定礼部则例》一部，《续增学政全书》一部，《四川通志》一部，《修志采访章程格式》一本，《日知录》一部，《困学纪闻》一部，《授时通考》一部。"②

对于峨眉县学藏书来说，[康熙]《峨眉县志》所载皆为早已不存的明代中央政府颁赐书籍，而[乾隆]、[嘉庆]《峨眉县志》均未记载县学藏书情况。由此，仅可通过目前可见的4种清代峨眉方志中成书时间最晚的[宣统]《峨眉县志》所载，方可了解清代峨眉县学藏书情况。宣统三年（1911），峨眉县学原来藏书21部，具体情况是："《御纂周易述义》一部，《御纂诗义折中》一部，《御纂春秋直解》一部，原颁《学政全书》一部，续颁《钦定学政全书》一部，续增《学政全书》一部，《大清律》一部，《上谕》一部，《御纂周易折中》一部十二本，《御纂书经传说》一部十二本，《御纂诗经传说》一部十六本，《御纂春秋传说》一部二十四本，《御纂仪礼义疏》一部四十本，《御纂周官义疏》一部三十二本，《御纂礼记义疏》一部四十八本，《御纂诗义折中》一部十本，《朱子全书》一部，《史记》一部，《后汉书》一部，《三国志》一部，《四川通志》一部。以上书籍均学舍所存者，后此颁发不悉，今虽存《四川通志》及经书数部，皆散佚不全。"③ 但是，经过清末战乱对县城内学宫等教育基础设施的

---

① 〔清〕田秀栗，〔清〕徐昌绪，〔清〕蒋履泰，等. [光绪] 丰都县志：卷二·学校志 [M]. 清光绪十九年（1893）刻本：35b-36a.
② 〔清〕辜培源，〔清〕曹永贤. [光绪] 盐源县志：卷四·学校志 [M]. 清光绪二十年（1894）刻本：9a-9b.
③ 〔清〕李锦成，〔清〕朱荣邦. [宣统] 峨眉县续志：卷二·建置志·衙署 [M]. 清宣统三年（1911）刻本：14b-16a.

71

冲击与破坏，加之政局动荡与行政体系逐步走向瘫痪，各级官员既无内在热情又无外部压力，导致对教育设施的管理与维护日渐松懈，因此，诸如峨眉县学等四川各地县学藏书普遍出现残损、散佚、毁亡等不利情况。

第二节　清代云南官学藏书

明清交替之际，云南战事频仍，省内各地官学损毁严重，官学藏书多散佚不存，而清政府在滇平乱结束时间相对最晚，因此，云南社会经济与文化重建时间也相对最晚。在此背景之下，清代云南官学藏书在康熙中后期之后，方呈现增长趋势。例如，[康熙]《富民县志》载："经书：未设。"① 此即指出当时富民县学并未收藏书籍。究其原因，富民在明初之际并无县学，诸生求学于罗次县学，直至明天启二年（1622）才独建县学，却毁于明清交替之际的兵乱之中。直至清康熙四十七年（1708），富民县学方复建完成，而[康熙]《富民县志》则成书于康熙五十一年（1712），因此，当时富民县学仍无藏书。但是，清代及民国时期云南方志对官学藏书的记载，却是清代西南三省中最全面的。在此，笔者共梳理出9所府学、4所厅学、20所州学、15所县学及琅盐井、白盐井2个提举司学，共50所官学的藏书情况。

一、清代云南府学藏书

康熙二十八年（1689），武定府学藏书仅6部，据[康熙]《武定府志》载："尊经阁藏书：《四书》《五经》《性理》《通鉴》《忠经》《孝经》，以上诸书，知府王清贤购备。"②

云南府学与昆明县学原为分置，前者位于五华山麓，后者位于府学西北菜海子。明嘉靖十七年（1538），巡抚都御史汪文盛因昆明县学地势低洼而将其迁于云南府学东南。自万历四十年（1612），云南府学与昆明县学开始合一。"（万历）四十年，巡按御史邓渼、提学参政黄琮合府县二学为一。四十三年，巡抚

---

① 〔清〕彭兆逵，〔清〕杨揣秀. [康熙] 富民县志 [M]//凤凰出版社. 中国地方志集成·云南府县志辑：第5册. 南京：凤凰出版社，2009：502.
② 〔清〕王清贤，〔清〕陈淳. [康熙] 武定府志：卷三·学校 [M]. 清康熙二十八年（1689）刻本：30a.

都御史周嘉谟、提学佥事张间迁府县二学明伦堂于庙门之左右。"① 明末清初，二学毁于兵乱，遂迁于长春观。对于昆明县学，"康熙二十九年，总督范承勋同巡抚王继文会疏题请改建于五华山，与府学仍合一庙"②。由此，云南府学与昆明县学合一情形保持至清末。

康熙三十五年（1696），云南府学暨昆明县学藏书54部，具体书目为："经籍：《圣谕十六条注解》一部，《钦颁四书解义》一部，《易经解义》一部，《书经解义》一部，《孝经衍义》一部，《四书大全》一部，《易经大全》一部，《书经大全》一部，《诗经大全》一部，《礼记大全》一部，《春秋大全》一部，《史记》二套，《前汉书》二套，《后汉书》二套，《三国志》一套，《晋书》四套，《南史》二套，《北史》三套，《宋书》二套，《南齐》一套，《梁书》一套，《陈书》一套，《魏书》二套，《周书》一套，《北齐》一套，《隋书》二套，《唐书》四套，《五代史》一套，《宋史》十套，《辽史》一套，《金史》二套，《元史》五套，《朱子纲目》十二套，《资治通鉴》十六套，《论语注疏》一套，《孟子注疏》一套，《周易注疏》一套，《毛诗注疏》一套，《尚书注疏》一套，《周礼注疏》一套，《礼记注疏》一套，《仪礼注疏》一套，《春秋正义注疏》一套，《春秋左传注疏》一套，《春秋公羊注疏》一套，《春秋榖梁注疏》一套，《名臣奏议》十二套，《文献通考》三十六套，《性理大全》三套，《开疆疏》一部，《古文》一部，《大学衍义》一部，《云南通志》一部。以上经籍，康熙三十年总督范承勋、巡抚王继文倡，同布政使于三贤、按察使许弘勋、驿盐道王照、督学道吴自肃捐置。《云南郡志》一部，康熙三十四年云南府知府张毓碧纂定存学。"③

至道光二十一年（1841），[道光]《昆明县志》成书，其中言及昆明县学藏书有53部，具体书目为："学宫藏书目：《圣谕十六条注解》一部，《钦颁四书解义》一部，《易经解义》一部，《书经解义》一部，《孝经衍义》一部，《四书大全》一部，《易》《书》《诗》《礼》《春秋》大全各一部，《十三经注疏》（《尔雅》《孝经》缺），《二十一史》五十函，《资治通鉴》十六函，《朱子纲目》二十函，《名臣奏议》十二函，《大学衍义》一部，《性理大全》一部，《文

---

① 〔清〕张毓碧，〔清〕谢俨.［康熙］云南府志：卷九·学校志［M］.清康熙三十五年（1696）刻本：1b.
② 〔清〕张毓碧，〔清〕谢俨.［康熙］云南府志：卷九·学校志［M］.清康熙三十五年（1696）刻本：2b.
③ 〔清〕张毓碧，〔清〕谢俨.［康熙］云南府志：卷九·学校志［M］.清康熙三十五年（1696）刻本：2b-4a.

献通考》三十六函,《古文》一部,《开疆疏》一部,《云南通志》一部(以上书籍,俱康熙三十年总督范承勋、巡抚王继文倡,同布政使于三贤、按察使许宏勋、驿盐道王照、督学道吴自肃置,并见旧通志及云南府志)。《云南府志》一部(康熙三十四年,知府张毓碧修,置学宫)。《御纂周易折中》《书经传说汇纂》《诗经传说汇纂》《春秋传说汇纂》《孝经衍义》《朱子全书》《性理精义》(以上书板七部,奉颁重刻置学官)。右学宫藏书书板。"①

雍正十三年(1735),东川府学藏书10部,具体书目为:"学宫经籍:《世祖章皇帝卧碑》一道(勒石明伦堂),《圣论》十六条,《圣论训饬士子文》一道(勒石大成门),《圣谕广训万言》一部,《上谕》一部,《驳正吕留良四书讲义》二部,《书经》一部,《春秋》一部,《诗经》一部,《性理》一部。"②

乾隆四年(1739),广西府学藏书24部,具体书目为:"府学藏书(旧存):《圣谕广训》一本,《学政全书》一本,《学政条约》四本,《乡会墨卷》六本,《科场条例》二本,《日讲四书》一部,《书经》一部,《朱子全书》十三本,《上谕》一本,《碑记字帖》一本,新发《圣谕广训》五本,《御纂诗经》一部,《四礼·四礼翼》《孝经》《小学》《近思录》《吕子节录》(五项共一函),《性理精义》一部,《书院条约》一本,《学政全书》一本,《文武官员仪注》一本,《朱子格言》三本,《五经全场朱卷》一本,《钦定条律》二本。师、弥州学藏书与府略同。"③另外,当时广西府所辖义学藏书仅7部:"义学书籍:《渊鉴古文》四函,《性理精义》一函,《孝经》《小学》《近思录》共一函,《斯文精萃》一函,《吕子节录》二本。州义学同,五嶍义学同。"④对比可知,官学藏书无论在种类还是在数量方面,都是义学所不能相比的。

乾隆八年(1743),丽江府学藏书35部,具体书目为:"经籍:《圣谕广训》四本,《上谕》一部,《御纂周易折中》一部计一套,《春秋传说汇纂》一部计二套,《书经传说汇纂》一部计二套,《诗经传说汇纂》一部计二套,《日讲四书讲义》一部计二套,《凤仪六经》一部计四套,《朱子全书》一部计四套,《性理精义》一部计一套,《古文渊鉴》一部计四套,《大学衍义辑要补》一部

---

① 〔清〕戴絅孙.〔道光〕昆明县志:卷四·学校志·第七[M].清光绪二十七年(1901)刻本:3a-4a.
② 〔清〕崔乃镛.〔雍正〕东川府志:卷六·学校[M].清雍正十三年(1735)刻本:7a.
③ 〔清〕周采,〔清〕李绶.〔乾隆〕广西府志:卷十四·学校[M].清乾隆四年(1739)刻本:6a-6b.
④ 〔清〕周采,〔清〕李绶.〔乾隆〕广西府志:卷十四·学校[M].清乾隆四年(1739)刻本:8a-8b.

计一套，《孝经注解》，《小学纂注》，《近思录集解》，《四礼初稿》，《四礼翼》，《吕子节录》共五部计一套，《重刻资治通鉴纲目》一部计十二套，《尔雅注疏》一部计一套，《文庙陈设礼乐祭器图》一本，《学政全书》一本，《文武相见仪注》一本，《乡饮酒礼》二本，《书院条规》一本，《钱名世诗》二本，《斯文精萃》一部计一套，《乐善堂日知荟录》一部计二套，《全滇义学汇记》一部计二本，《朱子治家格言》一本，《省身录》计二本，《抚松吟诗集》一本，《明史》一部计十二套，《御选四书文》一部计三套，又《近思录集解》计一套。以上书籍收贮儒学，流传交代。"①

乾隆二十六年（1761），东川府学藏书49部，具体书目是："颁存学宫书籍：《卧碑》，《圣谕》十六条，《圣谕训饬士子文》，《圣谕广训万言》，《钦颁上谕》一函，《钦颁上谕》二函，《上谕戒饬知府文》，《上谕戒饬教官文》，《上谕边缺当用贤员为知府知县文》，《礼乐图考》，《御制先师四配赞》，《御制四书文》，《御制南巡诗》，《御制平定金川大学碑文》，《乐善堂日之荟说》，《周易折中》，《诗经纂义》，《书经纂义》，《春秋纂义》，《日讲四书》，《驳吕留良四书讲义》，《资治通鉴》，《明史》，《朱子纲目》，《朱子全书》，《性理大全》，《御纂渊鉴古文》，《刺钱名世诗》，《钦定四书文》，《明文大题选》，《大清律》，《文武官员相见仪注》，《学院条规》，《乡饮酒礼仪注》，《云南通志》，《斯文精萃》，《大学衍义辑要》，《孝经》，《尔雅》，《小学》，《近思录》，《朱子治家格言》，《书院条规》，《全滇义学汇记》，《纲鉴正史约》，《吕子节录》，《四礼》，《四礼翼》，《四书大全》。"②

嘉庆四年（1799），临安府学藏书69部，具体书目为："府学存贮书籍：《圣谕》（载卧碑及三朝训斥士子文），《圣谕十六条》，《圣谕广训》，《上谕》（雍正七年颁），《钦定文庙乐谱》，《御制补笙诗乐谱》，《御纂周易折中》二部，《御纂书经传说》二部，《御纂诗经传说》二部，《御纂春秋传说》二部，《御纂周礼·仪礼·礼记义疏》共一套，《御定孝经注解》，《日讲四书解义》，《五华纂订四书大全》，《钦定驳吕留良四书讲义》，《日知荟说》，《御选古文渊鉴》，《御批资治通鉴纲目》一百二十五本，《辑录更正通鉴纲目续编》四本，《御纂性理精义》，《御纂朱子全书》，《汲古阁十三经注疏》一百二十本，《汲古阁十

---

① 〔清〕管学宣，〔清〕万咸燕. ［乾隆］丽江府志略：卷下·学校略［M］. 清乾隆八年（1743）刻本：11a-12b.

② 〔清〕方桂，〔清〕胡蔚. ［乾隆］东川府志：卷六·学校［M］. 清乾隆二十六年（1761）刻本：14b-16a.

七史》,《宋史》一百本,《辽史》八本,《元史》五十本,《金史》二十本,《钦定明史》一百一十二本,《钦定四书文》一部,《斯文精萃》一部,《近思录集解》,《小学纂注》,《吕子节录》,《玉衡录》,《四体初稿》,《四礼翼》,《经解》二本,《乐器图考》二本,《名教罪人诗》二本,《乡饮酒礼仪注》二本,《学政全书》八本。"①

嘉庆二十年（1815）,广南府学所藏经籍28部,具体是："《圣谕广训》四本,《上谕》一部（计二本）,《御纂周易折中》一部（计一套）,《春秋传说汇纂》一部（计二套）,《书经传说汇纂》一部（计二套）,《诗经传说汇纂》一部（计二套）,《日讲四书讲义》一部（计二套）,《凤仪六经》一部（计四套）,《朱子全书》一部（计四套）,《性理精义》一部（计一套）,《古文渊鉴》一部（计四本）,《大学衍义辑要补》一部（计一套）,《孝经批注》,《小学》纂注,《近思录集解》,《四礼初稿》二本,《四礼翼》一本,《文庙陈设礼乐祭器图》一本,《学政全书》一本,《文武官相见仪注》一本,《斯文精萃》一部（计一套）,《日知荟说》一部,《乡饮酒礼》一本,《驳吕留良四书》一部,《吕子节录》一部,《明史》一部,《通鉴》一部,《纲鉴正史约》一部。以上书籍存学署。"②

道光九年（1829）,开化府学藏书38部,具体情况为："经籍,开化府学藏书：《圣谕十六条解》一本,《日讲四书》一部,《资治纲目》二部,《圣谕广训》一本,《名教罪人诗》二本,《文武相见仪注》三本,《学政全书》二本,《驳吕留良书》一部,《日知荟说》一部,《御制训饬士子文》一部,《先圣先贤先儒名位并祭乐器图》一本,《日讲四书》一部,《上谕》四本,《乐善堂集》一部,《尔雅》二部,《学政全书》一部。《御纂周易折中》一部,《钦定书经传说汇纂》一部,《钦定诗经传说汇纂》一部,《钦定春秋传说汇纂》一部,《御纂性理精义》一部,《朱子全书》一部,以上六部奉颁重刻颁发存贮。《御制古文渊鉴》一部（布政使刘荫枢重刻颁发）,《斯文精粹》一部（总督尹继善选刻颁发）。《万世玉衡录》一部,《臣鉴录》一部,以上二部,总督蒋陈锡、学政蒋泂同刻颁发。《四礼初稿》二本,《四礼翼》一本,《孝经注解》一本,《小学纂注》四本,《近思录集解》四本,以上五部,布政使陈弘谋重刻颁发。《明

---

① 〔清〕江濬源,〔清〕罗惠恩. ［嘉庆］临安府志：卷八·学校［M］. 清嘉庆四年（1799）刻本：19a-21a.

② 〔清〕何愚. ［嘉庆］广南府志：卷二·学校［M］. 清道光五年（1825）刻本：17a-18b.

史》一部（乾隆十七年颁发），《四书大全》一部（翰林院孙见龙注），《经解》二部，《满汉篆文》，《上谕》二本，《乡饮酒礼仪注并图式》，以上三部，乾隆十八年颁发。《续增学政全书》一部（乾隆二十二年颁发）。"①

道光二十年（1840），普洱府学共有48部藏书，具体书目为："存学书籍：《圣谕广训》贰本，《孝经》壹本，《上谕》壹部贰拾肆本，《尚书体注》肆本，《臣鉴录》壹部贰拾本，《明史》壹部陆拾本，《山晓古文》叁拾贰本，《续奉卷缴违碍书目》壹本，《北山纪咏》壹本，《钦定磨勘简明条例》共肆本，《斯文精萃》拾肆本，《科场磨勘则例》壹本，《省身录》贰本，《祭祀仪注》壹本，《尔雅释》肆本，《乡饮酒礼》贰本，《万世玉衡录》壹部肆本，《御论》壹本，《大学衍义》壹部拾贰本，《驳吕留良四书讲义》壹部共捌本，《小学纂注》捌本，《朱子全书》壹部肆本，《全滇义学汇记》肆本，《吕子节录》肆本，《学政全书》捌本，《钦定古文渊鉴》壹部贰拾肆本，《白香山诗》壹部共捌本，《古文渊鉴》壹部叁拾贰本，《御纂性理精义》贰部共拾壹本，《近思录》叁部共拾贰本，《四书大全》肆部计壹百肆拾捌本，《钦定四书文》贰部肆拾叁本，《上谕四库馆议定章程查明违碍书目》共壹本，《奏明销毁书目》壹本，《资治通鉴纲目》壹部共壹百贰拾本，《纲鉴会纂》捌本，《纲鉴正史约》壹部共拾陆本，《御批更正资治纲目》壹套陆本，《诗经传说》壹部贰拾本，《钦定诗经》壹部共贰拾肆本，《书经传说》壹部拾陆本，《钦定书经》壹部共贰拾肆本，《春秋传说》壹部贰拾肆本，《钦定春秋》壹部共贰拾肆本，《周易折中》拾陆本，《周官》壹部肆拾玖本，《仪礼》壹部伍拾本，《礼记义疏》捌套捌拾贰本。"②

此后，[光绪]《普洱府志稿》将以上书目全文照录，值得注意的是，该志在书目前注明："谨案：此项书籍先存书院，后改存儒学，阅者自取。"③ 此即指明以上府学藏书在道光年间曾存于普洱府的凤鸣书院。不过，该志在书目结尾处言明"以上各书，兵燹失毁无存"④。

---

① 〔清〕何怀道，〔清〕周炳，〔清〕万重篔.〔道光〕开化府志：卷六·学校[M].清道光九年（1829）刻本：16a-18a.
② 〔清〕郑绍谦.〔道光〕普洱府志：卷十·学校[M].清咸丰元年（1851）刻本：15a-17a.
③ 〔清〕陈宗海，〔清〕陈庋.[光绪]普洱府志稿：卷二十四·学校志二[M].清光绪二十六年（1900）刻本：3a.
④ 〔清〕陈宗海，〔清〕陈庋.[光绪]普洱府志稿：卷二十四·学校志二[M].清光绪二十六年（1900）刻本：4b.

二、清代云南厅学藏书

清初，蒙化仍延明制为蒙化府，但至康熙三十七年（1698），蒙化府学藏书仍十分匮乏。据〔康熙〕《蒙化府志》载："旧志云，'蒙庠旧有颁书未备，自同知胡公光请于巡抚陈公金、巡按林公世远、提学包公裕，置书贮于书院观文楼，迤西诸学积书之富无与为比，即今楼毁而尊经阁所储凡六十四种。'按：今屡遭兵燹，俱散去无存，尚俟陆续置贮。"① 其中所言"旧志"即明〔嘉靖〕《蒙化府志》，不过该志目前早已散佚不存，据该志所述云南巡抚陈金（1446—1529）曾批准蒙化府学购置藏书64种，因陈金任云南巡抚的时间为弘治十三年至弘治十六年（1500—1503），由此可推知，至明嘉靖间，蒙化府学尊经阁仍藏有64种官学书籍，但至清康熙年间这些藏书早已毁于兵燹。

乾隆三十五年（1770），清廷改蒙化府为蒙化直隶厅。至乾隆五十五年（1790），蒙化直隶厅学藏书59部，具体书目为："尊经阁存书：《学政全书》壹本，《新增学政全书》壹套，《上谕》贰函又叁本，《乡饮仪注》贰本，《科场条例》壹本，《书院全书》贰本，《名教罪人诗》贰本，《明史》壹部，《列志本纪表目录》共壹百拾贰本，《五华四书大全》陆套，《近思录》壹套，《钦定四书文》壹部，《十三经》壹部拾贰套，《廿一史》壹部伍拾套，《朱子全书》壹部叁拾贰本，《御笔碑文》伍张，《禁书目录》贰本又贰本，《圣谕广训》壹本，《古文渊鉴》肆函，《小学近思录》壹部，《四礼翼》壹部，《钦定律条》壹本，《性理精义》壹部，《吕子节录》贰本，《乡饮仪注》壹本，《正史约》壹部，《书院条规》壹本。"②

蒙化直隶厅文昌书院亦为官办，其14部藏书书目为："文昌书院存书：《钦定诗经传说汇纂》壹部贰套，《钦定书经传说汇纂》壹部贰套，《钦定周易折中》壹部贰套，《钦定三礼礼记义疏》壹部捌套，《钦定周官义疏》壹部肆套，《钦定仪礼》壹部肆套，《钦定春秋传说汇纂》壹部肆套，《钦定四书文》壹部贰拾肆本，《御纂性理精义》壹部陆本，《御批古文渊鉴》壹部叁拾贰本，《朱子全书》壹部叁拾贰本，《万世玉衡》壹部肆本，《近思录》壹部肆本，《乡饮酒礼》壹本。"③ 经对比可知，在乾隆朝时，蒙化直隶厅学藏书完全胜过书院藏

---

① 〔清〕蒋旭，〔清〕陈金钰.〔康熙〕蒙化府志：卷二·建设志·学校 [M]. 清康熙三十七年（1698）刻本：33b.
② 〔清〕刘垲，〔清〕席庆年，〔清〕吴蒲，等.〔乾隆〕续修蒙化直隶厅志：卷二·建设志·学校 [M]. 清乾隆五十五年（1790）刻本：92b-94a.
③ 〔清〕刘垲，〔清〕席庆年，〔清〕吴蒲，等.〔乾隆〕续修蒙化直隶厅志：卷二·建设志·学校 [M]. 清乾隆五十五年（1790）刻本：94a-94b.

书，同时，这也反映出其时官学藏书多于书院藏书的总体趋势。

据乾隆五十三年（1788）成书的《景东直隶厅志》载，其时厅学藏书45部，具体书目为："《圣谕广训》一本，《上谕》四本，《上谕》一部二十四本，《周易折中》一部十二本，《周易折中》二部四套三十二本，《钦定书经传说汇纂》一部二套二十四本，《书经传说》二部四套三十二本，《钦定诗经传说汇纂》一部二十四本，《诗经传说》二部四套四十本，《钦定春秋传说汇纂》一部，《春秋传说》二部八套四十八本，《钦定四书明文》一部十四本，《御纂性理》一部五本，《御纂四书解义》一部十三本，《御选古文渊鉴》一部四函二十四本，《朱子全书》一部，《朱子全书》二部六十四本，《三礼义疏》二部十六套一百六十六本，《仪礼》二部一百本，《性理精义》二部十二本，《四书文》二部四十八本，《古文渊鉴》二部六十四本，《万世玉尔雅》一部八本，《学宫紫阳纲目》一部十二套一百二十本，《周官》二部八套九十八本，《正史约》一部，《明史》一部，《斯文精萃》一部十二本，《五华汇讲大全》一部六套四十五本，《驳吕留良四书讲义》一部二套，《尔雅》一部，《乡饮酒礼》三本，《义学全滇汇记》一部四本，《名教罪人诗》一部二本，《四礼·四礼翼》一部，《学政条约》一部一本，《吕子节录》一本，《课士条约》一本，《书院条规》一本，《续增学政全书》一部，《科场磨勘简明则例》四本，《卧碑》一本，《学宫碑位书》一本，《近思录》二部八本。"①

道光十七年（1837），威远厅学共有23部藏书，具体书目为："《钦定四书文》二套，《朱子全书》二套，《大清通礼》二套，《学政全书》二套，《性理精义》五本，《周易折中》二套，《书经》二套，《诗经汇纂》二套，《春秋汇纂》二套，《尔雅注疏》二套，《四书大全》六套，《四书解义》二套，《通鉴纲目》十二套，《明史》共一百三十一本，《古文渊鉴》四套，《五华纂订大全》六套，《近思录》四本，《资治纲目续编》一套，《大学衍义》十二本，《斯文精萃》十二本，《全韵诗》一套，《磨勘条例》十三本，《上谕》二十四本。"②

清末，永北直隶厅学藏书59部，据［光绪］《续修永北直隶厅志》载："置备书籍（光绪十七年由公筹款买）：《古文渊鉴》一部计四十本共四套，《十三经注疏》，《仪礼》五函五十本，《周官》四函四十本，《春秋》三函三十本，《礼记》六函六十本，《书经》二函二十本，《诗经》二函二十三本，《唐宋文

---

① ［清］吴兰孙.［乾隆］景东直隶厅志：卷二·学校［M］.民国二十二年（1933）国立北平图书馆抄本：24a-26b.

② ［清］谢体仁.［道光］威远厅志：卷三·学校［M］.清道光十七年（1837）刻本：24a-24b.

醇》计二十四本共二套,《唐宋诗醇》计二十四本共二套,《五子近思录》计十本一套,《小学》计四本,《孝经》计一本共一套,《濂洛关闽》一部计七本共一套,《诗经疏校勘》计九本共二套,《书经疏校勘》计九本,《易经疏校勘》计七本,《礼记疏校勘》计二十五本,《周礼疏校勘》计十九本,《仪礼疏校勘》计十六本,《春秋疏校勘》计二十六本,《公羊疏校勘》计十本,《穀梁疏校勘》计五本,《尔雅疏音义校勘》计六本,《朱注疏校勘》计十三本,《周易折中》计二十三本,《书经汇纂》计十三本,《诗经汇纂》计二十四本,《礼记义疏》计十一本,《仪礼义疏》计五十本,《周官义疏》计四十本,《春秋汇纂》计二十六本。颁发书籍开后:《圣谕卧碑》一本,《丁祭谱》十二本,《经正书院条规》一本,《诗经》五本,《书经》五本,《易经》四本,《礼记》十本,《纂注》七本,《春秋》十二本,《中东战纪》壹部十六本,《日本国志》壹部十二本,《地球新录》壹部四本,《地球韵言》壹部四本,《瀛寰志略》壹部五本,《西学十六部》壹部十六本。"① 值得注意的是,"颁发书籍"中有多种介绍西方史地概况的书籍,这反映出晚清之际中原地区兴起的"西学热"学术风潮已经波及云南部分地区。

三、清代云南州学藏书

康熙年间,剑川州学共有藏书8部,分别为:"《四书讲义》《易经大全》《书经大全》《诗经大全》《礼记大全》《春秋大全》《五伦书》《古文渊鉴》。"②

据成书于康熙三十五年(1696)的《云南府志》载,当时昆阳州学藏书仅3部:"经籍:本朝新颁《四书解义》一部,《礼乐器图》一本(学道毛漪秀颁),《乡饮图》一本(学道谢于道颁)。"③另据[道光]《昆阳州志》载,其时昆阳州学藏书17部,具体为:"经籍:《圣谕十六条解》,《钦颁四书解义》,《孝经衍义》,《周易折中》,《朱子全书》,《礼乐器图》(督学毛漪秀颁),《乡饮图》(督学谢于道颁),《易经大全》,《书经大全》,《礼记大全》,《春秋大全》。《性理大全》《十三经汇语》《广舆记》《理斋纲鉴》《百将传》《明纪编

---

① 〔清〕叶如桐,〔清〕秦定基,〔清〕刘必苏,等.[光绪]续修永北直隶厅志:卷四·学校志·庙学[M].清光绪三十年(1904)刻本:30a-32b.
② 〔清〕王世贵,〔清〕张伦.[康熙]剑川州志:卷六·学校[M].清康熙五十二年(1713)刻本:47b-48a.
③ 〔清〕张毓碧,〔清〕谢俨.[康熙]云南府志:卷九·学校志[M].清康熙三十五年(1696)刻本:10b.

年》，以上六部，吏目傅世远捐置。"① 可见，至道光年间，虽然康熙年间的3部官学藏书得以保存，但百余年间昆阳州学藏书增幅情况并不理想。

康熙三十五年（1696），安宁州学的2部藏书为："经籍：本朝新颁《四书解义》一部，《书经》一部。"② 至雍正九年（1731），安宁州学存有藏书59部，具体情况为："《四书大全》《四书集注》《五经大全》《通鉴纲目》《性理大全》《五经旁训》《五伦全书》《孝顺事实》《文章正宗》《举业正式》《帝鉴图说》《劝善书》，以上各一部。《为善阴骘》，以上经书全失无存。本朝新颁书籍：《御制训饬士子文》，《圣谕广训》，《御纂性理精义》，《御纂朱子全书》，《钦定律条》，《驳吕留良四书讲义》二套，《日讲四书》二套，《四书讲义》二十六本，《诗经讲义》二套，《春秋讲义》二套，《书经旁训》，《孝经衍义》，《孝经注解》，《十三经》十二套，《十七史》三十一套，《宋史》十套，《金史》二套，《辽史》一套，《元史》五套，《资治通鉴》十套，《朱子大全》，《朱子格言》，《大学衍义》，《小学纂注》，《近思录集解》，《四礼上下》，《四礼翼》，《吕子节录》，《斯文精萃》，《先圣先儒位次》，《陈设祭品图》。"③ 其中提及明代所存州学藏书已散佚不存，这也是清代西南官学藏书的前代遗存罕少这一基本特征的具体表现。

顺治四年（1647），晋宁州学毁于兵燹。由此，至康熙三十五年（1696）［康熙］《云南府志》刊行之际，对于晋宁州学藏书描述为"（康熙）二十四年，曲靖府经历叶可尚署州事，奉文重修，旧时规制以次兴复，经籍、祭器、乐器未设"④。可见当时晋宁州学尚处于复建阶段，藏书并未恢复。

至乾隆二十七年（1762），晋宁州学藏书已非常丰富，据［乾隆］《晋宁州志》载共有32部，具体书目是："《上谕》一部计三本，《臣鉴录》计十本，《万世玉衡录》一部计四本，《驳吕留良讲义》一部一套，《圣谕广训》一本，《御笔赐钱名世诗》一部二本，《上谕》一部二套，《御纂朱子全书》一部四十本，《御纂周易折中》一部十本，《日讲四书解义》二十六本，《学政全书》一本，《钦定学政全书》一部一套，《钦定诗经》二套，《钦定春秋》一部四套，

---

① 〔清〕朱庆椿.［道光］昆阳州志：卷九·学校志［M］.清道光十九年（1839）刻本：14a.
② 〔清〕张毓碧，〔清〕谢俨.［康熙］云南府志：卷九·学校志［M］.清康熙三十五年（1696）刻本：8b-9a.
③ 〔清〕杨若椿，〔清〕段昕.［雍正］安宁州志：卷七·学校［M］.清乾隆四年（1739）刻本：33b-34a.
④ 〔清〕张毓碧，〔清〕谢俨.［康熙］云南府志：卷九·学校志［M］.清康熙三十五年（1696）刻本：7b.

《御选古文渊鉴》一部四套，《孝经·小学·近思录·四礼·四礼翼·吕子节录》共一套，《钦定条律》二本，《日知荟说》一部一套，《新颁近思录》一部一套，《尔雅注疏》一部一本，《大学衍义》一部一套，《日讲书经》一部十三本，《重刻资治通鉴》一部十二套，《纲目》四本，《御纂性理》一部一套，《斯文精萃》一部十二本，《明史》一部十二套，《钦定明朝四书文》二套，《钦定本朝四书文》一套，《经解》一部，《五华纂订四书大全》一部六套，《颁发续增学政全书》一部一套四本。"①

在［道光］《晋宁州志》中，仅对［乾隆］《晋宁州志》所载州学书目予以微调。其中，将《御纂周易折中》一部十本改作"《御纂周易折中》一部"，将《钦定诗经》二套改作"《钦定诗经》一部计二套"，将《钦定春秋》一部四套改作"《钦定春秋》一部计二套"，将《日讲四书解义》二十六本改作"《日讲四书解义》一部计二十六本"②。对比可知，至道光二十三年（1843）《晋宁州志》成书之际，晋宁州学藏书与乾隆朝相比，种类并未改变，数量方面也非常稳定，仅《钦定春秋》少了二套而已，因此，晋宁州学藏书保存状况非常理想。

雍正七年（1729），师宗州学藏书有9部，分别是："《四书》《易经》《诗经》《礼记》《春秋》《学政全书》《忠孝小学》《朱子全书》《周易折中》。"③

雍正年间，阿迷州学的8部藏书是："《圣谕广训》一部，《大义觉迷录》一部，《上谕》一部（雍正元年至五年），《御制周易折中》一部，《钦定书经传说汇纂》一部，《钦定春秋传说汇纂》一部，《钦颁驳吕留良四书》二部，《钦定朱子全书》一部。"④嘉庆元年（1796），阿迷州学藏书有7部，其书目已有改变："《圣谕广训》一部，《钦定明史》一部，《上谕》一部（雍正元年至五年），《御制周易折中》一部，《钦定书经传说汇纂》一部，《钦定春秋传说汇纂》一部，《钦定朱子全书》一部。"⑤值得一提的是，著名的《大义觉迷录》已从嘉庆年间阿迷州学藏书目录中消失不见，这正是这部颇具争议的政治作品被乾隆帝统一收缴的直接结果。

入清之后，临安府府治仍位于建水州，建水州学附于临安府学，但二者藏

---

① 〔清〕毛敩，〔清〕朱阳.［乾隆］晋宁州志：卷七·学校［M］.清乾隆二十七年（1762）刻本：44a-45a.
② 〔清〕朱庆椿，〔清〕陈金堂.［道光］晋宁州志：卷六·学校志·书籍［M］.民国十五年（1926）铅印本：38a-39b.
③ 〔清〕管棆，〔清〕夏治源.［雍正］师宗州志：卷下·秩祀考［M］.清康熙五十六年（1717）刻雍正七年（1729）增刻本：13b-14a.
④ 〔清〕陈权，〔清〕顾琳.［雍正］阿迷州志：卷十五·学校［M］.清雍正间刻本：2b.
⑤ 〔清〕张大鼎.［嘉庆］阿迷州志：卷八·学校［M］.清嘉庆元年（1796）刻本：3b.

书却分置，经与前文所述嘉庆四年（1799）临安府学藏书书目对比，二者藏书并不相同。雍正九年（1731），建水州学藏书共 26 部，具体书目是："《圣谕十六条解》一本，《圣谕诫饬士子文》一道，《御纂渊鉴古文》一部，《御纂周易折中》一部，《朱子四书大全》一部，《朱子性理》一部，《四书》《五经》各一部，《圣谕广训万言谕》四部，《大义觉迷录》四部，《御纂性理精义》，《钦定诗经传说汇纂》，《钦定春秋传说汇纂》。乾隆五十八年，知府张玉树存留书籍与书院肄业士子轮流收贮，有册存学，计开：《钦定春秋传说》一部（四套），《御纂周易述义》一部（计六册），《五礼能考》一部（计二百六十二卷，秦蕙田编辑），《读礼通考》一部（计一百二十卷，徐乾学编辑，计二十四函，共计一百九十二册），李雨村《函海》一部（共一百六十九部，共一百五十六本），《四书大全》一部（六函，共计四十五册，孙潜村纂辑），《孝经衍义》一部（三函，共计三十册），《周礼会同》一部（六册），《史记论文》一部（四函），《学仕遗规》（五册），《读史办道》一部（一函），《韵府群玉》（十册），《循陔文》一本。"①

乾隆三十五年（1770），建水州降为建水县，但县学仍附于临安府学，即二者仍共用文庙。嘉庆四年（1799），建水县学藏书有 32 部，具体书目为："《圣谕广训》，《世宗宪皇帝上谕》二十四本，《上谕》四本（三朝训斥士子文），《御纂周易折中》，《御纂书经传说》，《御纂诗经传说》，《御纂春秋传说》，《尔雅》四本，《日讲四书解义》，《五华四书大全》六函，《御定孝经衍义》三十本，《孝经注解》，《御选古文渊鉴》，《御批资治通鉴纲目》一百二十本，《明史纲目续编》，《更正纲目续编》，《御纂朱子全书》，《经筵御论》二本，《钦定四库馆书目》一本，《钦定驳吕留良四书讲义》，《大学衍义》十二本，《性理》五本，《近思录》，《吕子节录》，《四体初稿》，《四礼翼》，《小学注解》，《经解》二本，《名教罪人诗》，《斯文精萃》，《乐器图考》，《学政全书》。"②

至民国初年，建水县学藏书经过百年风雨仍存留 32 部："经籍：藏玉皇阁西楼。《钦定十三经》全部，《七经注疏》全部，《御纂周易折中》全部，《资治通鉴纲目》全部，《资治通鉴》全部，《朱子纲目》全部，《了凡纲鉴》全部，《图书集成》全部（系席永春赠），《大清会典》全部，《皇朝经世文编》全部，《御纂古文渊鉴》全部，《左绣》全部，《滇系》全部，《云南通志》全部。《临

---

① 〔清〕祝宏，〔清〕赵节.〔雍正〕建水州志：卷四·考校［M］.清雍正九年（1731）刻乾隆五十八年（1793）增刻本：12a-13b.
② 〔清〕江濬源，〔清〕罗惠恩.〔嘉庆〕临安府志：卷八·学校［M］.清嘉庆四年（1799）刻本：21a-22a.

安府志》板,《建水州志》板。"①

乾隆元年（1736），赵州学的15部藏书是："钦颁《圣谕广训》,《令军民讲习科岁考入学童默书》一条，颁《御制平定青海碑文》，钦颁《圣谕广训》二本,《礼乐图考》一本,《名教罪人诗》二本，钦颁《上谕》（康熙六十一年至雍正七年）二函、每函十二本，钦颁《上谕》（雍正元年至雍正五年）二本,《御纂周易折中》《书经传说汇纂》二函,《诗经传说汇纂》二函,《春秋传说汇纂》二函,《御纂性理精义》一函,《驳吕留良四书讲义》二函,《礼记》。"②

另据〔道光〕《赵州志》载："颁存书籍:《御制平定青海碑文》,《礼乐图考》一本,《名教罪人诗》二本,《上谕》（康熙六十一年至雍正七年）二函、每函十二本,《上谕》（雍正元年至五年）二本,《圣谕广训》二本,《令军民讲习逢科岁考生童默书》一条,《御纂周易折中》,《书经传说汇纂》二函,《诗经传说汇纂》二函,《春秋传说汇纂》二函,《性理精义》一函,《驳吕留良四书讲义》二函,《礼记》。"③ 经对比可知，至道光朝之际，赵州学藏书基本保持稳定，但增长情况并不乐观，与乾隆朝时别无二致。

乾隆四年（1739），弥勒州学藏书12部，具体书目是："弥勒州学藏书:《圣谕广训》二本,《御纂书经传说汇纂》二函,《诗经传说汇纂》二函,《春秋传说汇纂》二函,《性理精义》四函（署州王纬捐置）,《御选古文渊鉴》二函（署州王纬捐置）,《朱子格言》一本,《斯文精萃》（总督尹继善选刊颁发）,《四礼》一部,《四礼翼》一部（布政司陈弘谋捐发）,《孝经·小学·近思录》一函（布政司陈弘谋捐发）,《书院条规》一本（布政司陈弘谋捐发）,《吕子节录》（布政司陈弘谋捐发）。"④

乾隆十五年（1750）增刻的《新兴州志》记载其时新兴州学藏书58部，分别是："《圣谕十六条解》《钦颁四书解义》《书经解义》《易经解义》《孝经衍义》《四书大全》《四书蒙引》《易经大全》《书经大全》《诗经大全》《礼记大全》《春秋大全》《大学衍义》《武经七书》《文公家礼》《史记》《前汉书》《后汉书》《三国志》《晋书》《南史》《北史》《宋书》《南齐书》《梁书》《陈书》

---

① 丁国梁，梁家荣.［民国］续修建水县志稿:卷二·学校［M］.民国九年（1920）铅印本:59b-60b.
② 〔清〕赵淳,〔清〕杜唐.［乾隆］赵州志:卷二·学校［M］.清乾隆元年（1736）刻本:36a-36b.
③ 〔清〕陈钊堂,〔清〕李其馨.［道光］赵州志:卷二·学校［M］.清道光十九年（1839）刻本:36a-36b.
④ 〔清〕秦仁,〔清〕王纬,〔清〕伍士瑊.［乾隆］弥勒州志:卷七·学校［M］.清乾隆四年（1739）刻本:35b-36a.

《魏书》《周书》《北齐书》《隋书》《唐书》《五代史》《宋史》《辽史》《金史》《元史》《朱子纲目》《朱子遗书》《资治通鉴》《论语注疏》《孟子注疏》《周易注疏》《毛诗注疏》《尚书注疏》《周礼注疏》《礼记注疏》《仪礼注疏》《春秋正仪注疏》《春秋左传注疏》《春秋公羊注疏》《春秋穀梁注疏》《名臣奏议》《文献通考》《性理大全》《八大家古文》《云南通志》《御制古文渊鉴》《朱子全书》。"①

乾隆十七年（1752），陆凉州学藏书26部，分别为："《圣谕广训》贰本，《上谕》壹部，《御制日讲四书》壹部，《钦定周易折中》壹部，《钦定书经传说》壹部，《钦定诗经传说》壹部，《钦定春秋传说》壹部，《钦定性理精义》壹部，《御纂朱子全书》壹部，《钦定科场条例》壹部，《御定古文渊鉴》壹部，《御制乐善堂全集》壹部，《御制日知荟说》壹部，《学政全书》壹部，《正史约》肆部，《紫阳纲目》壹部，《明史》壹部，《近思录集解》壹部，《尔雅》壹部，《孝经注解》壹部，《小学纂注》壹部，《四礼翼》壹册，《驳吕留良四书讲义》壹部，《四书大全》壹部，《斯文精萃》壹部，《祭器乐器图》。"②

关于路南州学的藏书情况，[康熙]《路南州志》并未记录，但乾隆二十二年（1757）刊刻的《续修路南州志》有详细记载，这36部藏书分别是："《御纂日讲四书》二套共十二本，《钦定书经传说》二套共二十四本，《御纂周易折中》八本，《钦定诗经传说》共二十四本，《钦定春秋传说》一部共二十四本，《孝经注解》，《小学纂注》，《近思集解》，《四礼初稿》，《四礼翼》，《吕子节录》，《尔雅注疏》一套四本，《上谕》二套共二十四本，《御纂性理精义》一部五本，《朱子全书》一部二十二本，《大学衍义》一部，《纲鉴正史约》一部，《紫阳纲目》十二套共一百二十本，《明史》一部十二封，《御乐善堂文集》二套共十二本，《学政全书》一本，《满汉上谕》，《钦定四书文》一部，《敕戒钱名世诗》二本，《斯文精萃》一部，《学政条约》一本，《乡饮酒礼仪注》一本，《钦定律例》一本，《上谕》三本，《圣谕广训》四本，《书院条规》十本，《甘公祠帖》一本，《驳吕留良四书》一部八本，《文武相见仪注》一本，《近思录》一套四本，《书院四书大全》一部，以上共书三十六部。"③

乾隆二十四年（1759），石屏州学藏书76部，分别为："《圣谕》十六条，

---

① ［清］任中宜，［清］徐正恩. [乾隆] 新兴州志：卷七·学校[M]. 清康熙五十四年（1715）刻乾隆十五年（1750）增刻本：4a-5b.

② ［清］沈生遴. [乾隆] 陆凉州志：卷三·学校[M]. 清乾隆十七年（1752）刻本：31b-33a.

③ ［清］史进爵，［清］郭廷选. [乾隆] 续编路南州志：卷二·学校[M]. 清乾隆二十二年（1757）刻本：23a-25a.

《御制训饬士子文》,《御纂周易折中》一部,以上康熙年颁。《圣谕》一本,《圣谕广训》二本,《上谕》二本,又《上谕》一部,《书经传说》一部,《诗经传说》一部,《春秋传说》一部,《朱子全书》八本,《驳吕留良四书》一部,《名教罪人诗》二本,以上雍正年颁。《御选渊鉴古文》一部,《御纂性理精义》一部,《御纂日讲四书》一部,《钦定四书文》一部,《乐善堂集》一部,《上谕》一部,《学政全书》一部,《四礼·四礼翼》一部,《书院条规》六本,《朱子格言》,《条律》六本,《斯文精萃》一部,《孝经注解》,《小学纂注》,《近思录》,《吕子节录》,《四礼初稿》,《四礼翼》,《十三经》一部,《廿一史》一部,《资治通鉴》一部,《纲鉴正史约》一部,《南齐》一部,《大学衍义》一部,《明史》一部,《经解》二本,《祭祀仪注》一本,《四书大全》一部,《元魁墨卷》一部,《制义准绳》一部,《声韵指南》一本。以上乾隆年颁,以上书籍存学交代。"①

当时,石屏州义学藏书12部,分别是:"《圣谕》六本,《渊鉴古文》六部,《性理精义》六部,《纲鉴正史约》六部,《大学衍义》六部,《斯文精萃》六部,《朱子治家格言》六本,《四礼翼》六本,《条律》六本,《书院条规》六本,《制义准绳》六本,《声韵指南》六本。以上书籍,发六馆存留交替。"②经过比对可知,石屏州学与义学在藏书方面差异非常明显。

乾隆三十五年(1770),沾益州学有28部藏书:"《圣谕广训》一本,《上谕》计二套共二十四本,《上谕律条疏解》一本,《御纂周易折中》计二套共十本,《御纂书经传说》计二套共十六本,《御纂诗经传说》计二套共十六本,《御纂春秋传说》计二套共二十四本,《御纂日讲四书》计二套共十二本,《御纂性理精义》计一套,《御纂古文渊鉴》计一套共二十四本,《赐钱名世诗》二本,《祭器图》一本,《学政全书》一本,《乡饮酒礼仪注》一本,《书院条规》一本,《纲鉴正史约》计二套,《驳吕留良讲义》计一套,《上司属员接见仪注》一本,《资治通鉴》计十二套,《尔雅》计一套,《大学衍义》计一套,《斯文精萃》计一套,《孝经小学近思录合订》计一套,《四礼四礼翼》二本,《吕子节录》一本,《明史》计四本,《四书大全》计六套,《钦定磨勘简明条例》计二本。"③

此外,[光绪]《沾益州志》将乾隆朝沾益州学藏书情况照录,但实际上这

---

① 〔清〕管学宣.〔乾隆〕石屏州志:卷二·学校志[M].清乾隆二十四年(1759)刻乾隆四十五年(1780)印本:30b-33a.

② 〔清〕管学宣.〔乾隆〕石屏州志:卷二·学校志[M].清乾隆二十四年(1759)刻乾隆四十五年(1780)印本:33a-33b.

③ 〔清〕王秉韬.〔乾隆〕沾益州志:卷一·学校[M].清乾隆三十五年(1770)刻本:34a-35a.

些藏书已于咸丰年间毁于兵燹,同时其又开列了光绪朝沾益州获颁的8部藏书书目:"案:以上各种书籍,自咸丰军兴后散失无存。今将现奉颁发各书开载于左:《文庙丁祭谱》一部计十二本,《文庙祀典源流》一本,《文庙祀典辑要》一本,《教谕语》六本,《条教十二则》二本,《桑蚕须至》一部,《英国条款》一本,《大瑞典国挪威国条约》一本(档册)。"① 其中,《桑蚕须至》为发展纺织与养殖类指导手册,《英国条款》与《大瑞典国挪威国条约》则与其时清廷治下中国被迫打开国门、对外交往程度加深息息相关。由此观之,即便是在当时中国的西南边陲,官学藏书仍然承担着传播中央政府的政治外交变化、持续开展意识形态灌输之责。

乾隆四十九年(1784)刊行的《镇雄州志》载州学藏书21部,具体目录为:"书籍,学署(旧存):《圣谕广训》一本,《古文渊鉴》一部,《性理精义》一部,《斯文精萃》一部,《孝经·近思录》合订一套,《吕子节录》二本,《制艺准纯》一本,《御纂诗、书、易、春秋》各一部,《紫阳纲目》一部,《四体》一本,《纲鉴正史约》一部,《四礼翼》一本,《大学衍义辑要·大学衍义补辑要》十二本,《朱子治家格言》一本,《全滇义学汇记》二本,《明史》一部,《尔雅》一部,《钦定乡会墨选》二本。向来颁发书籍并州城汉夷及彝良、威信、却佐义学皆有,部数相同,今俱毁无存。"② 此后,清代另一部镇雄州志——[光绪]《镇雄州志》将此书目全部照录。

乾隆年间,碍嘉州学藏书18部,具体书目为:"《世宗宪皇帝上谕》二套,《上谕》一本,《圣谕万言广训》八本,《上谕律条疏解》八本、制宪庆刊发,《钦定律条》五本、藩臬二宪刊发,《上谕广训讲义》抄本一本,《部颁铨选则例》一套计四本,《部颁满汉品级考》一套计六本,《部颁处分则例》一套计十六本,《律例馆较正洗冤录》一套计四本,《工部做法》一套,《工部简明做法》一本,《云南通志》四套计三十二本,《赋役全书》一本,《学政全书》一本,《文武官相见仪注》一本,《上司属员接见仪注》一本,《大清律》二套计四十七卷,《大清律续纂条例》一套计二本。"③ 但在王聿修(1707—1788)纂修的乾隆四十六年(1781)刻本《碍嘉志》及王国栋纂修的民国《摩刍县地志》中,均未提及官学藏书情况,因此,有关清代碍嘉州学藏书情况因资料罕少而无法进一步揭示。

---

① 〔清〕陈燕,〔清〕韩宝琛,〔清〕李景贤.[光绪]沾益州志:卷二·学校[M].清光绪十一年(1885)刻本:29b-30a.
② 〔清〕屠述濂.[乾隆]镇雄州志:卷三·学校[M].清乾隆四十九年(1784)刻本:7a-7b.
③ 〔清〕罗仰锜.[乾隆]碍嘉志草本[M]//杨成彪.楚雄彝族自治州旧方志全书·双柏卷.昆明:云南人民出版社,2005:159-160.

据〔道光〕《姚州志》载，其时姚州学藏书38部，具体书目为："《御纂驳吕留良四书讲义》一部，《御纂诗经》一部，《御纂斯文精萃》一部，《御纂性理》一部，《御纂律条》一本，《御纂书经》一部，《御纂春秋》一部，《御纂学政全书》二本，《续增学政全书》一部，《更正资治通鉴纲目》一部，《御纂日讲四书解义》一部，《御纂资治通鉴》一部，《御纂尔雅注疏》一部，《御纂近思录》一部，《钦定本朝四书文》一部，《钦定大学衍义》一部，《钦定明史》一部，《御纂拟白居易诗》一部，《五华纂定四书大全》二部，《御纂全韵诗》一部，《御纂五经解》一部，《御纂资治通鉴纲目》一部，《御纂乡饮酒仪注》。乾隆五十三年奉发：《诗经传说》二部，《书经传说》二部，《周易折中》二部，《春秋传说》一部，《礼记义疏》《仪礼注疏》《周礼义疏》各一部，《古文渊鉴》二部，《朱子全书》二部，《性理精义》二部，《四书文》一部，《万世玉衡录》一部。乾隆六十年奉发：《学政全书》二部，《钦定学政全书》一部。嘉庆四年奉发：《圣谕广训》三本。"①

道光年间，邓川州学藏书有10部，具体书目为："书籍（前布政陈颁发学署及各书院者）：《御纂五经》《纲鉴正史约》《大学衍义》《近思录》《四礼翼》《御纂性理》《古文渊鉴》《斯文精萃》《吕子节录》《明史》。"② 咸丰三年（1853），邓川州学藏书数量有所增加，这13部典籍是："《御纂周易折中》壹部，《钦定书经传说汇纂》一部，《诗经传说汇纂》一部，《春秋传说汇纂》一部，《礼记义疏》一部，《仪礼义疏》一部，《周官义疏》一部，《纲鉴正史约》一部，《大学衍义》一部，《近思录》一部，《古文渊鉴》一部，《斯文精萃》一部，《吕子节录》一部，贮学正署内。"③

对于镇南州学藏书情况，康熙四十三年（1704）刻本《镇南州志》未予记载，但在咸丰三年（1853）刊行的《镇南州志》中，却载有当时州学25部藏书的书目："学宫书籍，存学正署历任交代：《四书大全》《四书日讲》《驳吕留良讲义》《大学衍义》《周易折中》《书经讲义》《诗经讲义》《孝经》《尔雅》《性理精义》《四礼翼》《近思录》《古文渊鉴》《古文英华》《斯文精萃》《通鉴纲目》《资治通鉴》《明史》《敬事录》《五部遗规》《吕子节录》《地理大全》《义

---

① 〔清〕李品芳，等.〔道光〕姚州志：卷二·学校[M]//杨成彪.楚雄彝族自治州旧方志全书·姚安卷（上）.昆明：云南人民出版社，2005：274-275.
② 〔清〕李文培，〔清〕高上桂，〔清〕艾濂.〔道光〕邓川州志：卷二·建设志·学校[M].清道光间刻本：18a.
③ 〔清〕钮方图，〔清〕侯允钦.〔咸丰〕邓川州志：卷六·建置志·学校[M].清咸丰三年（1853）杨炳锃刻本：6b.

学汇记》《学政全书》《雍正上谕钦定四书文》。"①

遗憾的是，镇南州文庙经历了兵燹，"咸丰十年，城陷被毁。光绪二年，抚院岑襄勤公发给公款银两，饬州属官绅修学"②。因此，当时官学藏书几乎无存，加之清末官学衰落，原属官学获颁或受捐藏书移贮于龙川书院藏书楼。

光绪十八年（1892），镇南州学藏书大幅增加至70部，具体情况为："陈元《镇南州志》一部，刘阶《续修州志》一部。光绪八年，督宪刘武慎公颁给《新刊周易本义》一部，《尚书蔡传》一部，《诗经集传》一部，《礼记集说》一部，《春秋三传》合刊一部，《丁祭谱》一部。十四年，州人公置《御选古文渊鉴》一部，《滇系》一部，《御批通鉴辑览》一部。十五年，乡宦刘咏唐捐置《十三经注疏》一部，相台岳氏古本注《五经》一部，《今文尚书》一部，《汉书》一部，《后汉书》一部，《三国志》一部，《御批通鉴辑览》一部，《说文段注》一部，《夏小正》一部，《五经集解》一部，《史外》一部，《文献通考详节》一部，《史通削繁》一部，《东莱博议》一部，《张天如史论》一部，《读史论略》一部，《顾回澜历代史论》一部，《四库全书提要》一部，《书目答问》二部，《五子近思录》一部，《朱子全书》一部，《小学纂注》二十部，《吕子节录》一部，《李二曲集》一部，《冰言》一部，《药言》一部，《四书翼》十部，《翁注困学纪闻》一部，《日知录集释》一部，《楚辞释》一部，《杜诗镜铨》一部，《文选李注》一部，《御选古文渊鉴》一部，《湖海文传》一部，《御选唐宋诗醇》一部，《八代诗选》一部，《骈体文抄》一部，《律赋必以集》一部，《皇朝经世文编》一部，《古今历验良方》一部，《弟子规》十部，《蒙馆遗规》十部。举人郭燮熙捐置《康熙字典》一部，附贡生张应元捐置五部《遗规》一部，俱藏龙川书院。"③

据记事至宣统元年（1909）的《宁州志》载，其时宁州学藏书43部，具体书目为："《上谕广训》二套，《圣谕广训》二本，《御制全韵诗》一套乾隆四十六年新颁，《御制拟白居易新乐府》一套乾隆四十六年新颁，《周易折中》二套，《书经汇纂》二套，《古文渊鉴》四套，《诗经汇纂》二套，《春秋汇纂》二套，《性理精义》，《朱子大全》一部，《斯文精萃》一套，《孝经合四体节》一

---

① 〔清〕华国清，〔清〕刘阶.〔咸丰〕镇南州志：卷三·学校［M］//杨成彪.楚雄彝族自治州旧方志全书：南华卷.昆明：云南人民出版社，2005：170-171.
② 〔清〕李毓兰，〔清〕甘孟贤.［光绪］镇南州志略：卷三·建置略·学校［M］.清光绪十八年（1892）刻本：15b.
③ 〔清〕李毓兰，〔清〕甘孟贤.［光绪］镇南州志略：卷三·建置略·学校［M］.清光绪十八年（1892）刻本：18a-19a.

套,《大学衍义辑要》一部,《纲鉴正义约》二套,《驳吕留良讲义》二套,《通鉴纲目》十二套,《明史》一百一十二本,《御制日讲四书解义》二套,《御纂通鉴纲目三编》乾隆四十九年颁四本,辑录奉旨更正《资治通鉴纲目续编》一套,《钦定四书文》一部,《五华四书大全》六套,又《四书大全》六套乾隆四十五年新颁,《尔雅注疏》一套,《名教罪人诗》二本,《学政全书》,《续增学政全书》一套,《乡饮酒礼》,《祭祀仪注》,《营田条例》,《文武相见仪注》,《州志》,《文庙乐章》,《新颁乐谱》,《魁墨》一部,《明文大题选》,《御制金川碑文》,《御制平定葛尔碑文》,《御制平定金川碑文》,《御论》一本,《碑文》七张,《临雍讲学》。"①

四、清代云南县学藏书

入清之后,清廷下令府县学合祭孔圣,因此,自明末毁于兵燹的楚雄县学未再重建,而是移作教谕署,由此,楚雄县学与楚雄府学在建筑方面逐渐合一,即二者共用文庙。康熙末期,楚雄府(县)学藏书情况为:"《四书大全》《四书集注》《五经大全》《通鉴纲目》《性理大全》《五经旁训》《五伦全书》《孝顺事实》《文章正宗》《举业正式》《帝鉴图说》《劝善书》,以上经书,因兵燹失落无存。本朝新颁:《经筵日讲四书》一部、《孝经衍义》一部。"②由此可见,当时楚雄(府)县尊经阁内仅藏2部御颁书籍。

据[嘉庆]《楚雄县志》载,楚雄县学藏书29部,具体书目为:"国朝新颁:《明史》一部一百一十一本,《御制文初集》一部八本,《四书大全》一部六套,《钦定春秋》二十四本无套,《钦定书经》二十四本无套,《驳吕留良四书讲义》三套,《朱子全书》四套,《御制诗》五套,《御制纲目》十二套,《纲鉴正史》约二套,《上谕》一套二十四本,《日讲四书解义》九本,《斯文精萃》一部十本,《御纂性理精义》一部五本,《尔雅》一套三本,《大学衍义》八本,《钦定四书文》二套十四本,《资治纲目》六本,《书院条约》五本,《祭器图》一本,《钦定文庙乐谱》三本,《四库全书全毁抽毁书目》一本,《钦定乡会墨》一本,《违碍书籍目录》一本,《磨勘则例》二本,《圣训》三本,《御纂周易折中》一部,《吴宗师条约》一本,《吕宗师条约》一本。"③

---

① 〔清〕佚名.[宣统]宁州志·学校[M].民国五年(1916)刘启藩铅印本:95b-96b.
② 〔清〕张嘉颖,等.[康熙]楚雄府志:卷四·学校志·经书[M].民国年间抄本:28a-28b.
③ 〔清〕苏鸣鹤,〔清〕陈璜.[嘉庆]楚雄县志:卷四·学校志·经书[M].清嘉庆二十三年(1818)刻本:23a-25a.

<<< 第三章 清代西南官学藏书书目

宣统二年（1910），楚雄县学藏书已达70部，具体为："《七经传说》三部，《历代史论》全部，《四书考辑要》全部，《御批通鉴》全部，《春秋三传》全部，《纲鉴日知录》全部，《经解编目》全部，《皇清经解》全部，《续皇清经解》全部，《经典释文》全部，《经籍纂诂》全部，《五子近思录》三部，《百子金丹》一部，《通鉴外纪》一部，《云南新通志》全部，《了凡纲鉴》全部，《时务通考》全部，《十三经注疏》全部，《濂洛关闽》全部，《朱子小学》三部，《纲鉴正史约编》全部，《性理精义》全部，《富强丛书》全部，《国朝先正事略》全部，《九数通考》全部，《南诏野史》全部，《皇朝经世文编》全部，《唐宋文醇》全部，《唐宋诗醇》全部，《历代名臣奏议》全部，《昭明文选》全部，《楚雄府志》一部，《御制数理精蕴》全部，《九章细草》全部，《周礼》一套，《仪礼》一套，《四史》一部，《滇系》全部，《滇南山水纲目》一本，《东莱博议》全部，《笔珠算书》共八本，《中山算学大成》一部，《学部审定各部教科书》全部，《国文读本》十二部，《中外各部教科书》三十四部，《师范教育丛编》共四部，《中外新理科书》十二部，《教授管理法》十八本，《中外各国历史》二十八册，各部体操卫生书共十三部，各部修身格致共二十六册，各部手工书帖共二十八册，中外方舆图大小三张，蚕桑教科书二十二册，中外现象人物实业等图共四十五张。"①

此外，清末之际，"楚雄书院藏书千余卷，城陷全毁。乱后新建书院，财政困难，置书寥寥，有志造就者，未尝不抚卷而难。现今新改学堂，初等、高等、小学、中学亟需时务教科书，应遵学部审定购置，以为造就人才之用，是亦办公者所必关心也"②。［宣统］《楚雄县志》的纂修者沈宗舜曾任云南开化府教授，深知书籍对教育发展的重要作用，因此，其向官办的楚雄书院捐赠了12部书籍："欧阳修《新五代史》一部，杨慎《廿一史弹词》连《明史》一部，《郑板桥遗集》一部，《廿四史论赞》全部，司马迁《史记》全部，谢金銮《教谕语》一册，周保珪《制服成诵篇》一本，《二十五子汇函》全部，《历代名臣言行录》全部，《御批通鉴辑览》全部，《时务通考续编》全部。"③

康熙三十年（1691），通海县学藏书53部："《四书大全》《五经大全》《大学衍义》《武经七书》《文公家礼》《十三经注疏》。史籍：《史记》《前汉书》

---

① 〔清〕崇谦，〔清〕沈宗舜. ［宣统］楚雄县志：卷三·建置·学校［M］. 清宣统二年（1910）抄本：27a-28a.
② 〔清〕崇谦，〔清〕沈宗舜. ［宣统］楚雄县志：卷三·建置·学校［M］. 清宣统二年（1910）抄本：28a.
③ 〔清〕崇谦，〔清〕沈宗舜. ［宣统］楚雄县志：卷三·建置·学校［M］. 清宣统二年（1910）抄本：28b.

《后汉书》《三国志》《晋书》《南史》《北史》《宋书》《南齐书》《梁书》《陈书》《魏书》《周书》《北齐书》《隋书》《唐书》《五代史》《宋史》《辽史》《金史》《元史》《朱子纲目》《资治通鉴》《班马异同》。百家：《文献通考》《艺文类聚》《唐文粹》《宋文鉴》《册府元龟》《文冲》《名臣奏议》《白虎通》《陆宣公奏议》《八大家全集》《性理大全》。"①

对于呈贡县学藏书，据成书于康熙三十五年（1696）《云南府志》载："经籍、祭器、乐器未设。"② 至雍正年间，据［雍正］《呈贡县志》载："学宫经籍：《圣谕十六条解》一本，《圣谕戒饬士子文》一道，《卧碑》一道，《御纂渊鉴古文》一部，《朱子性理》一部，《朱子全书》一部，《四书》《五经》共二十二本，《圣谕广训万言论》四部。"③ 可见其时呈贡县学藏书9部。此后，在光绪十一年（1885）增修的《呈贡县志》中，有关官学藏书情况首先照录了［雍正］《呈贡县志》所载书目，实际上这些书籍历经兵燹后多已不存，对此，续编作者写明："谨案：旧志存学诸书并庙中祭器，概亡于兵，究不得，谓'虎咒出柙，龟玉毁椟'也。光绪六年，县令郑扬芳由省中善后局新颁《诗》《书》《易》《礼》《春秋》朱子集注各一部，《圣谕十六条解》一本，《文庙丁祭谱》一部，《文庙祀典辑要》一本。"④

对于罗次县学藏书，据成书于康熙三十五年（1696）的《云南府志》载："经籍、祭器、乐器未设。"⑤ 至康熙末期，据康熙五十六年（1717）刻本《罗次县志》载，罗次县学藏书为："存书无。御制新颁：《渊鉴古文》一部，《朱子全书》一部，《大易折衷》一部。"⑥ 之所以罗次县学藏书仅3部，其原因在于"罗次设学之始，礼乐粗备，继因叠际兵燹，废毁无存"⑦。至光绪朝，罗次县学藏书情况进一步恶化："附赠：训导裁撤，文武学额系照旧制。所存颁发

---

① 〔清〕魏荩臣，〔清〕阚祯兆. ［康熙］通海县志：卷二·学制［M］. 清康熙三十年（1691）刻本：4a—5a.
② 〔清〕张毓碧，〔清〕谢俨. ［康熙］云南府志：卷九·学校志［M］. 清康熙三十五年（1696）刻本：8a.
③ 〔清〕朱若功，〔清〕戴天赐. ［雍正］呈贡县志：卷二·学校［M］. 清雍正三年（1725）刻本：45a.
④ 〔清〕朱若功，〔清〕戴天赐，〔清〕李明鋆，等. ［光绪］呈贡县志：卷二·学校·续修庙学［M］. 清光绪十一年（1885）昆山向集贤堂刻本：17a.
⑤ 〔清〕张毓碧，〔清〕谢俨. ［康熙］云南府志：卷九·学校志［M］. 清康熙三十五年（1696）刻本：7a.
⑥ 〔清〕王秉煌，〔清〕梅盐臣. ［康熙］罗次县志：卷二·学校［M］. 清康熙五十六年（1717）刻本：27a—27b.
⑦ 〔清〕王秉煌，〔清〕梅盐臣. ［康熙］罗次县志：卷二·学校［M］. 清康熙五十六年（1717）刻本：25b.

《古文渊鉴》各书均被兵乱遗失，现无存书。"① 由此可见，咸同年间兵乱对云南官学藏书的破坏非常严重。

据康熙三十五年（1696）刻本《元谋县志》载，当时元谋县学藏书仅有4部："明伦堂三间，内藏《四书》《五经》《小学》《武经讲书》，屏后置仓二所。康熙三十三年知县莫舜鼐建。"② 此外，在乾隆四十六年（1781）刊行的元谋县方志即《华竹新编》以及［光绪］《元谋县乡土志》中，均未言及其时元谋县学藏书情况。

有关禄丰县学藏书资料罕少，仅据［康熙］《云南府志》载可知其时禄丰县学藏书仅有2部："经籍：本朝新颁《四书解义》一部，《书经》一部。"③

康熙年间，浪穹县学藏书为："经书：《四书大全》，《五经大全》，《五伦书》，《小学》，《忠孝经》（兵燹后散失）。"④ ［光绪］《浪穹县志略》并未记载县学藏书相关内容，因此，目前仅知此康熙年间该县学藏书仅存4部。

［康熙］《云南县志》与［光绪］《云南县志》均未记载县学藏书情况，目前仅据［乾隆］《云南县志》所载可知，乾隆三十二年（1767），云南县学藏书22部，具体情况为："钦颁典籍：《圣谕广训》二本，《日讲四书》一部，《尔雅》，《春秋汇纂》，《上谕》二本，《五经文》五部，《学政全书》一部，《御纂性理》，《资治通鉴》，《明史》，《近思录》，《通志》四部，《本朝四书文解》，《明四书文》，《古文渊鉴》，各种《仪注》，《斯文精萃》，《五华四书大全》，《书经传说》，《大清律例》，《四书制义》，《名教罪人诗》。"⑤

乾隆三十二年（1767），宜良县学藏书30部，具体情况为："《圣谕广训》一部，《上谕》一本，《御纂日讲四书》一部，《御纂日知荟说》一部，《御纂周易折中》一部，《御纂诗经》一部，《御纂书经》一部，《御纂春秋》一部，《钦定学政全书》一部，《训饬士子文》，《钦定乡会墨》十本，《御纂古文渊鉴》二十四本，《御纂性理精义》五本，《吕子节录》二本，《四礼初稿》二本，《四礼翼》一部，《驳吕留良四书讲义》一部，《通鉴纲目》一部，《明史》一部，《孝

---

① 〔清〕胡毓麒，等.［光绪］罗次县志：卷二·学校［M］//杨成彪.楚雄彝族自治州旧方志全书·禄丰卷（上）.昆明：云南人民出版社，2005：276.
② 〔清〕莫舜鼐，等.［康熙］元谋县志：卷三·学校［M］//杨成彪.楚雄彝族自治州旧方志全书·元谋县.昆明：云南人民出版社，2005：74.
③ 〔清〕张毓碧，〔清〕谢俨.［康熙］云南府志：卷九·学校志［M］.清康熙三十五年（1696）刻本：9b.
④ 〔清〕赵琪.［康熙］续修浪穹县志：卷二·建营志·经书［M］.清康熙年间刻本：13b.
⑤ 〔清〕李世保，〔清〕张圣功，〔清〕王在璋.［乾隆］云南县志：卷二·学校［M］.清乾隆三十二年（1767）刻本：15b-16a.

经批注》一本，《小学纂注》四本，《近思录》四本，《朱子全书》一部，《斯文精萃》十二本，《乡饮酒礼仪注》一本，《尔雅》一部，《学宫祭器图》一本，《癸酉乡墨》一部，《五华书院四书大全》一部，《祭祀仪注》一本。以上存学署。"①

同时，宜良县义学藏书14部："《上谕》一部，《御纂古文渊鉴》一部，《钦定律条》一本，《御纂性理精义》一部，《吕子节录》一部，《正史约》一部，《斯文精萃》一部，《孝经·小学·近思录》一部，《大学衍义辑要》一部，《朱子格言》一部，《全滇义学汇记》一部，《乡饮酒礼仪注》一本，《四礼初稿·四礼翼》一部，《条规》一本。以上城乡十七处义学各存一部。"② 经对比可知，宜良县学藏书比义学更丰富多元，这种情况与上文所述清代云南州学藏书情况类似，均是官学藏书相较义学占有压倒性优势。

据〔嘉庆〕《永善县志略》载，永善县学藏书23部："顺治九年，钦颁卧碑文于明伦堂。康熙四十一年，颁《御制训饬士子文》。雍正九年，颁《训饬士习》，上谕勒碑学宫。颁存学书籍：《圣谕广训》二本，《上谕》一部二函共二十四本，《钦定书经传说》一部二函共二十四本，《钦定诗经传说》一部二函共二十四本，《钦定春秋传说》一部二函共二十四本，《钦定性理精义》一部一函共五本，《钦定四书文》一部，《御制文庙碑文》十五道。乾隆三十九年颁发：《明史》一部一百一十二本，《近思录》一部四本，《学政全书》一部，《资治通鉴》十二部，《正史约》二部，《新发学政条约》一本，《续增学政全书》一部一函四本，《五华书院纂订四书大全》一部六函，《圣谕广训》一本，《四书翼注》一函二本，《大学衍义》一本，《古文渊鉴》四部，《书院条规》一本，《朱子治家格言》一本，《斯文精萃》一部。"③

道光七年（1827），新平县学藏书41部，具体书目为："《御纂周易折中》一部，《钦定书经传说汇纂》一部，《钦定诗经传说汇纂》一部，《钦定春秋传说汇纂》一部，《钦定三礼义疏》一部，《日讲四书解义》一部，《御纂古文渊鉴》一部，《御纂资治通鉴纲目三编》一部，《圣谕广训》三本，《世宗宪皇帝上谕》二函，《上谕》二本，《钦定乡会墨选》二部，《钦定四书文》一部，《钦定臣鉴录》一部，《钦定万世玉衡录》一部，《钦颁驳吕留良四书解义》一部，

---

① 〔清〕王诵芬.〔乾隆〕宜良县志：卷二·学校［M］.清乾隆三十二年（1767）刻本：39a-41a.

② 〔清〕王诵芬.〔乾隆〕宜良县志：卷二·学校［M］.清乾隆三十二年（1767）刻本：41a-41b.

③ 〔清〕查枢.〔嘉庆〕永善县志略：卷上·学校［M］//凤凰出版社.中国地方志集成·云南府县志辑：第25册.南京：凤凰出版社，2009：667-668.

《钦颁名教罪人诗》一部，《领颁律条》一部，《御论》一本，《御纂性理精义》一部，《钦定朱子全书》一部，《钦颁更正资治通鉴纲目续编》一部，《御制乐善堂全集》一部，《钦定诗乐谱一分计》三本，《通鉴纲目正续编》一部，《学政全书》一部，《续增学政全书》一部，《科场条例》一部，《乡饮酒礼》一部，《明史》一部，《斯文精萃》一部，《近思录》一部，《四书大全》一部，《尔雅》一部，《孝经注解》一本，《小学纂注》一部，《四礼初稿》一部，《四礼翼》一部，《吕子节录》一部。"① 值得一提的是，[道光]《新平县志》在列举藏于学署的官学藏书之后，随后介绍义学藏书时明确言及"存各义馆（乾隆二年颁发，今久已散佚无存）"②。由此可知，官学藏书的保存状况明显好于书院和义学。

道光十五年（1835），定远县学藏书23部，具体书目为："《钦定四书文》二套，《朱子全书》二套，《性理精义》五本，《周易折中》二套，《书经》二套，《诗经汇纂》二套，《春秋汇纂》二套，《尔雅注疏》一套，《四书大全》六套，《四书解义》二套，《通鉴纲目》十二套，《明史》一部一百三十一本，《古文渊鉴》四套，《五华纂订四书大全》六套，《近思录》四本，《资治通鉴续编》一套，《大学衍义》十二本，《斯文精萃》十二本，《全韵诗》一套，《磨勘条例》十三本，《学政全书》一套，《上谕》二十四本。"③

道光二十五年（1845），大姚县学藏书29部，具体书目为："《上谕》二套，《资治通鉴》一部，《上谕》二本，《斯文精萃》一部，《圣谕广训》三本，《纲目续编》一套，《上谕》一本，《条例》一本，《御制诗序碑文》一道，《条例疏解》一本，《御论》二本，《磨勘条例》一部，《全韵诗》一部，《尔雅》一部，《拟白居易新乐府》二套，《文武相见仪注》一本，《日讲四书解义》二套，《乡会墨选》一部，《四库书辨证文字》二本，《平定金川碑文》一道，《学政全书》一部，《续增学政全书》四本，《五华四书大全》一部，《大学衍义补》一部，《朱子全书》一部，《明史》一部，《课士条约》一本，《乡饮酒礼仪注》一本，

---

① 〔清〕李诚，〔清〕罗宗瑊.［道光］新平县志：卷二·学校［M］.清道光七年（1827）刻本：49b-51b.
② 〔清〕李诚，〔清〕罗宗瑊.［道光］新平县志：卷二·学校［M］.清道光七年（1827）刻本：51b.
③ 〔清〕李德生，等.［道光］定远县志：卷二·学校［M］.清道光十五年（1835）刻本：18a-18b.

《补笙诗乐谱》三本。"①

清末之际，马龙县学共有藏书17部，受到当时清廷推广借鉴西学以自强求富的文化思潮影响，藏书中也已出现与世界历史地理、西方政治军事相关的普及型读物。具体情形为："经籍：按，县属旧志，曰所存经籍颇多，遭清咸同年兵燹，都归煨烬。自清光绪二十九年，学正武之铭率通学士子由膏火存项款，同县清增生王维经赴省购置先存学署，讫因儒学裁撤，移县存公署，残缺遗失在所不免，守土者颇爱而惜之，乃于民国六年正月，命移置高等小学校内交由劝学员长保管，以便学子课余得就近参观焉。所有书目录左。计开：《富强丛书》八函计六十四本，《御批通鉴》一部计六十本，《五大洲政治通考》二函计十二本，《皇朝经世文编》计四十二本，《西学军政全书》一部计八本，《策论汇参》一部计八本，《四书五经新义》一部计四十本，《春秋三传》一部计二十本，《春秋汇纂》一部计二十六本，《周易折中》一部计十六本，《诗经汇纂》一部计二十四本，《周官义疏》一部计四十本，《仪礼疏》一部计四十八本，《书经汇纂》一部计十五本，《礼记义疏》六函计八十本，《新辑名公策论》一部计六本，《续云南通志稿》一部计一百册。"②

宣统三年（1911），恩安县学藏书31部，具体书目为："《圣谕广训》一部，《上谕》一部，《小学纂注》，《御制日讲四书》，《钦定诗经传说》，《钦定春秋传说》，《御纂性理精义》，《乐善集定本》，《吕子节录》，《驳吕留良四书》，《学政全书》，《续增学政全书》，《近思录集解》，《孝经注解》，《四礼翼》，《条律》，《祭器图》，《明史》，《紫阳纲目》，《尔雅》，《正史约》，《四书大全》，《御制平定金川碑文》。新增书籍（乾隆三十七年，知县饶梦铭以三十七八两年学租变费买书，存书于学）：《四书大全》一部，《昭明文选》一部，《左翼》一部，《左绣》一部，《近思录》一部，《史记》二部，《五经注解体注》各二部，《吴楼村诗集》一部。"③

值得一提的是，在清代除了四川以外，云南也是井盐的重要产区，清廷在云南设置了琅盐井、黑盐井、白盐井三个盐课提举司，均隶属于云南布政使司，这些井盐产地形同县级政区，因此也十分注重官学教育，目前仅知乾隆朝之际

---

① 〔清〕黎恂，〔清〕刘荣黼.〔道光〕大姚县志：卷八·建置志·学校［M］.清道光二十五年（1845）刻本：20a-20b.

② 王懋昭.〔民国〕续修马龙县志：卷七·学校·经籍［M］.民国六年（1917）铅印本：6a-7b.

③ 〔清〕汪炳谦.〔宣统〕恩安县志：卷四·学校［M］.清宣统三年（1911）抄本：4a-4b.

琅盐井、白盐井提举司官学的藏书情况。

［康熙］《琅盐井志》并未记载官学藏书情况。乾隆二十一年（1756），琅盐井提举司学的25部藏书为："《上谕》二套共二十四本，《钦定书经》一部二套共二十四本，《钦定诗经》一部二套共二十四本，《钦定春秋》一部二套共二十四本，《御纂性理》一部共五本，《御制日讲四书》一部三套共二十二本，《钦颁圣谕广训》一本，《令科岁入学童生默书》一条，《驳吕留良四书讲义》一部共八本，《纲鉴正史约》一部二套共十六本，《资治通鉴》一部十二套共一百二十本，《尔雅注疏》一部共四本，《明史》一部十二套共一百一十二本，《朱子全书》一部四套共三十九本，《古文渊鉴》一部四套共二十四本，《御制乐善堂》一部二套共十二本，《孝经·小学·近思录》一部共八本，《大学衍义》一部一套共十二本，《周易折中》一部一套共十二本，《仪注》一本，《乡饮仪注》一本，《条约》一本，《祭酒图》一本，《钦颁御撰明史·资治通鉴纲目三编》共四本，《钦颁上谕》满汉字共二本。"①

［雍正］《白盐井志》并未记载官学藏书情况。乾隆二十三年（1758），白盐井提举司学藏书22部，具体情况为："《上谕》一部又一部，《驳吕留良四书讲义》一部，《御纂书经》一部，《诗经》一部，《春秋》一部，《性理精义》一部，《四礼》一本，《四礼翼》一本，《小学纂注》一本，《吕子节录》一套，《斯文精萃》一部，《资治纲目》十二套，《尔雅注疏》一套，《乡饮酒礼》一本，《大学衍义辑要·补辑要》共一套，《近思录》一部，《钦定四书文》一部，《乐善堂集》二套，《明史》一部十二套，《学政全书》一套，《御纂资治通鉴纲目》一部，《四书大全》一部六套。"② 此外，因白盐井尊经阁于同治间毁于兵燹，其藏书难逃厄运，因此，光绪《续修白盐井志》亦未载官学藏书情况。

第三节　清代贵州官学藏书

在西南三省中，贵州建省最晚，其整体教育水平也相对不甚发达，表现之一即在贵州正式建省之前，贵州士子需要长途跋涉前去云南参加科考。对此，明嘉靖四十二年至嘉靖四十四年（1563—1565），以右佥都御史巡抚贵州的吴维

---

① 〔清〕孙元相，〔清〕赵淳．［乾隆］琅盐井志：卷三·学校［M］．清乾隆二十一年（1756）刻本：3a-4b．
② 〔清〕郭存庄．［乾隆］白盐井志：卷二·学校［M］．清乾隆二十三年（1758）刻本：6b．

岳（1514—1569）评论道："贵州，古荒服地。虞帝格而不畜，殷宗克而未化。秦汉以降，逞则顽洞，顺亦羁縻，无定疆，无恒赋。至我皇明混一寰宇，际天所覆，寄象鞮译，殊俗向风，贵州遂登版籍。寻设学校，兴冠裳俎豆之仪。洪武甲子，天下开科取士，贵州赴云南乡试。永乐乙未，贵州始树藩臬，建省等内地，文教寖明。今上凝命中兴，尽伦尽制，泽洽咸畅。古所不畜而未化者，咸入涵濡陶铸之中，虽疏踽岩穴之夫，冈不喁喁承德。贵士引领开科，希奎璧之照者愈切。嘉靖庚寅，给事中田秋疏为贵士请，下抚、按议。逾五年乙未，巡按御史王公杏具奏，贵建省设学校养士，历百五十余年，文教茂往昔十倍，诸生就试云南，苦于道路。今度地得西南隅甚胜，可以营建，计所需金二千四百有奇，检藩贮羡缗可办。夫士盛既足为科，而费复易措。倘另开科，可免诸士跋涉，益感恩励学，愿睹宾兴盛事，以仰赞圣化。从秋议便。宗伯覆言，事与时可，乃荷俞行，限取士二十有五。"①

可见，贵州官学的建立与发展也起步较晚，这在贵州官学藏书方面反映得非常明显。明廷在贵州各地建立的官学，在明清易代之际绝大部分遭兵燹而颓毁，而其藏书必然难逃厄运。入清之后，清廷大力发展官学，贵州官学也逐步得以复建。但至康熙初期，贵州官学藏书情况仍不乐观。对此，康熙间贵州巡抚田雯作《贵阳府学藏书碑记》曰：

> 今天下儒术倡，吏治修。凡郡县各有学，独以黔则兴废半焉。虽沿革不同，弗遑建置，亦西陲羁縻蛮邦，不以通例论也。贵阳有学，明万历间，黔抚郭公青螺于平播后创之，而黔学之有藏书也，亦自青螺始。岁既久，学且圮隳，书亦煨烬。春秋俎豆，有司奉行故事而已，而游歌讲肄之事无闻焉。
>
> 余自戊辰入黔，见夫士之进退周旋者，佩先王之教，沐圣天子造士之泽，亦群思争自濯磨。无如载籍寥寥，见闻荒陋，非惟古学不讲，即帖括之近习流传委巷者，不过一二断简残帙，可覆酱瓿而已耳，而吴越间之书贾从不重趼一至焉。考其地，传之无人，渐且藏之亦无其地，而况兵盗水火，风雨虫鼠之劫灰散佚也哉！
>
> 余于莅入黔之日，葺治学宫，复其旧观。瞻顾显荣，周行阶陀，

---

① 〔明〕吴维岳. 贡院碑记 [M] // 〔清〕周作楫，〔清〕萧琯，〔清〕邹汉勋. [道光] 贵阳府志：余编·卷六·文征六. 清道光二十年（1840）刻咸丰二年（1852）补刻本：16a-16b.

传有司帅博士，弟子游歌讲肆于其地。逾三年，辛未秋，余以三忧去黔。将行矣，巾箱中有书若干种，凡数十百卷，皆著目留之学宫，椟藏庋载，令学官掌之。提学使者，集黔之士日积月课，庶地有志者得以卒业焉。

呜呼！夜郎鬼方，既苦于无书，又苦于不知当读何书。虽有聪明魁杰之彦，冥思雕搜，枵腹无当，人终以卉衣椎髻之蛮髦轻代视之。余是以不忍，特留书于黔也。

夫古人之为学，不外经史二者。余所留于黔者，经史为上，文苑诗赋次之。不然，矞宇嵬琐，固为荀卿所耻。万一取舍悠谬，流于怪僻荒诞，为非圣之言，余必不敢使鬼方之士读，所系于学术，风俗不少。余之意，惟青螺知之，亦余之私淑青螺也。

余去黔五年矣。客岁，林公石来以视学赴黔，曾以是告之，又复逾年，寄以此言，勒诸泮水之石。林公负文章盛名，今为黔士师，无异司马长卿之在滇。吾知黔之士必有盛览张叔，其人讲习经史之学，扬声发光于当代者。儒术倡而吏治修，林公之功不更大且远哉！是为记。①

由上可知，田雯于康熙二十七年（1688，戊辰）至康熙三十年（1691，辛未）间出任贵州巡抚。首先，田雯指出贵州官学藏书并不兴盛的三大原因。第一，典籍匮乏且文教传统相对薄弱，即"无如载籍寥寥，见闻荒陋，非惟古学不讲，即帖括之近习流传委巷者，不过一二断简残帙"。第二，因当地官员、士子对藏书重视程度不高，因而图书市场相对冷淡，因此，"吴越间之书贾从不重趼一至焉"。这进一步导致贵州图书市场极不活跃。第三，在外部因素方面，贵州并未形成专门修建尊经阁等藏书楼的氛围与传统，加之兵燹盗火等破坏，从而进一步导致官学藏书减少。

由此，田雯尤其重视以增加官学藏书为突破口来发展贵州文教事业。其旨在通过逐步丰富官学藏书，首先缓解贵州士子"苦于无书"的书籍匮乏情况，之后再通过提高贵州各级官学的教育水平，逐步扭转当地士子"又苦于不知当读何书"的不利局面。当然，田雯之所以如此重视官学藏书的基础性作用，与其个人经历尤其是喜好藏书息息相关。

---

① 〔清〕田雯. 贵阳府学藏书碑记［M］//〔清〕周作楫，〔清〕萧琯，〔清〕邹汉勋.［道光］贵阳府志：余编·卷八·文征八. 清道光二十年（1840）刻咸丰二年（1852）补刻本：6a-7b.

田雯（1635—1704），字纶霞，又字子纶、紫纶，号漪亭，又号山姜子，晚号蒙斋，山东德州人。康熙三年（1664）进士，授中书舍人，累迁工部郎中，康熙十九年（1680）督江南学政，康熙二十六年（1687）任江苏巡抚，次年调贵州巡抚，后官至户部侍郎。康熙四十年（1701）以病乞归。工诗文，与王士祯、施闰章齐名。著《山姜诗选》《古欢堂集》《黔书》《长河志籍考》《蒙斋年谱》《幼学编》《诗传全体备义》等。同时，田雯酷爱藏书，有"山姜书屋""古欢堂"等藏书室，购藏古籍与书画万卷以上，"按：《碑传集·田公雯神道碑》，康熙四十一年（1702）圣祖南巡，驻跸德州田氏寒绿堂，御书'山姜书屋'以赐之。按，田雯藏书万卷，传五代之久。卢见曾有《里门感旧诗》称：'牙签充栋足高门，旧库于今几尚存。最爱遗堂仍赐额，藏书万卷到玄孙。'"①在专制时代，地方官员的个人喜好与公开倡导对治下地方的社会建设与风气塑造具有强大的引领与示范作用，因此，贵州巡抚田雯对藏书的喜好，加之其在离任之际将个人藏书捐于学宫，必然会引起下属各级官员对府、厅、州、县官学藏书建设的高度重视。

不过，官学藏书的丰富程度不仅依靠地方长官的个人意志，因人走茶凉、人亡政息式的专制体制弊端是难以避免的，更主要的是依托当地形成一种长期的社会共识与文化传统。而贵州相对来说比较欠缺藏书传统，官学藏书亦受此影响而难以昭彰，诸多方志均未记载官学藏书书目情况。例如，查阅［咸丰］《安顺府志》，其中对安顺府学及所辖郎岱厅、归化厅、镇宁州、永宁州、普定县、清镇县等官学藏书情况没有任何记载。同时，有关清代兴义府及其所辖州县的官学藏书情况，在［咸丰］《兴义府志》中并无记载，该志记载了兴义府学、兴义县学、普安县学、安南县学、贞丰州学的学宫、学制、学田等概况，却对藏书及藏书楼未做任何描述。［光绪］《平越直隶厅志》也未记载平越州学及所辖县学的藏书情况，亦未言及尊经阁等藏书楼。

此外，在咸丰、同治年间，贵州兵乱频繁，省内公私藏书损失严重。值得注意的是，贵州县学相对府学、州学则更欠发达。例如，在［光绪］《湄潭县志》有关学校的记载中，并没有关于县学藏书或藏书楼的任何文字描述，这应与该县县学创建时间较晚且遭遇战火有关。"考《贵州通志》，湄之初建，未设学宫，附之黄平州学。万历四十八年，城内始建学庙。制中先师殿，后启圣祠，

---

① 刘尚恒. 室名章释义［M］. 合肥：黄山书社，2011：46.

两庑，戟门，棂星门粗备。"① 入清之后，湄潭县学在康熙、雍正、乾隆期间添置了御书匾额，但因资金匮乏而在建筑维护方面乏善可陈。"道光元年，御书'圣协时中'匾额。二十年，知县甘雨施以旧制圮坏重兴，规模巍焕，甲于他邑。咸丰己未，毁于贼。同治辛未、壬申间，照遗址复建之，规模不减昔时。"② 由此可见，直至道光二十年（1840），年久失修的湄潭县学才得以修葺。不幸的是，该县学又毁于咸丰年间兵乱。虽然在同治十年至同治十一年（1871—1872），县学再次复建且规模未变并于光绪四年（1878）扩建，但未重新添置书籍，因此，未见光绪二十五年（1899）刊行的《湄潭县志》述及县学藏书情况。在此，笔者梳理出清代贵州9所府学、4所州学、9所县学，共22所官学的藏书情况。从总体上看，清代贵州官学藏书在种类与数量方面与四川、云南相比还是有较大差距的。

一、清代贵州府学藏书

据[康熙]《思州府志》载，至康熙末年，思州府学藏书较少，仅有以下6部："学宫藏书：《渊鉴斋古文类函》《日讲四书》《玉衡录》《五经注解》《朱子全书》《臣鉴录》。"③

乾隆三十年（1765），石阡府学藏书62部，具体书目为："书籍（颁发儒学守藏）：《圣谕广训》一本，《讲约》一本，《圣谕训饬士子文》一本，《平定上谕》一本（雍正十三年颁）、十本（乾隆八年颁），《御纂日讲四书》一部，《朱子四书文》一部，《周易折中》一部，《书经》一部，《诗经》一部，《三礼》一部，《十三经》一部，《廿一史》一部，《明史》一部，《性理》一部，《渊鉴古文》一部，《明史纲目》一部，《学政全书》一部，《科场磨勘简明则例》二本，《贵州通志》一部，《乡会墨选》二部，《文武官仪注》一部，《斯文精萃》一部，《书院条规》一本，《学仕一贯录》一本，《钦定祭各庙坛祝文》一本，《先贤儒位次》一本，《春秋祭祀乐章》一本，《乡饮仪注》二本，《石阡府志》一

---

① [清]吴宗周，[清]欧阳曙.[光绪]湄潭县志：卷三·营建志·学校[M].清光绪二十五年（1899）刻本：10a.
② [清]吴宗周，[清]欧阳曙.[光绪]湄潭县志：卷三·营建志·学校[M].清光绪二十五年（1899）刻本：11a.
③ [清]蒋深.[康熙]思州府志：卷三·建设志·学校[M].清康熙六十一年（1722）刻本：22b.

部。"① 此外，光绪二年（1870）刻本《石阡府志》照录了［乾隆］《石阡府志》中府学藏书书目，但已注明"书籍（颁发儒学守藏，今失）"②，由此可见，以上府学藏书已经散佚不见。

乾隆五十六年（1791），镇远府学有56部藏书，具体书目如下："《御纂性理》一部，《御纂周易折中》一部，《御纂诗经》一部，《御纂书经》一部，《御纂春秋》一部，《上谕》一部，《驳吕留良四书讲义》一部，《学政全书》一部，《十三经》《二十一史》各一部，《圣谕广训》一本，《朱子全书》一部，《御纂日讲四书解义》一部，《钦定四书文》一部，《祭祀乐章》一本，《先贤先儒位次》一折，《明史》全部，《乡饮酒礼仪注册》一部，《全黔志书》一部，《明纪纲目》一部，《御制训饬士子文》一本，《平定沙漠碑文》一张（今残缺），《名教罪人诗》二本，《学田册》八本（失四本）。"③

贵阳府是贵州的文化教育中心，贵阳府学藏书种类与数量均属贵州省之翘楚。据［道光］《贵阳府志》载："其余七学书籍，惟广顺有目曰：《御纂周易折中》，《钦定书经传说汇纂》，《诗经传说汇纂》，《春秋传说汇纂》，《性理积义》，《朱子全书》，《御纂周易述义》，《诗义折中》，《春秋直解》，《资治通鉴纲目三编》，《钦定周官义疏·仪礼义疏·礼记义疏》，《学正全书》，《四书文》，《御选唐宋诗醇》仅十四种而已。诸学无目，或有书或无书，未能与贵阳埒也。"④ 由此可知，道光年间广顺州学藏书14部，但与贵阳府学存在较大差距。在此，以大定府学与贵阳府学藏书为例，其对比情况如表3-2所示。

---

① 〔清〕罗文思.［乾隆］石阡府志：卷六·学校志·守藏［M］.清乾隆三十年（1765）刻本：116b-117b.
② 〔清〕方齐寿，〔清〕杨大镛.［光绪］石阡府志：卷六·学校志·守藏［M］.清光绪二年（1876）刻本：124b-125a.
③ 〔清〕蔡宗建，〔清〕龚传绅.［乾隆］镇远府志：卷八·学校［M］.清乾隆五十六年（1791）刻本：4b-5b.
④ 〔清〕周作楫，〔清〕萧琯，〔清〕邹汉勋.［道光］贵阳府志：卷四十二·略三·学校略·第四上［M］.清道光二十年（1840）刻咸丰二年（1852）补刻本：20a-20b.

表 3-2 道光年间大定、贵阳府学藏书统计表

大定府学藏书	贵阳府学藏书
《廿一史》五十二套五百本，《十三经注疏》十二套一百一十二本，《钦定周易折中》，《钦定书经传说汇纂》，《钦定诗经传说汇纂》，《御纂日讲四书》，《御制驳吕留良四书讲义》六本，《上论广训》一本，《上谕》二部共三十四本，《御纂文庙乐章》一本，《钦定先贤先儒位次》一本，《钦定御饮酒经仪注》一本，《钦定学政全书》八本又一部一本，《钦定磨勘简明条例》一本，《钦定朱子全书》，《钦定四书文》一部，《钦定乡会墨选》一部，《御制平定准噶尔碑文》一道，《颁发各坛庙祝文》二本，以上见《大定志稿》。《御纂周易述义》一部，《御纂诗义折中》一部，《御纂春秋直解》一部，《钦定明史》一部，《御纂性理精义》一部。以上见档册。①	《圣谕广训》一部，《训饬士子文》一部，《钦定书经传说汇纂》二部，《诗经传说汇纂》二部，《春秋传说汇纂》二部，《御纂日讲四书解义》一部，《朱子全书》一部，《性理精义》一部，《御制朋党论》一部，《驳吕留良四书讲义》一部，《驳钱名世诗》一部，《钦定三礼义疏》一部，《御纂周易述义诗义折中》一部，《春秋直解》一部，《钦定明史》一部，《御纂资治通鉴纲目三编》一部，《御纂乐善堂诗初集》一部，《二集》一部，《文初集》一部，《钦定四书文》二部，《乡会墨选》一部，《钦定学政全书》一部，《先贤先儒位次册》一部，《祭告坛庙祝文》一部，《祭祀乐章》一部，《祭祀仪注》一部，《祭器图》一部，《乡饮酒仪注》一部，《笙诗乐谱》一部，《周易注疏》一部，《尚书注疏》一部，《毛诗注疏》一部，《周易注疏》一部，《仪礼注疏》一部，《春秋左传注疏》一部，《公羊注疏》一部，《穀梁注疏》一部，《论语注疏》一部，《孝经注疏》一部，《孟子注疏》一部，《尔雅注疏》一部，《史记集解》一部，《汉书》一部，《后汉书》一部，《三国志》一部，《晋书》一部，《宋书》一部，《齐书》一部，《梁书》一部，《陈书》一部，《后魏书》一部，《北齐书》一部，《周书》一部，《隋书》一部，《南史》一部，《北史》一部，《唐书》一部，《五代史记》一部，《宏简录》一部，《续宏简录》一部，皆颁发之书。《相台五经》一部，《近思录》一部，《周易观彖》一部，《黔书》一部，《贵州通志》一部，《五经集注》一部，皆官绅捐购之书。《方舆纪要》一部，道光二十六年总督贺长龄购留。又有《古文雅正》《白眉故事》《了凡纲鉴》各一部。②

由表 3-2 可知，道光二十年（1840）贵阳府学藏书有 76 部之多，其中以朝廷颁赐儒学典籍为大宗，亦有官绅捐赠的《黔书》《贵州通志》等方志，而顾祖禹的军事地理名著《读史方舆纪要》则由总督贺长龄购置。由此可见，贵州府学藏书来源渠道之多元。值得一提的是，咸丰二年（1852）补刻的《贵阳府

---

① 〔清〕黄宅中. [道光]大定府志：卷二十·宫室簿第二中·治地志二·学校上·学宫·书目 [M]. 清道光二十九年（1849）刻本：21b.

② 〔清〕周作楫，〔清〕萧琯，〔清〕邹汉勋. [道光]贵阳府志：卷四十二·略三·学校略·第四上 [M]. 清道光二十年（1840）刻咸丰二年（1852）补刻本：18b-20b.

103

志》将［道光］《贵阳府志》以上记载完全照录而未做更改。相比之下，道光二十九年（1849）大定府学藏书则有56部而稍显逊色。

［道光］《遵义府志》不仅记载了遵义府学藏书书目，而且详细说明了相关来源。道光二十一年（1841），遵义府学藏书45部，具体书目如下："尊经阁旧未建，即以明伦堂前左魁阁为之橱贮。《钦定〈书〉〈诗〉〈春秋〉三经传说汇纂》各一部（奉颁旧贮），《钦定周易折中》一部（道光十一年，教授莫与俦恭买增贮），《十三经注疏》各一部（奉颁旧贮，嘉庆间署教授刘玉麟假之知府，失《易》《书》《孝经》《论》《孟》。前教授鄢国栋买补存贮，尚缺《周礼》。道光十一年，教授莫与俦增买）。《相台五经》各一部（道光四年，贵州巡抚程国仁、学政程恩泽增贮）。《周易观象通论大指合刻》一部（道光八年，贵州学政许乃普、粮储道佟景文增贮）。《四书正蒙》一部（道光十年，贵州按察使李文耕增贮）。《钦定乐谱笙诗》一部，《十七史》各一部（史记至五代史）。《宏简录》一部，《元史类编》一部，《钦定明史》一部，《钦定通鉴纲目三编》一部，《世宗宪皇帝上谕》二部，《初本学政全书》一部（并奉颁旧贮）。《钦定朱子全书》一部，《钦定性理精义》一部，《近思录》一部，《大学衍义辑要》一部，《钦定四书文》一部（并按察使李文耕增贮）。《钦定剌钱诗》一部（奉颁旧贮）。《古文雅正》一部（学政许乃普增贮）。"① 由此可见，遵义府学藏书以贵州各级官员捐赠为主，这在贵州乃至清代西南官学藏书中极具代表性。

道光二十一年（1841），思南府学藏书78部，具体如下："乾隆元年，颁圣发府县学书籍：《钦定诗经传说汇纂》一部，《钦定书经传说汇纂》一部，《御纂周易折中》一部，《钦定春秋传说汇纂》一部，《钦定三礼义疏》一部，《圣谕》一本，《上谕》一部，《御选古文渊鉴》一部，《御制朋党论碑文》一张，《御纂性理精义》一部，《御纂资治通鉴纲目三编》，《御制诗文》一部，《御讲摘要》一本，《钦定乡会墨卷》三本，《钦定各坛庙祝文》一本，《钦定四书文》一部，《钦定康熙字典》一部，《万世玉衡》一部，《先贤先儒位次》一部，《十三经注疏》一部，《廿一史》一部，《朱子全书》一部，《学政规条》一部，《武经》一部，《臣鉴录》一部，《明史》一部，《学政全书》一部，《小学》一部，《祭器考》一部，《乐谱》一部，《乡饮酒礼仪注》一部，《从政遗规》一部，《训俗遗规》一部，《相台五经》一部，《性理精义》一部，《周易观象》一部，《古文雅正》一部，《近思录》一部，《四书正蒙》一部，《大清通礼》一部。以

---

① ［清］平翰，［清］郑珍．［道光］遵义府志：卷二十三·学校二·遵义府下［M］.清道光二十一年（1841）刻本：1a-2a.

上诸书，学署敬谨收贮，三县同。"① 由此可知，思南府学藏书主要来自清廷颁赐。其中，"三县"指的是思南府所辖的安化县、印江县、婺川县，因此，当时以上三县学藏书亦较为丰富，均为78部。

光绪十八年（1892），黎平府学藏书80部，具体书目是："谨以历年奉颁学宫者列目于后，'唐志'：《御制训饬士子文》一卷，《御制万言广训》一卷，《上谕会纂》二十四卷，《上谕》一卷，《钦定春秋传说》二十四卷，《钦定书经传说》二十四卷，《钦定诗经传说》二十四卷，《钦定周易折中》二十四卷（缺十四卷），《钦定性理精义》六卷，《易经解义》十卷，《易经会解》二卷，《诗经说约》八卷，《书经会编》四卷，《书经体注》四卷，《春秋心典》四卷，《钦定十三经注疏》一百二十卷，《相台五经》三十二卷，《周易观象》八卷，《纂修性理》五卷，《御纂日讲四书解义》十二卷（缺二卷），《驳吕留良四书讲义》八卷，《钦定四书文》十六卷，《钦定四书文选》十六卷，《御选古文渊鉴》四十卷，《古文雅正》六卷，《古文观止》六卷，《钦定明史》一百一十二卷（缺二十三卷），《钦定明纪纲目》五卷，《廿一史》五百卷，《御纂朱子全书》四十卷，《御纂近思录》二卷，《文公家礼》二卷，《钦定文庙乐谱》一卷，《补笙诗》二卷，《先贤先儒位次》一卷，《名教罪人诗》二卷，《广训附编》二卷，《武经体注》二卷，《小学集注》一卷，《庚辰书房》五卷，《训俗遗规》四卷（缺一卷），《从正遗规》二卷，《字汇正韵》十四卷，《学政全书》十六卷，按：以上各书存府学署，历任学官造入交代册，照数查交收藏。《钦定礼记》四卷，《礼记心典》八卷，《四书说约》八卷，《阙里志》一卷，《乡饮仪注》二卷，按：以上各书，府旧志有，学册无，照'唐志'所载部数卷数。《御纂四经》八十卷，《御纂性理》二十卷，《御纂大学衍义》十卷，《钦定明史》一百一十二卷，《钦定学政全书》十六卷，《驳吕留良四书讲义》八卷，按：以上各书存县学署，历任学官造入交代册，照数查交收藏。《上谕会纂》二十四卷，《上谕》三卷，《上谕》十卷，《钦定四书文》四十卷，《钦定四书文选》十六卷，《钦定明纪纲目》四卷，《先贤先儒位次》一卷，《祭祀音乐册》一卷，《钦定祭各坛庙祝文》一卷，《乡饮酒礼仪注》一卷，《律例》一卷，按：以上各书，县志有，学册无，照'唐志'载入，兵乱后尽失。"②

---

① 〔清〕夏修恕，〔清〕萧琯．［道光］思南府续志：卷五·学校［M］．清道光二十一年（1841）刻本：21b-23b.

② 〔清〕俞渭，〔清〕陈瑜．［光绪］黎平府志：卷八·艺文志·第八·书籍［M］．清光绪十八年（1892）刻本：6b-10a.

首先，此［光绪］《黎平府志》有关黎平府学藏书情况主要取材于"唐志"，即成书于道光二十五年（1845）的唐本洪纂修的《黎平府志》，可见，至光绪时期，黎平府学藏书情况变动不大，即该府学藏书共80部。另外，《钦定礼记》《礼记心典》《四书说约》《阙里志》《乡饮仪注》等5种文献在［道光］《黎平府志》中有记载，但至光绪时已不见于黎平府学档册，应为散佚不存，因此，道光时黎平府学藏书应为85部。

其次，雍正三年（1725）四月，清廷决定将原属湖北的五开卫改置为县以便管理，但仅将五开卫与铜鼓卫一同划归贵州黎平府管辖，并未确定县名。"又奏称，黎平一府与楚省五开卫同在一城，民苗杂处，分隶两省，事权不一，请将五开卫改为一县，归黎平管理，铜鼓卫亦归并五开，则中间古州，八万等苗区皆属于黔省，一切措办呼应得灵。查铜鼓、五开二卫归黔归楚，从前两省督抚各执一词，应令妥议画一，具题再议。得旨。高其倬为人谨慎，办事精细，伊所奏之事，谅无错误，五开、铜鼓二卫，着照所奏，归黔省管辖，余依议。"① 雍正五年（1727）三月，"寻定五开新改县曰'开泰'，铜鼓新改县曰'锦屏'"②，由此，五开卫正式改置为开泰县，为黎平府治所。因此，此引文中所言"县学署"即开泰县学，"县志"即［乾隆］《开泰县志》。

《黎平府志》之所以参引《开泰县志》，原因在于："雍正三年，改卫设县，隶黎平府，奉旨与府共学宫，另修明伦堂。"③ 因此，黎平府学藏书的原始积累即来自开泰县学藏书。另据［乾隆］《开泰县志》载："县学收藏书籍：《上谕》二十四本，《学政全书》一本，《学政全书》八本，《上谕》三本，《明史》一百一十二本，《明史纲目》四本，《上谕》十本，《先贤先儒位次》一本，《祭祀音乐册》一本，《钦定诗经》十八本，《学报节孝烈义册结式》一本，《钦定书经》十本，《乡饮酒礼仪注》一本，《律例》一本，《钦定春秋》十本，《平定靖海碑满汉墨刻》二通，《钦定性理》六本，《驳吕留良四书讲义》一部，《钦定四书文》两部共八十本，《钦定祭各坛庙祝文》一本。"④ 通过对比可知，一方面，［光绪］《黎平府志》照录"唐志"所载，但"唐志"即［道光］《黎平府志》所载［乾隆］《开泰县志》有关开泰县学的藏书情况却不甚准确；另一方面，乾

---

① 清世宗实录：卷三十一［M］. 清雍正三年（1725）四月庚辰.
② 清世宗实录：卷五十五［M］. 清雍正五年（1727）闰三月丙戌.
③ 〔清〕郝大成，〔清〕王师泰. ［乾隆］开泰县志：卷二·学校志·守藏［M］. 清乾隆十七年（1752）三阳堂刻本：22b.
④ 〔清〕郝大成，〔清〕王师泰. ［乾隆］开泰县志：卷二·学校志·守藏［M］. 清乾隆十七年（1752）三阳堂刻本：28a-28b.

隆朝开泰县学藏书20部，而光绪朝开泰县学藏书仅存6部，由此可见，相较黎平府学的藏书状况，开泰县学藏书保存状况很不理想，文献散佚情况比较严重。

二、清代贵州州学藏书

康熙二十二年（1683），清廷降平远府置平远州，属大定府。平远州学藏书在乾隆朝、道光朝的具体情况如表3-3所示。

表3-3 乾隆、道光朝平远州学藏书统计表

平远州学藏书（乾隆朝）	平远州学藏书（道光朝）
《圣谕广训》一部，《训饬士子文》一道，《上谕》二部，《学政全书》二部，颁发《条约》八本，《易经讲义》一部，《钦定汇纂书经》一部，《钦定汇纂诗经》一部，《钦定汇纂春秋》一部，《十三经》《二十一史》各一部（存府学），《性理》一部，《朱子全书》一部，《古文渊鉴》一部，《斯文精萃》一部，《驳吕留良四书讲义》一部，《玉衡录》一部，《祭图》一本，《阙里志》一本，《乐记图》一本，《乐章》一本，《祭文》二本，《先贤先儒位次图》一本，颁发《四子赞》墨刻文一张，《明史》一部，《钦定四书正文》全卷。①	《钦定周易折中》一部，《钦定书经传说汇纂》一部，《钦定诗经传说汇纂》一部，《钦定春秋传说汇纂》一部，《御纂四书日讲》一部，《钦定明史》一部，《御制驳吕留良四书讲义》一部，《圣谕广训》一部，《上谕》二部，《钦定文庙祭器图》一本，《钦定乐器图》一部，《钦定文庙乐章》一本，《钦定先贤先儒位次图》一本，《钦定学政全书》二部，《钦定朱子全书》一部，《御纂性理精义》一部，《御制训饬士子文》一道，《御制四子赞石刻》一道，《御选古文渊鉴》一部，颁发《条约》八本，颁发各坛庙祝文二本，《阙里志》一本，《玉衡录》一部，《斯文精萃》一部。②

由表3-3可知，乾隆朝平远州学藏书26部，至道光朝减少至24部，但存于大定府学的《十三经》《二十一史》未再被计算在内，因此总体数量并无波动。同时，所藏书目却有所变化。其中，乾隆朝平远州学所藏《易经讲义》《钦定四书正文》已不见，而代之以《钦定周易折中》《御纂四书日讲》。因此，平远州学藏书总体保持稳定，尤为可喜的是数量并未消减，但自乾隆二十一年（1756）《平远州志》刊行至道光二十九年（1849）《大定府志》刊行，在此近百年间，平远州学藏书数量并未呈现任何增长，这正是其时西南官学发展已处

---

① 〔清〕李云龙，〔清〕刘再向. ［乾隆］平远州志：卷九·学校［M］. 清乾隆二十一年（1756）刻本：7a-8a.

② 〔清〕黄宅中. ［道光］大定府志：卷二十·宫室簿第二中·治地志二·学校上·学宫·书目［M］. 清道光二十九年（1849）刻本：21b-22a.

于停滞不前阶段的如实反映。当然，这更是清政府统治逐渐病入膏肓的一个侧影。值得一提的是，[道光]《平远州志》、[光绪]《平远州续志》中均未记录州学藏书情况。

乾隆朝之际，普安州尚无义学与社学，"义学无，社学无，射圃无"①。因此，普安州学在当地教育发展中的重要性可见一斑。乾隆二十三年（1758），普安州学藏书22部，具体书目如下："典籍：《御制训饬士子文》一本，《文庙祭器图》一本，《古文渊鉴》一部（共二十四本），《臣鉴录》一部（共二十本），《鹿洞要言》一本。新颁：《御纂性理精义》一套，《春秋传说汇纂》一部，《诗经传说汇纂》一部，《学政全书》一本，《上谕黄》一道，《朱子全书》一部（共四套），《钦定四书文》一部，《驳吕留良四书讲义》一部，《上谕》一部（共二十四本），《乡饮酒礼仪注》一本，《圣谕广训》一本，《周易折中》一本，《御纂日讲四书解义》一部，《钦定乐章》一本，《文庙先贤先儒位次》一本，《钦定各坛庙祭文》一本，《御撰资治通鉴纲目三编》一部（四本）。"②

乾隆三十四年（1769），独山州学藏书21部，据[乾隆]《独山州志》载："典籍：《御制训饬士子文》一本，《上谕》一部，《圣谕广训》一本，《御纂诗经》一部，《书经》一部，《周易折中》一部，《春秋》一部，《御纂性理》一部，《钦定乐章》一本，《钦定四书文》一部，《学政全书》一部，《日讲四书解义》一部，《明史》一部，《明史纲目》一部，《先贤位次》一本，《祭器图》一本，《乡饮仪注》一本，《平定西域碑》一道，《驳吕留良四书讲义》一部，《于清端集》一部，《刺钱名世诗》二本。"③

在[乾隆]、[嘉庆]、[道光]《黔西州志》及[光绪]《黔西州续志》中均未有州学藏书与藏书楼的相关记载，同时，在[道光]《黔西州志》卷一《图考》所绘《圣宫图》中亦无尊经阁、藏书楼等踪影。但[道光]《大定府志》却开列了黔西州学书目，道光二十九年（1849），黔西州学藏书16部，具体为："《钦定周易经折中》一部，《钦定书经传说汇纂》一部，《钦定诗经传说汇纂》一部，《钦定春秋传说汇纂》一部，《御纂四书日讲》一部，《圣谕广训》二部，《上谕》二部，《御纂性理精义》一部，《钦定朱子全书》一部，《五经集

---

① 〔清〕王粤麟，〔清〕曹维祺，〔清〕曹达.[乾隆]普安州志：卷八·学校[M].清乾隆二十三年（1758）刻本：20a.
② 〔清〕王粤麟，〔清〕曹维祺，〔清〕曹达.[乾隆]普安州志：卷八·学校[M].清乾隆二十三年（1758）刻本：18b-19b.
③ 〔清〕刘岱.[乾隆]独山州志：卷四·营建·学校[M].清乾隆三十四年（1769）刻本：64b-65a.

解》四套，《朱文公家礼》二本，《近思录》三本，《玉衡录》四本，《臣鉴录》一部，《古文雅正》六本，《刘文公策略》四本。以上档册。"① 其中，"以上档册"说明有关黔西州学藏书情况来源于其时大定府所藏官方档册，其可信度不言而喻，但遗憾的是清代有关黔西州方志中竟然对官学藏书情况集体失语，这也体现出当地藏书风气淡薄，并未形成地方官员必须重视官学藏书的文化传统。

三、清代贵州县学藏书

乾隆二十二年（1757），玉屏县学藏书12部，具体书目为："《上谕》一部，《御纂书经》一部，《书经传说》一部，《周易折中》一部，《春秋传说》一部，《日讲四书解义》一部，《性理精义》一部，《朱子全书》一部，《学政全书》一部，《明史》一部，《贵州通志》一部，《明纲目》一套。"②

根据〔乾隆〕《毕节县志》所载，乾隆二十三年（1758）毕节县学藏书15部，具体书目为："《圣谕广训》一本，《上谕》一部，《学政全书》一部，《万世玉衡录》一部，《臣鉴录》一部，《御制朋党论》一道，《御纂诗经》一部，《春秋》一部，《钦定四书文》二部，《钦定乐章》一本，《各坛庙祝文》二本，《明史》一部，《明史纲目》一部，《祭器图》一本，《乡饮酒礼仪注》二本。"③此外，〔道光〕《大定府志》抄录了〔乾隆〕《毕节县志》所载毕节县学藏书书目，但将"万世玉衡录"误作"万世玉衡律"④，其余内容一致。〔同治〕《毕节县志稿》与〔光绪〕《毕节县志》也照录乾隆志所载书目，二者均将《钦定四书文》的数量二部写作一部，同时，〔同治〕《毕节县志稿》言及："以上各书皆照乾隆邑志载入，乱后兵练常扎学署，书多散失。"⑤ 对此，〔光绪〕《毕节县志》亦描述为："以上各书皆照乾隆邑志载入，乱后书多散失。"⑥

---

① 〔清〕黄宅中.〔道光〕大定府志：卷二十·宫室簿第二中·治地志二·学校上·学宫·书目［M］. 清道光二十九年（1849）刻本：22a.
② 〔清〕赵沁，〔清〕田榕.〔乾隆〕玉屏县志：卷四·学校志［M］. 清乾隆二十二年（1757）刻本：20b-21b.
③ 〔清〕董朱英，〔清〕路元升.〔乾隆〕毕节县志：卷三·学校志［M］. 清乾隆二十三年（1758）刻本：4a-4b.
④ 〔清〕黄宅中.〔道光〕大定府志：卷二十·宫室簿第二中·治地志二·学校上·学宫·书目［M］. 清道光二十九年（1849）刻本：22a-22b.
⑤ 〔清〕王正玺，〔清〕扎拉芬，〔清〕周范.〔同治〕毕节县志稿：卷九·学校［M］. 清抄本：59b.
⑥ 〔清〕陈昌言，〔清〕徐廷燮.〔光绪〕毕节县志：卷七·风教志［M］. 清光绪五年（1879）刻本：2a.

乾隆五十六年（1791），镇远县学藏书19部，具体书目如下："《御纂周易折中》一部，《御纂诗经》一部，《御纂书经》一部，《御纂日讲四书解义》一部二十七本，《御纂性理》一部十二本，《圣谕广训》一本，《上谕》一部二十五本，《御制训饬士子文》一道，《钦定各坛庙祀祝文》一本，《学政全书》一本，《古文渊鉴》一部四套，《朱子全书》十六本，《文武官接见礼仪》一本，《名教罪人诗》二本，《驳吕留良四书讲义》一部七本，《祭祀乐章册》一本，《乡饮酒礼仪注》一本，《明史》全部共一百一十二本，《明鉴》四本。"①

道光七年（1827），安平县学藏书42部，具体情况为："恭记钦颁学校书目：《文庙祭器图》一本，《先贤先儒位次》一本，《钦定乐章》一本，《钦定各坛庙祭文》一本，《御纂性理精义》一套，《古文渊鉴》一部共二十四本，《钦定十三经》一十二函共一百二十本，《钦定三礼义疏》二十五函共一百八十一本，《钦定大学衍义》二部每部十本，《学政全书》八本，《御纂日讲四书解义》一部，《朱子全书》一部，《上谕》一部二十四本，《臣鉴录》一部计二十本，《御纂资治通鉴纲目三编》一部共四本，《御纂明史》一部共一百一十二本，《圣谕广训万言谕解注》一部计二本，《钦定四书文》一部，《乡饮酒礼仪注》一本，《钦定诗经传说》一部，《书经传说》一部，《春秋传说》一部，《周易折中》一部共九十六本，《御纂孝经·近思录》一部计三本，《驳吕留良四书讲义》一部，乾隆六年宪发《贵州通志》一部，道光四年宪发宋版《五经》一部。"②

光绪年间，余庆县学藏书13部，具体书目是："御颁《朱子全书》，《渊鉴古文》（总督贝公颁给），《易经讲义》（学院孙公颁给）。《唐诗》全部，《家礼》全部，《小学》全部，《大清律》全部，《一隅集制义》《本草备要》《笺注太上感应》《笺注阴骘文》《颜真卿多宝塔碑》《柳公权符公碑》（以上十种，知县蒋公讳深捐置）。"③

---

① 〔清〕蔡宗建，〔清〕龚传绅.〔乾隆〕镇远府志：卷八·学校［M］.清乾隆五十六年（1791）刻本：10a-11a.

② 〔清〕刘祖宪，等.〔道光〕安平县志：卷六·学校［M］.清道光七年（1827）刻本：17a-18a.

③ 〔清〕蒋深，〔清〕许之獬，〔清〕汤鉴盘.〔光绪〕余庆县志［M］.清末抄本：40a-40b.

第四章

清代西南官学藏书的数量、种类与特征

笔者在逐一梳理现存 1094 部清代及民国时期西南方志的基础上,整理出 110 所官学的藏书情况(四川 38 所、云南 50 所、贵州 22 所),从而计算出清代西南官学藏书总量的区间值为 3261~3562 部,其中,四川官学藏书总量为 1006~1070 部,云南官学藏书总量为 1358~1574 部,贵州官学藏书总量为 897~918 部。

在专制集权制度下,官学的性质决定了官学藏书的种类。官学藏书以科举教材为主,因此,其一方面要传播和灌输专制统治者为维护统治而设计的官方意识形态,另一方面要服务于通过官学与科举培养和选拔人才的政治需要。因此,御纂儒学经典尤其是经学典籍是清代西南官学藏书的核心主体,这类典籍也是科举考试的必备教科书,而经官方审定的《资治通鉴》《二十一史》及清廷组织编纂的《明史》等史学典籍,是塑造士子个人历史观、价值观尤其是政治大一统观念的重要文化媒介。同时,诏令类、律例类典籍则为未来出仕为官的士子打下了处理刑狱等事务的司法理念基础。此外,清代西南官学藏书中还有一些具有属地性的方志文献与诗文集。

清代西南官学藏书具有鲜明的特征:在地域分布方面,体现出显著的不均衡性;在指导思想方面,以程朱理学为宗;在数量波动方面,具有明显的时代变化性;在版本特征方面,以武英殿刻本为主;在书籍结构方面,缺少前代遗存。其中,时代变化性非常突出,例如,雍正时云南阿迷州学藏书中的《大义觉迷录》,在嘉庆朝阿迷州学中即已消失不见,实际上,此书因内容在乾隆朝遭到了清廷的回收禁毁处理,而这种西南官学藏书种类与数量上的波动变化,也正是当时文字狱盛行的直接结果。

第一节　清代西南官学藏书数量统计与分析

若想开展较为客观的数量统计，必须确立一个相对统一的统计标准。笔者在查阅清代西南方志中官学藏书记载时发现，各种志书对官学藏书数量的描述标准并不一致。其中最具代表性的问题是，有的将《二十一史》详细开列且均单独计为一部（套），有的直接则写作"《二十一史》一部""《廿一史》"。例如，[康熙]《云南府志》载昆明县学藏书书目中有"《史记》二套，《前汉书》二套，《后汉书》二套，《三国志》一套，《晋书》四套，《南史》二套，《北史》三套，《宋书》二套，《南齐》一套，《梁书》一套，《陈书》一套，《魏书》二套，《周书》一套，《北齐》一套，《隋书》二套，《唐书》四套，《五代史》一套，《宋史》十套，《辽史》一套，《金史》二套，《元史》五套"①，但[道光]《昆明县志》写作"《二十一史》五十函"②。同时，前者详列"《论语注疏》一套，《孟子注疏》一套，《周易注疏》一套，《毛诗注疏》一套，《尚书注疏》一套，《周礼注疏》一套，《礼记注疏》一套，《仪礼注疏》一套，《春秋正义注疏》一套，《春秋左传注疏》一套，《春秋公羊注疏》一套，《春秋穀梁注疏》一套"③，而后者写作"《十三经注疏》（《尔雅》《孝经》缺）"④。若以此客观照录而将前者各计作1部、后者仅计作1部，则在官学藏书数量统计方面，[康熙]《云南府志》所载要比[道光]《昆明县志》多31部，这无疑有失公允。

因此，一方面，鉴于相关方志并未言明清代西南各地官学藏书的具体册数，所以本书参考《钦定学政全书》卷十二《颁发书籍》所采用的典籍计量单位"部"，而将方志中所述典籍单位如部、套、函、本等在统计数量时均统一标记为"部"，例如，对于《圣谕广训》四本、《上谕》一部、《御纂周易折中》一

---

① 〔清〕张毓碧，〔清〕谢俨.[康熙]云南府志：卷九·学校志[M].清康熙三十五年（1696）刻本：3a.
② 〔清〕戴絅孙.[道光]昆明县志：卷四·学校志·第七[M].清光绪二十七年（1901）刻本：3a.
③ 〔清〕张毓碧，〔清〕谢俨.[康熙]云南府志：卷九·学校志[M].清康熙三十五年（1696）刻本：3a-3b.
④ 〔清〕戴絅孙.[道光]昆明县志：卷四·学校志·第七[M].清光绪二十七年（1901）刻本：3a.

部计一套，本书合计为3部，而不统计并估算具体册数。另一方面，本书将《二十一史》计作21部、将《十三经注疏》计作13部、将《三礼义疏》计作3部，如此有利于官学藏书数量的统计与对比。但需要指出的是，本书在计算某地域如一省或三省官学藏书总量时，对各地官学藏书数量之和亦使用"部"作为统计单位，但因官学藏书中典籍如清廷颁发典籍的重合度很高，因此，此"部"并非代表典籍实际种类的数字。此外，清代云南府学与昆明县学合一，因此，本书只计算云南府学藏书数量。

笔者在清代四川、云南、贵州方志中发掘出110所官学的藏书情况，其中，四川38所、云南50所、贵州22所。所涉各官学藏书的具体书目已于前文详列，在此基础上，清代四川、云南、贵州官学藏书数量与当朝总量统计情况，如表4-1、表4-2、表4-3所示。

第一，关于清代西南官学藏书总量。需要注意的是，因一地多次修志，所以该地历朝方志对官学藏书的记述必然会有延续性，例如，四川大足县学的藏书数量即有变动，[乾隆]《大足县志》标注21部、[嘉庆]《大足县志》标注13部、[光绪]《大足县志》标注13部，与此类似，云南府学藏书在康熙朝为54部、道光朝为53部，贵州平远州学藏书在乾隆朝为26部、道光朝为24部。因此，本书在计算四川、云南、贵州各省官学藏书总量时，对于一地官学不同时期而有不同数量记载的情况，分别取其中的最低值与最高值，由此，将该省各地官学藏书数量相加，从而得出各省官学藏书总量的区间值。由此，清代四川官学藏书总量为1006~1070部，云南官学藏书总量为1358~1574部，贵州官学藏书总量为897~918部。在此基础上，本书认为：清代西南官学藏书总量的区间值为3261~3562部。

第二，关于清代西南官学藏书生均占有率。据前文所述，清代西南官学学额共17006名（四川7443名、云南5635名、贵州3928名），由此，可计算出：清代西南官学藏书的生均占有率为19.18%~20.95%，而清代四川官学藏书生均占有率为13.52%~14.38%，清代云南官学藏书生均占有率为24.10%~27.93%，清代贵州官学藏书生均占有率为22.84%~23.37%。

第三，关于清代西南各级官学藏书总量。首先，清代四川府学藏书150部、云南府学藏书360~361部、贵州府学藏书459~464部，因此，清代西南府学藏书总量的区间值为969~975部。其次，清代四川州学藏书170部、云南州学藏书473~619部、贵州州学藏书部97~99部，因此，清代西南州学藏书总量的区间值为740~888部。再次，清代四川县学藏书686~750部、云南县学藏书292~

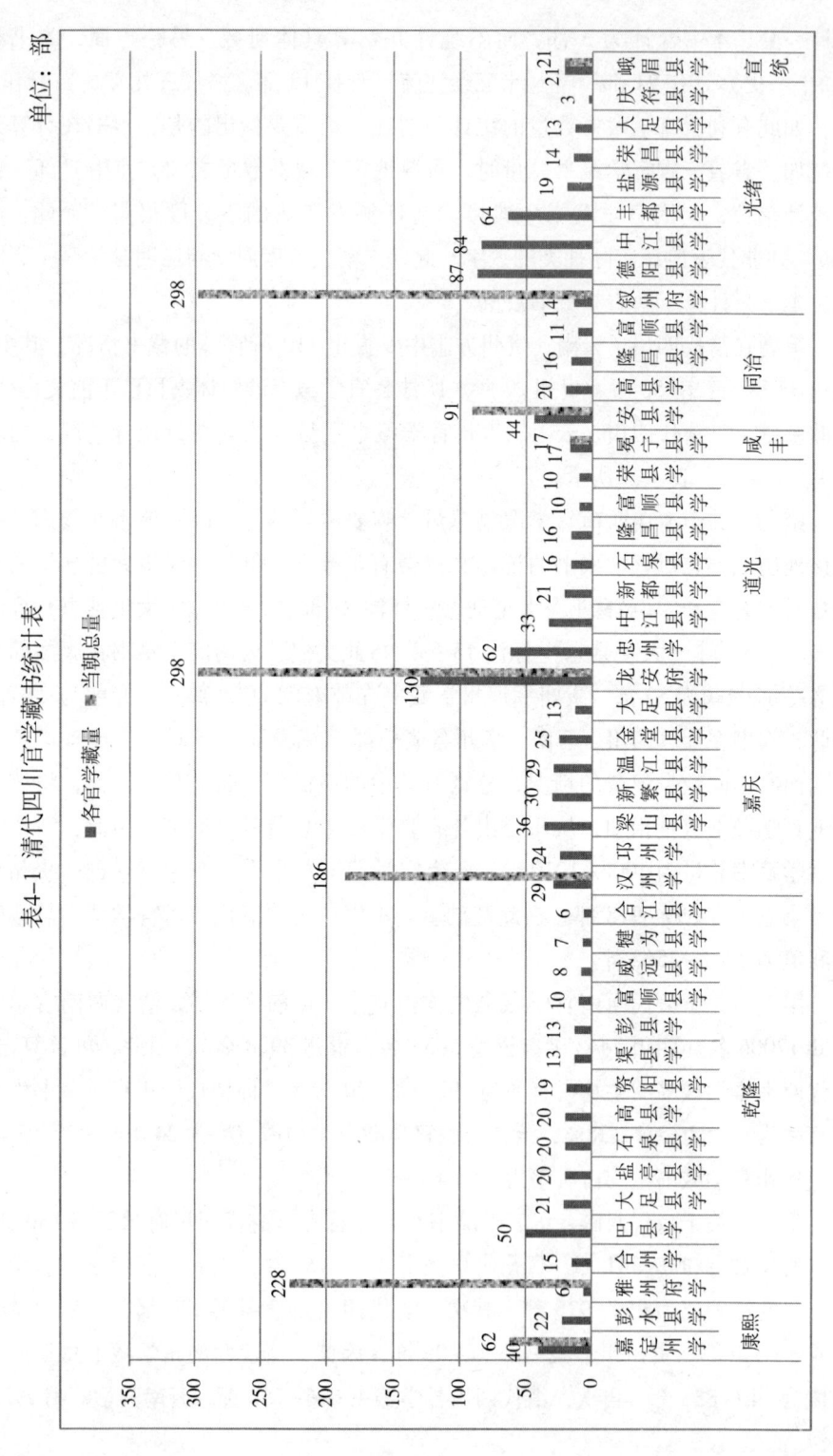

表4-1 清代四川官学藏书统计表

单位：部

朝代	官学	各官学藏量	当朝总量
康熙	嘉定州学	62	
康熙	彭水县学	22	
康熙	雅州府学	6	228
康熙	合州学	15	
康熙	巴县学	50	
乾隆	大足县学	21	
乾隆	盐亭县学	20	
乾隆	石泉县学	20	
乾隆	高县学	20	
乾隆	资阳县学	19	
乾隆	渠县学	13	
乾隆	彭县学	13	
乾隆	富顺县学	10	
乾隆	威远县学	8	
乾隆	犍为县学	7	
乾隆	合江县学	6	
嘉庆	汉州学	29	186
嘉庆	邛州学	24	
嘉庆	梁山县学	36	
嘉庆	新繁县学	30	
嘉庆	温江县学	29	
嘉庆	金堂县学	25	
嘉庆	大足县学	13	
道光	龙安府学	130	298
道光	忠州学	62	
道光	中江县学	33	
道光	新都县学	21	
道光	石泉县学	16	
道光	隆昌县学	16	
道光	富顺县学	16	
咸丰	荣县学	10	17
咸丰	冕宁县学	7	
同治	安县学	44	91
同治	高县学	20	
同治	隆昌县学	16	
同治	富顺县学	11	
同治	叙州府学	14	
光绪	德阳县学	87	298
光绪	中江县学	84	
光绪	丰都县学	64	
光绪	盐源县学	19	
光绪	荣昌县学	14	
光绪	大足县学	13	
光绪	庆符县学	3	
宣统	峨眉县学	21	21

114

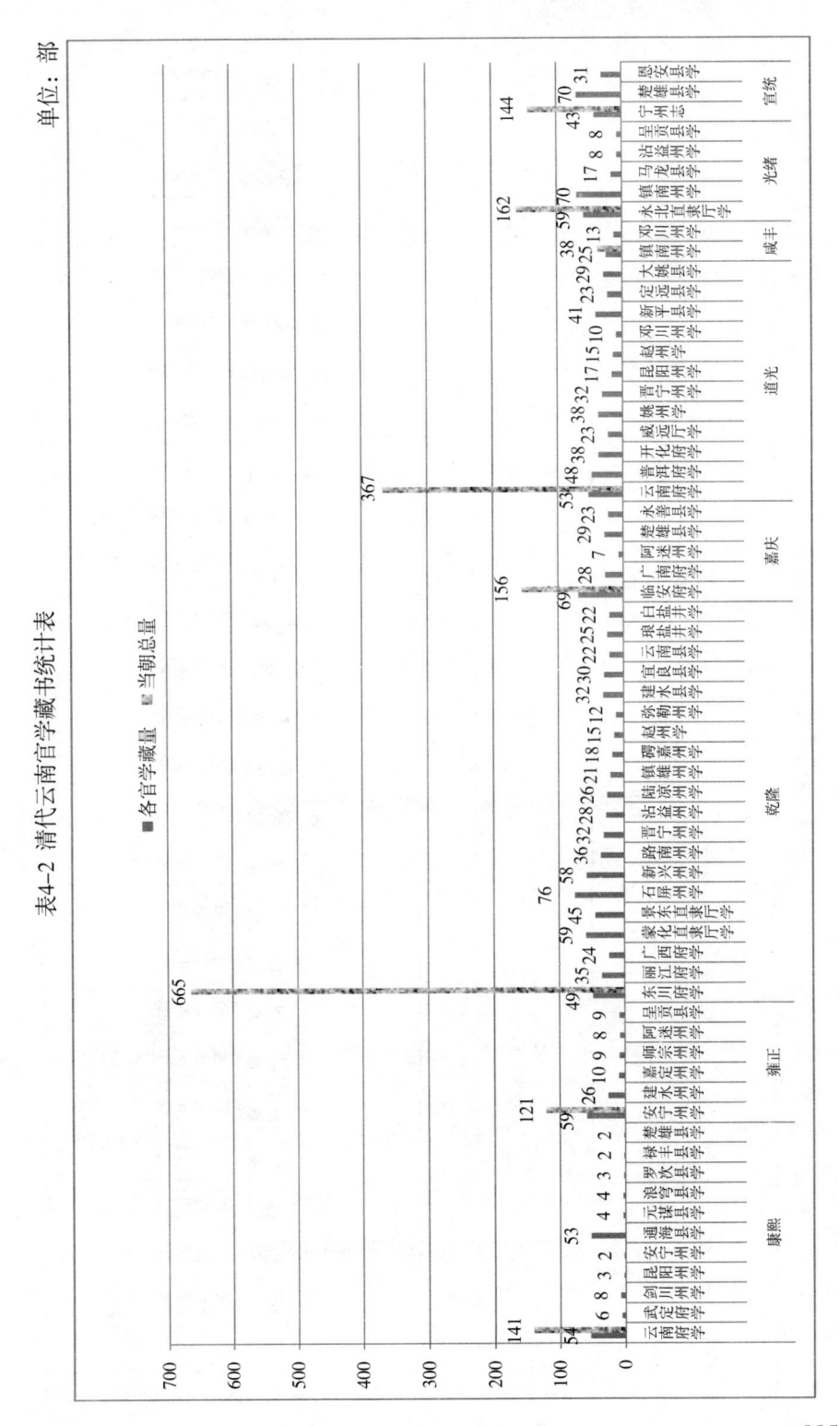

第四章 清代西南官学藏书的数量、种类与特征

表4-2 清代云南官学藏书统计表

单位：部

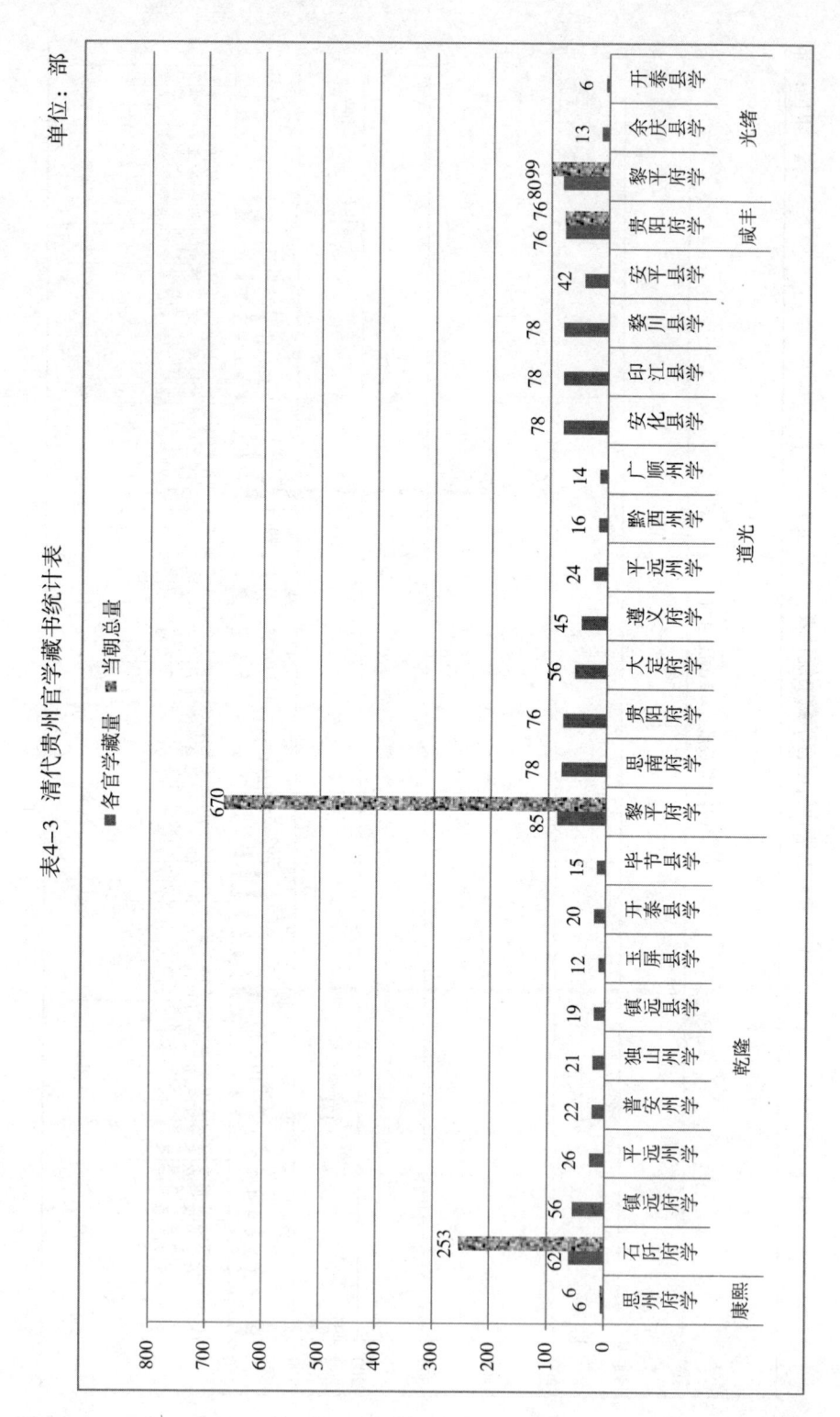

表4–3 清代贵州官学藏书统计表

单位：部

朝代	官学	各官学藏量	当朝总量
康熙	思州府学	6	6
	石阡府学	62	253
	镇远府学	56	
乾隆	平远州学	26	
	普安州学	22	
	独山州学	21	
	镇远县学	19	
	玉屏县学	12	
	开泰县学	20	
	毕节县学	15	
	黎平府学	85	670
	思南府学	78	
道光	贵阳府学	76	
	大定府学	56	
	遵义府学	45	
	平远州学	24	
	黔西州学	16	
	广顺州学	14	
	安化县学	78	
	印江县学	78	
	黎川县学	78	
	安平县学	42	
咸丰	黎平府学	76	768099
	贵阳府学	76	
光绪	余庆县学	13	
	开泰县学	6	

116

361部、贵州县学藏书341~355部，因此，清代西南县学藏书总量的区间值为1319~1466部。此外，清代西南厅学藏书总量为186部、盐井提举司学藏书总量为47部。

第四，关于清代各时期西南官学藏书总量。康熙朝西南官学藏书209部（四川62部、云南141部、贵州6部），雍正朝西南官学藏书121部（云南121部），乾隆朝西南官学藏书1146部（四川228部、云南665部、贵州253部），嘉庆朝西南官学藏书342部（四川186部、云南156部），道光朝西南官学藏书1335部（四川298部、云南367部、贵州670部），咸丰朝西南官学藏书131部（四川17部、云南38部、贵州76部），同治朝西南官学藏书91部（四川91部），光绪朝西南官学藏书559部（四川298部、云南162部、贵州99部），宣统朝西南官学藏书165部（四川21部、云南144部）。

第二节　清代西南官学藏书的种类

一、御纂钦定儒学典籍

御纂、钦定儒学典籍是清代官学教育与科举考试的标准教材。清代西南官学藏书的主要来源即朝廷颁赐，而出于科举取士、塑造观念进而维护统治之需，清政府所颁赐典籍则以御纂、钦定的各类儒学典籍为主，而此类书籍即清代西南官学藏书的主体。在清代西南官学藏书中，康熙、雍正、乾隆时期的御纂、钦定儒学典籍几乎实现了全覆盖，因此最具普遍性，其具体书目如表4-4所示。

表4-4　康熙、雍正、乾隆朝御纂、钦定儒学典籍一览表

序号	题名	著者	初刻年代
1	《日讲四书解义》二十六卷	〔清〕喇沙里、〔清〕陈廷敬等编	康熙十六年（1677）
2	《日讲书经解义》十三卷	〔清〕库勒纳等编	康熙十九年（1680）
3	《日讲易经解义》十八卷	〔清〕牛纽等编	康熙二十二年（1683）
4	《日讲春秋解义》六十四卷 总说一卷	〔清〕库勒纳等编	乾隆二年（1737）
5	《日讲礼记解义》六十四卷	〔清〕张廷玉等编	乾隆十四年（1749）

续表

序号	题名	著者	初刻年代
6	《御定孝经衍义》一百卷	〔清〕叶芳蔼等编	康熙十九年（1680）
7	《御纂周易折中》二十二卷卷首一卷	〔清〕李光地等纂	康熙五十四年（1715）
8	《钦定春秋传说汇纂》三十八卷卷首二卷	〔清〕王掞等纂	康熙六十年（1721）
9	《钦定诗经传说汇纂》二十一卷卷首二卷	〔清〕王鸿绪等纂	雍正五年（1727）
10	《钦定书经传说汇纂》二十一卷卷首二卷	〔清〕王顼龄等纂	雍正八年（1730）
11	《钦定三礼义疏》三种	〔清〕鄂尔泰等撰	乾隆十九年（1754）
12	《御纂朱子全书》六十六卷	〔清〕李光地编	康熙五十三年（1714）
13	《御定音韵阐微》十八卷	〔清〕李光地等编	雍正四年（1726）
14	《御纂性理精义》十八卷	〔清〕李光地等编	康熙五十四年（1715）
15	《御纂孝经集注》一卷	〔清〕清世宗纂	雍正五年（1727）
16	《御纂诗义折中》二十卷	〔清〕傅恒等编	乾隆二十年（1755）
17	《御纂周易述义》十卷	〔清〕傅恒等编	乾隆二十年（1755）
18	《御纂春秋直解》十二卷	〔清〕傅恒等编	乾隆二十三年（1758）
19	《钦定四书文》	〔清〕方苞等选评	乾隆元年（1736）

康熙帝将"四书五经"等儒学经典作为进讲教材，并将相关经筵讲义公开刊行且颁布天下学宫，以此作为经官方审定的官学教材。其中，《日讲四书解义》《日讲书经解义》《日讲易经解义》皆初刻于康熙年间，而《日讲春秋解义》与《日讲礼记解义》则刻于乾隆年间。值得一提的是，康熙帝审定的《礼记》因卷帙繁多而未及编次成帙，乾隆十二年（1747），乾隆帝命张廷玉等重新整理《礼记》，而《日讲礼记解义》于乾隆十四年（1749）由武英殿刻印完成。此举不仅可以看出乾隆帝对康熙帝帝王事业的继承与发展，亦彰显出乾隆帝对儒家"三礼学"重视有加。实际上，乾隆帝在登基初年，便谕令儒臣开始编纂《钦定三礼义疏》。

乾隆帝讲求文治武功，尤其重视遍寻旧籍、稽古右文，其通过"寓禁于征"的政治手段组织编纂了著名的《四库全书》。实际上，乾隆帝从小接受汉族、满族两种文化教育，其在不断接受以四书五经为主的儒文化熏陶的基础上，又竭力保持着满族文化自觉，且其出于自身兴趣与统治之需，又十分重视对儒学典籍的学习与推广，因此，乾隆帝统治期间组织纂修、刊刻了多种儒学典籍。

乾隆元年（1736）四月，乾隆帝登基不久，即谕令广布御纂经书于各省官学，由此一方面继续宣扬儒学以立士子之知识根基，另一方面可以继续保持御纂儒学典籍在官学教育与科举考试中的核心指导地位，从而保持科举取士制度的稳定，达到尊经育才之文教效果。以此为文教政策指针，同年六月，乾隆帝下旨设立第一个官方书馆——三礼馆，专门纂修《三礼义疏》，同时，其还谕令选颁《钦定四书文》，由此可见其对儒学典籍的高度重视，当然这也是对康熙帝文教思想的一种继承与发展，以此保持以儒学立国的文教政策的稳定性。对于《钦定三礼义疏》，乾隆帝谕曰："昔我皇祖圣祖仁皇帝阐明经学，嘉惠万世，以《大全》诸书驳杂不纯，特命大臣等纂集《易》《书》《诗》《春秋》四经传说，亲加折中，存其精粹，去其枝蔓，颁行学校，昭示来兹。而《礼记》一书尚未修纂，又《仪礼》《周礼》二经，学者以无关科举，多未寓目。朕思五经乃政教之原，而《礼经》更切于人伦日用，《传》所谓经纬万端，规矩无所不贯者也。昔朱子请修《三礼》，当时未见施行，数百年间，学者深以为憾。应取汉、唐、宋、元以来注疏诠解，精研详订，发其意蕴，编辑成书，俾与《易》《书》《诗》《春秋》四经并垂永久。其开馆纂修事宜，大学士会同该部，定议具奏。"① 乾隆帝针对康熙帝已将《易》《书》《诗》《春秋》四经注疏，故而转向组织学者注疏《礼经》。一方面，其意在延续康熙帝尊崇经学的文教传统，彰显其继承王朝大业并继续以文教礼乐治民的明君圣主形象；另一方面也针对学者因《周礼》《仪礼》无关科举而多未寓目的不利情况，意在扭转《周礼》《仪礼》《礼记》这"三礼"不受社会重视的学术文化局面。因儒家礼学旨在定亲疏、决嫌疑、别异同、明是非，因此，乾隆帝意在掌权之初向社会宣扬其以儒家之礼作为道德礼仪标准，致力于维护传统社会人伦关系和宗法等级的执政理念。

同时，康熙至乾隆年间陆续编纂的"诸经传说汇纂"均是清代西南官学藏书必不可少的组成部分，除了《钦定三礼义疏》外，《御纂周易折中》《钦定春秋传说汇纂》《钦定诗经传说汇纂》《钦定书经传说汇纂》均广布于川、滇、黔三省学宫。乾隆帝御纂的"诸经直解"《钦定诗义折中》《御纂周易述义》《御

---

① 清高宗实录：卷二十一［M］．清乾隆元年（1736）六月己卯：1b-2a．

纂春秋直解》，摒弃了之前源自康熙帝命儒臣搜集秦汉以来各家注疏的"诸经传说汇纂"，而以"直解"即集中阐释乾隆帝一家之见的形式刊行天下，由此，旨在打破宋人经义对科举的引领地位，正式确立清代推崇"毛诗""古注"等官方学术方向。

此外，在清代西南官学藏书中，《钦定十三经注疏》亦占有较大比例。因阮元校勘的《十三经注疏》成书于嘉庆年间，而遍览清代及民国时期西南方志所载官学藏书情况，其中标明确切颁赐时间者多为乾隆年间，因此，此种《钦定十三经注疏》的底本应为明万历北监本。有学者指出："乾隆时期，高宗弘历以右文为治，所以刻书更多。乾隆四年（1739年）诏刻《钦定十三经注疏》和《钦定二十四史》于武英殿，即重校刊明万历北监本《十三经》《二十一史》，增刻《明史》《旧唐书》，又辑刻《旧五代史》，是为《二十四史》。《二十四史》之名即始于此。于是殿版书由此大著。"[①] 由此可见，除了各类经学文献，《二十四史》等史部典籍亦是武英殿刻本的大宗，清政府对官方审定的史学文献在天下士子中推广与传播的重视程度由此可见一斑。

值得一提的是，在清代西南官学藏书中，由清廷颁赐的以《钦定四书文》为代表的服务于科举考试的学习参考资料也非常普遍。乾隆元年（1736）六月，乾隆帝即谕令选颁《钦定四书文》，而延续前代且经清廷认可的"八股文"科举考试文体标准由此正式确立。对此，乾隆帝谕曰："国家以经义取士，将使士子沉潜于四子五经之书，含英咀华，发抒文采，因以觇学力之浅深与器识之淳薄。而风会所趋，即有关于气运，诚以人心士习之端倪，呈露者甚微，而征应者甚巨也。顾时文之风，尚屡变不一，苟非明示以准的，使海内士子于从违去取之介，晓然知所别择，专意揣摩，则大比之期，主司何以操绳尺以度群才，士子岂能合矩镬以应搜罗乎？……今朕欲裒集有明及本朝诸大家时艺，精选数百篇，汇为一集，颁布天下，以为举业指南。学士方苞工于时文，著司选文之事，务将入选文逐一批抉其精微奥窔之处，俾学者了然心目间，用以拳服摩拟。再，会试、乡试墨卷，若必俟礼部刊发，势必旷日持久，士子一时不得观览，嗣后应驰坊间刻文之禁。倘果有学问淹博、手眼明快者，不拘乡会墨卷房行试牍，准其照前选刻，但不得徇情滥觞及狂言横议，致酿恶俗。"[②]

《钦定四书文》简称《四书文》，由桐城派创始人方苞（1668—1749）等奉敕选评编定。全书选录明代至清初八股文章数百篇，按四书之例依次编纂排列，

---

① 魏隐儒. 中国古籍印刷史[M]. 北京: 印刷工业出版社, 1988: 146.
② 清高宗实录: 卷二十一[M]. 清乾隆元年（1736）六月己卯: 2a-3b.

每篇皆附评论以见得失，以此为士子撰写时文的标准范本，即如乾隆帝所言"俾学者了然心目间，用以拳服摩拟"。该书不仅是官修时文选本，也是唯一一部入选《四库全书》的八股文选集，自颁行后将全国各地士子的写作习惯纳入规范化管理，从而达到了乾隆帝力图扭转"时文之风，尚屡变不一"的创作局面。但显而易见的是，这类整齐划一的写作方式与文章创作，进一步禁锢了士子的独立思维，使得大多数知识分子逐渐丧失了创新能力，从而对清代社会文风的塑造产生了深远的负面影响。

除了上述清廷御纂、钦定儒学典籍，清代川、滇、黔三省官学中还藏有《佩文诗韵》《佩文韵府》《御定康熙字典》《御制日知荟说》《御选唐宋文醇》《御选唐宋诗醇》《钦定乡会墨选》《御定仿宋相台岳氏本五经》《古文约选》《昭明文选》《唐宋大家文集》《近思录》《紫阳纲目》《吕子节录》《斯文精萃》《四礼翼》《明文明》等知名儒学典籍，均是生员士子们增加知识储备并应对科举选拔的重要参考文献。

二、史志类典籍

以乾隆帝为代表的清代帝王始终秉承史为经翼、经史并行的文化教育理念，十分重视史学典籍对天下士子历史观的塑造作用。因此，作为颁赐书籍，《二十一史》《明史》《资治通鉴》等史学典籍是清代西南官学藏书的标配类书籍，在数量方面更占据了各地官学藏书的半壁江山。

乾隆十二年（1747）三月，乾隆帝在谕令刊刻《钦定十三经注疏》的同时，亦将《二十一史》与纂修完成之《明史》一并刻印完成，并颁行各省学宫。乾隆帝《御制重刻二十一史序》曰："七录之目，首列经史，四库因之。史者辅经以垂训者也。《尚书》《春秋》内外传，尚矣。司马迁创为纪、表、书、传之体，以成《史记》。班固以下因之。累朝载笔之人，类皆娴掌故，贯旧闻，旁罗博采，以成信史，后之述事考文者，咸取征焉。朕既命校刊《十三经注疏》定本，复念史为经翼，监本亦日渐残阙，并勅校雠，以广刊布，其辨讹别异，是正为多，卷末考证，一视诸经之例。《明史》先经告竣，合之为二十二史，焕乎册府之大观矣。夫史以示劝惩，昭法戒，上下数千年治乱安危之故，忠贤奸佞之实，是非得失具可考见。居今而知古，鉴往以察来。扬子云曰：'多闻则守之以约，多见则守之以卓。'岂不在善读者之能自得师也哉？"①

---

① 清高宗实录：卷二百八十六 [M]. 清乾隆十二年（1747）三月丙申：8a-9a.

同时，在清代西南官学藏书中还有编年类史学典籍如《资治通鉴》以及康熙四十七年（1708）宋荦校刊的《御批通鉴纲目》、乾隆三十二年（1767）傅恒等编《御批通鉴辑览》、乾隆三十八年（1773）阿桂等撰《皇清开国方略》、乾隆四十年（1775）张廷玉等编《御定通鉴纲目三编》等。值得注意的是，还有乾隆四十三年（1778）阿桂等纂修的《钦定满洲源流考》。这些史籍与正史类典籍《钦定二十四史》均被收入乾隆帝组织编纂的《四库全书》，由此正式成为清代专制统治者过滤、重构、审定的历史读本，亦即代表官方政治文化意志的、官学通用的史学类基本教材。

此外，《万世玉衡录》（亦称《玉衡录》）、《臣鉴录》也在清代西南官学藏书书目中屡次出现，此二书为康熙年间进士蒋伊所作资政类史学作品。蒋伊（1631—1687），字渭公，号莘田，江苏常熟人，官至河南提学道副使。"蒋伊性孝友，负才略，工诗文，善绘事。清康熙十二年（1673）中进士，即奏进所著《万世玉衡录》四卷、《臣鉴录》二十卷，采集夏、商、周以来历代政治故事，叙述为君为臣之道，有旨留览。"① 值得一提的是，蒋伊长子蒋陈锡（1653—1721）于康熙五十五至康熙五十九年（1716—1720）任云贵总督。因此，据［道光］《昆明县志》载："《万世玉衡录》《臣鉴录》，总督蒋陈锡、学政蒋泂同刊……上各板俱原贮云府学，今移存藏书楼。"② 蒋泂为蒋陈锡次子，时任云南学政，因此，蒋伊的《万世玉衡录》《臣鉴录》得以传布至云南、贵州等地官学。在云南省内，乾隆二十七年（1762）晋宁州学、嘉庆四年（1799）临安府学、道光七年（1827）新平县学、道光九年（1829）开化府学、道光二十年（1840）普洱府学、道光年间姚州学，同时，在贵州省内，康熙末年思州府学、乾隆二十一年（1756）平远州学、乾隆二十三年（1758）毕节县学、道光二十九年（1849）黔西州学，均藏有《万世玉衡录》《臣鉴录》。

方志，也称地方志、地志、地方志乘，是以一个地域为记述对象的地方历史文献。中国古代方志学奠基人章学诚认为："部、府、县志，一国之史也，综记一朝天下之史也。"③ 国学大师梁启超认为："最古之史，实为方志，如孟子所称'晋《乘》、楚《梼杌》、鲁《春秋》'，墨子所称'周之《春秋》，宋之

---

① 李峰. 苏州通史：人物卷·中·明清时期［M］. 苏州：苏州大学出版社，2019：213.
② ［清］戴絅孙. ［道光］昆明县志：卷四·学校志·第七［M］. 清光绪二十七年（1901）刻本：15b.
③ ［清］章学诚. 州县请立志科疏［M］//［清］章学诚. 文史通义：卷六·外篇一. 清王氏十万卷楼抄本：9b.

《春秋》，燕之《春秋》'，庄子所称'百二十国宝书'，比附今著，则一府州县志而已。"① 方志属于《四库全书》分类中史部地理类之都会郡县之属，清代西南官学藏书必然具有属地性，因此，西南各地官学必然藏有反映和记录区域历史地理的方志等地方文献。

检阅现存清代西南方志可知，在四川省官学中，道光六年（1826），忠州学藏有《四川通志》一部、《续修四川通志》一部。道光十九年（1839），中江县学藏有《四川通志》八套四十八本、《中江县新志》一套八本。道光二十四年（1844），新都县学藏有《四川通志》一部一百一十本。咸丰七年（1857），冕宁县学藏有《四川通志》一部、《修志采访章程格式》一本。光绪二十年（1894），盐源县学藏有《四川通志》一部、《修志采访章程格式》一本。宣统三年（1911），峨眉县学藏有《四川通志》一部。

在云南省官学中，康熙三十五（1696），云南府学暨昆明县学藏有《云南通志》一部、《云南郡志》一部，至道光二十一年（1841），藏书中又增加了《云南府志》一部。乾隆十五年（1750），新兴州学藏有《云南通志》一部。乾隆二十六年（1761），东川府学藏《云南通志》一部。乾隆年间，磈嘉州学藏有《云南通志》四套计三十二本。光绪二十九年（1903），马龙县学藏《续云南通志稿》一部计一百册。宣统二年（1910），楚雄县学藏《云南新通志》一部、《南诏野史》一部、《楚雄府志》一部、《滇系》一部、《滇南山水纲目》一部。清末民初，建水县学仍藏有《云南通志》一部、《滇系》一部，并藏有《临安府志》与《建水州志》书板。

在贵州省官学中，乾隆二十二年（1757），玉屏县学藏有《贵州通志》一部。乾隆三十年（1765），石阡府学藏有《贵州通志》一部、《石阡府志》一部。乾隆五十六年（1791），镇远府学藏有《全黔志书》一部。道光七年（1827），安平县学藏有《贵州通志》一部。道光二十年（1840），贵阳府学藏有《黔书》一部、《贵州通志》一部。

三、法规则例类典籍

官学服务于生员的培养，而其中一部分生员通过科举入仕为官，成为各部、各省及府、厅、州、县等各级行政区的官吏，执行清廷各项法规政策，另一部分生员则会成为对基层社会产生较大影响的乡绅，官学培养的官吏与乡绅共同

---

① 梁启超. 中国近三百年学术史［M］. 北京：东方出版社，2004：324-325.

管理着全国各地民众。因此，为了方便未来官吏们顺利开展地方行政与司法工作，全国官学中普遍藏有《大清会典》《大清会典则例》《大清律》《钦定学政全书》《洗冤录》等法规则例类典籍，而这类藏书在清代西南官学藏书中亦是必不可少的一部分。

首先，《大清律》是清代西南官学藏书中必备的法规类典籍。《大清律》亦称《大清律例》，是清代基本法典，也是中国历史上最后一部封建法典。顺治元年（1644），清政府借鉴《大明律》的律例结合的结构形式着手制定成文法典，至顺治三年（1646），《大清律集解附例》问世并迅速颁行全国以安定社会环境。此后，康熙二十八年（1689），清廷将康熙十八年（1679）纂修的《现行律例》编入《大清律》，又在雍正元年（1723）续修《大清律》，并于雍正五年（1727）正式颁布。乾隆帝登基之初谕令重修《大清律》，又对原有律令逐条考证，由此，乾隆五年（1740）编成《大清律例》。此后，清廷为了保证法治稳定，《大清律》虽历经增附律之条例，但律文未做更改，直至宣统三年（1911）废止。具体来说，《大清律》共47卷、30门、436条，附例1409条，卷首有"六脏图""五刑图"等8种图像，正文篇目分为例律、吏律、户律、礼律、兵律、刑律、工律等7篇，律文均附有条例及注解，而律文末尾附有比引律条和秋审条款。在官学的日常教学活动中，教官主要讲解《大清律》中刑名、钱谷赋税等与现实生活密切相关的律文，一方面增加生员的法律基础知识储备，为其未来从政提供一些必要参考；另一方面也可通过对这些知识精英开展普法活动，从而在一定程度上提高普通民众的法律意识。

其次，在清代西南官学所藏各部颁布的则例中，既有民事经济法规《钦定户部则例》《户部续纂则例》，也有行政法规《钦定学政全书》《续增学政全书》《钦定吏部则例》《钦定礼部则例》《钦定铨选则例》《钦定满汉品级考》《民间易犯条例》《科场磨勘简明则例》《钦定磨勘简明条例》等，还有兵部工作条例《钦定中枢政考》《清汉则例》《督捕则例》《三流道里表》《五军道里表》《滇省编发各省军流程站》以及工部颁布的《工程做法则例》等。此外，还有《通行札饬稿》等公文写作参考资料。当然，农业及相关赋税是中国历代专制王朝的生存之本，清代西南官学藏书中也必然存有被后世称作"中国古代农学百科全书"的《钦定授时通考》以及清内阁学士汪灏等编的康熙四十七年（1708）刻本《御定佩文斋广群芳谱》等农桑类指导书籍，以期为生员们未来从政提供基本的农业知识储备。

需要指出的是，与官学及其藏书密切相关同时也是清代西南官学藏书中必不可少的法规制度典籍是《钦定学政全书》。《钦定学政全书》是清代科举教育制度的集成式作品，内容包括皇帝上谕、临雍制度、学宫事宜、学校条规、采访遗书、颁发书籍、崇尚实学、书坊禁例、学政事宜、考试场规、考试题目、阅卷关防、生童管理、优恤士子、学额总例、年饮酒礼等诸多方面，是对清前期科举制度与科举文化的全方位记录。其中，乾隆三十九年（1774）成书的素尔讷等撰《钦定学政全书》共82卷，而嘉庆十七年（1812）童璜等将其增修为86卷，即清代西南官学中常见的《钦定续学政全书》，该书是清代西南官学实施日常教育管理的主要法规依据，同时为各地官学正常教学活动开展提供了有力的制度保障。

四、学规祀典类典籍

在清代西南官学藏书中，清政府颁布的旨在规范官学生员思想行为的各类学习规范必不可少，同时，文庙与学宫多为合一而建，因此，清代西南官学藏书中也有一部分服务于文庙祭祀活动的条规与指导类典籍。

其中，训导士子的条规主要有顺治九年（1652）的《御制卧碑文》、康熙九年（1670）的《圣谕十六条》、康熙四十一年（1702）的《御制训饬士子文》、雍正二年（1724）的《圣谕广训》与《御制朋党论》以及清代各朝皇帝有关儒学教育的《上谕》等。

《御制卧碑文》是清政府初定中原而尚未平定西南的情况下发布的全国性教育规范。清沿明制，顺治元年（1644）即制晓示生员卧碑，立于太学门外。顺治九年（1652），礼部题奉钦定刊立卧碑，置于各直省学宫明伦堂之左，用以晓示生员必须严格遵守相关训令条规，其具体内容为：

> 朝廷建立学校，选取生员，免其丁粮，厚以廪膳。设学院、学道、学官以教之，各衙门官以礼相待，全要养成贤才以供朝廷之用。诸生皆当上报国恩，下立人品。所以教条开刊列于后。
> 一、生员之家，父母贤智者，子当受教。父母愚鲁或有非为者，子既读书明理，当再三恳告，使父母不陷于危亡。
> 一、生员立志，当学为忠臣清官。书史所载忠清事迹，务须互相讲究。凡利国爱民之事，更宜留心。
> 一、生员居心忠厚正直，读书方有实用，出仕必作良吏。若心术邪刻，读书必无成就，为官必取祸患。行害人之事者，往往自杀其身，

常宜思省。

一、生员不可干求官长，交结势要，希图进身。若果心善德全，上天知之，必加以福。

一、生员当爱身忍性。凡有司官衙门，不可轻入。即有切己之事，只许家人代告。不许干与他人词讼，他人亦不许牵连生员作证。

一、为学当尊敬先生，若讲说皆须诚心听受。如有未明，从容再问，毋妄行辩难。为师亦当尽心教训，勿致怠惰。

一、军民一切利病，不许生员上书陈言。如有一言建白，以违制论，黜革治罪。

一、生员不许纠党多人，立盟结社，把持官府，武断乡曲。所作文字，不许妄行刊刻。违者，听提调官治罪。[1]

此碑文明确了官学培养目标是"学为忠臣清官""全要养成贤才以供朝廷之用"，即以儒家的孝亲忠君核心价值观来为清廷的专制集权统治培养人才。值得注意的是，其中言明生员既不得利用知识优势参与司法诉讼，又不能对国家大事上书建言，更不可私刻相关涉政类书籍，这无疑是对知识分子内心潜在的思想独立与言论自由的直接扼杀。此外，此碑文还明确禁止生员立盟结社，意在防止知识分子结社而形成对抗官方恶法或干扰官方施政的民间舆论势力，但实际上也剥夺了知识分子直接进行学术交流与争鸣的权利，从而使中国传统儒家文化逐步陷入停滞不前的不利境地。对此，在康熙末年储位之争中胜出的雍正帝更将其《御制朋党论》颁行天下学宫，将禁止士子结社之制持续强化。

同时，康熙九年（1670）九月，康熙帝在谕令礼部时提出《圣谕十六条》并令各地官员每月宣讲，以此将旨在以仁德化民、以礼法行政的儒家理学治国方略灌输给广大士子与一部分普通民众。其具体内容是：

谕礼部：朕维至治之世，不以法令为亟，而以教化为先。其时人心醇良，风俗朴厚，刑措不用，比屋可封，长治久安，茂登上理。盖法令禁于一时，而教化维于可久。若徒恃法令而教化不先，是舍本而务末也。近见风俗日敝，人心不古，嚣凌成习，僭滥多端，狙诈之术日工，狱讼之兴靡已，或豪富凌轹孤寒，或劣绅武断乡曲，或恶衿出

---

[1] 〔清〕素尔讷，等. 钦定学政全书：卷二·学校规条 [M]. 清乾隆三十九年（1774）武英殿刻本：1a-2b.

入衙署，或蠹棍诈害善良，萑苻之劫掠时闻，雠忿之杀伤迭见。陷罹法网，刑所必加。诛之则无知可悯，宥之则宪典难宽。念兹刑辟之日繁，良由化导之未善，朕今欲法古帝王，尚德缓刑，化民成俗。

举凡敦孝弟以重人伦；笃宗族以昭雍睦；和乡党以息争讼；重农桑以足衣食；尚节俭以惜财用；隆学校以端士习；黜异端以崇正学；讲法律以儆愚顽；明礼让以厚风俗；务本业以定民志；训子弟以禁非为；息诬告以全良善；诫窝逃以免株连；完钱粮以省催科；联保甲以弭盗贼；解雠忿以重身命。以上诸条，作何训迪劝导及作何责成，内外文武该管各官督率举行，尔部详察典制，定议以闻。①

康熙三十九年（1700），康熙帝谕令将此《圣谕十六条》正式颁给各地学官，令各地教官在每月朔望向生员宣讲，确保生员恪守始终，以期其将来出仕为清官或在地为顺民。此外，康熙四十一年（1702）的《御制训饬士子文》、雍正二年（1724）的《圣谕广训》及相关各类《上谕》，均是清中央政府旨在规范全国各地官学育才标准、管控生员日常言行的训令性条规。

乾隆帝将以上文教条规固定为全国官学的必修式教学内容。乾隆十年（1745）五月，"礼部议覆，刑部右侍郎彭启丰奏称，乾隆五年，仰蒙钦颁太学《训饬士子文》，昭著圣贤为己之功，针砭俗学浮靡之弊。从前止勒石太学，各省尚未颁发，请通行天下学宫。同世祖章皇帝《卧碑文》、圣祖仁皇帝《圣谕广训》、世宗宪皇帝《御制朋党论》，朔望令教官宣讲。应如该侍郎所请，从之"②。以上这些前后相继的御制类条规，与《学校条规》《乡会试条例》《钦定科场则例》等日常教学管理规章，均以旨在巩固专制集权统治的程朱理学为核心，从而共同构建了一个形塑清代西南官学生员的官方意识形态网络。

学官所处之文庙亦称"孔庙"，其主要作用是祭祀孔子、历代圣哲、先贤先儒及地方名宦贤达。自汉代之后，中国历朝历代专制集权统治者均重视文庙祀典活动，一方面向世人展现尊师重教、尊崇道德教化的文化传统，另一方面也通过仪制严谨的祭孔大典，向天下昭示其统治权力的文化权威性。清代统治者虽身为满族，却尤其重视对外展示对孔子的各类尊崇，以获得统治中原的文化正统性与政治合法性，因此，清代将孔子的地位推向了中国专制集权时代的顶峰并十分重视祭孔仪式。

---

① 清圣祖实录：卷三十四［M］. 清康熙九年（1670）九月癸巳：10a-11a.
② 清高宗实录：卷二百四十一［M］. 清乾隆十年（1745）五月丁亥：1b-2a.

由此，清廷向各地学宫颁发各类文庙祀典规章条文，以规范王朝国家各个角落举行的祭孔、祭祀名宦乡贤等典礼仪式。在远离清中央政府核心统治区的西南地区，各地官学中多藏有乾隆二十一年（1756）编纂完成的《钦定大清通礼》，该书汇集了历代礼书及清朝仪制，是清代国家基本礼仪典章，乾隆帝于亲政当年即谕令编纂此书，旨在国家版图初定、社会经济复兴之后，发挥儒家礼学化民成俗的社会功效。此外，清代川、滇、黔三省官学中还藏有《国学礼乐录》《钦定祀典仪制》《钦定文庙乐谱》《圣庙祀典图考》《琴谱》《御制补笙诗乐谱》《皇清礼器图》《祭器图》《先贤先儒位次册》《祭各坛庙祝文》《祭祀乐章》《祭祀仪注》《乡饮酒礼仪注》等祀典类典籍。生员们通过学习或了解这些祀典规章并亲身参与相关祭祀活动，多会对儒家的孝亲忠君观念加深理念认同，并多会择善而从、见贤思齐，从而身体力行地践行清廷力推的官方意识形态，而这种来自地方知识精英的示范效应又会加快王朝国家治国理念与文教政策在普通民众中的传播，由此，在清代偏安一隅的西南三省，文化传播与国家认同进程得以稳步推进。

五、诗文类典籍

清代西南地区官学存贮的诗文类典籍可分作两类，一类是御制诗文集，另一类是清人尤其是西南地区文人的诗文作品。此类藏书并非官学生员的必修教材，但也是科举考试的参考资料，其有利于生员扩充知识视野、提高文学素养，由此也展示了清代西南官学藏书的多样性。

在清代西南地区官学所藏御制诗文集中，最为普遍的是雍正帝组织编纂的《名教罪人》，亦称《御制赐钱名世诗》，在清代西南方志所载各地官学藏书书目中亦作《钦颁名教罪人诗》《名教罪人诗》《名教罪人诗章》《刺钱名世诗》《敕戒钱名世诗》《钱名世诗》《赐钱名世诗》。钱名世（1660—1730），字亮工，江苏武进人，康熙四十二年（1703）探花，官至翰林院侍讲，曾参与修纂《明史》《骈文类编》《子史精华》等，著《崇雅堂集》《古香亭诗集》等。《名教罪人》是雍正四年（1726）轰动全国的文字狱事件"钱名世案"的直接结果。

雍正四年（1726）三月，雍正帝因钱名世曾赠诗颂扬同年年羹尧，故将钱名世革职并遣回原籍，同时，雍正帝亲书"名教罪人"四字匾额令悬其门，又令诸臣赋诗377首辱之并令其自刊成书。当年五月，"又谕，赐钱名世'名教罪人'四字，著伊制匾悬于居宅，又谕旨一道及诸臣所赋刺恶之诗，一并交与钱名世刊刻进呈,凡直省学校所在各颁一部,以示鉴戒"①。雍正帝通过"钱名世案"发动群臣开展运动式文化大批判来达到打击政敌的政治目的,一方面以严打官场中趋附权贵的恶劣风气而在朝野上下树立威信,另一方面也意在削弱权臣之势,遏制朋党之风,防止皇权旁落。雍正帝将此《名教罪人》颁发直省学宫,与此前已颁发的雍正二年(1724)《御制朋党论》一样,旨在在广大士子生员中发挥以之为无耻人臣之炯戒的警示与恫吓作用,实际上这是一种专制权力对文化教育事业的公开钳制。

随后,雍正帝组织开展的文字狱继续蔓延。雍正六年(1728),发生了震惊朝野的曾静投书反清事件,随后又牵出著名的"吕留良案"。曾静(1679—1736),湖南永兴人,其对明末清初吕留良(1629—1683)反清思想十分认同。雍正六年(1728),曾静派弟子张熙投书川陕总督岳钟琪,称其乃抗金名将岳飞后裔而怂恿其起兵反清。曾静事发被捕后,雍正帝对曾静宣扬其弑父篡权、残杀手足及吕留良"夷夏之防"等反清排满思想极为震怒。雍正帝虽然严惩了政敌允禩等人的追随者及吕留良后人,却将曾静、张熙予以释放并令他们到江浙一带亲自宣讲《大义觉迷录》。这种处理结果充分暴露了雍正帝与高层反对派之间在宫廷斗争中达成了一定程度的妥协,因此,文字狱其实就是以文化批判运动为名、专制权力高层政治斗争的外延与扩大化。

雍正七年(1729),雍正帝组织编纂的《大义觉迷录》刊刻完成,该书共四卷,卷一收录上谕二道、曾静供词十三条,卷二收录上谕一道、曾静供词二十四条,卷三收录上谕五道及宽宥曾静圣旨一道、曾静供词八条、张熙供词一条、内阁九卿请将曾静正法奏本,卷四收录上谕三道、曾静供词二条及曾静的悔过书《归仁说》。在《大义觉迷录》中,雍正帝不仅对有关其篡夺皇位等坊间流言予以驳斥,而且力辟"华夷之辨",主张"华夷一家",以期消弭汉族的"夷夏之防"思想并缓和民族矛盾,此外,反复强调其自身及满族统治者属有德者而可为天下君,即为满族统治者入主中原的统治合法性予以辩护。因此,雍正帝谕令将该书颁发至全国各地官学并向臣民宣讲,意在令该书家喻户晓并使天下人人"觉迷"。但是,颇具民族文化自觉意识的乾隆帝即位后,却将曾静等人斩杀,又下令收毁《大义觉迷录》并将其列为禁书,故而该书流传较少,直至清末反清风潮汹涌之际才重现世间。

值得一提的是,《大义觉迷录》也曾广布于清代西南各地学宫,在清代西南

---

① 清世宗实录:卷四十四[M].清雍正四年(1726)五月庚子:15d—16a。

方志中，笔者仅见云南省的阿迷州学、建水州学曾藏有《大义觉迷录》。在雍正年间云南省阿迷州学所存8部藏书中即有"《大义觉迷录》一部"①，雍正九年（1731）建水州学藏书共26部，其中即有"《大义觉迷录》四部"②。此后，随着乾隆帝对该书收毁与封禁之令在全国的施行，在清代西南官学藏书中便再无《大义觉迷录》的身影。当然，这正是清代文字狱全面覆盖西南的有力证明。

不过，与吕留良案相关的另一名作《驳吕留良四书讲义》则普遍存贮于清代西南官学。《驳吕留良四书讲义》在清代西南方志中亦作《钦颁驳吕留良四书》《御纂驳吕留良四书讲义》《钦定驳吕留良四书讲义》《驳吕留良四书》《驳吕留良讲义》。该书共八卷，成书于雍正九年（1731）十二月。颇具反清思想的吕留良在其《天盖楼四书语录》与《四书讲义》中对朱熹学说的诠释，在康熙、雍正朝的广大士子中影响日深，这无疑日益侵蚀着清廷对立国文教之本儒家学说尤其是程朱理学的最终解释权。因此，雍正九年（1731）年底，朱轼等奉雍正帝之命对吕留良《四书讲义》予以逐条批驳并最终纂辑成书。

雍正九年（1731）十二月，雍正帝谕内阁曰："逆贼吕留良以批评时艺，托名讲学，今罪迹昭彰，普天共愤，内外臣工咸以罪犯私著之书急宜焚毁为请。朕以为，从来无悖逆之大儒，若因其人可诛而谓其书宜毁无论，毁之未必能尽。即毁之而绝无留遗天下，后世更何所据以辩其道学之真伪乎？以故毁书之议概未允行。顷者，翰林顾成天奏称：'吕留良所刊四书讲义、语录等书，粗浮浅鄙，毫无发明，宜敕学臣晓谕多士，勿惑于邪说。'爰命在廷儒臣，详加检阅。兹据大学士朱轼等，于其讲义、语录逐条摘驳，纂辑成帙，呈请刊刻，遍颁学宫。朕以逆贼所犯者，朝廷之大法也。诸臣所驳者，章句之末学也。朕惟秉至公以执法，而于著书者之为醇为疵，与驳书者之或是或非，悉听之天下之公论、后世之公评，朕皆置之不问也。大学士朱轼等既请刊刻，颁布学宫，俾远近寡识之士子，不至溺于邪说。朕思此请亦属可行，姑从之，以俟天下后世之读书者。"③ 由此，雍正帝将《驳吕留良四书讲义》颁至全国各地学宫，意在清除吕留良在广大生员中的思想文化影响，从而彻底消除其反清思想的相关遗绪，并将儒家文化的主导权与解释权牢牢掌握在清廷手中，因此，清廷广兴文字狱的根本目的是为了统治畅达与政治稳定。

---

① 〔清〕陈权，〔清〕顾琳.〔雍正〕阿迷州志：卷十五·学校［M］.清雍正间刻本：2b.
② 〔清〕祝宏，〔清〕赵节.〔雍正〕建水州志：卷四·考校［M］.清雍正九年（1731）刻乾隆五十八年（1793）增刻本：13a.
③ 清世宗实录：卷一百十三［M］.清雍正九年（1731）十二月乙巳：11b-12b.

第四章 清代西南官学藏书的数量、种类与特征

此外，众所周知，以乾隆帝对王朝国家文化的管控欲望与好大喜功的性格特质，其文学作品《乐善堂诗文集》《御制南巡诗》《御制平定金川大学碑文》等必然广布于清代西南官学，在此不再赘述。同时，目前可知，在清代西南官学藏书中，道光二十二年（1842）四川龙安府学藏有康熙帝《御制避暑山庄诗》与《御定千叟宴诗》。其中，《御制避暑山庄诗》成书于康熙五十一年（1712），为康熙帝歌咏承德避暑山庄三十六景之诗集。《御定千叟宴诗》成书于康熙六十一年（1722），收录了当年正月初二、初五两日召开的千叟宴上君臣所作诗歌，其文献性质属唱和类诗歌总集。

在同治二年（1863）安县学所藏42部书籍中，存有嘉庆帝御制碑文4篇："嘉庆五年奉发《御制邪教说墨刻》一道，《御书圣集大成匾额》一道，嘉庆十年奉发《勤政殿记墨刻》一卷，嘉庆十四年奉发《御制耕织图诗墨刻》一分。"① 这是目前可见清代西南官学藏书中仅存的一例。

在清代西南官学所藏诗文类典籍中，民间文人墨客的诗文集作品并不多。较为集中的一批以当地邑人为主的诗文集作品，是道光二十二年（1842）四川龙安府学所藏的14部作品："唐《李太白全集》十六卷（板存彰明县），《阴平县志》（大中六年，周茵撰），宋《苏子美文集》十卷（苏舜钦撰），《文房四谱》《续翰林志》《文宪公文集》二十卷（以上三书皆苏易简撰），《龙门志》（无卷数，宋郡守杨熹序），《彰明逸事》（杨天惠撰），《文献通考·剑南广记》四十卷（龙州助教郭友直撰），《龙门续志》（宋之源序），明《范龙门远咎子集》（无卷数，范辂撰），《射法成书》一册（郡守林有麟撰），《皇清野樵语录》（僧人野樵撰），《如乾语录》（僧人如乾撰）。"② 此外，值得一提的是，乾隆三十四年（1769）贵州独山州学藏有"《于清端集》一部"③。《于清端集》应是清代著名循吏于成龙的作品集。于成龙（1617—1684），字北溟，号于山，山西永宁人。明崇祯十二年（1639）副贡。入清后，历任广西罗城知县，四川合州、湖北武昌知州，福建按察使，官至两江总督，为官期间以廉洁闻名，卒谥"清端"。其有《于清端政书》《于山奏牍》等作品存世。因此，独山州学所藏《于清端集》或为《于清端政书》《于山奏牍》。

---

① 〔清〕杨英灿，〔清〕余天鹏，〔清〕陈嘉绣.［同治］安县志：卷首［M］.清同治二年（1863）刻本：4a.
② 〔清〕邓存咏，等.［道光］龙安府志：卷四十六下·学校志［M］.清道光二十二年（1842）刻本：54b-55a.
③ 〔清〕刘岱.［乾隆］独山州志：卷四·营建·学校［M］.清乾隆三十四年（1769）刻本：65a.

131

最后，值得注意的是，在清代西南官学藏书中还存有与清代文字狱相关的禁书目录类典籍。在四川官学中，嘉庆十六年（1811），金堂县学藏"《应禁书目》共三卷"①，嘉庆十七年（1812），汉州学藏"《应禁书籍目录》一卷、《查明违碍书目》一卷"②。在云南官学中，乾隆五十五年（1790），蒙化直隶厅学藏"《禁书目录》贰本又贰本"③，嘉庆二十三年（1818），楚雄县学藏"《四库全书全毁抽毁书目》一本……《违碍书籍目录》一本"④，道光二十年（1840），普洱府学藏"《续奉卷缴违碍书目》壹本……《上谕四库馆议定章程查明违碍书目》共壹本、《奏明销毁书目》壹本"⑤。

文字狱是专制集权制度在思想文化方面的具体实践，而大规模的禁书运动是其必然产物。在清代政局稳定、经济复苏之后，随即将施政重点转向社会治理。其时中国迎来所谓的"康乾盛世"之际，统治者们陆续开展对社会思想文化教育领域的频繁钳制，文字狱与禁书运动就是这类文化专制主义的直接恶果。在这场没有硝烟的文化战争中，追求思想文化整齐划一的专制主义者，实现了对手无寸铁的知识分子的集体性思想文化改造，从而巩固了其在意识形态领域的绝对主导权与强大控制力。

诚如萧公权先生所言："然久经清廷压制以后，不特民本、民族之观念失去其光芒，即一般政论之兴趣亦渐趋冷淡。学者士大夫或致力于不触忌讳之考证古书，或醉心于猎取富贵之科举帖括，其中间有留心世务者实为少数之例外。而文纲棋密，忌讳甚多，建言立说者动受奇祸。"⑥ 这些代表官方意识形态的禁书目录，对清代西南士子文人尤其是官学生员施以强大的文化震慑与安全恫吓。为了个人及亲族的身家安全或获取更好的生活条件，清代西南地区知识分子也与中原及江南地区的士子文人一样，纷纷开始在思想文化领域开展自我审查并做出诸多适应性改变，这使儒学发展相对缓慢的清代西南地区在汉学考据方面有所突破，但经世致用的实学在川、滇、黔三省继而出现偃旗息鼓之势，而大

---

① 〔清〕谢惟杰，〔清〕陈一津，〔清〕黄烈.［嘉庆］金堂县志：卷七·学校［M］.清嘉庆十六年（1811）刻本：56b.
② 〔清〕刘长庚.［嘉庆］汉州志：卷十二·学校［M］.清嘉庆十七年（1812）刻本：14a.
③ 〔清〕刘垲，〔清〕席庆年，〔清〕吴蒲，等.［乾隆］续修蒙化直隶厅志：卷二·建设志·学校［M］.清乾隆五十五年（1790）刻本：94a.
④ 〔清〕苏鸣鹤，〔清〕陈璜.［嘉庆］楚雄县志：卷四·学校志·经书［M］.清嘉庆二十三年（1818）刻本：25a.
⑤ 〔清〕郑绍谦.［道光］普洱府志：卷十·学校［M］.清咸丰元年（1851）刻本：17a.
⑥ 萧公权.中国政治思想史［M］.台北：联经出版事业股份有限公司，2019：697.

部分西南知识分子对专制统治者的反抗意识被客观打压和主观消磨，从而进一步巩固了清廷对西南地区的专制统治。

第三节　清代西南官学藏书的特征

一、地域分布不均

在地域分布方面，体现出显著的不均衡性。由前文所述清代西南官学藏书数量可知，在省域方面，云南官学藏书数量最多，四川次之，贵州最少。同时，在四川、云南、贵州三省之内，官学藏书数量亦呈现出分布不均衡性，而这一特点与各地在经济状况、人口构成、文教传统、官员重视程度、藏书保存状况等方面的差异直接相关。

乾嘉时期，因"湖广填川"政策导致大规模移民涌入，加之奉节夔关岁榷银收入占据四川全省税收的半壁江山，川东经济状况明显优于省内其他地区。与此相应，重庆府巴县学藏书明显多于盐亭县、高县、石泉县等地。即使同属重庆府，府治所在的巴县的县学藏书状况也明显优于合州学、大足县学。在贵州省内，贵阳府作为经济、政治、文化中心，贵阳府学自然是官学藏书的大户，相比省内其他府、州、县学具有明显优势，恰如〔道光〕《贵阳府志》所载："其余七学书籍，惟广顺有目……诸学无目，或有书或无书，未能与贵阳埒也。"[①] 在清代西南一些少数民族民众聚居区域，因经济发展相对迟缓，移民人口尚少且儒家文化尚未在当地完成立体传播与全面覆盖，其地官学藏书较少，例如乾隆朝四川雅州府学仅藏书6部且均为御颁典籍。此外，地方主政官员重视程度不同也是导致清代西南官学藏书地域分布不均衡的一个原因。例如，康熙年间贵州巡抚田雯重视官学藏书建设，并于离任之际将个人购置的经史书籍赠予贵阳府学。同时，康熙年间嘉定州学藏书40部，均由时任上川南道参议张能鳞遣人自南京购置。此外，在清末之际，仍有西南地方官员热心于官学藏书建设事业。光绪二十七年（1901），鉴于官学藏书毁于战乱，四川越嶲厅同知孙锵为厅学购置了一批儒学典籍。

---

① 〔清〕周作楫，〔清〕萧琯，〔清〕邹汉勋．〔道光〕贵阳府志：卷四十二·略三·学校略·第四上［M］．清道光二十年（1840）刻咸丰二年（1852）补刻本：20a-20b．

二、以程朱理学为宗

在指导思想方面，以程朱理学为宗。由前文所述清代西南官学藏书的种类以及三省官学藏书目录可知，程朱理学是贯穿其中的指导思想。程朱理学在清中期正式取得意识形态的独尊地位，虽然其学术地位在乾嘉考据汉学及今文经学的冲击下持续衰落，但其仍是清廷在文教领域坚持推广的官方正统学术思想，因此也是编纂、整理儒学典籍的根本性指导思想。

程朱理学认为"理"是万物本源，也是自然界和人类社会的主宰，在人性论方面强调"去人欲，存天理"，同时，人具有绝对的善即"天命之性"，也具有善恶之分的"气质之性"，人们应该通过"穷理"与"居敬"来改变气质的构成。在认识论方面，程朱理学强调通过"格物致知"达到"穷理"，从而提升个人修养与道德水准。在具体实践过程中，程朱理学强调个人践行儒家的忠孝仁义，自觉遵守三纲五常的道德规范，做到自我约束、尊礼守法，在此基础上引导人们共同营造并遵守社会秩序。程朱理学这种基于个人道德与社会秩序的基本主张，与专制主义统治者的治国需求自然契合，因此，自南宋开始，其不仅被统治者奉为官方哲学，也在官学教育与科举制度的共同推动与传播下，成为大部分士人的言行标准与人生准则。

自顺治帝开始，清廷便继承明廷在思想文化领域的统治策略而极力推崇程朱理学。顺治十年（1653）四月十九日，顺治帝谕令礼部："国家崇儒重道，各地方设立学官，令士子读书，各治一经，选为生员，岁试、科试入学肄业，朝廷复其身，有司接以礼，培养教化，贡明经，举孝廉，成进士，何其重也。"① 由此，顺治帝在明确提出"崇儒重道"的文教政策，令天下官学生员学习儒家经典，并以之作为道德教化、科举取士的重要内容。同时，"清初宗程朱理学的名人中，有在朝为官者，有居民间未仕者。顺治朝的廷臣中已经有一些官员以讲理学相标榜，诸如孙承泽、魏裔介、魏象枢、曹本荣、熊赐履等人，进行了不少复兴程朱理学的努力。他们围绕着皇帝进学的问题，做了大量有利于突出程朱理学的引导，为日后'独尊'程朱理学造了舆论"②。

康熙帝将程朱理学代表的正统儒学正式确立为文教方面的治国之策，其在《日讲四书讲义序》中写道："每念厚风俗，必先正人心，正人心，必先明学术。诚因此编之大义，究先圣之微言，则以此为化民成俗之方，用期夫一道同风之

---

① 清世祖实录：卷七十四 [M]. 清顺治十年（1653）四月甲寅：9a.
② 史革新. 略论清顺治年间程朱理学的涌动 [J]. 清史研究，2006（4）：32.

治,庶几进于唐虞三代文明之盛也夫!"① 同时,"上有所好,下必甚焉",在康熙帝的带动下,大部分满汉官僚也逐渐认同程朱理学,朝野上下也涌现出一批理学名家,从而使程朱理学的独尊地位得以确立。

此外,康熙帝还将程朱理学所秉持的君臣伦理道德亲自授予幼年的弘历。雍正年间,果亲王允礼为弘历即此后的乾隆帝《乐善堂全集》作序曰:"皇四子幼侍圣祖仁皇帝,特荷慈眷,朝夕训诲,且见我皇上视膳问安,致爱致敬,无事不与往圣同揆,至性薰陶,耳目濡染,由是体诸身心发于言动者,不待模拟,自成方圆。夫圣经贤传,所以勤勤亶亶,牖翼万世,其道无他,父子君臣之大伦而已。皇子性资乐善,于道德仁义之根源,既得之圣祖之渐涵,复申以皇上之教谕,而又切磋于师友,研极于诗书,早夜孜孜,日新其德,故发为文章,左右逢源,与道大适。"② 由此可见,乾隆帝之所以继续倡导"崇儒重道"的文教政策,正是受康熙帝、雍正帝言传身教之影响。当然,《乐善堂全集》亦是清代西南官学藏书中的必备典籍,由此,西南官学生员士子也必然对程朱理学的重要性了然于胸,为了获取科举功名及随之而来的利禄荣耀,他们也必然十分重视对官学藏书的研读与参考。

需要指出的是,在乾嘉年间,考据学成为学术主流,程朱理学地位明显下降,但是通过官学教育长期灌输的程朱理学,仍对乾嘉汉学士人们的人生观与价值观发挥着重要影响,"考据学就自身还存在着一方面从学术上解构程朱的神圣,但另一方面在现实中舍却程朱又找不到新人文信仰的逻辑悖论。故而程朱理学就成为这些学者的主要信仰与外在行为的规范,他们或依附于程朱,或流荡于虚无和迷惘"③。由此可见,官学藏书所承载的官方哲学程朱理学与生员士子的心理建设及思想塑造息息相关。

三、时代变化性显著

在数量波动方面,直接体现出明显的时代变化性。清初,清廷在西南持续用兵直至平定三藩之乱,西南政局方趋于平稳,在此期间,西南各地官学包括尊经阁等藏书楼受损严重,与之相应的是官学藏书数量极少,因此,笔者并未发现传统意义上的清初期即顺治朝(1644—1661)西南官学藏书记录。

---

① 中国第一历史档案馆. 康熙起居注:第1册[M]. 北京:中华书局,1984:340.
② 〔清〕允礼. 乐善堂全集序[M]//〔清〕清高宗. 御制乐善堂全集定本. 清乾隆元年(1736)内府刻本:5a-5b.
③ 王胜军. 清初庙堂理学研究[M]. 长沙:岳麓书社,2015:335.

柯天健是康熙四十五年（1706）进士，其于康熙五十二年（1713，癸巳）出任贵州毕节知县，并于次年与教谕张鲲共同纂修成《毕节县志》书稿，其作序曰："癸岁孟春，余奉天子命承乏兹土。入境以来，观山川之巉潺，风俗之淳漓，人物户口之错杂，思一详其巅末。因数十年前兵燹频仍，典籍残缺，怅焉莫考。呜呼！兰台石室，代有传人，前者耳热，后者茫茫，是谁之过欤？"① 由此，柯天健亦感慨因为毕节地区屡遭兵祸而殃及县域典籍收藏。颇为遗憾的是，至道光年间，柯天健这部［康熙］《毕节县志》书稿终未付梓且散佚不存，足见该县公私藏书之不易。

在清中期即康熙元年（1662）至道光二十年（1840），清代西南官学藏书数量逐渐达到顶峰。康雍时期，西南官学逐步得以复建和增修，因此，西南各地官学藏书数量呈现递增之势。从前文统计数据可知，康雍时期应被视为清代西南官学藏书的缓慢增长期。乾隆至道光间，西南官学藏书在种类与数量方面均迎来发展高峰期。期间，清廷治下西南地区社会经济得以有序恢复，人口激增，文教事业繁荣发展，在此基础上，西南地区官学教育迅猛发展。一方面，包括尊经阁在内的官学基础设施纷纷得以复建，便是地方经济繁荣与官学藏书数量增长的明显例证；另一方面，西南地区科举事业日益兴盛，生员士子们对官学藏书的需求也与日俱增，这也促使各地官员与士绅更加重视官学藏书的添置、收藏与管理。其中，贵州是西南三省中官学教育与科举事业起步较晚的地区，但经过清政府的多维治理，道光年间贵州官学藏书已达 670 部之多，这正是西南官学藏书经过长期积累达到顶峰的重要标志，当然，也是所谓的"康乾盛世"带动西南地区文教事业繁荣发展的直接体现。

自嘉庆朝起，清廷治下中国人口暴增，生产力水平进步缓慢，经济下行趋势明显，导致国力渐衰。与此同时，在"康乾盛世"时期积压下来的各类社会矛盾相继爆发，而道光年间鸦片战争则彻底将中国强行拉入西方资本主义国家主导的全球化体系之中。不幸的是，日趋腐朽的清中央政府为了维护专制统治，仍坚持文化本位主义而抱残守缺，拒绝进行真正的政治、经济体制变革，不仅未能通过洋务运动等局部改革走上富强之路，反而一败再败并最终将广大中国民众推向痛苦的深渊。期间，清廷仍坚持程朱理学在官学教育与科举考试中的指导地位，这与当时今文经学不断兴起的社会学术主流发展趋势存在明显脱节，因此，官学培养与科举选拔的大部分人才并不能回应和适应当时社会现实发展

---

① ［清］柯天健. 毕节县志序［M］//［清］黄宅中.［道光］大定府志：卷六十·外篇十. 清道光二十九年（1849）刻本：8b.

之需，从而导致官学教育日渐衰落，取而代之的是倡导西学的官办书院及新式学堂。

鸦片战争爆发后，中国整体经济形势急转直下，而西南地区公共财政持续吃紧，由此导致西南地区教育投入骤降，与之相应的是官学管理日渐松弛，官学藏书数量增长十分缓慢。同时，为了缓解经济压力，官方层层加码的税赋更进一步加重了西南地区民众的经济负担。由此，自咸丰朝开始，以云南杜文秀领导的农民起义为代表的军事斗争活动在西南此起彼伏，受此影响，西南多地官学包括尊经阁在内的基础设施再次遭遇战争破坏，从而导致官学藏书数量锐减。从统计数据上看，咸丰、同治年间西南官学藏书数量骤减至222部，这正是战事破坏公共文化教育事业的铁证。

例如，乾隆三十五年（1770）之际，云南沾益州学藏书28部，但据［光绪］《沾益州志》载："以上各种书籍，自咸丰军兴后散失无存。"[1] 同时，光绪元年（1875），云南镇南州知州李毓兰写道："特是地方僻陋，文教素弛，兵燹之余，书籍益缺，纵有读书好古之士，难免不抱憾面墙，且惜且慨。"[2] 再看四川的情况，光绪朝之前，庆符县学藏书16部，但至光绪二年（1876）时的情形是"以上存学署，兵燹后尽失"[3]。贵州官学藏书亦在咸同年间遭受严重损毁。咸丰九年（1859，己未）十一月，贵州农民起义军"号军"攻克湄潭县城，县学不幸毁于兵燹，这对县学藏书来说是毁灭性打击。湄潭县人欧阳曙作《储公祠记》曰："咸丰己未，城陷于贼，全境骚然，典籍悉毁，谁复留心县志者？遂无人详知公事。"[4] 此外，贵州开泰县学在乾隆朝藏书20部，而受咸同年间兵乱影响，光绪朝该县学藏书已缩减至6部。

清晚期即道光二十一年（1841）至宣统三年（1911），是清代西南官学藏书的衰落期，但在此期间，清代西南官学藏书数量在光绪朝出现了短暂回升，之后随着光绪末期中国各类社会矛盾均到达爆发的临界点，清廷统治行将就木，西南地区官学也纷纷衰亡，由此，西南官学藏书数量又由光绪朝的559部减少

---

[1]〔清〕陈燕，〔清〕韩宝琛，〔清〕李景贤. ［光绪］沾益州志：卷二·学校［M］. 清光绪十一年（1885）刻本：29b.

[2]〔清〕李毓兰，〔清〕甘孟贤. ［光绪］镇南州志略：卷三·建置略·学校［M］. 清光绪十八年（1892）刻本：18a.

[3]〔清〕孙定扬，〔清〕胡锡祜. ［光绪］庆符县志：卷五十·典籍［M］. 清光绪二年（1876）刻本：340a.

[4]〔清〕吴宗周，〔清〕欧阳曙. ［光绪］湄潭县志：卷三·营建志·学校［M］. 清光绪二十五年（1899）刻本：25a.

至宣统朝的 165 部。

在专制主义环境下，学术与教育均衍生于时代政治，自然也必须回应时代发展的需要尤其是政治环境变化的诉求。实际上，清代西南官学藏书亦在一定程度上反映了其时社会发展需要与学术风气动向。自鸦片战争之后，尤其是随着洋务运动、戊戌变法运动等变革在中原地区的推进，西南地区受此政治体制改革风潮影响，一小部分开明官员与乡绅也为所在地官学购置或捐赠了与西学相关的书籍，意在改变生员士子的阅读结构，从而丰富他们的知识储备，为国家和社会培养现实所需的经世致用型治国之才。

在道光年间贵阳府学藏书中，存有道光二十六年（1846）总督贺长龄购留的军事地理著作顾祖禹《读史方舆纪要》。顾祖禹（1631—1692），字景范，号宛溪，江苏无锡人，清代著名历史地理学家。此书正式刊行后，博得古往今来学术界的一致认可，梁启超评价曰："景范这书，专论山川险隘，攻守形势，而据史迹以推论得失成败之故。其性质盖偏于军事地理，殆遗老力谋匡复所将有事耶？然而这部书的组织及其研究方法，真算得治地理之最好模范。我们若能将这种精神应用到政治地理、经济地理、文化地理之各部分，那么，地理便不至成为干燥无味的学科了。"① 该书著于清初，在嘉庆朝经世实学逐渐兴起之后，该书受到知识界的广泛追捧，其具有浓厚的军事地理学特色，阐明了地理形势在军事上的战略价值，从而有助于爱国士子提高对富国强兵重要性的群体认识。

在光绪年间四川中江县学藏书中，除了《读史方舆纪要》之外，还有介绍世界各国历史地理的书籍，具体有："《天下郡国利病书》……《万国通史》《美史记事》《英国志》《俄史辑译》《日本维新史》《法政丛编》《法令全书》《经世文编》……《原富》……《一统舆图》《瀛寰志略》《水道提纲》《读史方舆纪要》。"② 由此，一方面可为生员士子应对以时务策命题的科举策论考核提供参考，另一方面也有助于他们中的小部分具有救国救民社会责任感的知识精英开阔认知视野，践行儒家经世致用的传统价值观。光绪年间的云南永北直隶厅学藏书中，也已出现反映当时社会现实关切的西学类书籍，即"《中东战纪》壹部十六本，《日本国志》壹部十二本，《地球新录》壹部四本，《地球韵

---

① 梁启超. 中国近三百年学术史 [M]. 北京：东方出版社，2004：108.
② 苏洪宽，陈品全. [民国] 中江县志：卷十三·政事下·学校 [M]. 民国十九年（1930）日新印刷工业社铅印本：7a.

言》壹部四本,《瀛寰志略》壹部五本,《西学十六部》壹部十六本"①。同时,在光绪朝云南沾益州学藏书中也出现了"《桑蚕须至》一部,《英国条款》一本,《大瑞典国挪威国条约》一本"②。以上这些清代西南官学藏书的显著变化,正是其时代变化性的直接反映。

但需要指出的是,这类呼应现实需求、介绍世界形势的典籍在清代西南官学藏书中并不普遍,绝大多数光绪、宣统年间的官学藏书仍是体现程朱理学主旨的儒家典籍。因此,正如蒋廷黻先生所言:"在同治、光绪年间,民众的守旧虽在士大夫阶级之上,但是民众是被动的,领导权统治权是在士大夫阶级手里。不幸,那个时代的士大夫阶级,除极少数外,完全不了解当时的世界大势。"③这也折射出清代西南乃至全国官学教育与现实社会已完全脱节,在国难当头、社会危亡之际,即使清廷被动地组织实施了所谓的"新政",甚至废除了科举制度而旨在培养视野广阔、经世致用的实用型人才,但清廷通过官学藏书长期灌输给士人的忠孝与服从意识,既确保了士大夫阶层对其专制制度的效忠与寄生,从而确保皇权稳固,又造就了这样一批批庸碌嗜利的官僚与因循守旧的士绅,而一次次内忧外患的实践检验即已证明,这一儒学知识精英群体无法担负起富国强兵的救国重任。因此,真正导致清廷这座专制大厦倾塌的,既不是以官学藏书为载体的文化教育及其形塑的士人群体与官僚集团,也不是相对强大的西方帝国主义敌人与孙中山先生领导的资产阶级革命党人,而是清廷专制统治者赖以生存的专制主义制度本身。

四、武英殿刻本居多

在版本特征方面,以武英殿刻本为主。"清代殿本书以钦定书为主,据统计,清代殿本书中有钦定书一百三十七部,二万三千六十卷,其中经部二十六部,史部五十五部,子部三十三中,集部二十三部。"④ 在清代西南官学藏书中,以康熙、乾隆朝的武英殿刻本经部书籍为多。清廷颁发的御纂、钦定类儒学典籍是清代西南官学藏书的主体,而这类官学教育与科举考试参用的标准教材的具体编制权、最终解释权及底本刊印权,自然掌握在清政府手中。康熙、

---

① 〔清〕叶如桐,〔清〕秦定基,〔清〕刘必苏,等. [光绪] 续修永北直隶厅志:卷四·学校志·庙学 [M]. 清光绪三十年(1904)刻本:32b.
② 〔清〕陈燕,〔清〕韩宝琛,〔清〕李景贤. [光绪] 沾益州志:卷二·学校 [M]. 清光绪十一年(1885)刻本:30a.
③ 蒋廷黻. 中国近代史 [M]. 香港:商务印书馆(香港)有限公司,2018:63.
④ 陈力. 中国图书史 [M]. 北京:文津出版社,1996:321.

雍正、乾隆等帝王数次强调天下官学必须使用以武英殿刻本为底本的儒学典籍，以此巩固清廷对官学教材的绝对垄断。

乾隆帝即使在统治生涯末期，仍对武英殿刻本儒学典籍的独尊地位与权威性三令五申。乾隆五十九年（1794）十月，谕曰："昨九月间，石经馆司事大臣等奏，士子所读经书多系坊本即考证之家，亦止凭前明监本，然监本中鱼豕之舛讹，字句之衍缺不一而足。我朝文治光昭，圣祖仁皇帝御纂四经及钦定三礼，武英殿官刻十三经勘雠精覈，久已颁发黉序，嘉惠艺林。但各书卷帙繁多，草茅寒素，艰于购觅，未必尽人能读。近因刊刻石经，出内府所弆天禄琳琅宋版各经，古今流传旧本莫不荟萃。蒙命臣等详悉校对，与武英殿官刻诸书参稽印证，逐条摘出，厘订成编，书不过六册，而俗本相沿讹谬，靡不开卷了然，拟名考文提要，请颁行天下，俾士子人人得窥中秘精华，不复袭别风淮雨之陋。但恐为期过促，僻远地方传布尚有未周，请于乙卯科乡试为始，俟三科后考试四书五经题文，俱照颁发各条敬谨改正，倘再有沿用坊监本以致舛误者，将考官及士子分别议处停科。朕已允行。"① 由此可知，乾隆帝言明颁发天下黉宫即官学的《御纂三礼义疏》《御纂四经汇纂》《钦定十三经注疏》《钦定二十四史》等儒学典籍均为武英殿刻本。因这些殿本典籍以御纂、钦定为主，体现了康熙、雍正、乾隆等帝王意志即清廷官方意识形态，乾隆帝意在以此彻底阻断明监本与坊刻监本在官学生员与民间士子中的传播与影响。同时，乾隆帝也指出在版本特征方面，这些殿本典籍勘雠精覈，远非民间士子所见之坊刻本可比。由此，清代西南官学藏书之版本精良是不言而喻的。

清代武英殿刻本尤其是顺治朝殿本书籍实则沿袭自明代经厂本，但为了摆脱明代的文化符号带来的政治遗绪，康熙十九年（1680），清廷设立了武英殿造办处以专门刊印内府书籍，并任命徐乾学等知名学者负责编辑校勘，从而保证了清廷向各直省官学颁发书籍的政治正统性与文化典范性。对此，有学者指出："所不同的是，明经厂本是以太监掌管的司礼监专司，太监有限的知识，决定了刊刻书籍的质量；而清殿本则完全不同，是简选各代词臣主管其事，这些词臣，都是从天下士子中选拔出来的学识渊博者，因此，撰、选、刊、刻的殿本书籍，多是举世精品之作。"② 雍正七年（1729），改武英殿造办处为"修书处"，当朝共刻印72种殿本书籍，为乾隆朝武英殿刻本的兴盛奠定了基础。

乾隆朝是武英殿刻本的顶峰时期，藏书家陶湘在《清代殿板书始末记》中，

---

① 清高宗实录：卷一千四百六十三 [M]. 清乾隆五十九年（1794）十月庚午：1b-2b.
② 向功晏. 清代殿本浅析 [J]. 故宫博物院院刊，1985（4）：71.

对乾隆四年（1739）武英殿刻本《钦定十三经注疏》以及直至乾隆十二年（1747）全部刊印完成的武英殿刻本《钦定二十四史》倍加赞赏，他认为："凡在十二年前刊印者，其写刻之工致，纸张之遴选，印刷之色泽，装订之大雅，莫不尽善尽美，斯为极盛时代。"① 与时代发展相契合的是，自嘉庆朝之后，武英殿刻本在种类与数量方面均急剧减少。实际上，在清代西南官学藏书中，笔者也尚未发现嘉庆朝及之后各朝的武英殿刻本。

西南地区以这些清廷颁赐的武英殿刻本为底本积极组织刊刻儒学书籍，并将这些官刻本及时分发至省内各级官学。例如，"清代，云南官府刻书除地方史志外，重点是刻印和翻印清廷颁发的各类书籍。如康熙四十七年（1708），云南府刘荫枢负责雕版重印御颁《渊鉴堂古文》分发学府；康熙五十二年（1713），清廷颁发《朱子全书》，云南府及时刊刻分发。雍正十二年（1735），云南府又根据需求重刻《朱子治家格言》和《四礼》分发"②。同时，清廷也对各直省招募书贾刊印儒学书籍必须以官刻本为底本一事三令五申，因此，不仅确保了官刻、坊刻书籍质量符合清廷统一标准，而且延续了清中央政府对官学教材等儒学书籍的垄断与控制。

五、前代遗存罕少

在书籍结构方面，缺少前代遗存。笔者检阅清代四川、云南、贵州三省方志，仅见道光年间贵阳府学藏有前代遗存的官学藏书，"学有尊经阁以贮书籍，自宋大观二年始。元、明尚未改其制，永乐中，又命儒臣辑《五经》《四书》《性理大全》颁于学校，于是学宫之书寖广矣"③。与清代中原地区官学相比，西南官学藏书继承前朝遗存者甚少，这与清代西南地区战事频繁直接相关。

首先，在明末清初之际，清代西南地区不仅遭遇了李自成、张献忠农民军侵袭，而且经历了明清官军攻防战斗的破坏，因此，包括三省府、州、县学宫在内的地方公共基础设施屡遭兵燹，其中必然包括藏有官学藏书的尊经阁，诸多官学藏书亦难逃厄运。这就造成了在清代西南官学藏书中，继承明代官学藏书遗存者非常稀少。例如，据［康熙］《峨眉县志》载："按旧志，本学原贮

---

① 陶湘. 书目丛刊［M］. 窦水勇，点校. 沈阳：辽宁教育出版社，2000：65.
② 云南省地方志编纂委员会. 云南省志·出版志［M］. 昆明：云南人民出版社，2000：56.
③ ［清］周作楫，［清］萧琯，［清］邹汉勋. ［道光］贵阳府志：卷四十二·略三·学校略·第四上［M］. 清道光二十年（1840）刻咸丰二年（1852）补刻本：18a.

141

《敬一箴》一通，《圣训》一通，《注解视听言动心箴》五通，《周易大全》，《书经大全》，《诗经大全》，《五伦书》，《为善阴骘》，《孝顺事实》，《劝善书》，《大狩龙飞录》，今俱无。"① 其中所录官学藏书均为明代中央政府所颁书籍，但这些藏书与学宫一起在明末清初朝代更迭之际毁于兵燹。

其次，随着清政府对全国的统治强度不断加大，专制权力逐步走向顶峰，在所谓的"康乾盛世"到来之际，文字狱作为专制政治在文化教育领域的衍生物，也直接发展至中国专制时代的顶峰。这种包括外部审查监控与知识分子自审行为在内的文化绞杀，令大量前朝书籍或被收缴销毁，或被有心人大胆隐匿，由此，清代西南官学藏书中为文字狱所不容的书籍再次遭遇毁灭性破坏。

再次，正如梁启超先生所言："咸丰、同治二十多年间，算是清代最大的厄运。洪杨之乱（即太平天国运动——编者注），痛毒全国。跟着捻匪回匪苗匪，还有北方英法联军之难，到处风声鹤唳，惨目伤心。政治上生计上所生的变动不用说了，学术上也受非常坏的影响。因为文化中心在江、皖、浙，而江、皖、浙糜烂最甚。公私藏书，荡然无存。"② 清代咸丰、同治年间，西南地区发生了数起农民起义，而在其与清军对抗战斗过程中，尊经阁与官学藏书再次经历了扫荡式破坏。例如，在官学藏书相对较少的贵州，正安州学藏书即在咸丰、同治年间再遭损毁，"黔省自军兴以来，各府、厅、州、县城垣衙署被毁，从前檄发书籍、上谕荡然无存"③。由此，在官学藏书传统与种类数量基础本就相对薄弱的基础上，加之经历了贯穿清代早、中、晚时期的数次战乱破坏，清代西南官学藏书中已几乎没有前代遗存的典籍。

---

① 〔清〕房星，〔清〕杨维孝.［康熙］峨眉县志：卷三·学校［M］.清康熙二十四年（1685）刻本：18a.
② 梁启超.中国近三百年学术史［M］.北京：东方出版社，2004：27.
③ 〔清〕彭焯，〔清〕杨德明.［光绪］续修正安州志：卷首·凡例［M］.清光绪三年（1877）刻本：28.

第五章

清代西南官学尊经阁修建沿革史考释

中国古代官学绝大部分设置于文庙之内，因此，文庙亦称学宫、黉宫、圣宫、孔庙、先师庙、圣庙、夫子庙等。这种庙学一体的文教结构，使官学兼具儒学教育与祭祀典礼双重功用。藏书楼是各级官学的常设建筑之一，自南宋以来，地方官学藏书楼多冠以"尊经阁"之名，其矗立于学宫之中，彰显各级政府与社会各界对儒学经典的尊崇。尊经阁不仅存贮官学藏书，地方官员限于财力而将魁星、文昌、仓颉移奉于尊经阁者亦不少，例如，清代云南宜良县、南宁县、浪穹县尊经阁均供奉仓颉，而白盐井尊经阁供奉文昌，尊经阁即承担了祀典功能，由此，尊经阁本身就是尊孔崇经、重视文教的国家意志的象征物，"尊经阁是儒学知识在地方存在和传播的物质依托，其尊经、明伦、卫道的隐喻传承着朝廷神道设教之意"[1]。因此，尊经阁的修建与存在具有强烈的官方意识形态意味。

但是，尊经阁等官学藏书楼的设置和建造，与官学的创设时间并不一致。受各地政府财力影响，加之当地官员重视程度不同，藏书楼也并非官学的标准配置。因修建尊经阁属于地方政府官员负责的公共工程，因而地方官员必须面对筹措修缮经费的棘手问题。虽然清廷规定大规模的公共设施建造工程必须征得上级部门同意并可申请官银，但实际上，申请官银不仅十分困难，"由于州县官要对自己主持的工程在一定期限内的坍坏负责任，且向上级衙门申请官银时还免不了要向上级衙门书吏支付陋规费，因此很少有州县官申请官银资助修缮工程，除非事情绝对需要有万分紧急"[2]。因此，修建尊经阁的经费基本是由各地官员通过自己捐俸或组织乡绅捐助的形式自筹募集，其难度可想而知。

相对来说，在经济条件优越、儒家文化发达、科举氛围浓厚的江浙地区，类似尊经阁等官学藏书楼的建造较为普遍，而距离清廷统治中心较近的直隶、

---

[1] 赵永翔.尊经以明伦：明代儒学尊经阁的隐喻[J].孔子研究，2015（3）：97.
[2] 瞿同祖.清代地方政府[M].范忠信，等译.北京：法律出版社，2003：263.

山东、河南、安徽等省次之，西北与西南地区的官学藏书楼建造相对较少，而以奉天为代表的龙兴之地东北地区，其官学与藏书楼建设均起步最晚。在儒家文化发展相对缓慢的西南地区，官学藏书楼数量少、损毁率高、分布不均衡等现象非常普遍。

实际上，组织修建尊经阁始终是地方官绅振兴文教、造福一方、名垂后世的重要政绩。士绅阶层的形成即源自官学教育，参加科举必须经由官学出身，具备了生员资格便成为具有特殊社会地位的士绅阶层的一员，而由科举入仕的官员则是士绅中的精英群体。同时，大部分官绅也会积极发挥其参与地方管理的公权力，投身地方公益事业而实现其地域认同和对文教体系的"反哺"，从而向社会大众进一步强化官学与科举的合法性。"士绅以知识取得社会地位，他们的知识来自于古籍，因而对传统文化的传递也尽心尽力。乡里中兴办义学、捐学田、捐学校建地、修建孔庙等文教活动，他们往往十分热心，出钱出力，乐此不疲。"① 其中，官绅倡导或捐资修建尊经阁即其反哺官学教育体制的具体表现。在社会经济逐渐复苏并走向繁荣的清代西南地区，尊经阁修建也得到很多地方官员的高度重视。一方面，这些主政一方的官员多在官学接受过儒学教育、阅读过官学藏书，本身即是尊孔崇经的儒学知识分子中的佼佼者，修建尊经阁这座儒家文化象征性建筑，可以向外界展示自身权力与社会地位的合法性、正统性、权威性；另一方面，通过修建尊经阁这座官学建筑，可彰显并传播其所遵循的尊经明伦的人生观与价值观，引导当地乡绅、民众对官学教育予以持续关注，这本质上也是一种积极落实振兴发展儒学、强化儒家伦常等清政府相关文教政策的行政示范之举。当然，建造尊经阁这一文化政绩工程是专制主义政治环境下一种基本的政治正确。

笔者对清代及民国西南地区方志逐一梳理，共发现清代西南地区官学尊经阁75座，其中，四川官学尊经阁34座（府学2座、州学6座、县学26座）、云南官学尊经阁32座（府学8座、州学12座、厅学1座、县学9座、盐井提举司学2座）、贵州官学尊经阁9座（府学3座、厅学1座、州学1座、县学4座）。由此可知，清代西南官学尊经阁的修建数量与官学藏书数量基本成正比，这也进一步体现出儒学在西南地区传播与发展的不平衡性。下面，将以各官学尊经阁在清代的修建时间为序，就清代西南官学尊经阁的修建沿革史加以考释。

---

① 梁庚尧. 中国社会史［M］. 台北：台湾大学出版中心，2017：390.

第一节　清代四川官学尊经阁

在清代四川官学藏书楼中，仅有眉州学藏书楼名为"经书楼"，其余均为尊经阁。明清易代，战火频仍，加之张献忠率农民军深入四川及随后官军的平乱进程，对四川各地基础设施破坏非常严重，其中自然包括贮藏官学藏书的尊经阁。例如，四川泸州直隶州文庙始建于唐咸亨年间（670—674），据［乾隆］《直隶泸州志》载："废迹：敬一亭（在旧学地），尊经阁（明弘治中副使尹嘉言建，学宫后）。"① 而在嘉庆二十五年（1820）成书的《直隶泸州志》中，尽管卷一《图考》所载《泸州文庙图》标记有尊经阁，但卷三《学校》对尊经阁的记载与［乾隆］《直隶泸州志》完全一致，仍将尊经阁归为"废迹"。此外，光绪八年（1882）《直隶泸州志》亦沿袭此说。因此，直至清末，泸州仍未复建尊经阁。在四川射洪县，"射学建自唐宋，规模宏远，人文蔚兴，多历年所。至明末甲申岁，献逆屠城，阖邑宫观庵寺一炬尽成焦土，不独一学宫也。"② 再看四川永川县，据［乾隆］《永川县志》载："尊经阁：明万历年间邑令灵武戴侯置，今毁，未详其地。"③《光绪》《永川县志》载："尊经阁：明万历间知县戴任建，今毁，未详其地。"④ 可见，直至清末，永川县始终未复建尊经阁。由此可见，包括尊经阁在内的学宫因自然原因倾塌或遭兵燹破坏的现象非常普遍。

同时，地方官民修建尊经阁也并非一呼百应、一蹴而就的。即便在所谓的"康乾盛世"，修建尊经阁仍非易事，不仅耗费较多，筹款较难，而且后续维护费用较高，若无地方长官牵头，则很难得到士民响应。

首先，尊经阁修建成本较高。康熙五十六年（1717），眉州知州张汉修建了经书楼。"经书楼，在启圣祠后高埠上，为学宫主脉，毁于明季，以功成浩大，

---

① ［清］夏诏新.［乾隆］直隶泸州志：卷四·学校［M］. 清乾隆二十四（1759）刻本：3a.
② ［清］张松孙.［乾隆］射洪县志：卷六·学校［M］. 清乾隆五十一年（1786）刻本：4a.
③ ［清］王诰，［清］黄钧.［乾隆］永川县志：卷四·学校志［M］. 清乾隆六十年（1795）刻本：5a.
④ ［清］许曾荫，［清］马慎.［光绪］永川县志：卷五·学校志［M］. 清光绪二十年（1894）刻本：9a.

百余年无议复者，康熙五十六年知州张汉鼎建。"① 可见，建造尊经阁等官学藏书楼的工程成本较高，以致百年间眉州官绅均未提出修建官学藏书楼的动议。

其次，尊经阁并非文庙主体建筑的优先选项，藏书楼的现实功用有时还不敌人们传统意识中根深蒂固的风水观念。例如，四川资阳教谕邢振翼提出修建尊经阁的倡议即未能成行，其在《捐葺资阳县学舍楼门记》中写道："余欲倡建尊经阁，储书籍其中，虑募捐之艰也，卒未果。时众议修葺东山之文塔，为风水计。余曰：信若是，学舍亦可培也。"② 由此观之，时人认为虚无缥缈的风水之说比存贮书籍的尊经阁更加重要，最后，邢振翼也仅能倡修资阳文庙的宫墙。

一、清代四川府学尊经阁

（一）重庆府尊经阁

重庆府学位于府治巴县城西，始建于宋绍兴年间（1131—1162），明洪武四年（1371）重建，宣德、景泰、弘治、嘉靖、万历间数次重修，但于明末倾塌。清康熙三年（1664）四川总督李国英重修。雍正二年（1724，甲辰），重庆知府张光鏻修建了尊经阁，据〔乾隆〕《巴县志》载："尊经阁：三间，在崇圣祠后。魁星阁：楹槛三层，规制峻丽，在泮池左。考府学前后旧有尊经、魁星二阁，年久仅存遗址。雍正甲辰，知府张光鏻率重属州县捐修，有碑。"③ "雍正三年，知府张光鏻重建尊经阁于崇圣祠后、魁星阁于泮池左。"④ 乾隆十九年（1754），川东道宋邦绥、知府傅显重修大成殿、两庑、尊经阁、明伦堂。道光十八年（1838），知府汪日宣改建文庙，"其崇圣祠、尊经阁则于二十二年始观厥成，正位而崇奉焉"⑤。由此可知，道光二十二年（1842），重庆府尊经阁修竣。

此外，重庆府学与巴县学并未合一，巴县学位于县治东侧，"旧有御书楼，

---

① 〔清〕张汉，〔清〕汪柽. 〔康熙〕眉州属志：卷一·学校 [M]. 清康熙五十六年（1717）刻本：28b-29a.
② 〔清〕邢振翼. 捐葺资阳县学舍楼门记 [M] // 〔清〕张德源. 〔乾隆〕资阳县志：卷十四·艺文志·记. 清乾隆三十年（1765）刻本：26a.
③ 〔清〕王尔鉴，〔清〕王世沿. 〔乾隆〕巴县志：卷四·学校 [M]. 清乾隆二十六年（1761）刻本：2a.
④ 〔清〕王梦庚，〔清〕寇宗. 〔道光〕重庆府志：卷二·祠祀志·坛庙 [M]. 清道光二十三年（1843）刻本：1a.
⑤ 〔清〕王梦庚，〔清〕寇宗. 〔道光〕重庆府志：卷二·祠祀志·坛庙 [M]. 清道光二十三年（1843）刻本：2b.

元文字'万里归程'四字匾，明末毁于兵"①。[乾隆]《巴县志》所载学宫建筑中并无尊经阁，同时在[同治]《巴县志》、[民国]《巴县志》所载学宫存世建筑中亦无尊经阁，由此可推知清代巴县学并未建立尊经阁。

(二) 潼川府（三台县）尊经阁

潼川府治位于三台县，而三台县未另建文庙，"三台一邑，于雍正十二年改潼川州为府，添设附郭三台县之后，未谋另建县学"②，因此，潼川府学与三台县学合一。潼川府文庙位于府治东南，始建于宋庆历年间（1041—1048），明末经兵燹仅存大成殿。清代潼川府尊经阁修建于乾隆二年（1737），"尊经阁之建自乾隆二年知府武宏绪始，有记。四十二年沈清任重修，督学吴省钦有记。嘉庆十九年沈昭兴重建，有记"③。对于新建的尊经阁，武宏绪写道："虽非丹楹画桷，然而朴素浑坚。虽无奇丽工巧，然而规模阔达。潼郡八属缙绅士夫以时肄习其中，庶几人文日盛，而圣天子纂集经义、作育人才之至意，千古永垂矣。"④

乾隆三十八年（1773），吴省钦（1729—1803）出任四川学政，虽然其人品不佳、官声较差，但其对四川官学建设尤为重视。一方面，吴省钦推动学官入流定品，加强了官学制度建设，提高了学官的政治待遇。另一方面，吴省钦力主复建四川官学基础设施，改善官学的办学条件。吴省钦亲自倡修成都府学、锦江书院，并作《重修府学大成殿记》《锦江书院讲堂记》等。吴省钦亲力亲为的现实举措产生了一定的示范效应，四川多地官学应声而动，以复建为主体内容的学宫建设在四川各地陆续展开。

乾隆四十二年（1777），潼川府知府沈清任组织复建了府学尊经阁，对此，吴省钦应邀作《重建潼川府学尊经阁记》，全文如下：

  经者，圣道之所以显，圣心之所以蕴也。学官始立，家自为师。自正义行而说渐备，自御纂诸经出而备且醇。今天下郡学皆有颁本，皆有阁曰"尊经"。尊之犹云藏尔，其博观而卒业者百不一二焉。阁之

---

① [清]王尔鉴，[清]王世沿. [乾隆]巴县志：卷四·学校[M]. 清乾隆二十六年（1761）刻本：3b.

② [清]沈昭兴. [嘉庆]三台县志：卷二·学校志[M]. 清嘉庆二十年（1815）刻本：57b.

③ [清]阿麟，[清]王龙勋. [光绪]新修潼川府志：卷十三·学校志一. 清光绪二十三年（1897）刻本：1b.

④ [清]张松孙，[清]李芳毅. [乾隆]潼川府志：卷十·政事部·庙学志[M]. 清乾隆五十一年（1786）刻本：10a.

闭也久，司存者致惧残佚，每箧衍他，所即蠹坏，往往听之。予三莅潼川，见府学后有宋时修学碑，碑在阁前，阁下碑刻孔子像，其阴刻泮池记，其旁为干禄碑摹本及元人生日庙祀碣，蜀之金石文，此懂以存矣，而仆陷且泐像之前不能展，拜阁又不可升。予友仁和沈君清任守郡有年，去年春，军役告藏始返，治葺草堂书院，奉少陵木主，集诸生以时弦肆发琴泉后佛洞，又得山下蜀王衍时石幢，知唐惠义寺址在是，而寺塔有王锴所写佛经出自塔埶时者。尝购数纸以憗予，盖其好古向学出于天性，故偕予低徊摩挲于阁之下而思有以振之。今七月既望，书来告曰阁成，凡五间矣，阁前碑移之干禄碑之次矣，圣像碑移少后妥以龛，若棂星门展拜绰如矣，阁之经故在，愿仍其故名，而以文示之来者。呜呼！圣人之存，存于道与其心，而非徒以其像也。学者敬慕圣人，敬慕其道与其心而得，不敬慕夫像也。吾观浮图氏之教，写之有其叶，梵之有其音，藏之有其阁，范金合土凿石之有其像。潼虽蕞尔，唐时至为十二浮图，而担笈缮经之徒竭心力以应上命，谓福田利益之可以无穷，乃迁流渐灭，好古者仅拾一二残叶于灰烬之余。至琴泉千佛洞，当少陵山游时，已有"前佛不复辨，百身一莓苔"之语，志地者不能据以为实，湮蚀千百年，赖君始显，君之所以显之，惟以其迹之古，而非以彼之道与彼之心矣。今潼之学，固可无修，阁亦不废。守郡者以像与碑之故亟之，士与民无不亟之高明伉爽之观，不数旬而泽且百世，而绦绳什袭之所，凡风雨鸟鼠无患焉。此盖为政者所先而劝农兴学于偃兵归马后者，其效为尤至也。王遵岩以唐人之文为学而作者甚少，宋惟曾南丰《宜黄》《筠州》二记词义并胜，自余记学之文难以工。予未能窥圣之道与心，顾尝谒其像，而愿学者之跻是阁以求圣之经，尊之而体之于身，非区区博观卒业之云尔也。君之心，岂异是哉？①

在嘉庆二十年（1815）刻本《三台县志》所载《文庙图》中，尊经阁位于文庙中间轴线最高处。知县沈昭兴在《重建尊经阁碑记》中言及重修尊经阁的时间："始事于癸酉之秋，落成于甲戌之夏。向之体制未符者，今则秩然有序、焕然更新，此岂侈壮丽之可观，实欲冀人文之日盛也。虽然府学为潼属八邑所

---

① 〔清〕吴省钦. 重建潼川府学尊经阁记［M］//〔清〕王昶. 湖海文传：卷三十四·记. 清道光十七年（1837）经训堂刻本：3b-4b.

共,今三台士民独力捐修,可谓急公而尚义矣。善之所在,福必归焉。余拭目俟之。"① 此碑记中指明尊经阁兴工于嘉庆十八年(1813,癸酉),落成于十九年(1814,甲戌)。

民国二十年(1931)铅印本《三台县志》对尊经阁描述为:"尊经阁在崇圣祠后,乾隆二年知府武宏绪建,有记。四十二年沈清任重修,督学吴省钦有记。嘉庆十九年沈昭兴重建,有记。"② 由此可知,当时三台县尊经阁仍存世。

二、清代四川州学尊经阁

(一)嘉定州尊经阁

在雍正十二年(1734)嘉定府得以设置之前,嘉定州学宫即在时任上川南道参议张能鳞的精心组织下得以全面复建,其中,尊经阁复建于康熙五年(1666)。张能鳞在其组织纂修的[康熙]《嘉定州志》中描述了复建尊经阁等学宫建筑的具体过程:"少参张公讳能鳞驻节,谒庙即慨然叹息不置。会斯民甫离汤火,嘉州若草昧初辟,然人工物料无处措手,逾年乃立为经理,一切梓楠砖石丹垩之属,皆易自远方。首治圣殿,既竖且好,轮奂之美,比于昔时,心力俱竭矣。次建明伦堂,堂之下为六斋,后为启圣祠、尊经阁,圣殿前为两庑,为戟门,为名宦、乡贤祠,为棂星门,次第经营。虽较昔稍隘,然处处具体,厘然毕具。"③

尊经阁的修建时间是康熙五年(1666,丙午)。据原陕西神木道按察司副使彭钦《重修学宫记》载:"高幖之麓,维嘉学宫。明御史郡人程子启充实肇造者,故庑下曾专祀祠之,经百年余。甲申蜀乱,殿庑门槛,悉毁于火。国朝顺治之辛丑岁,西山张公讳能鳞以少参领蜀南,先建明伦堂为讲地,未几以入贺去。明年复来,是时有巫峡余氛,大役繁起不遑也。甲辰,役止民宁,公乃建两庑,置七十子及先儒,主起戟门三舍。乙巳春,谋于州牧高侯讳仰昆乃大集工,建先师殿、启圣祠、棂星门大坊,乡贤、名宦二祠。丙午,复建尊经阁及六斋。一切榱栋壮丽,丹䕌炳朗,入其中者忾然,有车书杖履之思。秋八月,

---

① [清]沈昭兴.重建尊经阁碑记[M]//[清]沈昭兴.[嘉庆]三台县志:卷二·学校志.清嘉庆二十年(1815)刻本:69a.
② 林志茂,等.[民国]三台县志:卷十七·学校志一[M].民国二十年(1931)铅印本:5b.
③ [清]张能鳞,[清]彭钦.[康熙]嘉定州志:卷二·建设志[M].清乾隆四十一年(1776)抄本:2b-3a.

149

特牲告成。"①

值得注意的是，张能鳞重视嘉定州文教事业，不仅复建学宫建筑，还派人前往南京购置书籍存于尊经阁，以供官学生员阅读参用。同时，其还组织创建了高幖书院，以作官学之有益补充，意在使民间寒士接受儒学教育，从而培养和发掘更多地方人才。"我藩张公之建书院于兹，以育蜀南士也，盖有所取尔。昔之蜀南为杰士数，出者各有建树，处者亦罔不彬彬秀良。甲申之变，坑焚殆尽，二十年来，弦诵声歇，士亦不自振起，岂天生才有丰啬，抑亦作人之化无闻也？公辛丑来守南土，慨然惜之，既为民经营沟洫，即建学明伦，以斯道为己任。先是以时课士，士勃然知新向往，继忧其散处，爰设书院，檄召各庠士子居业，且捐廉金、备廪饩、募斋夫、供薪，负笈者如归也。顾所业各未得要归，公乃出江南督学时手订《大学衍义》《孝经衍义》《儒宗理要》等书，示士子理学，夫人之旨。又白下购经史古书八百余卷，贮之尊经阁，俾多士沉酣饱饫于其中。"② 此外，张能鳞还亲自制定了《高幖书院条约引》，为嘉定州教育活动有序开展提供了制度保障。由此观之，张能鳞自身对经学十分重视且著作颇丰，加之大力推进嘉定州儒学人才培养，而其复建尊经阁便不难理解了。不过，在[同治]《嘉定府志》中已无尊经阁的身影，因此，笔者推测其时尊经阁已不存。

（二）崇庆州尊经阁

崇庆州学始建于明洪武初年，明末毁于兵乱。清顺治十六年（1659）知州王毓贤重建文庙，尊经阁则始建于康熙四十年（1701），"四十年，知州张象文重葺，增建棂星门、戟门、启圣宫、尊经阁"③。据[嘉庆]《崇庆州志》载："尊经阁在明伦堂后罨画池岸上，康熙间建，筑土台高丈余，植柏树十株、槐树三株，阁内贮典籍并刻宋儒听箴碑、范氏心箴碑各一通。乾隆中，庠生吴墇于阁后筑荫基、植嘉树以培风脉。嘉庆八年，知州李秉钺率绅士徐枋、叶含章等募修。"④ 同时，[光绪]《增修崇庆州志》描述当时州学学宫基本建筑时言及：

---

① 〔清〕彭钦. 重修学宫记［M］//〔清〕张能鳞，〔清〕彭钦.［康熙］嘉定州志：卷五·艺文志［M］. 清乾隆四十一年（1776）抄本：14a-14b.
② 〔清〕刘如汉. 高幖书院记［M］//〔清〕张能鳞，〔清〕彭钦.［康熙］嘉定州志：卷二·建设志［M］. 清乾隆四十一年（1776）抄本：12b-13a.
③ 谢汝霖，罗元黼.［民国］崇庆县志：卷五·礼俗［M］. 民国十五年（1926）铅印本：1b.
④ 〔清〕丁荣表，〔清〕顾尧峰，〔清〕卫道凝，等.［嘉庆］崇庆州志：卷四·学校［M］. 清嘉庆十八年（1813）刻本：10a.

"尊经阁一座。"① 由此可知,至光绪年间,崇庆州尊经阁仍存世。

(三) 眉州经书楼

眉州学藏书楼的名称并非尊经阁而是"经书楼"。眉州文庙位于眉州城南部,始建于南宋。入清之后,康熙二年(1663),知州赵蕙芽重建文庙。康熙四十六年(1707),知州金一凤补修明伦堂,重建棂星门、名宦祠、乡贤祠、雁塔亭。遗憾的是,此次修建的建筑质量并不理想,未过7年即已出现损毁情况,"然物料不坚,旋多毁塌。五十三、四年,知州刘植、署州事黄元熉相继修建,焕然可观"②。康熙五十六年(1717),眉州知州张汉修建了经书楼,此举不仅反映了其时眉州社会经济走向繁荣的良好势头,而且反衬出张汉个人对眉州文教基础设施建造重视有加。值得一提的是,康熙五十五年(1716),张汉还在文昌宫前创建了折桂楼。对于折桂楼、经书楼这两座得意之作,张汉评价道:"折桂新成高阁,玩霓裳羽曲恍传天上之音;经书初建层楼,听礼乐弦歌如问武城之俗。"③ 其对眉州文教的高度重视由此可见一斑。

雍正、乾隆期间,眉州文庙又经4次维修,其中亦涉及经书楼。据〔嘉庆〕《眉州属志》载:"雍正元年,奉旨更名'启圣祠'为'崇圣祠',恭设五代王爵牌位。三年,知州马世熴补葺。乾隆三十年,署知州林瑞泉重新正殿,知州任履素重修经书楼。四十三年,知州蔡宗建重修崇圣祠。五十三年,知州赵秉渊、署州孙镐,重立大成门匾额并重新棂星门。"④ 乾隆三十年(1765),知州任履素重修经书楼之际,距离张汉修建经书楼已48年之久,相比康熙四十六年(1707)文庙的建筑质量,张汉主持建造的经书楼的坚固程度令人称道。

不过,在此〔嘉庆〕《眉州属志》所载眉州进士邓克明《重修文庙碑记》中,并未提及知州任履素重修经书楼之事,而将此功劳记在署任知州林瑞泉身上。"惟林公瑞泉,字又眉,闽中名宿也。由进士宰犍邑,甲申升署州牧,下车之日,慨然有振兴至意。谒圣庙,见剥落倾圮,即召都人士议修,公不吝私储以为之先,感激乐捐者遂众,得千数百金,命生员袁文沛、杨荣修等董其事,

---

① 〔清〕沈恩培,〔清〕胡麟.〔光绪〕增修崇庆州志:卷四·学校〔M〕.清光绪三年(1877)刻本:2a.
② 〔清〕张汉,〔清〕汪枨.〔康熙〕眉州属志:卷一·学校〔M〕.清康熙五十六年(1717)刻本:28a.
③ 〔清〕张汉.地图说〔M〕//〔清〕张汉,〔清〕汪枨.〔康熙〕眉州属志:卷之首·城图〔M〕.清康熙五十六年(1717)刻本:3a.
④ 〔清〕涂长发,〔清〕王昌年.〔嘉庆〕眉州属志:卷四·学校志·学宫〔M〕.清嘉庆五年(1800)刻本:2a-2b.

成先师殿，续成经书阁，凡棂星等门，周围红垣焕然一新。"① 其中，"甲申升署州牧"中的"甲申"是指乾隆二十九年（1764）林瑞泉署任眉州知州，这与该志卷三《职官志》所载乾隆年间眉州知州所载一致，"任履素，河南河内，进士，二十五年升任。林瑞泉，福建福清，进士，二十九年署任。王承，广东番禺，拔贡，三十年署任。黄钟，湖北汉阳，贡生，三十一年升任。曹焜，浙江嘉善，进士，三十四年署任"②。由此可见，乾隆二十九年至乾隆三十四年（1764—1769），眉州知州人员变动十分频繁。虽然邓克明言及林瑞泉任内"成先师殿，续成经书阁"，而此"续成经书阁"即继续修建完成经书楼，但因林瑞泉署任眉州知州仅一年，因此，笔者推测经书楼的续修倡议应由前任知州任履素提出。

此外，根据时任四川建南道徐长发《重修眉州学记》述及，眉州知州赵秉渊在乾隆五十三年（1788）维修文庙之际，亦修葺了"尊经阁"即经书楼。乾隆五十三年（1788），徐长发写道："今年夏五，兵部同曹主政赵君秉渊由枢庭来牧是邦。下车十日，即为三苏祠谋设祀事，人称初政焉。自秋涉冬，长发于役鱼通，军务之暇，方作诗寄题，而赵君书来，言敬考眉州文学建自有宋仁宗时，历代废兴不一。至我朝康熙年间，知州赵蕙芽、董永荃、姚哲、金一凤等先后修葺，迄今数十载，遂已倾颓。去年冬，署州孙镐创议兴修，阖境绅矜士庶捐赀恐后。秉渊抵任时，工未及半，即督首事人等速谋告竣并捐赀以济工用之不逮，即今正殿、后殿暨两庑、棂星门，庀材重修，其明伦堂、尊经阁、奎星楼均加修葺，焕然一新，此可觇吏治之首务焉。"③

在所谓的"康乾盛世"过后，清廷治下中国的整体经济形势不断下行，社会矛盾丛生，在此大环境影响下，嘉庆至光绪间，眉州文庙维修次数较少。嘉庆十七年（1812），历时一年的泮池维修工程完成，同时，"节孝祠，嘉庆十七年重修。明伦堂，嘉庆十七年培修"④。光绪十三年（1887），"知州毛隆恩培修

---

① 〔清〕邓克明. 重修文庙碑记［M］//〔清〕涂长发，〔清〕王昌年.［嘉庆］眉州属志：卷十六·艺文志. 清嘉庆五年（1800）刻本：64a-64b.
② 〔清〕涂长发，〔清〕王昌年.［嘉庆］眉州属志：卷三·职官志·文职［M］. 清嘉庆五年（1800）刻本：6a-6b.
③ 〔清〕徐长发. 重修眉州学记［M］//〔清〕涂长发，〔清〕王昌年.［嘉庆］眉州属志：卷十六·艺文志. 清嘉庆五年（1800）刻本：67a-67b.
④ 〔清〕戴三锡，〔清〕王之俊.［嘉庆］续眉州志略［M］. 清嘉庆十七年（1812）刻本：8b.

宫墙"①。因目前可见有关清代眉州、眉山的方志仅有康熙、嘉庆年间的 3 种，此外，1912 年，眉州改置为眉山县，而民国期间眉山县志也仅有 1 种，但在以上 4 种方志中，关于嘉庆至民国年间眉州（山）经书楼的记载十分罕少，且〔嘉庆〕《续眉州志略》与〔民国〕《眉山县志》均未提及嘉庆十七年（1812）之后经书楼的维修与保存状况，仅知在民国期间眉山经书楼依旧存世，亦被称作"经书阁"。

民国时期的经书阁还具有"红色基因"，眉山地区第一个中国共产党支部是在经书阁成立的，因此，经书阁见证并保留了眉山地区人民革命的红色记忆。"民国时期，经书阁是国民师范学校的图书馆，眉山第一个中共特别党支部于 1928 年秋天在这里成立，丁华（学校训育主任）任支部书记，宁澈澄（校长）任组织委员。他们在经书阁里秘密集会，发展党员，指挥眉山地区的革命斗争。解放后，经书阁一直是眉山师范学校的图书馆。"②

值得一提的是，目前所见有关眉州（山）经书楼的介绍均引用了 1992 年版《眉山县志》的相关记载："经书楼：文昌祠经书楼在今眉山师范学校内，现作学校图书馆。始建于清康熙九年（1670），道光二十二年（1842）重修，光绪二十六年（1900）补修。该建筑坐北朝南，重檐歇山式屋顶，占地面积 234 平方米，砖木结构。抬梁式梁架。面阔三间 12.5 米，进深三间 9.25 米，廊深 1.9 米。底楼层高 5.2 米，二楼层高 3.75 米，通高 12 米。素面台基高 0.5 米，阶梯式踏道二级。"③ 同时，2014 年出版的《志说眉山》中，编者对眉州经书阁（经书楼）修建历史与基本格局的介绍全部照录了 1992 年《眉山县志》的记述。④

实际上，以上二书有关经书楼的记述误用了 1923 年《眉山县志》中对文昌祠的描述。〔民国〕《眉山县志》有关眉山文昌祠的记载是："初在治北郭外。清康熙九年改建学宫左，三十七年署州卢帝臣、知州金一凤增修，五十五年知州张复建两厢。雍正十三年知州钱清更建正殿三间、廊房十间。乾隆三年知州王淑京补葺。道光二十二年知州克星额重修享殿、重门及两廊。光绪二十六年州牧但祖荫重修启圣宫。"⑤ 由此可见，这明显属于张冠李戴之误。此外，其中"（康

---

① 王铭新，杨卫星.〔民国〕眉山县志：卷四·典礼志·祀典［M］.民国十二年（1923）汉文石印社石印本：4b.
② 眉山市地方志办公室.志说眉山［M］.成都：电子科技大学出版社，2014：97.
③ 四川省眉山县志编纂委员会.眉山县志［M］.成都：四川人民出版社，1992：909-910.
④ 眉山市地方志办公室.志说眉山［M］.成都：电子科技大学出版社，2014：97.
⑤ 王铭新，杨卫星.〔民国〕眉山县志：卷四·典礼志·祀典［M］.民国十二年（1923）汉文石印社石印本：17b.

熙）五十五年知州张复建两厢"的"张"即修建经书楼的时任眉州知州张汉。对于文昌祠的营建情况，〔康熙〕《眉州属志》载："文昌祠：旧址在治北郭外。康熙九年崇祀学宫左廨内，实知州赵蕙芽生祠也。三十七年改治东南，丹棱知县卢帝臣署州事鼎建，知州金一凤增修塑像，书'孝友文章'四字额之。康熙五十五年知州张汉复建两厢房。"① 由此可知，文昌祠在康熙九年（1670）仍位于文庙内，而且是当时百姓为感激知州赵蕙芽治理功绩而修建的生祠。康熙三十七年（1698），署任知州卢帝臣在州治东南部修建了文昌祠，知州金一凤予以增修。因此，〔民国〕《眉山县志》对文昌祠的表述亦不甚准确。

同时，因为经书楼与文昌祠在性质与功用方面截然不同，因此，更不存在文昌祠与经书楼合一的情况，而1992年版《眉山县志》将经书楼误作"文昌祠经书楼"则是明显错误的。对此，在经书楼修建者眉州知州张汉纂修的〔康熙〕《眉州属志》卷首《城图》中，已明确标明了经书楼与文昌祠的不同位置。因张汉修建了经书楼，同时复建了文昌祠两厢，因此，其在图中将经书楼与文昌祠均予以标记。其中，经书楼位于州治南部的文庙之内，因其为该志作者张汉纂修，故被单独标出，而由卢帝臣修建的文昌祠位于州治东南部，紧邻张汉修建的折桂楼。此外，在〔嘉庆〕《眉州属志》卷二《地理志·舆图》中，将经书楼标作"经书阁"，而将文昌祠标作"文昌宫"。但依然可以明显看出，二者是完全不可混同的独立建筑。

令人欣慰的是，眉州经书楼一直存世至今，而且在改革开放之后逐步得以修复，从而重新焕发了生机。2001年，眉山市人民政府公布经书楼为眉山市重点文物保护单位，2013年由市人民政府出资15万元对其进行了维修。如今，经书楼已成为眉山打造中国诗书城的地标之一。

（四）合州尊经阁

合州文庙始建于北宋景祐年间（1034—1038），由知州徐舜俞建于涪江南岸。合州尊经阁始建于明代，具体时间尚不可考。自明弘治二年（1489）起担任合州知州的金祺言及："旧有尊经阁壮甚，在庙前跨城而立，即城三其闉，始以备戟门、棂星之制，今移置庙之后，以其址为通衢而闉塞焉。"② 由此推知，合州尊经阁应建于弘治朝之前。刊刻于万历七年（1579）的《合州志》载：

---

① 〔清〕张汉，〔清〕汪柽.〔康熙〕眉州属志：卷一·学校〔M〕.清康熙五十六年（1717）刻本：29a.
② 〔明〕金祺.郡守金祺记〔M〕//〔明〕刘芳声，〔明〕田九垓.〔万历〕合州志：卷二·学校.明万历七年（1579）刻本：28b.

"尊经阁:五间,在文庙后。"① 可见,当时尊经阁仍存世。不过,随着合州文庙毁于明末清初之兵乱,尊经阁亦倾毁不存。

清代合州尊经阁修建于乾隆十一年(1746)。据〔乾隆〕《合州志》卷首《学宫图》显示,尊经阁位于文庙尾部即中轴线最高处,该志言明:"乾隆十一年,署合州事试用知县施廷钧重建尊经阁。"② 施廷钧于乾隆十一年至乾隆十三年(1746—1748)署任合州知州,"施廷钧,字竹虚,江南山阳人,雍正乙卯北闱副榜,由教习发川试用,乾隆十一年十一月署任,重建尊经阁"③。对此,邑人谭玉书在《新建尊经阁重修棂星门泮池碑记》中夸赞道:"由是,风声树而趋向自端,坊表立而景行必切,将见敦诗说礼之士谈经于阁上,求志达道之儒辉映于门墙。濯涪江铜岭之秀,标桂殿文笔之彩。"④

〔光绪〕《合州志》卷首《学宫图》亦标注了尊经阁且有说明为:"国朝尊崇庙制,视昔加隆,因屡濒于水,同治八年,署知州霍为棻改修,阅六年工竣,自大成殿、两庑、大成门、戟门、棂星门、泮池、宫墙以及崇圣祠、尊经阁、明伦堂,丽以丹漆,饰以垩墁,穆穆皇皇,备极美富之观。"⑤ 由此可知,此次文庙维修工程时间为同治八年(1869)至光绪二年(1876),维修后的尊经阁的位置并未发生变化,"尊经阁在崇圣祠后"⑥。

〔民国〕《新修合川县志》载有《孔庙图》即《大成至圣先师孔子庙图》,此图绘于1921年,图中已不见尊经阁的踪影,在该图文字说明部分有云:"崇圣祠后旧志有尊经阁,今无其迹,亦未闻藏有何种经籍,则徒虚名而已,然其记故在,今录存之。"⑦ 可见,至1921年之际,合州尊经阁已不存。

---

① 〔明〕刘芳声,〔明〕田九垓.〔万历〕合州志:卷二·学校[M].明万历七年(1579)刻本:24b.
② 〔清〕宋锦,〔清〕刘桐.〔乾隆〕合州志:卷四·学校[M].清乾隆十三年(1748)刻本:1b-2a.
③ 〔清〕宋锦,〔清〕刘桐.〔乾隆〕合州志:卷三·职官[M].清乾隆十三年(1748)刻本:9b.
④ 〔清〕谭玉书.新建尊经阁重修棂星门泮池碑记[M]//〔清〕周澄,〔清〕张乃孚.〔乾隆〕合州志:卷十二·艺文·记.清乾隆五十四年(1789)刻本:62a.
⑤ 〔清〕费兆钺,〔清〕程业修.〔光绪〕合州志:卷首·图考[M].清光绪四年(1878)刻本:24b.
⑥ 〔清〕费兆钺,〔清〕程业修.〔光绪〕合州志:卷六·学校志[M].清光绪四年(1878)刻本:3a.
⑦ 郑贤书,张森楷.〔民国〕新修合川县志:卷三·建置一[M].民国十年(1921)刻本:56a.

（五）忠州尊经阁

据〔乾隆〕《忠州志》载："我朝定鼎，仍城外旧址渐次修理大成殿、两庑、启圣祠、棂星门、泮池、戟门、名宦乡贤祠、明伦堂、尊经阁、文昌宫。乾隆十一年，知州刘乃大建魁星阁、敬一亭、儒学宅、博文斋、约礼斋、宿所、神厨、射圃，俱毁。"① 由此可见，忠州尊经阁在乾隆年间（1736—1795）仍存世。但查阅〔道光〕《忠州直隶州志》、〔同治〕《忠州直隶州志》，无论是二者卷首《学宫图》还是正文部分均未记载尊经阁，因此，笔者推测至道光年间，忠州尊经阁已不存。

（六）广安州尊经阁

广安州文庙创建于宋代，之后历代迭修，明末毁于兵火。入清之后，康熙二年（1663）知州黄标重建文庙，但检阅〔雍正〕、〔乾隆〕《庆安州志》均未发现尊经阁的踪影。实际上，尊经阁修建时间应在嘉庆年间（1796—1820）。据光绪十三年（1887）成书的《广安州志》载："嘉庆十三年，知州沈璆捐俸倡募重修，知州赵来震、刘有仪续成之，凡计大成殿五楹、东西庑各六楹……尊经阁、文明阁各一。"② 但在该志卷首《学宫图》中已无尊经阁。此外，在光绪三十三年（1907）刊行的《广安州新志》中亦无尊经阁的相关记载，因此，广安州尊经阁应毁于光绪十三年（1887）之前。

三、清代四川县学尊经阁

（一）洪雅县尊经阁

洪雅县尊经阁位于学宫崇圣祠之后，始建于康熙八年（1669，己酉），此记载见于张象翀的《重修学宫记》："洪雅先师庙建于唐，迁于宋，明因之。自献贼屠城，仅存正殿而颓垣茂草，势将就倾。康熙甲辰春，李侯名果来莅兹土，三年，民已悦豫。时，府宪张名能鳞、州守高名仰昆，增修嘉学。侯得请于当事，如所请。于是，鸠工庀材，诸所经费捐俸节缩，多士亦各出其所有。越己酉春，庙成，戟门一，东、西庑各三，名宦、乡贤祠各一，尊经阁故址为启圣

---

① 〔清〕王庆熙.〔乾隆〕忠州志：卷一·学校［M］.民国二十一年（1932）国立北平图书馆抄本：3a.

② 〔清〕顾怀壬，〔清〕周克堃.〔光绪〕广安州志：卷五·祀祠志［M］.清光绪十三年（1887）刻本：2a-2b.

宫。"① 可见，尊经阁在启圣宫旧址基础上修建而成，足见对官学藏书的重视。

值得一提的是，雍正三年（1725），卢见曾（1690—1768）任洪雅知县，这位清代著名的文学家、藏书家与洪雅县尊经阁渊源颇深。卢见曾一生重视为官之地的文教事业，因此，在其仕途起步之地洪雅县，组织重修包括尊经阁在内的学宫基础设施。卢见曾作《重修尊经阁明伦堂及学宫各祠序》曰：

圣人之精神在六经，圣人之诣极在五伦。六经尊而圣人之精神千古如接，五伦明而圣人之诣极万世如生。天下后世，人人探索于六经，则人人可以接圣人之精神，人人敦勉于五伦，则人人可以睹圣人之诣极。是故尊六经、明五伦者，未有不知崇圣人者也，而崇圣人者，莫先于尊六经而明五伦，而由是焉。追而上之，于圣人之所自出而由是焉。合而祀之，于圣教之所亲承而由是焉。推而广之于千载上下，尊闻行知之士，一体具体之儒，无之而非六经之羽翼、五伦之箕裘也。此学宫诸祠，载在祀典，盖有缺一不可者欤。我皇上生知天纵，至治重华，集经学之大成，明人伦于天下，龙飞御极，首举临雍，泮水储才，广增限额。洪固山陬僻邑也而已，俨然列文盛之版矣。曾山左鄙儒，承乏兹土，至愚极陋，无学无识。然窃闻治不本于经术，终苟道也，品不出于伦，纪终流俗也。愿以管窥之见，与都人士探索于斯，敦勉于斯。俾经明伦修，上答圣天子右文之盛治。乃于谒庙之日，周详审视，见圣殿重修未久，制颇壮丽，外此而尊经有阁，明堂制则古矣，而岌岌乎，有栋折榱崩之惧焉。若崇圣祠为圣人之所自出者，则瓦碎垣颓也，东西庑为圣教之所亲承者，则风穿雨滋也。名宦、乡贤，为圣道之羽翼箕裘者，则主寝于尘，而址荒于蔓也。其他戟门缭垣，率皆腐塌萎其，无以为观瞻之胜。于是，非守土者之责而谁之责？与爰进学博先生及都人士而议之，曰："洪以文盛闻于朝，而学宫如是，是乌可已耶？愿多士集壤成山，合涓成海。曾以薄俸佐其，不逮殿堂门庑，庑或阙而不也。黝垩丹漆，无或窳，而弗良也。庶几庠序聿新，茅茹汇起，日与尔都人士讲习敦勉乎其中，而经术愈以尊，伦纪愈以明，试问洪邑中有一人不当治经术者乎？有一人不当敦伦纪者乎？则

---

① 〔清〕张象翀. 重修学宫记［M］// 〔清〕王好音.［嘉庆］洪雅县志：卷二十三·艺文志·国朝. 清嘉庆十八年（1813）刻本：3b-4b.

又何一人之不乐勤是事者乎？"都人士咸曰："唯唯。"询谋佥同，遂卜日鸠工，择都人士之贤而且才者董厥后，而将公斯义于同人也。于是乎序。①

由此可见，卢见曾将当时各地官学修建尊经阁与明伦堂的根本目的和盘托出，即尊经以明伦，进而维护儒学在当时社会的独尊地位。其对清廷倡导的尊六经、明五伦持有高度的政治文化认同，其认为即使是在西南边域洪雅县，包括尊经阁、明伦堂、崇圣祠、名宦祠、乡贤祠等文教祭祀象征物在内的学宫，在为地方兴文教、为朝廷育人才方面仍然发挥着不可或缺的作用。当然，其重修尊经阁之举与个人重视经学密切相关。卢见曾认为："国家沿明制，以经义取士，五经颁列学宫，易宗本义及程传，书主蔡氏，诗主朱子传，春秋本胡氏康侯，而礼记则宗陈澔集说，意谓经义当大明于世。"② 因此，存贮朝廷颁赐御纂经学书籍的尊经阁，其地位与象征意义不言而喻。同时，卢见曾重修尊经阁更与其个人注重文教、勤于著述、乐于刻书、专于藏书的性格特质与现实经历息息相关。

第一，卢见曾注重文教的重要表征是在为官之地倡导修复或创建教育基础设施，其一生倡修多所书院。卢见曾于雍正三年（1725）知洪雅县事，其到任之初即倡修尊经阁、明伦堂等教育设施。同时，其捐俸改建雅江书院宫墙等周边建筑。雅江书院原址为梓潼宫，雍正二年（1724）开始修建，次年主体建筑完工，适值卢见曾上任之际。但该书院宫墙过高，外观与视野均不理想。对此，卢见曾爱惜民财，未予拆建以加高楼阁，而是出资改建掖门与宫墙。"越三旬而工毕，征邑士之贤而文者从予游，为讲道艺、敷弦歌之地。颜其门曰'雅江书院'，广文教也。颜其楼曰'雅雨楼'，志风土也。又易桂香阁曰'望春阁'。"③ 由此可见，卢见曾在其仕途初起之际，即以洪雅县的尊经阁、雅江书院修建作为施政重点，而这一重视当地文教设施建设之举为其官宦生涯提供了有益实践，遂成为其毕生施政要略之一。此后，卢见曾在任内陆续修建了六安州赓飏书院、永平府敬胜书院、天津问津书院、扬州安定书院等。值得注意的

---

① 〔清〕卢见曾. 重修尊经阁明伦堂及学宫各祠序［M］//〔清〕王好音.〔嘉庆〕洪雅县志：卷二十三·艺文志·国朝. 清嘉庆十八年（1813）刻本：9b-12a.

② 〔清〕卢见曾. 经义考序［M］//〔清〕卢见曾. 雅雨堂文集：卷一·序. 清乾隆二十一年（1756）德州卢氏雅雨堂刻本：3a.

③ 〔清〕卢见曾. 雅江书院记［M］//〔清〕卢见曾. 雅雨堂文集：卷三·记. 清乾隆二十一年（1756）德州卢氏雅雨堂刻本：1a-1b.

是，由卢见曾为雅江书院之前楼命名"雅雨楼"，卢见曾本人有"雅雨""雅雨山人"之号，室名与藏书楼名"雅雨堂"均来自其在洪雅县之经历。

第二，卢见曾重视文教的另一表征是爱惜人才。《扬州画舫录》曰："公工诗文，性度高廓，不拘小节，形貌矮瘦，时人谓之'矮卢'。辛卯举人，历官至两淮转运使。筑苏亭于使署，日与诗人相酬咏，一时文宴盛于江南。"① 卢见曾两任两淮盐运使，一时为东南文坛盟主，大批文人墨客争相入幕，著名的戴震、惠栋、卢文弨、汪大成、王昶、吴敬梓以及"扬州八怪"部分成员均是其座上宾，在其府中从事文学创作与书籍编刻活动。

第三，卢见曾喜攻诗文，擅于刊印。其主要作品有《尚书大传补遗》《雅雨堂诗集》《雅雨堂文集》《雅江新政》《读易便解》《出塞集》《焦山志》《渔洋感旧集》《金山志》《平山堂志》《德州卢氏家谱》《金石三例》《雅雨堂石集》《国朝山左诗钞》《韩昌黎诗集编年笺注》《公余漫草》《清福堂遗稿》等，亦有《旗亭记》《玉尺楼传奇》等戏曲作品传世。同时，其于乾隆十八年（1753）在朱彝尊孙朱稻孙处得见《经义考亡考》未刻部分原稿，于是资助编纂校勘并增加凡例，于乾隆二十年（1755）刊行并易名为《经义考》。乾隆二十三年（1758），其还资助刊刻了经学家万斯大的遗著《经学五书》。毋庸讳言，卢见曾为清代经学发展助力良多。

第四，卢见曾藏书甚富，其祖父即嗜好藏书，而卢见曾藏书楼"雅雨堂"藏书10万余卷。这类文学家兼藏书家必然十分重视藏书场所的功用与建造，因此，卢见曾捐俸倡修洪雅县尊经阁便属于情理之中。

综上可知，洪雅县尊经阁与卢见曾有着一段特殊渊源，而其所施此类善政亦得到洪雅士民的高度认同。洪雅士民在学宫内为其立碑为念，对此，卢见曾十分谦逊，其作《谢县人立碑》曰："望春阁下春光好，雅雨楼前碧水长。于此刊碑知有意，恐教槐柳乱甘棠。"② 其亦对洪雅真情满满，又作《留别洪雅士民》曰："一错终天不可论，何劳借寇转狂奔。夺情纵有江陵例，忍过毛君旧里门（毛君，邑孝子）。"③ 此尊经阁至嘉庆十八年（1813）仍存世。据〔嘉庆〕《洪雅县志》载："明伦堂，学宫右。御书训饬士子碑文，康熙四十二年颁。尊

---

① 〔清〕李斗. 扬州画舫录：卷十·虹桥录上 [M]. 清乾隆六十年（1795）刻本：11a.
② 〔清〕卢见曾. 雅雨堂诗集：卷上 [M]. 清乾隆二十一年（1756）德州卢氏雅雨堂刻本：3a.
③ 〔清〕卢见曾. 雅雨堂诗集：卷上 [M]. 清乾隆二十一年（1756）德州卢氏雅雨堂刻本：2b.

经阁，崇圣祠后。教谕署，明伦堂后，今废。"① 同时，据该志卷首《文庙图》显示，尊经阁位于文庙最后一进即文庙中轴线最高处。

(二) 荣县尊经阁

荣县尊经阁曾于明成化十七年（1481）改修："成化十七年，佥事俞泽、署县判官御史戴中改修尊经阁。正德十四年，佥事王雱、知县毛秀移尊经阁于右。康熙二十一年壬戌六月六日，文庙倾圮，先师遗像巍然独存。"② 明万历三十四年（1606）八月，业已倾颓的尊经阁被复建。时任嘉定知州袁子让《尊经阁记》曰："三荣学址，擅西蜀之奇，所钟毓英才，川南人文称独步也。旧镇以阁就湮圮矣。大中丞黄芳楠先生振兴后学，首议恢复，而直指李公力主其议，檄下本道总宪蔡公、少参李公勅有司治其事，议费出公帑，无毫发动民间，不阅月而告成，题曰'尊经阁'，因其旧也。"③

明清之际战火纷飞，加之地方政局处于不断调整阶段，地方经济尚处于恢复积累阶段，而荣县本不富庶，其基础设施年久失修在所难免。于是，文庙于康熙二十一年（1682，壬戌）坍塌，仅残留先师孔子像，而尊经阁亦未能幸免。对此，荣县举人刘世璋作《修复学宫记》曰："至国朝康熙壬戌六月六日靡焉就圮，盖阅年已二百一十有九矣，而先师遗像幸不毁于榱崩栋折间，或亦在天之灵实式凭之。"④

乾隆十九年（1754）知县黄大本捐俸续修文庙，历时七月竣工，"尊经阁（废址存）……忠孝祠（在学署西偏，其地东西三十五弓，南北九十四弓，前尊经阁基址，乾隆十九年八月改建于明伦堂之左）"⑤。可见，尊经阁仅存基址而未被复建。同时，[道光]《荣县志》卷首《文庙图》亦无尊经阁，由此观之，文庙之内仍无尊经阁，而这种建筑格局一直延续到民国期间。此外，[道光]《荣县志》也明确记载了县学藏书存贮之所为明伦堂，"儒学明伦堂敬刊《御制

---

① 〔清〕王好音. [嘉庆] 洪雅县志：卷五·营建·学校 [M]. 清嘉庆十八年（1813）刻本：32b-33a.
② 〔清〕黄大本. [乾隆] 荣县志：卷二·学校 [M]. 清乾隆二十一年（1756）刻本：4a.
③ 〔明〕袁子让. 尊经阁记 [M] // 〔清〕王培荀. [道光] 荣县志：卷三十四·艺文志·明文. 清道光二十五年（1845）刻本：20b.
④ 〔清〕刘世璋. 修复学宫记 [M] // 〔清〕王培荀. [道光] 荣县志：卷三十四·艺文志·国朝文. 清道光二十五年（1845）刻本：25a.
⑤ 〔清〕黄大本. [乾隆] 荣县志：卷二·学校 [M]. 清乾隆二十一年（1756）刻本：5b-6b.

卧碑》，贮藏钦颁书籍"①。因此，荣县尊经阁在康熙二十一年（1682）之后再未复建。

（三）遂宁县尊经阁

遂宁县尊经阁始建于明嘉靖二十一年（1543，癸卯），据明邑人黄华《尊经阁记》云："我缙绅乃谋于令杨君泰，令曰：'惟学宫面逼崇峦，负倚空阔，宜建阁，名以尊经且备制也。'乃请于舜原公，公曰：'兹予志，亟发金助其成。'……创始于仲夏一日，讫工于癸卯仲春三日。"② 康熙二十二年（1683），知县陈愚复修文庙，据［乾隆］《遂宁县志》载："尊经阁，原志在敬一亭后，今在崇圣祠后。"③ 由此可知，清代遂宁县尊经阁修建于康熙二十二年（1683）。乾隆年间，邑人张懋宗作《尊经阁》云："高阁层层倚碧空，青云有路跻蟾宫。崇文窃幸恩衔久，吾道浑如日正中。数仞宫墙瞻有自，六经蕴藉义无穷。闲来试曳青黎杖，一与诸儒办异同。"④ 同治九年（1870）文庙修缮完毕，曾署茂州学正的李星根在光绪三年（1877）为遂宁县文庙所作碑记中写道："无何毁于兵，同治初元，一切重修之，惟尊经阁稍仍其旧。"⑤ 由此可见，尊经阁在咸同年间的兵燹中并未倾塌，正如［光绪］《遂宁县志》所载："尊经阁在崇圣祠后。"⑥ 至1929年，尊经阁依然存世，"尊经阁，原志在敬一亭后，今在崇圣祠后"⑦。目前，遂宁县尊经阁早已不存。

（四）井研县尊经阁

井研县尊经阁始建于明万历十八年（1590），由时任知县杜如桂建于凤山之上。据［乾隆］《井研县志》载："万历十八年，知县杜如桂新修尊经阁于明伦堂后，移射圃于西庑之右，重修名宦乡贤二祠及庙门，明末毁……雍正十二年，

---

① ［清］王培荀.［道光］荣县志：卷二十五·学校志·学校［M］.清道光二十五年（1845）刻本：1a.
② ［明］黄华.尊经阁记［M］//［清］田朝鼎，［清］周彭年.［乾隆］遂宁县志：卷六·艺文.清乾隆十二年（1747）刻本：50b-51a.
③ ［清］田朝鼎，［清］周彭年.［乾隆］遂宁县志：卷三·儒学［M］.清乾隆十二年（1747）刻本：4a.
④ ［清］张松孙，［清］李培峘，［清］寇资言，等.［乾隆］遂宁县志：卷十·政事部·学校［M］.清乾隆五十二年（1787）刻本：59a-59b.
⑤ ［清］孙海，［清］李星根.［光绪］遂宁县志：卷四·艺文上［M］.清光绪五年（1879）刻本：43b.
⑥ ［清］孙海，［清］李星根.［光绪］遂宁县志：卷二·学校［M］.清光绪五年（1879）刻本：45b.
⑦ 甘焘，王懋昭.［民国］遂宁县志：卷七·学校［M］.民国十八年（1929）刻本：45b.

黄光灿捐俸同教谕郑三俊、训导刘起昌,约诸绅衿重修屏墙、戟门及棂星门周围墙垣,其明伦堂、尊经阁、敬一亭旧址犹存,尚在区画,工费恐力不从心,唯冀同志倡和焉……康熙三十四年知县许国樾修祠,后设尊经阁坐凤山上。"①由此可知,康熙三十四年(1695)尊经阁得以修建,但至雍正十二年(1734)之际因经费匮乏而未复建。但在[乾隆]《井研县志》卷一《井邑全图》中,凤山脚下确有尊经阁,且此阁位于文庙中轴线最高处,因此,此图中所示尊经阁应为旧址。至光绪朝,对于尊经阁的记载是"国朝,康熙三十四年,知县许国樾即旧址重建,雍正间废不更建"②。由此可知,井研县尊经阁自雍正间倾塌之后再未复建。

(五)中江县尊经阁

中江县尊经阁位于文庙内东北部,始建于明正德十六年(1521),"知县余祺创修尊经阁,重建名宦、乡贤祠"③。入清之后,康熙年间中江县文庙的维修记录中并未言及尊经阁。

根据刊行于康熙五十四年(1715)的《中江县志》载,其时中江县文庙基本建筑格局为:"文庙治南,创建无考。大成殿三间……大成殿后明伦堂三间,堂左右斋房各三间,堂后尊经阁三间,堂东为启圣祠、文昌祠、敬一亭,后为儒学衙署。"④ 其中,尊经阁赫然在列。另据[乾隆]《中江县志》载,其时中江县文庙基本建筑格局为:"文庙治东南门内,创建无考。大成殿三楹……前为棂星门,门左右旧为'德配天地''道冠古今'二坊,前为万仞墙。"⑤ 值得注意的是,其中并未提及尊经阁,亦未提及明伦堂、启圣祠、文昌祠、敬一亭等建筑。

[嘉庆]《中江县志》载:"大成殿后为崇圣祠三间,后东为尊经阁,前东为魁星阁。"⑥ 至道光年间,尊经阁仍存世且于道光十六年(1836)得到修缮,

---

① 〔清〕张宁阳,〔清〕陈献瑞,〔清〕胡元善.[乾隆]井研县志:卷四·学校志[M].清嘉庆元年(1796)刻本:2b.
② 〔清〕叶桂年,〔清〕吴嘉谟,〔清〕龚煦春,等.[光绪]井研志:卷九·学校一[M].清光绪二十六年(1900)刻本:8b-9a.
③ 〔清〕李维翰,〔清〕王一贞.[康熙]中江县志:卷二·学校志·庙制[M].清康熙五十四年(1715)刻本:2a.
④ 〔清〕李维翰,〔清〕王一贞.[康熙]中江县志:卷二·学校志·庙制[M].清康熙五十四年(1715)刻本:1b.
⑤ 〔清〕张松孙,〔清〕陈景韩.[乾隆]中江县志:卷十·政事部·学校志[M].清乾隆五十二年(1787)刻本:3b.
⑥ 〔清〕陈此和,〔清〕戴文奎.[嘉庆]中江县志:卷二·祠庙[M].清抄本:48b.

"尊经阁在文庙东北隅，明正德十六年辛巳年，知县余祺创修。国朝道光十六年，新修文庙大加补葺，并筑阁下长墙一道，禁居民毋得秽亵"①。其中所言即道光十六年（1836）知县林振荣与士绅捐修文庙一事。对此，邑人李福源作《重修儒学碑记》曰："越三年，而革故鼎新，殿庑门墙，崇圣、名宦、乡贤各祠以及池、亭、房、厅、礼器皆备。此外，尚有余赀赎回庙基，原地置买余家河坝地修造房屋。又补葺明伦堂、尊经阁、节孝祠、南城魁星阁、两学官署斗山，并建修南门外西河堤、铜鱼山南山寺，百废俱兴，统计费制钱贰万七千二百缗有奇。"②此中言及当时资金充足，修建者使用捐资余额修葺了尊经阁。同时，[道光]《中江县新志》编者还将尊经阁在此次修缮后的藏书情况加以详述，从而补充了[康熙]《中江县志》相关内容之阙如。

此后，在同治五年（1866）刻本《中江县新志》中，并未增补有关尊经阁等文庙建筑修缮的相关内容。因目前可见的清代中江县方志仅有[康熙]、[乾隆]、[嘉庆]、[道光]、[同治]及[光绪]《中江县乡土志》等6种，因此，笔者尚难推断道光十六年（1836）之后中江县尊经阁的相关情况。不过，[民国]《中江县志》载文庙内古柏树数量时提及："民国十二年（1923）秋，派员清点计尊经阁后二十二株、阁前三十四株、内一株，至大圆周五尺，次者三株周四尺许。"③由此可知，起码至1930年《中江县志》刊行前后，中江县尊经阁仍然存世。此外，中江县尊经阁还具有双重作用，"尊经阁专藏儒家经典及圣庙祭器"④，即中江县尊经阁不仅存贮官学藏书，而且存放各类祭祀礼器，充分发挥了库房保管功能。

（六）射洪县尊经阁

射洪县文庙始建于宋熙宁九年（1076）。乾隆五十一年（1786）刊行的《射洪县志》正文并未提及尊经阁，但其所载《文庙图》中已有尊经阁，其位于文庙中轴线最高处。据[嘉庆]《射洪县志》载："尊经阁在崇圣祠后，康熙

---

① 〔清〕杨霈，〔清〕李福源，〔清〕范泰衡．[道光]中江县新志：卷二·建置志·学校[M]．清道光十九年（1839）刻本：65a．
② 〔清〕李福源．重修儒学碑记[M]//〔清〕杨霈，〔清〕李福源，〔清〕范泰衡．[道光]中江县新志：卷二·建置志·祠庙．清道光十九年（1839）刻本：36a-36b．
③ 苏洪宽，陈品全．[民国]中江县志：卷四·建置二·祠庙[M]．民国十九年（1930）日新印刷工业社铅印本：4a．
④ 四川省中江县志编纂委员会．中江县志[M]．成都：四川人民出版社，1994：656．

五十七年知县潘录建。"① ［光绪］《射洪县志》亦照录为："尊经阁在崇圣祠后，康熙五十七年知县潘录建。"② 由此可知，射洪县尊经阁建于康熙五十七年（1718），至光绪年间仍存世。目前，射洪县尊经阁早已不存。

（七）江安县尊经阁

江安县文庙位于县城南门外，始建于北宋大观年间（1107—1110）。江安县尊经阁并未建于文庙之内，至少在康熙年间仍存世，因资料匮乏，笔者尚难推断其建立与损毁的具体时间。据［民国］《江安县志》载："文庙旧在东关外，康熙年间改迁于南关外，学署在左，右崇圣祠，后与南城之尊经阁近接。国家承平，相安无事者二百余年。"③ 由此可知，康熙年间，尊经阁位于江安南城并与文庙相近。但是，在康熙至乾隆年间的历次文庙维修记录中均未提及尊经阁。在［乾隆］《江安县志》载："废迹：尊经阁，在县小南门内。"④ 另外，据［嘉庆］《江安县志》载："废迹：尊经阁（在县治南门内）"⑤。由此，在乾隆朝之际，尊经阁已颓塌不存。之后，［道光］《江安县志·学校》对［嘉庆］《江安县志·学校》内容全盘照录，同时亦提及"废迹：尊经阁（在县治南门内）"⑥。因此，在道光年间，尊经阁仍仅存旧址。

尊经阁旧址位于县城南门之内，因此，在1912年局势动荡、匪患猖獗之际，为了有效御敌，其旧址被改建为尊经阁炮台。"民国元年以匪患，邑绅文良策、萧石泉增修尊经阁炮台"⑦，由此推知，江安县尊经阁在清初康熙朝之际尚存世，但至乾隆朝之际已倾圮而仅存旧址，至道光年间仍未复建，而这种情况一直存续至民国时期。同时，在尊经阁旧址上修建炮台的举动也进一步表明：

---

① 〔清〕陈廷钰，〔清〕赵燮元.［嘉庆］射洪县志：卷八·学校志［M］.清嘉庆二十五年（1820）刻本：5b.

② 〔清〕黄允钦，〔清〕罗锦城.［光绪］射洪县志：卷七·学校志［M］.清光绪十年（1884）刻本：2b.

③ 严希慎，陈天锡.［民国］江安县志：卷二·庙祀［M］.民国十二年（1923）铅印本：28a.

④ 〔清〕雷伊.［乾隆］江安县志：卷二·学校［M］.民国十九年（1930）国立北平图书馆抄本：38a.

⑤ 〔清〕赵模，〔清〕郑存仁.［嘉庆］江安县志：卷三·学校［M］.清嘉庆十七年（1812）刻本：53b.

⑥ 〔清〕高学濂.［道光］江安县志：卷一·建置志·学校［M］.清道光九年（1829）刻本：47a.

⑦ 严希慎，陈天锡.［民国］江安县志：卷一·城池［M］.民国十二年（1923）铅印本：7a.

以安全为核心的生存需求与生存权是人类的第一需求，而以典籍为载体的文化需求与精神发展权永远是第二位的。

（八）筠连县尊经阁

据乾隆年间增修［康熙］《筠连县志》载："尊经阁（雍正九年，知县萧昌、陈善纲先后捐俸重建）。"① 可见，尊经阁肇建于雍正九年（1731）之前。另据［同治］《筠连县志》载："学宫（在县西。明洪武七年建，兵燹后毁。国朝康熙六年知县孙如芝重建，复圮。康熙五十四年知县余铦鼎新重建。道光十四年知县梁如纲、诚斌同建）……尊经阁（雍正九年知县萧昌、陈善纲先后捐俸重建）。"② 对比以上二志所载可知，虽然筠连县学宫在道光十四年（1834）再次重修，但尊经阁并未被提及，且同治县志仍照录康熙县志所载雍正九年（1731）重修之事。此外，据［光绪］《叙州府志》载："雍正九年，署县萧昌、陈善纲先后修尊经阁。"③ 刊印于1948年的《筠连县续志》对尊经阁仍做如下描述："尊经阁：雍正九年，知县萧昌、陈善纲先后捐俸建。"④ 由此推测，筠连县尊经阁在新中国成立前夕仍存世。

（九）峨眉县尊经阁

峨眉县文庙始建于宋庆历元年（1041），明末毁于兵火。雍正十年（1732），峨眉县文庙遭受水患，"水及半扉，垣壁倾圮，木主漂没，旧贮古书、乐器俱失，司铎踞榻乃免。邑宰文乃卜基于西关外二里桐子山中，建大成殿并两庑（庑旁建两学师衙署），后建崇圣祠三楹……后峰复建尊经阁祀文昌，下为明伦堂（邑举人 依记立石阁下，记入艺文），再后峰复建翼亭，雍正十一年落成"⑤。由此可知，清代峨眉县尊经阁由知县文曙组织修建，于雍正十一年（1733）建成。［乾隆］《峨眉县志》卷首《学宫图》明确绘制了位于文庙最后一进的尊经阁，即可予以印证。邑人杨世珍在《新建尊经阁碑记》中写道："宜前王诏，凡黉宫建阁额以尊经，今上仍之，重申巽谕，将教弘私淑，不仅典重

---

① ［清］丁林声.［康熙］筠连县志：卷二·学校［M］.清乾隆间抄本：2a.
② ［清］程熙春，［清］文尔炘.［同治］筠连县志：卷五·学校志·学校［M］.清同治十二年（1873）刻本：1b-3a.
③ ［清］王麟祥，［清］邱晋成.［光绪］叙州府志：卷二十四·学校［M］.清光绪二十二年（1896）刻本：91a.
④ 祝世德.［民国］续修筠连县志：中册·学宫［M］.民国三十七年（1948）铅印本：65.
⑤ ［清］文曙.［清］张弘映.［乾隆］峨眉县志：卷三·学宫［M］.清乾隆五年（1740）刻本：1b-2a.

怀柔也。怅邑灰劫后付之乌有，岁逢丁祭，远就他所，殊遗失制憾。幸遘邑侯文公衔命牧兹土，实心实政，有废皆兴尔者。孔庙水灾，竭心迁建之余，即卜吉垣西，善价购基，经营鸠疟，晨夕董事，五旬而轮奂聿新。"① 在［嘉庆］《峨眉县志》卷首《文庙图》中已无尊经阁，该志正文亦未提及，而［宣统］《峨眉县续志》亦未述及尊经阁，因此，峨眉县尊经阁在嘉庆朝之际或已倾圮不存。

（十）新繁县尊经阁

新繁县尊经阁始建于乾隆二年（1737），"尊经阁在圣庙西，乾隆二年教谕齐骙倡率绅士修建"②。同时，［嘉庆］《新繁县志》所载《学宫图》中仍有尊经阁。［同治］《新繁县志》对尊经阁的描述完全照搬［嘉庆］《新繁县志》，其所载《文庙学署卫湖合图》也有尊经阁，可见其时尊经阁仍存世。此外，光绪三十三年（1907）刊行的《新繁县乡土志》所载文庙基础建筑中已无尊经阁，由此可知，其时尊经阁已不存。

（十一）渠县尊经阁

清代渠县尊经阁位于文庙后部，为二层建筑，乾隆四年（1739）由渠县知县李云骕创建。渠县文庙原位于县城西部，建于南宋嘉定年间（1208—1224），但尊经阁的修建情况未知。明季，文庙亦难逃兵燹塌毁之厄运。自康熙二年（1663）至乾隆二年（1737），文庙历经8次修复，但当事者均未修建尊经阁。

乾隆四年（1739），知县李云骕创建尊经阁。"尊经阁，在学宫后，楼二层，邑侯李云骕建。"③ "李云骕，知县，字良斋，直隶长垣，进士，乾隆四年任。"④ 其为雍正七年（1729）举人，雍正十一年（1733）进士，官至四川眉州直隶州知州。⑤ 其在渠县上任伊始便倡建了尊经阁。另据1932年《渠县志》描述文庙基本格局时提及："尊经阁在学宫后、楼二层，昭忠祠在学宫墙外，棂星门拣选石

---

① ［清］杨世珍. 新建尊经阁碑记［M］//〔清］文曙.〔清］张弘映.［乾隆］峨眉县志：卷九·艺文. 清乾隆五年（1740）刻本：42a.
② ［清］顾德昌，等.［嘉庆］新繁县志：卷十七·祠庙［M］. 清嘉庆十九年（1814）刻本：3a.
③ ［清］何庆恩，［清］贾振麟，〔清］金传培.［同治］渠县志：卷十五·学校志［M］. 清同治三年（1864）刻本：16a.
④ ［清］何庆恩，［清］贾振麟，〔清］金传培.［同治］渠县志：卷三十三·职官志［M］. 清同治三年（1864）刻本：10b.
⑤ ［清］李于垣.［嘉庆］长垣县志：卷四·选举表. 清嘉庆十五年（1810）刻本：47b-48a.

材美而巨，雕镂尤精绝，川中得未曾有云。"① 由此可知，尊经阁在当时依然存世。

（十二）大足县尊经阁

大足县文庙建于明天顺年间（1457—1464），但尊经阁的修建时间与县学创设时间并不同步。"学宫，巍巍泮壁，玉振金声，右序明伦，左阁尊经，斯文有寄，高山景行。鱼凫化十，齐鲁比名，志学校……尊经阁在庙东，乾隆八年，知县李德同训导杨作栋暨绅士修建。"② 可见，乾隆八年（1743），知县李德组织官绅共同修建了尊经阁，并于次年竣工。对此，[道光]《重庆府志》亦载："乾隆九年，知县李德重修复建尊经阁。"③

实际上，大足县尊经阁始建于明嘉靖四十年（1561，辛酉），由时任大足知县董极组织在原御书楼基础上修建而成。据道光年间增补[嘉庆]《大足县志》载："尊经阁向在学宫左，按即明万历二十三年教谕文宗简所修御书楼也。嘉靖乙酉，知县董极改建为尊经阁，共三层，极高峻，上肖魁星像，下有会文堂。乾隆八年知县李德、训导杨作栋暨绅士重修。"④ 此外，据[光绪]《大足县志》载："尊经阁向在学宫左，按即明万历二十三年教谕文宗简所修御书楼也。嘉靖乙酉，知县董极改建尊经阁，上肖奎星像，下设会文堂。国朝乾隆八年，知县李德重修，今废。"⑤ 由上可知，尊经阁于道光年间仍存世，但在光绪初年已废不存。需要指出的是，[嘉庆]《大足县志》将董极修建尊经阁的时间嘉靖辛酉（1561，辛酉）误作"嘉靖乙酉（1525，嘉靖四年）"，而[光绪]《大足县志》亦照录了这一错误。

明代大学士赵贞吉（1508—1576）作《尊经阁记》曰："嘉靖辛酉春，知大足县事董子极建阁于学宫之左以奉六籍，而百家之文不与焉，题其楔曰：'尊经'。过予居，请记之。予谓之曰：'美哉！子之志于道也。夫六经，圣人传道

---

① 钟正懋，杨维中，郭奎铨.[民国] 渠县志：卷八·官师表志一 [M]. 民国二十一年（1932）铅印本：7b.
② [清] 李德.[乾隆] 大足县志：卷五·学校志 [M]. 清乾隆十五年（1750）刻本：1a-3b.
③ [清] 王梦庚，[清] 寇宗.[道光] 重庆府志：卷二·祠祀志·坛庙 [M]. 清道光二十三年（1843）刻本：23b.
④ [清] 张澍，[清] 李型廉，[清] 王松.[嘉庆] 大足县志：卷二·建置志·学校 [M]. 清嘉庆二十三年（1818）刻道光十六年（1836）增刻本：6b.
⑤ [清] 王德嘉，[清] 高云从.[光绪] 大足县志：卷二·建置志·学校 [M]. 清光绪三年（1877）刻本：21a-21b.

之书也，尊经所以尊道也。子知夫先师所以述六经之意乎？其当大道不明，邪说塞路之日耶，且上古之世有传道之人而无其书。中古以还，著书始繁，去圣益远，伪作竞鸣而掊击已鲜，遗于衰周则炎炎詹詹，骛于诙诡流放之言以售其私者多不可胜辟，而道丧世衰之极矣。'"① 赵贞吉言明大足县尊经阁的修建时间，也论及了建阁的时代背景。在明代中后期，经学的衰颓之势已十分明显，一方面，恰如赵贞吉所言，董极修建尊经阁以示尊崇六经之举，并未得到时人广泛赞同，即"而百家之文不与焉"；另一方面，赵贞吉认为因经学式微，其时已现"大道不明，邪说塞路"之势，同时，其时著述虽多，但去儒家原旨甚远，多为个人争名逐利之工具，即在明代嘉靖朝及其后，明代社会已经呈现世风日下、道丧世衰之态势，而这些思想学术与社会风气的沦落景象，均与明廷上下不尊崇经学息息相关。因此，赵贞吉对董极修建大足县尊经阁之举赞誉有加。

在清廷高度重视儒家文化建设的政策前提下，乾隆八年（1743），时任大足知县李德组织复建尊经阁，以实际行动呼应了中央政府与地方督抚对教育事业的重视之策。为此，李德作《重修尊经阁记》详述复建尊经阁原委，全文如下：

辛酉，余下车谒于学，学之左有旧砌而圮，以询司铎杨君，曰："此昔所传尊经阁也，自明季而墟矣。"余低徊久之，以为当年人文之盛，棠与渝敌，于兹可见，拟举而修之未遑也。越岁壬戌之冬，杨君率诸生以修阁请，曰："此余意也。"稽于众，佥有同心，遂相与即地规制，倡修任工，不逾年而落成。阁崇三层，下为会文堂，中纳国朝所颁诸书，上著魁星神像以映奎光，兀然嵯峨如中峰秀出，引巨灵一臂，盼棠花扫华云肩，桂楼赤水营山夹辅，效灵以呈秀。诸生曰："此棠邑盛览也。"气机之见，有开必先，遂乞予为记。余曰："是何为记？毋抑记其事以存其意而已。"修阁之意以尊经也。以尊经，故修之。明其为经而外此必畔道，而非经明其为尊，而下此皆卑卑不足道。尊经于阁即尊阁以经，于以翼学校，兴孝化，俾多士泽躬《尔雅》，而行无庞杂，言无弇鄙。骎骎乎追古昔人文声教之盛，不易易哉？教者记此以劝教也，学者记此劝学也，且使记此，教与学之意，与兹阁而俱永

---

① 〔明〕赵贞吉. 尊经阁记 [M] // 〔清〕李德. 〔乾隆〕大足县志：卷十一·艺文志·记. 清乾隆十五年（1750）刻本：4a-4b.

也。是为记。①

由此观之，大足知县李德倡修尊经阁于清乾隆六年（1741，辛酉），当时此阁已于明末坍塌损毁而仅存废墟。同时，尊经阁的存在正是当年大足文教鼎盛且比肩重庆等地的明证。由此，李德即有复建尊经阁之念。次年冬，恰逢训导杨作栋联合大足士民呈请复建尊经阁，此请与李德之念不谋而合，因此，乾隆九年（1744），尊经阁顺利竣工。值得注意的是，李德在此记文中阐明了个人"修阁之意以尊经也"的基本宗旨。一方面，其明言复建尊经阁并非为修而修，而是为了恢复并彰显经学的学术根本地位；另一方面，其意在令世人皆知尊经阁之寓意在于"经"，而非在于"尊"，即复建尊经阁并非因其所贮藏乃御颁之典籍而较他书尊贵，而是源于六经本身的重要价值不容轻视。此外，李德认为尊经阁是大足当地文教事业发展的重要象征，其存在可为大足人文声教重归兴盛、促进当地教学相长等起重要的指引作用。

（十三）什邡县尊经阁

什邡县文庙始建于北宋祥符二年（1009），明末毁于兵燹。乾隆七年（1742），知县史进爵等修建了尊经阁。据［嘉庆］《什邡县志》载："乾隆七年，知县史进爵偕教谕赵橚、训导余锡恩建竖围房二十一间，修垫甬道，改砌泮池，培植紫荆、桂柏、桃李诸树，又于棂星门内东隅建尊经阁。四十二年，知县任思正以旧制湫隘，楹柱将圮，集邑中绅耆捐募重修，增其基址，高其垣墉，凡一切门堂庑序，灿然大备。又于崇圣祠后改建尊经阁，藏贮书籍。"②

在［同治］《续增什邡县志》之《学校》与《祠庙》中并未述及嘉庆朝之后文庙修建情况，但《艺文》篇目所载道光年间什邡县教谕王之俊《培修圣庙碑记》曰："俊于道光丁亥冬奉部选秉铎斯邑，接篆次日恭谒圣庙毕，环视周览，自大成殿上至尊经阁，下至戟门并东西庑，俱为堂堂正正、鱼鱼雅雅，木石坚牢，无烦改作，惟久经风雨，色泽黯然……凡庙中所宜丹垩者、宜更易者、宜浚深而增高者，无不一时具举于是，而殿宇崇隆矣，地势爽垲矣，体制整肃矣，气象辉煌矣，不亦巍乎焕乎，壮观瞻而昭严肃乎？是役也始于甲午夏，竣

---

① ［清］李德. 重修尊经阁记［M］//［清］李德.［乾隆］大足县志：卷十一·艺文志·记. 清乾隆十五年（1750）刻本：21b-22a.
② ［清］纪大奎，［清］林时春.［嘉庆］什邡县志：卷十五·学校志［M］. 清嘉庆十八年（1813）刻本：1a-1b.

于是秋八月。"① 其中"甲午"即道光十四年（1834），因此包括尊经阁在内的文庙建筑修缮即完成于是年。在1929年《重修什邡县志》中，编者将［嘉庆］《什邡县志》所述乾隆七年（1742）、乾隆四十二年（1777）尊经阁修建历史全部照录，但并未述及其他内容。因此，民国年间什邡县尊经阁是否存在，尚无从考证。

（十四）荣昌县尊经阁

荣昌县文庙位于县城东北，始建于明天顺年间（1457—1464），明末毁于兵乱。乾隆十一年（1746），在教谕何毓聪的提倡下，知县许元基组织修建了尊经阁。其时，何毓聪作《新建魁星楼尊经阁教学斋碑记》云：

> 昌元地当巴蜀之中，其疆宇则隆足云联，永泸绣错，其形胜则群峰竞起，二水合流，山川都丽，几甲于全蜀，其灵秀所钟历晋唐宋明，代有传人。迨及我朝崇经学而尚实行，昌元人文亦复华实并茂，独科名尚相间一发，岂其人杰而地未灵欤？抑亦培植文脉与百工居肆之道未尽耶？余于甲子夏谬任兹学，首谒圣庙，嗣拜文昌，仰瞻庙貌，改作之思不觉怦怦而动，然不敢轻出诸口，谓其劳而且费也。嗣后诸生来谒，率以振兴文教请，而余亦未敢轻吐其意。越丙寅，帝君圣诞，诸生云集，拜奠之余，余乃微露其意，而诸生无不以为当兴，爰以达之邑侯许公。公曰："荣邑文昌宫，文庙之左辅也。培文昌宫，实以培文庙也。吾儒根本之地，顾不重欤？余自读书服古，慨然想见文翁之为人，下车以来，朔望行香，非不动风雨飘摇之感，乃莅任八年，而不举者亦以治不逮。夫龚黄，政未优于教养，夫是以宽其时于有待也。诸生是举，何其适获我心也。"余其捐俸廉以为之倡，公于是详为规画，谓："文昌宫虽陋，然制犹高敞，旧贯可仍一为整饬便宽改观，惟前魁星楼飘摇于风雨之中，改作宜急，移而建于文昌宫后，以为圣庙左翼，庶几根本立而其余可渐次举也。至魁星楼之制准以三层，其最上者魁星居之，中则为尊经阁，用以贮列圣所赐之书，其下为教学斋，为诸生讲习月课之地，未知当否先生其与诸生图之？"余以公意转示，诸生莫不踊跃，赞叹曰："美哉！公意一举而数善备焉。"余乃体公雅

---

① ［清］傅华桂，［清］王玺尊. ［同治］续增什邡县志：卷四十八·艺文［M］. 清同治四年（1865）刻本：35b-36b.

170

意，拣择诸生取明经余君，邑庠雷君、翁君、孙君之近者总领厥事，其远居四乡者，各里立二名以为领袖，余亦不敢惮烦，司其出纳，鸠工力作，大兴土木，阖邑士民欣然乐助，不半载而楼观厥成。余登眺其上，仰视群山，咸归指顾，俯察二水，如带萦回，不觉其喜洋洋，叹公规为之善与搢绅士民之能成大观也。自兹以往，灵星克妥，经籍有庋，而诸生讲贯肄业于其下，行见经术修明，其功名事业，安知不与晋唐宋明之传人后先辉映，岂第科第蝉联而已哉？则是举也，不必为科名计，而植其根，而培其本，直操左券耳。后之垂绅搢笏而登此楼者，当必有穆然怀想于创业之艰，而培补勿替者欤。是为记。①

由此可知，首先，尊经阁修建成本较高，因此，何毓聪此前颇感有心无力，即"改作之思不觉怦怦而动，然不敢轻出诸口，谓其劳而且费也"。其次，荣昌县尊经阁并非单体建筑，而是与魁星楼、教学斋合建，位于魁星楼之中层，如此之举可降低修建成本，亦可看出荣昌县的财力比较有限。从此，清廷颁赐等官学藏书有固定贮藏之所即"经籍有庋"，更有利于在教学斋学习的生员按需取阅。

不过，在同治四年（1865）刊刻的《荣昌县志》卷一《学宫图》中已无尊经阁，可知在此之前尊经阁已不存在。另据［光绪］《荣昌县志》载："尊经阁，在学宫左，久废。光绪六年，改修大成殿右，中刊康熙三十年御书圣经碑二'崇儒重道''兴贤育才'。"② 可见，荣昌县尊经阁在光绪六年（1880）又经复建，但其倾毁时间尚难考证。

（十五）石泉县尊经阁

目前仅知乾隆十七年（1752）石泉县尊经阁即已存世。石泉县学建设可追溯至南宋高宗绍兴年间（1131—1162），入清之后，康熙二十二年（1683）知县朱点将学宫迁建于石泉城内，至康熙五十四年（1715）知县林逢春再次将学宫迁回望崇山故址。乾隆十七年（1752）知县崔鏞倡导重修，在接任者知县吴维世任内竣工。此次修建后，石泉学宫的总体建筑格局为："学在县东一里望崇山之麓，中为大成殿三间，前为露台，东西两庑各三间，前为戟门，又前为棂星

---

① 〔清〕何毓聪. 新建魁星楼尊经阁教学斋碑记［M］//〔清〕许元基.［乾隆］荣昌县志：卷四·艺文. 清乾隆十一年（1746）刻二十九年（1764）增刻本：16a-18b.
② 〔清〕文康，〔清〕施学煌，〔清〕敖册贤.［光绪］荣昌县志：卷六·学校［M］. 清光绪十年（1884）刻本：3a.

门，戟门之左为名宦祠，右为乡贤祠，戟门之前左为忠义孝悌祠、节孝祠，右为宰牲所，其西为明伦堂，立卧碑，堂之后为学官公廨，堂之右公厨一间、祭库一间，其右为尊经阁一间，大成殿之北为崇圣祠，又东南距学百步为文昌祠，此学宫之大略也。"① 可见，石泉县尊经阁位于文庙内东部。但有关石泉县学宫的资料十分匮乏，且其中言及尊经阁者少之又少。同时，在目前可见清代另一种石泉方志［道光］《石泉县志》中，对学宫基本建筑的描述中已无尊经阁，因此，笔者推测石泉县尊经阁其时已不存。

（十六）安县尊经阁

在［乾隆］《安县志》中并无尊经阁的具体描述，但在《教征·人物》所载邑人刘荣宠的传记中提及其捐资修建尊经阁一事，"刘荣宠，字仁斋，修贤之侄孙，年十六入泮，邑令陈公嘉其文沉着有思，致命肄业书院，亲为指授。甲子，领乡荐下第，后督课子侄登黉序者数人。丙戌，拣选补授东乡教谕学政，修举士之贫不能读者，辄助其费肄业于斋，县令魏钦佩之，率其子受业焉。累年积修脯，遂创建尊经阁及魁星楼以糜之弗吝也"②。由此可知，刘荣宠为乾隆九年（1744，甲子）举人，乾隆三十一年（1766，丙戌）任江西东乡县教谕。［嘉庆］、［同治］《安县志》的《安县学宫图》均有尊经阁，其位于大成殿之后，但在《学校》《祠庙》篇目却未提及尊经阁。［民国］《安县志》载："尊经阁，在北关外圣庙内东偏，系邑绅刘荣宠创建，当时广储经史以供学宫士子观览，累遭兵燹，书籍无存，后圣庙培修数次，阁亦培修，以留古迹。"③ 综上，安县尊经阁应由乡绅刘荣宠创建且时间上限不早于乾隆三十一年（1766）。同时，至1938年，安县尊经阁依然存世。目前，安县尊经阁早已不存。

（十七）彰明县尊经阁

彰明县文庙始建于唐大中十三年（859），明末倾圮。乾隆三十三年（1768），知县廖方皋复建文庙，其中，"尊经阁，在名宦祠左，二楹，邑侯廖方皋建"④。同时，［同治］《彰明县志》对廖方皋的政绩表述为："廖方皋，广西

---

① 〔清〕姜炳璋.［乾隆］石泉县志：卷二·学校［M］.清乾隆三十三年（1768）刻本：15a.
② 〔清〕张仲芳.［乾隆］安县志：卷四·教征·人物［M］.清乾隆五十四年（1789）刻本：14b.
③ 夏时行，刘公旭.［民国］安县志：卷八·方舆门·古迹［M］.民国二十七年（1938）石印本：12b.
④ 〔清〕何庆恩，等.［同治］彰明县志：卷十五·学校志［M］.清同治十三年（1874）刻本：2b.

桂林人，乾隆三十一年知县事，督民开凿红岩堰，三十三年徙建文庙及学署、明伦堂，士民赖之。"① 目前，彰明县尊经阁早已不存在，其倾毁时间尚难考证。

（十八）苍溪县尊经阁

乾隆四十八年（1783），苍溪县尊经阁由具令丁映奎倡建完成。"乾隆四十八年，邑令丁映奎率绅士补修，有记。正殿三间，东、西两庑共六间（邑令洪渭建），大门、戟门（邑令孙毓珫建），棂星门（明邑令李辅建石坊有记）。魁星阁（明建庙左，雍正十年，改建庙右。乾隆四十八年，邑令丁映奎徙建南岸锦屏山有记）。圣域（阁前街左），贤关（阁前街右），崇圣祠（庙后，邑令孙毓珫建），尊经阁（祠后，藏敕颁经书、祭品）。"②

可见，尊经阁位于崇圣祠后，兼有收藏官学藏书与祭祀用品之功能。[民国]《苍溪县志》述及文庙时，直接从丁映奎修建文庙事迹过渡到1922年重修文庙一事，"乾隆四十八年邑令丁映奎重修，有记入艺文志。民国以来，叠经兵燹，门墙毁折。至十一年邑绅筹款重修，焕然一新"③。其中对乾隆末期至民国期间苍溪县文庙的修建情况付之阙如。但[民国]《苍溪县志》所示新建文庙中并无尊经阁，加之最早的[康熙]《苍溪县志》并未提及尊经阁，而目前可见的苍溪县方志仅有以上康熙、乾隆、民国等3种，因此，笔者推测苍溪县尊经阁起码在1922年之前已不存。

（十九）灌县尊经阁

灌县文庙始建于五代时期，明末毁于战火。直至乾隆四十三年至乾隆四十八年（1778—1783）知县孙天宁重修文庙，灌县尊经阁终于得以修建。据[乾隆]《灌县志》载："迨回任至四十三年，军务宁息，始谋更张，而工巨费繁，难以妄动，且圣庙基址旧处山凹，欹斜湫溢，不可苟且，仍爰择衿士之端方正直者董其事，余割俸以倡酌量派捐而都人士亦欣然乐从，乃相厥地宜，负土累石，庀材鸠工，仿佛旧规，而廓新之残木剩石概不复用，阅五载而告成，谨列

---

① 〔清〕何庆恩，等. [同治]彰明县志：卷三十七·政绩志 [M]. 清同治十三年（1874）刻本：2b.
② 〔清〕丁映奎. [乾隆]苍溪县志：卷二·学校 [M]. 清乾隆四十八年（1783）刻本：1b-2a.
③ 熊道琛，钟俊，李灵椿，等. [民国]苍溪县志：卷三·庙坛一 [M]. 民国十七年（1928）铅印本：1a.

其制如左，新建：圣庙五间……尊经阁三间。"① 由此，正是有了尊经阁，灌县文庙庙制才可称之完备。此后，同治二年（1863）至光绪七年（1881），灌县文庙又被移向新建，其中亦包括尊经阁。据［光绪］《增修灌县志》载："同治二年，知县李天植奉上谕集绅筹款移向新建，迄光绪七年始行完工。大成殿五间……右尊经阁。"② 光绪十三年（1887）成书的《灌记初稿》描述文庙时亦提及尊经阁："同治二年，知县李天植移建，迄光绪七年竣事，有大成殿……有尊经阁……乡贤祠。"③

1929年，灌县文庙改设县立初级中学校。1933年《灌县志》对文庙的描述是："民国葺修复建斋宿室及楼房，十八年侨置初级中学校于内庙，附庙左者为名宦祠、节孝祠，右为忠义祠、乡贤祠，今节孝祠已圮，余三祠。民国二十年（1931年）复修四祠于庙左，合为一室。"④ 其中并未言及尊经阁，但笔者推测其当在此学校内。1952年，此学校改为灌县中学。1988年5月，经国务院批准，灌县撤县设市并更名为都江堰市。在2008年汶川大地震中，都江堰文庙部分受损，2010年，都江堰市人民政府按清代形制开始复建文庙，历时3年完成，2013年5月13日正式对外开放。期间，2012年7月，四川省人民政府公布都江堰文庙及魁星阁为省级文物保护单位。如今，尊经阁依然屹立在都江堰文庙中轴线的最高处。

（二十）长寿县尊经阁

长寿县文庙于明末毁于兵燹，康熙元年（1662）知县柴允芳重建，康熙四十八年（1709）知县石如金重修。嘉庆二年（1797）又毁于兵乱，嘉庆十一年（1806）知县余铨于旧址重建，其中即包括尊经阁，"尊经阁，在泮池左"⑤。［光绪］《长寿县志》对嘉庆朝之后长寿县文庙修建情况描述为："咸丰二年，邑士等因地近尘嚣，请知县朱庆镛详禀仍移建于旧基，在今县治南门外五

---

① 〔清〕孙天宁. ［乾隆］灌县志：卷四·学校［M］. 清乾隆五十一年（1786）刻本：62a-64a.
② 〔清〕庄思恒,〔清〕郑珶山. ［光绪］增修灌县志：卷三·建置志·祠庙［M］. 清光绪十二年（1886）刻本：18b.
③ 〔清〕彭洵. 灌记初稿：卷二·建置记［M］. 清光绪二十年（1894）刻本：16a-16b.
④ 叶大锵，等. ［民国］灌县志：卷二·营缮书［M］. 民国二十二年（1933）铅印本：2b.
⑤ 〔清〕王梦庚,〔清〕寇宗. ［道光］重庆府志：卷二·祠祀志·坛庙［M］. 清道光二十三年（1843）刻本：8b.

里。"① 虽然在该志所列文庙建筑中并无尊经阁，但卷首《学宫图》中绘有尊经阁，其位于文庙内东侧、名宦祠左侧。据1944年《长寿县志》载："民国以来，曾驻军队，墙宇多损，现时河街镇小学校附设在内，然历来尊崇礼教有加，特记载以供参考。庙制正中为大成殿……一名宦祠、乡贤祠附列大成门左右，阶下以外偏东为尊经阁，偏西为节孝祠。"② 由此可见，其时长寿县文庙已被河街镇小学校占用，而尊经阁亦位于校内。

（二十一）通江县尊经阁

[道光]《通江县志》对通江县文庙的描述是："国朝，嘉庆三年，教匪焚毁。十五年，知县洪运开重建。庙制：大成殿在北门稍南，今悬御书'万世师表'匾额于正中……尊经阁在学宫后（今圮），敬一亭在尊经阁左（今圮）。"③ 由此可见，通江县尊经阁应建于嘉庆十五年（1810），但在道光年间（1821—1850）即已倾圮，因此，[道光]《通江县志》卷首《学宫图》中所绘尊经阁应为残存故址。

（二十二）温江县尊经阁

温江县文庙始建于隋代，明末毁于兵燹。"嘉庆十七年，邑令李绍祖、教谕杨姗、孙超然、训导杨发枝、胡文瑾、庠生程汉章等捐募重修大成殿、东西两庑四间、忠义祠一间、尊经阁一间、棂星门一座、泮池一区、戟门三间。"④ 由此可知，清代温江县尊经阁修建于嘉庆十七年（1812）。此后，道光二十九年（1849，己酉）知县章燮组织重修文庙，据宣统元年（1909）《温江县乡土志》载："文庙在南城古文明街道，道光二十九年，邑令章燮就旧庙改修，后令刘维岳、薛廉、潘铭鉴踵成之……经始于己酉，告成于辛酉，鸠工庀材共费二万余金，名宦祠、乡贤祠、忠义孝弟祠、节孝祠在庙前左右。"⑤ 由此可知，温江文庙竣事于咸丰十一年（1861，辛酉），但其中并未提及尊经阁，同时，在该乡土

---

① [清]张永熙，[清]周泽溥.[光绪]重修长寿县志：卷四·学校[M].清光绪元年（1875）刻本：1b.
② 陈毅夫，刘君锡，张名振，等.[民国]长寿县志：卷七·学校[M].民国三十三年（1944）铅印本：1a—1b.
③ [清]锡檀，[清]陈瑞生，[清]邓范之.[道光]通江县志：卷四·学校志[M].清同治二年（1863）刻本：1b—2b.
④ [清]李绍祖，[清]徐文贲，[清]车西，等.[嘉庆]温江县志：卷十八·祠庙[M].清嘉庆二十年（1815）刻本：1b.
⑤ [清]曾学传.[宣统]温江县乡土志：卷九·地理[M].清宣统元年（1909）刻本：5a—5b.

志所载其时文庙基础建筑亦未言及尊经阁。由此,笔者推测自道光二十九年(1849)之前,温江县尊经阁即已不存。1912年后,温江县文庙的情况是:"民国时期曾一度作为县中学校址。现为温江县人民政府所在地。1984年2月16日(农历正月十五日),文庙大成殿因火灾被焚毁,左右两庑、东西两亭、二殿、泮池等尚保存原建筑风貌。大成殿现按原庙重建。"① 可见,温江县尊经阁并未被复建。

(二十三) 新都县尊经阁

新都县文庙始建于唐咸亨元年(670),明末被毁。据[道光]《新都县志》载:"道光十七年,知县张奉书重修正殿、崇圣祠、两庑、御碑亭、尊经阁……"② 其中仅笼统地说明张奉书重修的文庙建筑中包括尊经阁,但在随后说明尊经阁及其所存钦颁书籍时则明确言及:"尊经阁在学宫内,道光十七年知县张奉书新建。"③ 由此可知,新都县尊经阁建于道光十七年(1837)。1929年铅印本《新都县志》亦提及尊经阁:"尊经阁,在文庙正殿右,清道光十七年新建。"④ 由此,其时新都县尊经阁尚存世,至于其倾塌时间尚难考证。

(二十四) 彭县尊经阁

彭县文庙始建于元天顺元年(1328),入清之后,"彭县儒学,在县治东南。康熙六年裁并新繁,雍正八年复设"⑤。但直至嘉庆年间,尊经阁仍未修建。[嘉庆]《彭县志》卷首《文庙图》中并无尊经阁,在该志《学校》《祠庙》等篇目中亦无尊经阁的相关记载。

道光十三年(1833),知县毓庆借祟社谷获价银10830两,当年七月起,即对文庙开展改建。道光二十七年(1847),署理知县郭彬图再次推进文庙建设工程并于当年完工。"先后劝捐共钱万五千九百五十一贯余,一律修竣,详委勘报,计共建:启圣殿五间,东西崇圣祠各三间,崇圣门三间,大成殿一

---

① 四川省温江县志编纂委员会. 温江县志 [M]. 成都:四川人民出版社,1990年:748.
② [清] 张奉书,[清] 张怀泂. [道光] 新都县志:卷五·学校志 [M]. 清道光二十四(1844)刻本:2a.
③ [清] 张奉书,[清] 张怀泂. [道光] 新都县志:卷五·学校志 [M]. 清道光二十四(1844)刻本:18a.
④ 陈习删,闵昌术. [民国] 新都县志:第二编·政纪·教育 [M]. 民国十八年(1929)铅印本:30b.
⑤ [清] 王钟钫. [嘉庆] 彭县志:卷十六·学校 [M]. 清嘉庆十八年(1813)刻本:1a.

座,……尊经阁一座,御碑亭一座,东西走廊各十三间,更衣所各五间。"①

之所以直至道光二七十年(1847)彭县尊经阁才得以建立,其主要原因在于自道光十三年至道光二十七年(1833—1847),彭县知县数次变动,导致施政连续性遭到破坏。期间,彭县文庙扩建倡导者与首任组织者毓庆任职历经数次反复,而且其接任者多为短期署任。毓庆,内务府汉军镶黄旗人,道光三年(1823)进士,道光八年(1828)七月首任彭县知县,此后,"十一年正月卸事,八月回任。十三年八月卸事。十八年二月补任。十九年六月卸事。二十年九月复任。二十一年六月卸事,十一月复任。二十二年五月卸事"②。在毓庆与郭彬图之间,彭县县令任上如走马灯般共经历了13位接任者。由此观之,一方面,在其时专制集权制度环境下,包括尊经阁在内的基础设施建设必须依赖于地方长官的主观好恶与持续推动;另一方面,这也反映出清中后期之际,清廷治下地方人事更迭频繁,政局已呈持续动荡之势。

(二十五)开县尊经阁

清代开县尊经阁修建于咸丰二年(1852),据[咸丰]《开县志》载:"咸丰二年,合邑士民重修至圣先师庙,亥山巳向,中为大成殿三间,前为露台,台之左右为尊经藏书之阁,东西两庑各五间,前为戟门……"③ 目前,开县尊经阁早已不存。

(二十六)清溪县尊经阁

清溪县自雍正七年(1729)改土归流,由卫所改置,次年设立儒学,1914年,清溪县改属汉源县。在[乾隆]《雅州府志》、[嘉庆]《清溪县志》所述学宫建筑图文中,均无清溪县尊经阁的相关记载。同治九年(1870),清溪县文庙再次重建,其中即包括尊经阁。据[民国]《汉源县志》描述:"同治九年,拔贡黄体诚、张大成……以文庙自嘉庆初年迁修以来湫隘太甚,倾圮堪虞,士民愿捐资重修等情呈请在县,知县宋大奎据情通禀,奉总督吴批,仰布政司转饬该县,即饬绅董妥筹修建以昭诚肃,务须工坚料实,切勿草率偷减,是为至要。是年十一月兴工拆卸旧庙,详审方向,取定壬丙并升高地基,紧倚城根。翌年

---

① 〔清〕张龙甲,〔清〕吕调阳.[光绪]彭县志:卷二·舆地门下·庙坛志[M].清光绪六年(1880)刻本:3a-4b.
② 〔清〕张龙甲,〔清〕吕调阳.[光绪]彭县志:卷六·搢绅门·职官题名志[M].清光绪六年(1880)刻本:15a.
③ 〔清〕李肇奎,〔清〕陈昆.[咸丰]开县志:卷八·学校志[M].清咸丰三年(1853)刻本:2b.

辛未二月十一日，建竖大成殿五间，高三丈有奇，周围走廊陆续修建，崇圣祠三间、东西庑各七间、戟门五间，左右附名宦、乡贤、忠义、节孝四祠各一间，金声、玉振亭各一座，尊经阁、祭器库各一间……光绪九年，首事张大成、郭应宜、孙仕江以文庙落成，禀县详请委员勘验，知县唐彝铭通禀文。"① 由此可知，此次文庙修建时间跨度较大，始于同治九年（1870，庚午），竣工于光绪九年（1883，癸未）。不过，清溪县尊经阁倾毁时间尚难考证。

第二节 清代云南官学尊经阁

清代云南官学藏书楼以尊经阁为主，也有一部分州、县学藏书存贮于衙署或学署。受明季战乱影响，云南一些尊经阁毁于兵燹，入清之后再未复建。

在府学方面，大理府学曾于明代正德年间修建了尊经阁，但至康熙年间其已废毁不存，据［康熙］《大理府志》载："文庙右为儒学，旧在庙东。郝天挺建庙后迁今址……正德间地震并圮，知府梁珠重修，又作尊经阁于庙后，有李华记（今废）。"② 检阅［道光］《普洱府志》可知，雍正七年（1729）普洱府方才设立，致使普洱地区府、厅、县学设立较晚，在庙制方面并不完备且缺少藏书传统。"普洱旧无学，雍正七年设普洱府，分元江府训导驻其地，九年，巡抚张允随题建。"③ 因此，普洱府及其所辖宁洱县、思茅厅、威远厅、他郎厅等在庙制方面亦不健全，均未建立尊经阁及类似的专门藏书机构。

在州学方面，晋宁州尊经阁毁于劫火后并未复建。据［康熙］《晋宁州志》载："尊经阁旧在启圣祠后敬一亭基址，毁于劫火。康熙四十三年，知州张声远移奉御赞丰碑。四十四年，知州秦采改楼建屋三楹为启圣祠。"④ 在［道光］《晋宁州志》所载《学宫图》中亦无尊经阁，由此可见，晋宁州并未复建尊经阁。

在县学方面，太和县隶属大理府，太和县学尊经阁建于明嘉靖年间（1522—

---

① 刘裕常，王琢.［民国］汉源县志：卷二·教育志［M］.民国三十年（1941）铅印本：7a-7b.
② ［清］傅天祥，［清］黄元治.［康熙］大理府志：卷十一·学校［M］.清康熙三十三年（1694）刻本：3b.
③ ［清］郑绍谦.［道光］普洱府志：卷十·学校［M］.清咸丰元年（1851）刻本：1b.
④ ［清］杜绍先.［康熙］晋宁州志：卷二·学校［M］.清康熙五十五年（1716）抄本：2b-3a.

1566），位于文庙内右侧的明伦堂之后，至康熙年间，"文庙右为儒学明伦堂……尊经阁（嘉靖元年，副使姜起龙建，今无存）"①。云南县学位于旧洱海卫左，尊经阁的位置与存留情况与太和县尊经阁一致，康熙前期即已倾毁不存，"文庙后为儒学明伦堂，两斋（博文、约礼），尊经阁（今废）"②。此外，查阅〔康熙〕《大理府志》、〔雍正〕《宾川州志》、〔民国〕《宾川县志稿》可知，其中均无宾川州尊经阁及官学藏书的相关记载。同时，元谋县文庙建成于明代崇祯七年（1634），明末重臣傅宗龙在其《新建儒学碑记》中言及："至尊经阁，则公今之所宜，崇异同之所，合惟创构当先者，兹丹垩金璧，掩映辉煌，增以簠簋钟簴于登歌陟降，迄彰完美、歌思乐，宜贤士有其所矣。"③可见，当时元谋县学建有尊经阁。清初，"未几，吾酉之乱，嗣以小丑伏戎，罹于兵戎，烈于回禄，荡毁殆尽，仅存正殿东庑、明伦堂而已，余则遍鞠丘墟"④。由此，尊经阁亦倾塌不存。此后，元谋县并未重建尊经阁，其县学藏书存于明伦堂内。

实际上，限于财力、人力、物力及传统，云南省内一些州、县并未修建高大雄伟的尊经阁，而是修建了普通的藏书室。例如，入清之前，新兴州并未修建尊经阁。康熙四十八年（1709），知州任中宜将学宫迁建于州治东南，但仅在新建学宫中修建了书室三间，之后亦未修建尊经阁。据〔乾隆〕《新兴州志》所载其时庙制为："文庙：启圣宫三间，大成殿五间……左书室三间……"⑤此记载与该志卷一《图考》所载《学宫图》所绘建筑位置相符，图中所示"书室"三间位于明伦堂之北，二者位于学宫东部。

一、清代云南府学尊经阁

（一）顺宁府（县）尊经阁

顺宁县学附于顺宁府学。顺宁尊经阁位于文庙之内，由知府许弘勋组织修

---

① 〔清〕傅天祥，〔清〕黄元治. 〔康熙〕大理府志：卷十一·学校［M］. 清康熙三十三年（1694）刻本：22b-23a.
② 〔清〕傅天祥，〔清〕黄元治. 〔康熙〕大理府志：卷十一·学校［M］. 清康熙三十三年（1694）刻本：25a.
③ 〔明〕傅宗龙. 新建儒学碑记［M］//〔清〕莫舜鼐，等. 〔康熙〕元谋县志：卷四·艺文. 昆明：云南人民出版社，2005：121.
④ 〔清〕莫舜鼐. 新修儒学碑记［M］//〔清〕莫舜鼐，等. 〔康熙〕元谋县志：卷四·艺文. 昆明：云南人民出版社，2005：129.
⑤ 〔清〕任中宜，〔清〕徐正恩. 〔乾隆〕新兴州志：卷七·学校［M］. 清康熙五十四年（1715）刻乾隆十五年（1750）增刻本：2a-2b.

建，康熙八年（1669，己酉）冬开工，次年秋竣工。许弘勋在其《鼎建顺宁府文庙碑记》中写道："两庑连楹而五，阶级层列而三，以暨名宦、乡贤、明伦堂、尊经阁、师署、宅舍、门墙，四垣百丈有奇，垩粉施丹，匀金锦碧，皆特构而节须备之，为力不细也。肇修于己酉之冬，落成于庚戌之秋。匠斫、佣工、市料，银共二千余两。"①

但在［光绪］《续修顺宁府志稿》所载雍正至道光年间顺宁府文庙历次维修记录中，并未见及尊经阁。此后，咸丰年间杜文秀起义导致顺宁府文庙倾塌而异地重建。"咸丰七年，兵燹多坍塌。同治十二年，知府陈泰琨从绅士请卜吉迁移于府署遗址。光绪元年，禀准由地方筹款修建大成殿、大成门、棂星门、宫墙。四年，盐法道钟念祖增修东西两庑。五年，绅士筹款复请增修乡贤祠、名宦祠，德配坊、重门、围墙、泮池。十年，绅士增修明伦堂。十一年至十九年，先后增修魁阁、圣域、贤关、池上圜桥。二十三年，重修崇圣殿。"② 由上可知，直至光绪二十三年（1897），在异地复建的文庙的各类基本建筑中并无尊经阁，因此，笔者推测尊经阁毁于咸丰年间兵燹且再未复建。

（二）临安府（建水州）尊经阁

临安府治位于建水州，最初建水州学附于临安府学，此后虽然二者分置，但二者仍共用文庙并共用尊经阁。据［雍正］《临安府志》载："建水州：州学原附于府，至万历四十三年，知府赵士龙请于巡按吴应琦题请分学，裁府学训导，增州学学正。学虽分而庙则同。建明伦堂、左右斋房、仪门、大门。丁亥年，兵毁。"③ 同时，在雍正九年（1731）刻乾隆五十八年（1793）增刻本《建水州志》所载建水州学宫图中，明确标注文庙后部仅有一座尊经阁。此外，乾隆三十五年（1770），建水州降为建水县。据［嘉庆］《临安府志》载："建水县庙学附于府。"④ 由此可知，当时临安府与建水县依然共用尊经阁。

尊经阁位于文庙内最后部，由临安府知府赖瑛始建于明宣德年间（1426—1435）。明天顺七年（1463），临安知府周瑛（1429—1502）组织重修了尊经阁，

---

① 〔清〕许弘勋. 鼎建顺宁府文庙碑记［M］//〔清〕党蒙，〔清〕周宗洛.［光绪］续顺宁府志稿：卷三十三·艺文志二. 清光绪三十一年（1905）务本堂书坊刻本：8b-9a.

② 〔清〕党蒙，〔清〕周宗洛.［光绪］续顺宁府志稿：卷十四·学校志一［M］. 清光绪三十一年（1905）务本堂书坊刻本：13b.

③ 〔清〕张无咎，〔清〕夏冕.［雍正］临安府志：卷十三·学校［M］. 清雍正九年（1731）刻本：4b-5a.

④ 〔清〕江濬源，〔清〕罗惠恩.［嘉庆］临安府志：卷八·学校［M］. 清嘉庆四年（1799）刻本：15b.

云南学政邵玉（1407—1469）在《尊经阁碑记》中写道："阁以尊经名，崇圣道也。道具，前圣一心着之于经，必有后圣者作兼君师之位，当制作之任，阐明宣朗，然后经益以尊道，益以着，足以扶世导民，归于皇极。肆惟皇明抚运，列圣代作《御制大诰三编》及《五经》《四书》《性理大全》《为善阴骘》《孝顺事实》《五伦书要》，皆所以尊经崇道而大有补于世教。故以云南六诏，荒服之外，亦必创学立师，颁布书籍，作新士千载斯文之太幸也。临安在边，迤东地大形胜，丕振士风，庙学之建益亦有年。宣德间，前监察御史赖公瑛出守兹郡，于明伦堂后始建一阁，扁曰'尊经'，贮书于上，意亦勤矣。"①

入清之后，李定国率大西农民军入云南，尊经阁于顺治四年（1647，丁亥）在兵燹中倾塌。此后，[康熙]《建水州志》专门描述了尊经阁的修建历史："尊经阁：在文庙后。明宣德间知府赖瑛建，原名藏书楼。丁亥毁。康熙十二年，知府程应熊重修，开化府同知姚文燮序（载艺文）。康熙二十二年，知府黄明修东庑，石刻圣像奉祀阁中。左竖御制孔子赞并序碑，右竖御制颜曾思孟赞碑，侧竖移祀孔圣遗像碑记。敬一亭：在文庙右……康熙三十九年，知府朱翰春补视听言三箴，今竖尊经阁前。"② 另外，[雍正]《建水州志》将[康熙]《建水州志》此部分内容全部照录，因雍正志成书于雍正九年（1731），而康熙志有关学校的记事下限为康熙五十三年（1714），因此，雍正志对建水州学校内容的增补很少。实际上，康熙三十二年（1693）临安知府王永羲重修文庙时，亦对尊经阁周边墙体予以修缮，其言及当时尊经阁的状况为："尊经阁即古天禄石渠之遗，撑叠云表，气象峥嵘，但藩垣不修，多为近居者刍牧之所。"③

值得一提的是，尊经阁中供奉的孔子圣像来自文庙之杏坛。据[康熙]《建水州志》载："杏坛：旧址在棂星门前、泮池上。明天顺六年，知府王佐、知州徐景云、指挥使万僖重修，石刻圣人弦诵像于坛中，有碑文。万历间地震坛倾，像置东庑。"④ 而[雍正]《建水州志》仅将此圣像地点改为"后地震坛圮，像

---

① [明] 邵玉. 尊经阁碑记 [M] // [清] 陈肇奎，[清] 叶涞. [康熙] 建水州志：卷十八·艺文一. 清康熙年间刻本：16b-17a.
② [清] 陈肇奎，[清] 叶涞. [康熙] 建水州志：卷五·学校 [M]. 清康熙年间刻本：5b-6a.
③ [清] 王永羲. 重修学宫碑记 [M] // 丁国梁，梁家荣. [民国] 续修建水县志稿：卷十二·艺文二. 民国九年（1920）铅印本：24b-25a.
④ [清] 陈肇奎，[清] 叶涞. [康熙] 建水州志：卷五·学校 [M]. 清康熙年间刻本：5a.

今奉尊经阁"①。实际上，是临安知府黄明下令将此圣像由东庑迁移至尊经阁中供奉，而〔嘉庆〕《临安府志》对此予以确认，"本朝康熙十二年，知府程应熊倡修尊经阁、观水亭并收贮经书，知州李沨修文星阁。二十二年奉旨重修，知府黄明于东庑瓦砾中见石摹圣像，恭移于尊经阁"②。另据临安知府丁炜所言："宪副黄公龙光初莅临郡，谒庙后，即启圣像于廊庑沙砾间，崇奉尊经阁中。"③据〔雍正〕《临安府志》载："黄明：福建人，军功改授，二十二年任。朱翰春：福建人，进士，二十九年任。"④由此可知，黄明于康熙二十二年至康熙二十九年（1683—1690）任临安知府。

由上可知，康熙十二年（1673，癸丑），临安知府程应熊组织重修尊经阁完毕。对此，邑人刘彪在《重建明伦堂碑记》中写道："经始于壬子之冬，告成于癸丑之夏阅月，而尊经阁、观水亭、名宦乡贤祠亦随之次第竣。"⑤同时，重建文星阁的知州李沨也证实程应熊重修尊经阁一事："方今上临雍御讲，凡兴文之务，咸与维新。我太尊程公甫下车，敦名教、重经济，一以齐鲁待临建之士，如学宫尊经阁、明伦堂、观水亭各以次第，举其文星阁，沨何敢多让？"⑥此后，二十八年（1689），建水州教授熊兆镒对尊经阁予以修缮。康熙三十二年（1693，癸酉），知府王永羲重修文庙时，亦修缮了尊经阁，据刘彪言及："圮者筑之，废者增之，卑者崇之，隘者扩之，自殿而庑而门枋而池亭而魁阁，由中及外，罔弗饬也。自启圣宫而尊经阁而景贤祠，由前及后，罔弗缮也。始工于癸酉之秋七月，讫于是年之冬十二月，比之当年创者，亦无美弗增矣。"⑦

程应熊，字姜若，号作宾，河北肥乡人，恩拔贡生。历任四川成都府通判、浙江湖州府通判，后升福建建宁府同知、云南临安府知府。康熙十年（1671），

---

① 〔清〕祝宏，〔清〕赵节.〔雍正〕建水州志：卷四·考校〔M〕.清雍正九年（1731）刻乾隆五十八年（1793）增刻本：6a.
② 〔清〕江濬源，〔清〕罗惠恩.〔嘉庆〕临安府志：卷八·学校〔M〕.清嘉庆四年（1799）刻本：4b.
③ 〔清〕丁炜.临安府儒学新置圣朝祭器碑记〔M〕//〔清〕陈肇奎，〔清〕叶涞.〔康熙〕建水州志：卷五·学校〔M〕.清康熙年间刻本：14a.
④ 〔清〕张无咎，〔清〕夏冕.〔雍正〕临安府志：卷十一·秩官〔M〕.清雍正九年（1731）刻本：5b.
⑤ 〔清〕刘彪.重建明伦堂碑记〔M〕//〔清〕陈肇奎，〔清〕叶涞.〔康熙〕建水州志：卷十八·艺文二〔M〕.清康熙年间刻本：10a.
⑥ 〔清〕李沨.重修文星阁记〔M〕//〔清〕陈肇奎，〔清〕叶涞.〔康熙〕建水州志：卷十八·艺文二〔M〕.清康熙年间刻本：33b-34a.
⑦ 〔清〕刘彪.重修临安府庙学碑记〔M〕//〔清〕陈肇奎，〔清〕叶涞.〔康熙〕建水州志：卷十八·艺文二〔M〕.清康熙年间刻本：16a.

<<< 第五章 清代西南官学尊经阁修建沿革史考释

程应熊抵达临安，针对当地文教松弛、士风不振之状，其不仅重申月课制度，而且定期召集生员并训示曰："论文必征于圣，劝学必崇于经。若文成规矩，思合符契为：本之《书》以求其质，本之《诗》以求其恒，本之《礼》以求其宜，本之《春秋》以求其断，本之《易》以求其动，此所以取道之原也。参之以《穀梁》以励其气，参之《孟》《荀》以畅其支，参之《庄》《老》以肆其端，参之《国语》以博其趣，参之《离骚》以致其幽，参之《太史》以着其洁，此所以旁推交通也。是故致饰语言不若养其气，求工笔札不若励于学，气完而学粹，虽崇德广业，自此而进，况其外之文乎？"① 在此，程应熊引用了唐代柳宗元《答韦中立论师道书》所示传承千载作文之法，程氏对经学的重视由此可见一斑。同时，按照清廷规定，经中央政府审定并颁发的儒家经典必须置于学宫之内，而尊经阁即此类御颁书籍的最佳归宿，因此，为了体现对御赐儒家典籍的重视，展现其振兴辖区文教的政绩，程应熊组织重修建水州尊经阁便不难理解。

云南开化府同知姚文燮（1628—1693）在《重修尊经阁序》中言及程应熊重修尊经阁之背景："今天子崇尚文治，临辟雍，设更老，开经筵讲幄，修明传注，博稽典籍孜孜焉。顾问之不逮，是上之尊经术，莫盛于今日矣……临固滇文章经术之奥区也，逼处东偏，去天子远甚，即在盛时，辎轩亦罕及，非同于声誉易起之地。当天下大乱，滇惟临土酋狂逞最先，迄底定，临又苦窃发，再烦王师敉宁，独后郡以内悉劫灰。惟学宫处城北僻隅得不毁，虽灵光岿然独存，而残阙特甚。顷余之官道经临，暂息于学宫之旁，仰见宫墙殿庑、榱角俎豆，规模弘远，巍巍肃肃，知鼎而新之者，程君之功甚大也。"②

据［嘉庆］《临安府志》载，其时尊经阁保存完好，"尊经阁：在大成殿后，左右竖'御制孔子赞、颜曾思孟四子赞碑''御制训饬士子文碑'"③。另据［民国］《续修建水县志》载："尊经阁原在大成殿右，道光十一年移置西北城隅。光绪七年重修，二十九年因变折毁。宣统二年，知府李世楷举乡饮劝捐银两万余圆，重修庙学各庙宇并二贤、名宦、节孝等祠，所有仪器租息仍轮派

---

① ［清］程应熊. 临阳试艺序［M］//［清］祝宏，［清］赵节.［雍正］建水州志：卷十一·艺文·序. 清雍正九年（1731）刻乾隆五十八年（1793）增刻本：7b-8a.
② ［清］姚文燮. 重修尊经阁序［M］//［清］陈肇奎，［清］叶涞.［康熙］建水州志：卷十八·艺文三［M］. 清康熙年间刻本：4b-5b.
③ ［清］江濬源，［清］罗惠恩.［嘉庆］临安府志：卷八·学校［M］. 清嘉庆四年（1799）刻本：4b.

183

绅管，妥为保存。"① 同时，该志在叙述建水古迹时亦言及"尊经阁：原在大成殿右，道光十一年移置城西北隅。光绪癸卯折毁"②。此外，在该志卷一《图考》所载"学宫图"中已无尊经阁，而清代建水州学遗存经籍在民国初年的存贮地点也不再是尊经阁，而是"经籍：藏玉皇阁西楼"③。由此可确认，清代临安府与建水州共用之尊经阁已于光绪二十九年（1903，癸卯）损毁且此后再未复建。

（三）武定府（州）尊经阁

明隆庆二年（1568），武定府始建府学，次年云南巡抚陈大宾奏建学宫于府治东北。康熙十五年（1676），武定府学宫大成殿、文明坊毁于火灾。据［康熙］《武定府志》载，康熙二十五年（1686），知府王清贤重修学宫，其中提及"尊经阁藏书"④，由此可知，尊经阁业已存在。乾隆三十五年（1770），清廷改武定府为直隶州。但在目前可见的另一种清代武定方志——［光绪］《武定直隶州志》中却不见武定州学宫的相关记载，但其中言及："独山书院：在府治东北，乾隆四年，知府朱源纪就学宫旧址改建。十一年，知府原衷代增修。"⑤ 由此推知，原武定府学宫在乾隆四年（1739）即已不存或已异地改建，而尊经阁也已不存。

（四）蒙化府（厅）尊经阁

蒙化学宫始建于明洪武年间（1368—1398），初为州学，随着正统十三年（1448）蒙化州升为府，蒙化州学遂升为蒙化府学。至明成化十六年（1480），义官张聪捐资创建了蒙化府尊经阁。

为了表彰张聪的助学善举，时任云南按察使司副使何俊作《鼎建尊经阁记》，全文如下：

---

① 丁国梁，梁家荣.［民国］续修建水县志稿：卷二·学校［M］.民国九年（1920）铅印本：58a.
② 丁国梁，梁家荣.［民国］续修建水县志稿：卷十·古迹［M］.民国九年（1920）铅印本：4a.
③ 丁国梁，梁家荣.［民国］续修建水县志稿：卷二·学校［M］.民国九年（1920）铅印本：59b.
④〔清〕王清贤，〔清〕陈淳.［康熙］武定府志：卷三·学校［M］.清康熙二十八年（1689）刻本：30a.
⑤〔清〕郭怀礼，〔清〕孙泽春.［光绪］武定直隶州志：卷四·书院［M］.清光绪九年（1883）刻本：17b.

<<< 第五章　清代西南官学尊经阁修建沿革史考释

圣人之道，神化之速，捷于影响，无古今之异，无彼此之殊，顾在上者崇信何如耳。苟崇信之，何边夷不可化之有？子贡谓，立之斯立，道之斯行，绥之斯来，动之斯和。子思谓，譬如天地之无不持载，无不覆帱，譬如四时之错行，如日月之代明，诚不我诬也。蒙化僻在滇南一隅，诸彝杂处，自昔强梗难化，国朝设置府卫以控制之，建立学校以化导之，故百余年，气习丕变，风俗淳美，父子兄弟，各尽其道，士农工商，各精其业，衣冠文物彬彬然，与中国齿，无复向日浇漓偷薄之风矣，非圣化之神速而何？然蒙化学校虽建，学政虽举，学虽盛，而殿堂斋舍久而弗葺，渐以脱落欹邪，弗完弗备。知府左瑛乃劝谕义官张聪出白金百余两，鸠工集材，陶灰运甓，朽者易之，欹者正之，浸患缺漏者，涂塈而黝垩之。殿中炉瓶，铸之以铜，殿前阑干，琢之以石。又鼎建尊经阁三间，贮书柜一座，五彩绚耀，金碧辉煌。舍田若干亩以给师生之会馔，建廪廒以贮岁入之稻粱，是虽圣人神化之所感，亦可见聪能心太守之心，从圣人之化，而笃厚于斯文也。同郡致政司训王纲，恐百世之后湮没无闻，谋诸学中师友具其实请为记。予谓圣人之神化及于物，圣人之言行载于书，及于物者同天地之广大，载于书者日月之悠久。学者登斯尊经阁，睹斯贮书柜，食斯会馔田，遂感发奋兴起，黾勉进修，读圣人之经书，遵圣人之言行，出入乎礼门，翱翔乎义路，居乎广居，立乎正位，推明乎道德性命之理，请求乎修己治人之方。他日出为世用，笙镛治化，霖雨苍生，其功名事业，岂不亦广大而悠久哉！①

由此可知，其对士绅张聪以义官身份助力蒙化文教事业发展予以高度评价，而士绅贤达对于西南官学藏书楼的重要性由此可见一斑。据〔康熙〕《蒙化府志》载："张聪：义官，沉毅有谋，好善乐施，助建尊经阁，与修明志书院，送田十四分为学田，以资诸生月课考试诸费，功在学校，迄今未艾也。"② 同时，当时蒙化府尊经阁面阔三间且内设书柜一座，作为引导士子一心向学的教育象征物，其对蒙化文教振兴意义重大。

---

① 〔明〕何俊. 鼎建尊经阁记［M］//〔清〕蒋旭,〔清〕陈金钰.［康熙］蒙化府志: 卷六·艺文志·记. 清康熙三十七年（1698）刻本: 5a-6b.
② 〔清〕蒋旭,〔清〕陈金钰.［康熙］蒙化府志: 卷五·人物志·隐逸［M］. 清康熙三十七年（1698）刻本: 44b-45a.

入清之后，康熙三十五年（1696，丙子），蒙化府同知蒋旭捐俸重修了尊经阁。据［康熙］《蒙化府志》载："（笔者注：明伦堂）后为尊经阁，义官张聪建，久圮。康熙三十五年，同知蒋旭捐俸重修，有参议王管碑记具艺文中，仍浚池筑垣，建坊树屏，规制宏备矣。"① 同时，对于蒋旭重修蒙化府文庙之事，邑人刘讷予以证实："明年丙子建尊经阁，不数月而告成。"② 由此可见，尊经阁修建效率较高，并未出现资金不足、工期过长等问题。

蒋旭重建尊经阁之举，得到其时官场同僚与蒙化士人一致赞誉。邑人徐飞作诗《蒋太尊重建尊经阁》曰："尊经高阁阁振振，三百年来复一新。书史圣贤相继脉，文章气运每关人。朝飞紫雾腾云汉，夜照青藜灿鬼神。眼见历蒙多少宦，今知重道在儒醇。"③ 邑人教授熊兆镒题诗曰："尊经有阁义堪寻，栋宇赖来岁寝深。鸟草忽惊凌月角，翚飞顿讶炳云阴。夜分藜火应重耀，天杪经猷合其钦。不是文翁知所务，谁兴盛举当人心。"④ 邑人贡生王象贤作诗曰："巍巍经阁异他年，千尺飞翚霄汉悬。白壁连云高白虎，青藜续焰照青编。经营却令诗书贵，拮据能教圣制全。自我文翁来再造，日星今复丽中天。"⑤ 邑人庠生王国信题诗："尊经高阁势嵯峨，邦伯维新伟绩多。上接星缠连汉表，中通桂阙近蟾窝。经传刘向炊藜火，书较杨雄照月波。贮积典坟光圣教，胶庠轮奂共兴歌。"⑥ 邑人恩贡陈嗣茂作《蒋太尊重建尊经阁兼广泮壁栏坊落成恭咏》曰："贤侯治绩遍芹宫，雅意人文教泽隆。杰阁重辉凌汉宇，圜桥新辟透云枕。经传天禄藜光灿，土奋龙池杏雨红。自此群英看炳蔚，箐莪千载颂无穷。"⑦

同时，参议王管与提学张倬分别撰写了碑记。王管《修建尊经阁记》言及："盖圣人往而经在，经在即圣在也，尊经即所以尊圣也。且夫经所载者，无非忠

---

① 〔清〕蒋旭，〔清〕陈金钰.［康熙］蒙化府志：卷二·建设志·学校［M］.清康熙三十七年（1698）刻本：7a.
② 〔清〕刘讷.重修学门泮池记［M］//〔清〕蒋旭，〔清〕陈金钰.［康熙］蒙化府志：卷六·艺文志·记.清康熙三十七年（1698）刻本：40b-41a.
③ 〔清〕徐飞.蒋太尊重建尊经阁［M］//〔清〕蒋旭，〔清〕陈金钰.［康熙］蒙化府志：卷六·艺文志·诗.清康熙三十七年（1698）刻本：31a.
④ 〔清〕熊兆镒.蒋太尊重建尊经阁［M］//〔清〕蒋旭，〔清〕陈金钰.［康熙］蒙化府志：卷六·艺文志·诗.清康熙三十七年（1698）刻本：31a-31b.
⑤ 〔清〕王象贤.蒋太尊重建尊经阁落成［M］//〔清〕蒋旭，〔清〕陈金钰.［康熙］蒙化府志：卷六·艺文志·诗.清康熙三十七年（1698）刻本：32a.
⑥ 〔清〕王国信.蒋太尊重建尊经阁落成［M］//〔清〕蒋旭，〔清〕陈金钰.［康熙］蒙化府志：卷六·艺文志·诗.清康熙三十七年（1698）刻本：32a.
⑦ 〔清〕陈嗣茂.蒋太尊重建尊经阁兼广泮壁栏坊落成恭咏［M］//〔清〕蒋旭，〔清〕陈金钰.［康熙］蒙化府志：卷六·艺文志·诗.清康熙三十七年（1698）刻本：33a.

孝节廉，移风移俗之微权。今蒋君于尊经之所在，有以维新之，都人士咸知经之不可不尊也，如是人知尊经，而尚有俗不醇风不厚者欤？"① 张倬《重修圣殿并尊经阁记》赞曰："太守自分符蒙化，善政班班可考，其大者捐修圣殿以育群材，重建尊经阁以敦雅教，堂室巍然矣轮美奂，俾士子朝而讲贯，夕而服习，以此崇奉圣学，振兴文教，其心良苦矣。"②

此外，举人刘讷《尊经阁赋》有云："我生此时兮，梦游桂殿，同攀是阁兮，身在云房。读秀句而怡神兮，饮夫玉液，诵佳联而忘倦兮，醉以琼浆。景欧苏兮，西滇模楷，依韩柳兮，南诏冠裳。由是经学明而天柱立，从斯儒风振而地维张。"③另外，庠生陈舜征《尊经阁泮宫落成赋》赞曰：

维元良之乘六兮，敷文德以当阳。美皇风之翔洽兮，与三五而颉颃。
期道统之继传兮，爰加意于胶庠。简真儒而莅治兮，俾振扬乎纲常。
喜作人之维殷兮，首殚力于宫墙。构杰阁以尊经兮，栋连云而翼张。
储坟典之璀璨兮，集邱索之辉煌。感太乙之陟降兮，顿相映以藜光。
获摛奇于丙夜兮，桓掞藻于缥缃。坐已接乎鸡谈兮，窗更袭乎芸香。
喜誉髦之霞蔚兮，群逊敏以就将。掬生花之彩笔兮，挥吐凤之词章。
德媲美于金锡兮，材已集乎栋梁。胡加意之无已兮，溶芹沼以清洋。
览源流之澄洁兮，乐观澜以徜徉。筑长垣以圜桥兮，仰数仞而傍徨。
惟佳士之得门兮，遂拾级以登堂。随探奇而入室兮，奚富美之能藏。
宁奎聚乎五星兮，兆文运之丕昌。应人材之鹊起兮，作股肱以赞圣。
俾治道之休明兮，远以接乎陶唐。人嬉游于化日兮，咸致庆乎安康。
繄惟公之培掖兮，念丰功面靡忘。宜炳耀于万年兮，与日月而同光。④

乾隆三十六年（1771），清廷改蒙化府为蒙化直隶厅。"（乾隆）四十六年，教授卢鐏新置麾播竽瑟等乐器，且与绅士商议崇圣祠离尊经阁太近，参酌部署

---

① 〔清〕王管. 修建尊经阁记［M］//〔清〕蒋旭，〔清〕陈金钰.［康熙］蒙化府志：卷六·艺文志·记. 清康熙三十七年（1698）刻本：37a.
② 〔清〕张倬. 重修圣殿并尊经阁记［M］//〔清〕蒋旭，〔清〕陈金钰.［康熙］蒙化府志：卷六·艺文志·记. 清康熙三十七年（1698）刻本：40a.
③ 〔清〕刘讷. 尊经阁赋［M］//〔清〕蒋旭，〔清〕陈金钰.［康熙］蒙化府志：卷六·艺文志·赋. 清康熙三十七年（1698）刻本：122a.
④ 〔清〕陈舜征. 尊经阁泮宫落成赋［M］//〔清〕蒋旭，〔清〕陈金钰.［康熙］蒙化府志：卷六·艺文志·赋. 清康熙三十七年（1698）刻本：122a-123a.

移出一丈。"① 此举缓解了尊经阁与崇圣祠过于局促的空间布局问题。同时，尊经阁还承担着仓圣祭祀功能，据〔乾隆〕《续修蒙化直隶厅志》载："仓圣祠：即尊经阁，每岁春秋二仲月上戌日致祭。"②

目前可见的清代蒙化方志仅有〔康熙〕《蒙化府志》、〔乾隆〕《续修蒙化直隶厅志》两种，因此，关于乾隆四十六年（1781）至清末的尊经阁修建情况，仅可通过〔民国〕《蒙化志稿》加以了解。1912年设蒙化府，1914年改设蒙化县。幸运的是，蒙化文庙在咸同年间的兵乱中并未遭遇较大损毁。光绪年间，"十一年，同知下庶凝复移建棂星门、泮池及两栅，是后绅管又改建承祭斋、兴文祠、大成门诸处，宏阔壮丽，规模较前为美盛云……正殿后为雁塔坊，再后为崇圣祠，祠后为尊经阁，阁下祀仓圣。"③ 可见，至1920年，尊经阁依然发挥着祭祀仓圣的功能，且位置仍然处于蒙化文庙中轴线最末端。

1931年，蒙化县民众教育馆在蒙化县文庙外院成立，首任馆长为王开周。1938年，宋嘉晋担任蒙化县长，移蒙化中学于蒙化文庙之内，划文庙大成殿后段为民教馆址并辟建了民众公园。同时，王开周主持改建了文庙内雁塔坊、节孝祠等建筑，"与此同时，并修理了尊经阁，上层作办公室，下层作书画古物陈列室，搜集了古本殿版大字二十四史全函叠架居中，把原文庙内的古乐祭器以及掘墓拆城所收到的古文物陈列左右，四壁则悬挂乡贤遗墨，古书古画等"④。

1954年，蒙化县改名为巍山县，但尊经阁始终屹立不倒且在改革开放后得以修缮。2002年10月29日至12月29日，巍山县文化体育局开展了文庙尊经阁维修工程，"维修内容：瓦顶揭修，木构部分防虫油饰，室内地面维修。资金投入：5.6万元，省文物局补助。工程验收结论：合格"⑤。2003年8月，大理白族自治州人民政府公布巍山县文庙为州级文物保护单位。如今，尊经阁的基本情况为："尊经阁（文庙内）：位于现存建筑的最后，也是最高处。面阔、进

---

① 〔清〕刘垲，〔清〕席庆年，〔清〕吴蒲，等.〔乾隆〕续修蒙化直隶厅志：卷二·建设志·学校［M］. 清乾隆五十五年（1790）刻本：15a-15b.
② 〔清〕刘垲，〔清〕席庆年，〔清〕吴蒲，等.〔乾隆〕续修蒙化直隶厅志：卷二·建设志·坛庙［M］. 清乾隆五十五年（1790）刻本：96a.
③ 李春曦，梁友檍.〔民国〕蒙化志稿：卷十七·人和部·学校志［M］. 民国九年（1920）铅印本：3a-3b.
④ 赵堪同. 王开周与蒙化民教馆［M］//政协云南省巍山彝族回族自治县委员会文史资料研究委员会. 巍山县文史资料：第3辑. 巍山：政协云南省巍山彝族回族自治县委员会文史资料研究委员会，1989：47.
⑤ 政协巍山彝族回族自治县委员会. 巍山名城保护［M］. 昆明：云南美术出版社，2011：202.

深各三间,重檐歇山顶,上下檐皆施斗拱,基台石砌。"① 由此可见,虽然屡经修复,但尊经阁依然保持了明代创建时的基本形制。2012年1月,云南省人民政府公布巍山县文庙为第七批省级文物保护单位。2015年1月,巍山县文庙再次重修并对外开放。

(五)元江府(州)尊经阁

元江府学建于明洪武二十六年(1393)。清康熙四十二年(1703),元江府尊经阁由知府李赞元创建,"四十二年,知府李赞元建尊经阁"②。对此,时任云南学政汪份《元江府尊经阁记》曰:"今我皇上崇尚经术,必以朱子为法,而远近士庶无不翕然向化,昔人之邪说异论,必不足以惑乱其心。然古今之立防,必严之未然而遏之于未形。今当文学极盛之会,而不预为之详其辨而周其防,流传日久而矜奇好异之见,未必不渐萌于其心,故吾所论尊经必求诸朱子之经学以正之,盖所以禁人心之未然未形也。"③ 可见,身为主管云南文教的地方长官,汪份已将尊经阁的作用上升到以朱子理学形塑天下士子心智、防止异端思想出现和传播的政治高度。

此后,康熙五十年(1711)、雍正六年(1728)、乾隆十一年(1746),元江府文庙得以维修,但未涉及尊经阁。乾隆三十五年(1770)改设元江直隶州,元江州学延续此前府学之设置并未改变。嘉庆九年(1804)、嘉庆二十一年(1816)、咸丰元年(1851)、光绪八年(1883),元江州文庙得以多次修缮,但其中亦无尊经阁的身影。实际上,据〔光绪〕《云南通志》载:"同治三年,游击舒世泰拆毁尊经阁、大成殿即两庑。"④ 可见,元江尊经阁毁于同治三年(1864)。

1913年改置元江县。据〔民国〕《元江志稿》载:"尊经阁:(旧州志)在学宫内,祀仓圣。(采访)咸丰庚申年被焚。民国八年重建,知事黄元直有记。"⑤

---

① 云南省文化厅. 中国文物地图集·云南分册[M]. 昆明:云南科学技术出版社,2001:458.
② 〔清〕岑毓英,〔清〕陈灿. [光绪]云南通志:卷八十·学校志一·庙学下[M]. 清光绪二十年(1894)刻本:42b.
③ 〔清〕汪份. 元江府尊经阁记[M]//〔清〕岑毓英,〔清〕陈灿. [光绪]云南通志:卷八十·学校志一·庙学下. 清光绪二十年(1894)刻本:44a.
④ 〔清〕岑毓英,〔清〕陈灿. [光绪]云南通志:卷八十·学校志一·庙学下[M]. 清光绪二十年(1894)刻本:44b.
⑤ 黄元直,刘达武. [民国]元江志稿:卷十六·祠祀志一·典祀[M]. 民国十一年(1922)铅印本:4a.

由此可知，元江尊经阁或焚毁于咸丰十年（1860，庚申），此记载与［光绪］《云南通志》所载元江尊经阁被拆毁于同治三年（1864）有所出入，因［民国］《元江志稿》注明其所载来自"采访"，而［光绪］《云南通志》成书时间相对较早，同时，在成书于光绪二十四年（1898）的《续云南通志稿》对元江学宫情况的描述是："元江直隶州：同治三年毁，光绪九年官绅重修。"① 因此，笔者更倾向于相信元江尊经阁被拆毁于同治三年（1864）。

1919年，县知事黄元直组织重建尊经阁。黄元直为此作碑记曰："阅时两载，迄今岁庚申而落成，用款四千余元，筑以三层圆顶，视旧之两层平顶为高壮焉。余既捐廉购十三经一部以藏之，更不能不因之而有感矣。夫经之为言常也，其理为万世所不易，循之则得，违之则失……噫！是岂欧化盛行，国粹将扫地以尽乎？吾恐误解平等、自由之真谛，适以恣放肆而肇乱源耳。"② 可见，在1912年之后不久，黄元直仍视个人于清末接受的传统儒学为文化本位，而重建尊经阁即是对抗西方文化侵蚀的国粹主义之举。实际上，此次重建的尊经阁一直保存至新中国成立之后。在党的十一届三中全会以后，元江县文庙遗址兴建为县党政机关办公驻地，"原来的'尊经阁'已改建成向全县人民传递佳音喜讯的县广播站"③。

（六）楚雄府（县）尊经阁

楚雄尊经阁一直保留至今。楚雄县学旧在西城外鸣凤山麓，建于明洪武二十二年（1389），明末毁于兵燹。据［康熙］《楚雄府志》载："楚雄县庙学旧在府学左，明弘治十七年知县范璋建，隆庆中重修，泰昌元年，知县曾应龙复建于西门外凤山之麓，明末沙贼焚毁。本朝定鼎以来，不另立庙，同府庙祭祀。"④ 楚雄府学始建于元代，旧在东城外，明洪武十九年（1386）补修，嘉靖七年（1528）改建于楚雄县文庙至之右侧射圃内。据［宣统］《楚雄县志》载：

---

① ［清］王文韶，［清］唐炯．［光绪］续云南通志稿：卷六十一·学校志·学宫［M］．清光绪二十四年（1898）刻本：6b．
② 黄元直，刘达武．［民国］元江志稿：卷十六·祠祀志一·典祀［M］．民国十一年（1922）铅印本：4a．
③ 《元江哈尼族彝族傣族自治县概况》编写组．元江哈尼族彝族傣族自治县概况［M］．昆明：云南民族出版社，1986：107．
④ ［清］张嘉颖，等．［康熙］楚雄府志：卷四·学校志·庙学［M］．民国年间抄本：10a-10b．

"是前明府县各建庙学也明矣。国朝统一中外,尊崇孔庙,令府县学同一庙祭祀。"① 由此,楚雄府学、县学在大成殿等祭孔建筑方面逐渐合一。同时,［康熙］《楚雄府志》所描述其时楚雄县文庙基本建筑包括"县学明伦堂(在学宫左)、仪门三间、大门三间、聚奎楼三间(康熙二十六年教谕李载赓捐建,在明伦堂后),以上今为教谕署"②。可见,至康熙二十六年(1687),楚雄县学所遗留建筑已移作教谕署,此后,楚雄府学与楚雄县学共用楚雄府文庙即共享学宫,而楚雄尊经阁即原楚雄府尊经阁。

至于楚雄府学,康熙六年(1667)由知府史光鉴修葺,康熙十九年(1680)因地震损毁,康熙二十二年(1683)由知府牛奂鼎建,但其中并无尊经阁。据［宣统］《楚雄县志》载:"自(康熙)四十八年以后,所有'万世宗师'坊……尊经阁,复经前任知府梁文煊、现任知府张嘉颖、同知张汝愫、通判张道沛、知县陆垣、摄县通判张馆、教授李镜、教谕孙其茂、土县丞杨毓秀、监生杨之俊等捐助修葺,但工程浩大,数年之内装修继营出力不少。康熙五十年,得知府梁文煊罚摩些邑租谷十一石,交儒学永作修学之费。先是地震后围墙倾圮,仅存空地,渐为民房所占,至此为教授李镜察究修理(全载府志)。乾隆四年,知府丁栋成、知县王绍文、原任刘嗣孔、新任赵屏晋率士绅等补修。四十一年,知府孔继炘以圣裔来守楚郡,按丁祭谱规模修绘圣容半像一幅,大成门外铸青铜狮一对,阶级门坊、魁星阁、崇圣殿、尊经阁即仓圣祠俱备。"③ 因康熙四十八年(1709)之后的修葺名单中已出现尊经阁,同时,"启圣祠(在大殿后)、尊经阁(在启圣祠后),以上于康熙五十年知府梁文煊重修"④。因此,笔者推测楚雄尊经阁建于康熙二十二年至康熙四十八年(1683—1709)。

目前可见清代楚雄县志仅嘉庆、宣统两种,其中成书时间最早者为［嘉庆］《楚雄县志》,该志所载《庙学图》与［康熙］《楚雄府志》之《庙学图》完全一致。同时,据［嘉庆］《楚雄县志》载其时学宫庙制为:"庙制:大成殿五

---

① 〔清〕崇谦,〔清〕沈宗舜.［宣统］楚雄县志:卷三·建置·学校［M］.清宣统二年(1910)抄本:19b.
② 〔清〕张嘉颖,等.［康熙］楚雄府志:卷四·学校志·庙学［M］.民国年间抄本:10b.
③ 〔清〕崇谦,〔清〕沈宗舜.［宣统］楚雄县志:卷三·建置·学校［M］.清宣统二年(1910)抄本:20a-21a.
④ 〔清〕张嘉颖,等.［康熙］楚雄府志:卷四·学校志·庙学［M］.民国年间抄本:9a.

间，后崇圣祠三间，尊经阁三间……"① 可见，至嘉庆末期，尊经阁仍安然存世。

在〔宣统〕《楚雄县志》所述乾隆四十一年（1776）至光绪十七年（1891）的楚雄文庙修缮记录中并无尊经阁，但该志所载光绪三十三年（1907）在楚雄文庙进行的祭孔大典名单中有"仓圣祠在尊经阁内（分献）"②。同时，光绪年间楚雄知府夏廷燹还创新性地将农桑生产与尊经阁维修相结合，"（光绪）十七年，知府事夏廷燹亦贵阳人，以清勤慎为政，凡乡间植桑，活者有赏，枯者必罚修尊经阁、置祭器"③。由此可见，尊经阁至清末始终存世。民国期间，尊经阁还曾为楚雄县议会所在地。据《楚雄市文史资料》载："李德芬因此声誉满城，被选为议会议长。议会设于文庙内尊经阁。"④ 因此，楚雄尊经阁在民国年间仍得以完整保存并发挥着诸多功用。

目前，楚雄文庙位于鹿城小学院内。自2000年起，楚雄市自筹经费维修了楚雄文庙尊经阁、大成殿并恢复了东庑，其中，据《楚雄州各级重点文物保护单位历年维修情况表》显示："维修时间2001年，维修资金56万元，重建尊经阁。"⑤ 经过此次维修后，"尊经阁为二层5开间重檐歇山顶，其后立有明嘉靖七年（公元1528）的《楚雄府新迁儒学记》古碑一块"⑥。2013年，楚雄文庙被列为第七批国家级重点文物保护单位。

（七）开化府尊经阁

有关开化府尊经阁的资料，目前仅见〔道光〕《开化府志》有只言片语式描述。乾隆年间，"二十二年，知府汤大宾、署同知季缃、署知县王元曦、教授赵震、典史程垲，倡建明伦堂、仓圣祠、尊经阁、两厢、斋房，前后二十七间，

---

① 〔清〕苏鸣鹤，〔清〕陈璜. [嘉庆] 楚雄县志：卷四·学校志·庙学 [M]. 清嘉庆二十三年（1818）刻本：3a.
② 〔清〕崇谦，〔清〕沈宗舜. [宣统] 楚雄县志：卷三·建置·学校 [M]. 清宣统二年（1910）抄本：22a.
③ 〔清〕崇谦，〔清〕沈宗舜. [宣统] 楚雄县志：卷三·职官·循良 [M]. 清宣统二年（1910）抄本：54a.
④ 李培秾. 李德芬兴办实业 [M] //中国人民政治协商会议楚雄市委员会. 楚雄市文史资料：第3辑. 楚雄：中国人民政治协商会议楚雄市委员会，1992：77.
⑤ 楚雄彝族自治州博物馆. 楚雄彝族自治州文物志 [M]. 昆明：云南民族出版社，2008：360.
⑥ 杨大禹. 儒教圣殿：云南文庙建筑研究 [M]. 昆明：云南大学出版社，2015：130.

并置文明坊于学宫门外（监生王洪嗣、生员彭贤锦监修）"①。由此可知，开化府尊经阁建于乾隆二十二年（1757）前后。

（八）鹤庆府（州）尊经阁

鹤庆文庙始建于元至元八年（1271），据［康熙］《鹤庆府志》载："正德二年（笔者注：1507）知府刘玉作尊经阁，十年五月，地震倾圮。"② 对此，云南按察使司副使焦韶在其《尊经阁记》中写道："明伦堂之后，创作尊经阁，为楹若干，为栋若干，高广亦称。是上肖宣圣遗像，翼以木笥贮经籍若干卷于其中，下至廨舍碑亭垣墙之类，布置精密，焕然改观。弘治甲子秋经始从事，至正德丙寅冬方落成。"③ 此后至清光绪初，鹤庆文庙屡经重修，但尊经阁并未得以复建。期间，乾隆三十五年（1770），清廷将鹤庆府降为鹤庆州。

光绪十五年（1889），乡绅舒金等开始捐建玉屏书院，其中即包括尊经阁。据［光绪］《鹤庆州志》载："光绪己丑冬经始，至辛卯秋落成，榜曰'玉屏'，以邑之镇山名之也。计大门三楹、二门三楹、厅事三楹，皆东向，转而北则讲堂五楹，堂之后翼以东西学舍各五，正则尊经阁五楹，阁后亦翼以左右厅室各三，共费白金四千金有奇。"④ 其中明确言及玉屏书院于光绪十五年（1889，己丑）开工，竣工于光绪十七年（1891，辛卯），由此，尊经阁的建成时间在光绪十五年至光绪十七年（1889—1891）。此时尊经阁的性质已发生转变，即其不再是官学藏书楼，而是玉屏书院藏书之所。另据1923年抄本《鹤庆县志》载："尊经阁：旧载明伦堂后，明正德二年创建，有记，详上《学宫》，后圮。清朝光绪十六年重建，在今县立高等小学校内。"⑤ 新中国成立后，鹤庆文庙主体建筑群基本得以保留，并于1987年12月被云南省人民政府公布为省级重点文物保护单位。其中，尊经阁始终存世，且为鹤庆一中所用。

---

① 〔清〕何怀道，〔清〕周炳，〔清〕万重篔．［道光］开化府志：卷六·学校［M］．清道光九年（1829）刻本：4b．
② 〔清〕佟镇，〔清〕李倬云，〔清〕邹启孟．［康熙］鹤庆府志：卷十五·学校［M］．清康熙五十三年（1714）刻本：46b．
③ 〔明〕焦韶．尊经阁记［M］//〔清〕王宝仪，〔清〕杨金和，〔清〕杨金铠．［光绪］鹤庆州志：卷三十一·艺文志［M］．清光绪二十年（1894）刻本：113a-113b．
④ 〔清〕王宝仪，〔清〕杨金和，〔清〕杨金铠．［光绪］鹤庆州志：卷八·学校志二·学舍［M］．清光绪二十年（1894）刻本：2a-2b．
⑤ 杨金铠．［民国］鹤庆县志：卷三·学校志［M］//杨世钰，赵寅松．大理丛书·方志篇·卷九．北京：民族出版社，2007：137-138．

二、清代云南厅、州学尊经阁

(一) 安宁州尊经阁

清代安宁州尊经阁建于康熙四年（1665）。据［雍正］《安宁州志》载："尊经阁：明成化年知州王华建，康熙四年学正鲁大儒重修。"① 同时，尊经阁还同时承担学正办公场所之功能，对此，［康熙］《云南府志》载："（笔者注：安宁州）儒学学正：旧在州署西，因兵毁，今移驻文庙尊经阁内。"② 此外，［光绪］《安宁州续志》、［宣统］《安宁州乡土志》均无尊经阁的相关记载。

(二) 陆凉州尊经阁

在现存陆凉州、陆良县的方志中均未见尊经阁的身影。据［乾隆］《陆凉州志》载："至十一年，州牧江公维祥建立棂星门。"③ 而江维祥任知州的时间为康熙十一年至康熙二十一年（1672—1682）。同时，康熙三十一年（1692）出任知州的江藻在《重修文庙碑记中》写道："复造棂星门、五经楼者，则州牧江维祥也。"④ 由此可知，江维祥复建五经楼的时间应为康熙十一年至康熙二十一年（1672—1682）。此外，"（康熙）三十一年，州牧江公藻复率诸生建棂星门外照壁、左右墙垣，金声、玉振二坊，前后垩饰焕然一新。学正董公引养于正殿后建五经楼七间"⑤。在［乾隆］《陆凉州志》所载陆凉州学正中，"董引养，蒙化人，举人，康熙三十六年任。李朴，昆明人，举人，康熙四十五年任，升鹤庆府授"⑥。可知董引养任学正的时间为康熙三十六年至康熙四十五年（1697—1706），而知州江藻于康熙三十八年（1699）离任，因此，董引养修建五经楼的时间应为康熙三十六年至康熙三十八年（1697—1699）。

此后，杜珍于康熙五十五年至康熙六十一年（1716—1722）任知州，其到

---

① 〔清〕杨若椿,〔清〕段昕.［雍正］安宁州志：卷七·学校［M］.清乾隆四年（1739）刻本：31a.
② 〔清〕张毓碧,〔清〕谢俨.［康熙］云南府志：卷九·学校志［M］.清康熙三十五年（1696）刻本：8a.
③ 〔清〕沈生遴.［乾隆］陆凉州志：卷三·学校［M］.清乾隆十七年（1752）刻本：18b.
④ 〔清〕江藻.重修文庙碑记［M］//刘润畴,俞赓唐.［民国］陆良县志稿：卷七·艺文志.民国四年（1915）石印本：30b.
⑤ 〔清〕沈生遴.［乾隆］陆凉州志：卷三·学校［M］.清乾隆十七年（1752）刻本：18b-19a.
⑥ 〔清〕沈生遴.［乾隆］陆凉州志：卷三·秩官［M］.清乾隆十七年（1752）刻本：9a.

任伊始即因风水问题迁建文庙,"(康熙)五十五年,州牧杜公珍与绅士绍兴守俞公卿议改迁于南数十武,转坐壬向丙为坐癸向丁,督率兴工,始于夏五月,讫于五十六年之冬月而学宫告成"①。对此,杜珍认为:"俱一一如制,改旧殿为启圣宫,左明伦堂,后为尊经阁,右建文昌宫三楹,诸所增益,虽逾于昔时,尚愧未能大备也。"② 其中,杜珍明确指出明伦堂之后为尊经阁,据此,笔者推测此尊经阁即为江维祥复建、董引养修建的五经楼。

1912年,陆凉州改陆凉县,次年改陆良县。1915年《陆良县志稿》与道光二十五年(1845)刊行的[道光]《陆凉州志》,二者所载《学宫图》中均显示明伦堂后有一未命名建筑,但无法确定其是否为尊经阁或五经楼。因此,笔者推测陆凉州尊经阁或于清中后期倾塌而未得复建。

(三)邓川州尊经阁

清初至咸丰初年,邓川州文庙历经3次修建。据咸丰五年(1855)刊行的《邓川州志》载:"国朝康熙二十六年,知州何公琛捐俸同儒学周道治叚綖迁城南,又坏于溪水。乾隆十六年,知州萧公克峿始迁来凤冈辟山坳五大级最上……道光三年,署州李公文培捐廉重修葺。"③ 值得注意的是,其中并未提及尊经阁,但据[康熙]《大理府志》所载可知,邓川州尊经阁在康熙年间存世,"文庙左为儒学明伦堂……尊经阁(在庙后)"④。因[康熙]《大理府志》成书于康熙三十三年(1694),结合[咸丰]《邓川州志》所言邓川州文庙迁建于康熙二十六年(1687),由此可知,邓川州尊经阁应建于此次文庙迁建过程中。另据邑人郭焕《重建学宫碑记》曰:"邓川之建学宫也,始于洪武十七年,文庙之迁徙者屡矣。盖自玉泉乡而鼎胜山,鼎胜山而今州署之右,遂以百有余年。其间,非无人焉缮而葺之,然而风摧雨败,藓剥蠹蚀,日就荒寒,渐亏崇饰。使君萧公下车瞻拜,即与吾乡绅士喟然嗟,慨然息隐,然以修复之为有志未逮也,而淫雨夜霖,横流四溢,垣堵逐波涛而洞穴,坊仪拥沙石以僵眠,所幸存

---

① 〔清〕沈生遴.[乾隆]陆凉州志:卷三·学校[M].清乾隆十七年(1752)刻本:19a.
② 〔清〕杜珍.新建文庙碑记[M]//刘润畤,俞赓唐.[民国]陆良县志稿:卷七·艺文志.民国四年(1915)石印本:26a-26b.
③ 〔清〕钮方图,〔清〕侯允钦.[咸丰]邓川州志:卷六·建置志·学校[M].清咸丰三年(1853)杨炳锃刻本:6a.
④ 〔清〕傅天祥,〔清〕黄元治.[康熙]大理府志:卷十一·学校[M].清康熙三十三年(1694)刻本:25a-25b.

者，正殿数楹而已。使君乃益逴然而不敢安也。"① 由此可知，在乾隆十六年（1751）再次迁建文庙工程开始之前，文庙仅存正殿，而在此次迁建之后文庙基本建筑中已无尊经阁，此外，[咸丰]《邓川州志》叙述州学藏书时言及"贮学正署内"②。可见当时亦无尊经阁，因此，邓川州尊经阁的存世时间为康熙二十六年（1687）至乾隆十六年（1751）。

（四）禄劝州尊经阁

禄劝州尊经阁建于康熙二十六（1687），据[康熙]《武定府志》载："（笔者注：禄劝州）尊经阁：康熙二十六年生员陈此猷等建。"③ 乾隆三十五年（1770），禄劝州改为禄劝县。[光绪]《武定直隶州志》沿用了这一记载，可见当时尊经阁尚存世，但其用途已变："蒙馆：在尊经阁，知州陈淳置达矾田一分永作馆师束脩。"④ 此外，[民国]《禄劝县志》载："尊经阁义学：在城内，清康熙二十八年知州陈淳设立，置达矾田一分永作馆师束脩，今废。"⑤ 可见，禄劝州尊经阁建立两年后即改作蒙学教学场所。

（五）石屏州尊经阁

石屏州尊经阁由知州萧廷对建于明万历二十六年（1598，戊戌），"尊经阁：万历戊戌年，知州萧廷对建。康熙己卯年，知州张毓瑞重修"⑥。对此，官至广西左江道副使的石屏人陈鉴赞曰："屏故无志，创自我师泰和萧侯。侯治屏五稔，利兴蠹剔，士振民諴，不具论。其大者如构尊经阁，筑三城楼，文事武备，虑深远矣。"⑦

康熙三十八年（1699，己卯），知州张毓瑞重修尊经阁。对此，[康熙]

---

① 〔清〕郭焕. 重建学宫碑记[M]//〔清〕钮方图，〔清〕侯允钦. [咸丰] 邓川州志：卷六·建置志·学校[M]. 清咸丰三年（1853）杨炳锃刻本：11b-12a.

② 〔清〕钮方图，〔清〕侯允钦. [咸丰] 邓川州志：卷六·建置志·学校[M]. 清咸丰三年（1853）杨炳锃刻本：6b.

③ 〔清〕王清贤，〔清〕陈淳. [康熙] 武定府志：卷三·学校[M]. 清康熙二十八年（1689）刻本：31b.

④ 〔清〕郭怀礼，〔清〕孙泽春. [光绪] 武定直隶州志：卷四·书院[M]. 清光绪九年（1883）刻本：23a.

⑤ 全奂泽，许实. [民国] 禄劝县志：卷六·学校志[M]. 民国十七年（1928）云南开智公司铅印本：5b.

⑥ 〔清〕管学宣. [乾隆] 石屏州志：卷二·学校志[M]. 清乾隆二十四年（1759）刻乾隆四十五年（1780）印本：21a-21b.

⑦ 〔明〕陈鉴. 石屏州旧志序[M]//〔清〕管学宣. [乾隆] 石屏州志：卷六·艺文志二[M]. 清乾隆二十四年（1759）刻乾隆四十五年（1780）印本：6b.

《续石屏州志》载:"州儒学不时修葺,历年滋久朽坏莫支。康熙三十八年,合州绅士具呈到州。知州张毓瑞念阁为文教所关,慨然身任,捐金修葺,培厚增高,较前各三尺许,规模吐艳,次第购书其中,以资州人诵习。"① 张毓瑞《重修尊经阁碑记》曰:"尊经于文,不若尊经于身,尊经于身,必先尊经于心。诚以经治心,身体而力行之,由德行以着为文章,由文章而发于事业,斯则尊经之志也已矣。"② 可见,其重修尊经阁意在进一步彰显清廷尊经崇道的文教宗旨。

据[乾隆]《石屏州志》载:"文昌,祀尊经阁上。魁神,祀阁下。"③ 另据[民国]《石屏县志》载:"文庙崇圣祠文昌(祀尊经阁上,按:后有文昌宫专祀),魁神(祀阁下),名宦、乡贤(以上俱祀丁日分献致祭)。"④ 可见,尊经阁还承担着文昌、魁星的奉祀功能。

1913 年,石屏州改置为石屏县,但在民国期间,石屏县志仅有 1 部即民国二十七年(1938)铅印本。据该志载:"(康熙)五十年,阖州绅士重建崇圣祠,翼以两庑,重修尊经阁,改建明伦堂于学署之前(石屏州采访)。嘉庆四年,地震,署州李青云请帑率绅士重修(又)。军兴以来,丹墀石栏及两庑均拆毁。光绪三年,诸生王寿庆倡修。光绪中,建昭忠祠在学宫东,民国改名忠烈祠(采访)。"⑤ 由此可见,尊经阁于康熙五十年(1711)经过修葺,此后并无相关记录。

令人欣慰的是,石屏县尊经阁一直保留至今。据 1990 年版《石屏县志》载:"文庙位居城中,坐北朝南,占地面积为 2500 平方米,规模虽小但玲珑别致,各应有殿宇俱备。'棂星门'牌坊一座,坊后面书'洙泗渊源'……第二层是大成殿,殿侧有边门出入。三层为先师殿,殿前有墀台,石栏所围。旁有东西两庑。第四、五层为明伦堂和崇圣殿,最后是尊经阁……1983 年,红河州人民政府定为州级文物保护单位。"⑥

同时,石屏县尊经阁也得到了当地政府的积极修缮,成为当地文化地标之

---

① 〔清〕张毓瑞.[康熙]续石屏州志:卷二·学校志[M].清康熙年间刻本:3a.
② 〔清〕张毓瑞.重修尊经阁碑记[M]//〔清〕管学宣.[乾隆]石屏州志:卷五·艺文志一[M].清乾隆二十四年(1759)刻乾隆四十五年(1780)印本:78b.
③ 〔清〕管学宣.[乾隆]石屏州志:卷四·典礼志[M].清乾隆二十四年(1759)刻乾隆四十五年(1780)印本:2a.
④ 袁嘉谷.[民国]石屏县志:卷六·风土[M].民国二十七年(1938)铅印本:2b.
⑤ 袁嘉谷.[民国]石屏县志:卷七·学校[M].民国二十七年(1938)铅印本:2b-3a.
⑥ 石屏县志编纂委员会.石屏县志[M].昆明:云南人民出版社,1990:586-587.

一。2007年出版的《红河州文物志》详细描述了石屏县尊经阁的具体情况："位于石屏县城北正街,在文庙中轴线崇圣殿遗址背后,玉屏书院东北侧,坐北朝南……面阔19米,进深12.9米,高约12米,占地面积为245平方米。四开间、三进间,为抬梁式和穿斗式相结合的重檐歇山顶建筑,用檐柱12棵,金柱9棵,四角转角科斗拱下用砖礅,下层不用斗拱,上层用斗拱28攒,青瓦铺顶。其书籍供州人'家传户诵,躬行实践,借以博科第之浮荣'。1991年10月公布为石屏县第二批县级文物保护单位。"①

（六）寻甸州尊经阁

据目前可见寻甸最早的亦是明代寻甸唯一一部方志［嘉靖］《寻甸府志》载："寻甸旧无学校,弘治年间奏请添设未成。正德九年,知府戴鳌复奏,至十三年除官降印。"② 如其所言,明正德九年（1514）知州戴鳌奏请设立寻甸府学,但至正德十三年（1518）才被正式批准建立。可惜的是,至嘉靖六年（1527）,创设不过10年的寻甸府学便毁于寻甸土司安铨叛乱中。至该志所载史事时间下限嘉靖二十九年（1550）,府学明伦堂后部建有敬一亭,而并非学宫传统布局中的尊经阁。万历年间,在当地士绅建议之下,寻甸府学迁建至城北凤梧山下。据《滇志》载："万历二十一年知府林及祖、二十九年知府金待取相继重修。"③ 此后,"崇祯三年（1630）,知府吴思温见庙在城外,虑祭者弗得尽诚,改筮于府治后,以御史行台为之"④。可见,崇祯三年（1630）寻甸府学又由城外北部凤梧山麓迁至城内的御史官署。

康熙八年（1669）,寻甸府改寻甸州,属曲靖府。据康熙五十九年（1720）成书的《寻甸州志》卷首《图考》所示,尊经阁位于明伦堂之后,并未处于文庙之内,其原因在于文庙位置发生迁移。据该志"文庙"部分载："康熙四十年,绅士金以文峰不应,呈请州牧聂有吾迁于城西之玉屏山麓。至五十二年地震倾圮,知州李月枝详请督抚给银二百两,重建大成门一座、正殿五间、启圣殿五间、东西庑各五间、名宦祠一间、乡贤祠一间。旧有文阁、奎楼,地震倾

---

① 红河州文化局. 红河州文物志［M］. 昆明：云南人民出版社,2007：62.
② ［明］王尚用,等.［嘉靖］寻甸府志：卷上·学校［M］. 上海古籍书店抄本,1963：47b-48a.
③ ［明］刘天征. 滇志：卷九·学教志［M］. 民国年间抄本：74a.
④ ［清］李月枝.［康熙］寻甸州志：卷六·学校［M］. 清康熙五十九年（1720）刻本：2a.

圮未复。其尊经阁、明伦堂、桂香楼，俱在城内，别详官署。"① 由此可知，寻甸文庙即州学又被迁至城外西部玉屏山下，而尊经阁仍位于城内官署之内。对此，该志有关当时寻甸"官署"部分予以证实："尊经阁：在明伦堂后，康熙五十二年地震倾圮，复经详请重修。"② ［道光］《寻甸州志》对尊经阁描述为："尊经阁：在明伦堂后，康熙五十二年地震倾圮，复经详请重修。今系学正署。"③ 可见，其时尊经阁位置未发生改变，依旧位于城内官署之内。

综上可知，寻甸尊经阁应建于明万历二十一年至崇祯三年（1593—1630），此后虽然寻甸文庙几经迁移，但直至清道光年间，寻甸州尊经阁始终位于城内官署之内且成为寻甸州学正署，并未发挥存贮官学藏书的基本功能。因目前可见清代寻甸方志仅有康熙、道光二志，因此，有关道光朝之后寻甸州尊经阁的情况尚无法考证。

（七）云龙州尊经阁

通过检阅［雍正］《云龙州志》可知："尊经阁：旧未设，康熙五十四年，知州王浵捐俸创建，北靠明伦堂。"④ 由此，云龙州尊经阁由知州王浵创建于康熙五十四年（1715），其在《尊经阁记》中描述了云龙州官学藏书匮乏、儒学并不发达等情形："云龙虽僻在西，鄙陋井里河山，俨然郡也。膺乡荐者，虽缺有间，而子弟之俊慧者，尚不乏也。无如典籍罕备，人不知经，并学无贮经之阁，稽之古制，盖有阙焉。"⑤

对云龙州尊经阁的创修，时人刘文炳作诗赞曰："圣朝宣木铎，贤牧尚弦歌。其若边隅僻，能无经术讹。槐庭敷雨化，部屋蔼春和。广教惟三物，求邻傍四科。窗来雒岭翠，槛缤沘江波。桃李成蹊径，缥缈入网罗。书宁须伏胜，易自有田何。壁里金声作，空中杖藜过。鳣堂资讨论，虎观侍维摩。拭目看云甸，思皇吉士多。"⑥ 此阁对于当地儒学发展的积极影响不言而喻，但其倾毁时

---

① ［清］李月枝.［康熙］寻甸州志：卷六·学校［M］. 清康熙五十九年（1720）刻本：3a.
② ［清］李月枝.［康熙］寻甸州志：卷四·建设［M］. 清康熙五十九年（1720）刻本：25b.
③ ［清］孙世榕.［道光］寻甸州志：卷十五·寺观［M］. 民国年间抄本：20a.
④ ［清］陈希芳，［清］胡禹谟.［雍正］云龙州志：卷八·学校［M］. 清雍正六年（1728）刻本：13b.
⑤ ［清］王浵. 尊经阁记［M］//［清］陈希芳，［清］胡禹谟.［雍正］云龙州志：卷十二·艺文. 清雍正六年（1728）刻本：41a.
⑥ ［清］刘文炳. 刺史王公创尊经阁成纪事［M］//［清］陈希芳，［清］胡禹谟.［雍正］云龙州志：卷十二·艺文. 清雍正六年（1728）刻本：70b-71a.

间未知。

(八) 罗平州尊经阁

罗平州尊经阁创建于康熙五十五年（1716），据［康熙］《罗平州志》载："尊经阁：三间，在启圣宫后。康熙五十五年，知州王永禩、学正涂暾、吏目王广孚同绅士捐俸资新建。"① 同时，该志《学宫图》显示尊经阁位于文庙最后一进即中轴线最高处。此外，文昌帝君、和魁星塑像均位于尊经阁上，"文昌阁：文庙祭毕祭之，塑像在尊经楼上居中……魁星：文庙祭毕祭之，塑像在尊经楼上居左。"② 涂暾指出罗平州修建尊经阁的必要性："从来风俗之同，本乎教化。教化之兴，本乎六经。经书之为教，要使人教孝弟、存忠信、循礼义、重廉耻，时时体认，在在躬行，其事通，其功约，绝非佛道家虚浮怪诞之说可同日而语。独《文昌化书》一则与吾道相表里，所以薄海内外，凡建学之处，必有尊经阁，尊经阁之上，必有文昌像，祀之典，至重也。罗平僻在天末，久隶土司，即设流以来，接经本朝更定，学宫重地，迁徙无常，遑问尊经楼阁哉？"③ 清末之际，尊经阁倾圮。据［民国］《罗平县志》载："今废，惟故址尚存。光绪丙午，知州陶大浚封树焉。"④ 由此推之，起码在光绪三十二年（1906，丙午）之前，尊经阁即已不存且至民国期间亦未复建。

(九) 嵩明州尊经阁

明万历四十一年（1613），知州余化龙重建文庙，其中即包括尊经阁，"于是，定其规制，圣殿俨黄龙之中，两庑、棂星门次第布置，明伦堂则肩庙廷之左，启圣宫则殿明伦堂之后，而尊经阁，而敬一亭，又鳞次而环列之"⑤。可惜的是，包括尊经阁在内的文庙在明清鼎革之际毁于兵燹。清代嵩明州尊经阁由知州汪覎于康熙五十七年（1718）修建。"康熙五十七年，知州汪覎以明伦堂乃官师率诸生讲习礼仪之处，非妥神之所，捐俸，倡学正杨暄、训导高朗劝谕绅

---

① ［清］黄德巽，［清］胡承灏.［康熙］罗平州志：卷二·学校志·文庙［M］. 清康熙五十七年（1718）刻本：10b.

② ［清］黄德巽，［清］胡承灏.［康熙］罗平州志：卷二·学校志·文庙［M］. 清康熙五十七年（1718）刻本：22a-22b.

③ ［清］涂暾. 新建罗平尊经阁碑记［M］//［清］黄德巽，［清］胡承灏.［康熙］罗平州志：卷三·艺文志·记. 清康熙五十七年（1718）刻本：32a.

④ 朱纬，罗凤章.［民国］罗平县志：卷三·秩官志［M］. 民国二十二年（1933）石印本：27b.

⑤ ［明］门遂. 重建嵩明州儒学碑记［M］//［清］胡绪昌，［清］王沂渊，［清］梁恩明.［光绪］续修嵩明州志：卷七·艺文志上. 清光绪十三年（1887）刻本：55b.

士,于启圣宫左鼎建尊经阁三楹,奉文昌于内,设史皇木主奉于魁阁之下,位置有序,灿然改观。"①

汪焽,字斗枢,安徽休宁人,监生,康熙五十六年至康熙六十年（1717—1721）任嵩明州知州。其重视当地文教基础设施建设,任内组织修建了尊经阁,重修了城隍庙、鹿元书院,对嵩明州教育发展做出了重要贡献。汪焽在《鼎建尊经阁碑记》中指出了修建尊经阁的政策背景:"凡士之翻治于经者,必精研之而究其体,推准之以致其用,微而天人性命,显而政事文章。与夫淑性陶情,定名正分者淹贯之余,一一皆恭敬奉持而不忽,则游圣人之门,学圣人之学,共跻于道焉,庶几可以无憾。矧今圣天子诞敷文教,寿考作人,颁《五经讲义》《御制周易折中》《朱子全书》于学,其加意诸生立体达用,收实益于穷经,俾处为醇儒,出为良佐者,洵殷且切也。讵可剽窃章句之辞,为博取功名之地,以长自负哉? 余将广汇经书,椟藏于阁,以拭目多士之振兴矣。"② 其出于礼制考虑,将梓潼帝君由明伦堂移至尊经阁,又将史皇木主移至魁星阁。

据［光绪］《续修嵩明州志》载:"光绪二年,魁星阁、尊经阁并兵毁。"③ 1913年,嵩明州改置为嵩明县。［民国］《嵩明县志》仅列"启圣祠、文昌宫、史皇祠、魁星阁、名宦祠、乡贤祠、忠义孝悌祠、节孝祠"④,其中并无尊经阁。综上可知,清光绪二年（1876）之后,嵩明州尊经阁即已不存。

（十）姚州尊经阁

据［康熙］《姚州志》载:"尊经阁,正德间土同知高凤建,后毁。万历十七年,知府周希尹建,今废。"⑤ 同时,该志《学宫图》中亦无尊经阁。同时,康熙三年（1664）,文庙重修,"至于魁星阁、尊经阁、儒学官廨旧址虽存,用工浩大,一时力不能继,尚以俟诸后之君子是役也"⑥。可见,限于财力,尊经阁未得以复建。［乾隆］《姚州志》有关尊经阁的描述仍照录［康熙］《姚州

---

① 〔清〕汪焽,〔清〕任洵.［康熙］嵩明州志:卷五·学校志·文庙［M］.清康熙五十九年（1720）刻本:3a.
② 〔清〕汪焽,〔清〕任洵.［康熙］嵩明州志:卷八·艺文志［M］.清康熙五十九年（1720）刻本:30a-30b.
③ 〔清〕胡绪昌,〔清〕王沂渊,〔清〕梁恩明.［光绪］续修嵩明州志:卷五·学校志·文庙［M］.清光绪十三年（1887）刻本:3b.
④ 陈诒孙,杨思诚.［民国］嵩明县志:卷六·舆地·坛庙寺观［M］.民国三十四年（1945）铅印本:81a-81b.
⑤ 〔清〕管棆.［康熙］姚州志:卷三·学校［M］.清康熙五十二年（1713）刻本:20a.
⑥ 〔清〕蔺一元.重修姚安府儒学记［M］//〔清〕陆宗郑,〔清〕甘雨.［光绪］姚州志:卷八·艺文志上.清光绪十一年（1885）刻本:60a.

志》。同时，该志所载姚州文庙修建史时只言及："康熙五十年，坊表倾颓，宫墙坍塌，知府王廷琦、知州管榆修。乾隆十一年，知府施坦、知州丁士可重修。"① 而该志《学宫图》中仍无尊经阁。实际上，[乾隆]《姚州志》在尊经阁于雍正七年（1729）复建一事上出现了漏记。

据[道光]《姚州志》载："雍正八年，知府杨辉祖、知州钱恒修，拓尊经阁，其楼阁材木五间，系廪生高孚鹤捐助，并送学宫内础石狮子一对。"② 同时，在该志《坛庙》篇目亦提及尊经阁："尊经阁，在崇圣祠后，建自洪武初。嘉庆丁酉火灾，迄万历十七年知府周希尹、知州吕应诏重修建。雍正八年，知府杨辉祖拓修其楼阁，材木系廪生高孚鹤捐送，规模由是宏阔称最。"③ 在该志《庙学图》中，崇圣祠之后即尊经阁。据[光绪]《姚州志》卷首《庙学图》所示，文庙最后一进为尊经阁。据该志载："尊经阁：（姚州旧志）在崇圣祠后，建自洪武初。（管榆姚州志）正德间，土同知高凤建。（姚州旧志）嘉靖丁酉，火。万历十七年，知府周希尹、知州吕应诏重建。雍正八年，知府杨辉祖拓修，廪生高孚鹤捐送材木。"④

[道光]《姚州志》、[光绪]《姚州志》均载尊经阁由知府杨辉祖建于雍正八年（1730），但这一记载并不准确，实际上，尊经阁复建于雍正七年（1729）。对此，杨辉祖在《重修尊经阁碑记》中明确表示尊经阁复建工程于雍正七年（1729，己酉）当年完成，该碑记全文如下：

> 姚郡学宫，始明之永乐元年，府州同建。嘉靖中，知府王鼎继建堂庑学舍。二十八年，知府赵澍建启圣宫。万历十七年，中大夫周希尹建尊经阁，在今崇圣祠后。想其时堂皇伟壮，巍峙圣庙，灿然可观。诸生讲业其中，殆多彬彬文学之士矣。及后兵燹阁毁，至今百有余年，郡之士大夫未闻有议修复者，良可慨也。今春，因魁阁为霪雨淋残，郡中绅士意欲鼎新以妥神，延予主其议，邀同相地，复见经阁遗址，

---

① [清]管榆，[清]丁士可.[乾隆]姚州志：卷三·学校[M]//杨成彪.楚雄彝族自治州旧方志全书·姚安卷（上）.昆明：云南人民出版社，2005：158.
② [清]李品芳，等.[道光]姚州志：卷二·学校[M]//杨成彪.楚雄彝族自治州旧方志全书·姚安卷（上）.昆明：云南人民出版社，2005：262.
③ [清]李品芳，等.[道光]姚州志：卷二·学校[M]//杨成彪.楚雄彝族自治州旧方志全书·姚安卷（上）.昆明：云南人民出版社，2005：275.
④ [清]陆宗郑，[清]甘雨.[光绪]姚州志：卷二·建置志·学校[M].清光绪十一年（1885）刻本：18b.

乃湮没于丛荟蔓棘之中。予与州伯钱君相与兴感曰："经学之传自吾夫子，诗书删，周易纂，礼乐正，春秋修，帝王之道，坦然明新。及门七十子亲于受业，复各以其所传经教授当时。嗣汉鸿儒间出，阐扬经艺，润色其业。至孝武之世，乃起天禄阁、石渠阁诏会六经，俱置博士。自此以后，天下响风，凡郡州县有庠序之教者，皆许建阁。沿流至于唐宋，经学大备，制令圣宫之后，咸各起楼藏经，使后之学者用以通古，因以达用，则菁莪棫朴之化均造于斯矣。况今圣天子振兴文学，选举茂异，兴复三代之盛。近又忻际大宪巨公，熔陶培养，借经学以成教化，经学其可少哉！稽之姚志，原有经阁基业，亟重建以复旧规。至于魁阁虽难偏废，俟经阁整齐，踵而新之可也。"郡之绅士闻予之议，以为工用浩繁，各有难色。适诸生中有高子孚鹤者，其伯兄即郡之世职司马，因被勒例徙江南，遗有书楼木料五间，毅然愿输入学，改建为阁。于时，在座绅士咸踊跃加额。但斯木料去城二十里许，搬运之费以及筑垣彩饰约需六百余金。予与钱君各出养廉以先厥功，如不足，在郡绅士相辅助。于是，诸绅士欣然乐从以明经黄道元、施允怀、李天柱三子董其事，始于雍正己酉春二月，落成于是岁之秋八月。于旧址筑基四尺建阁，上下十间，高二丈，深三丈八，周广二十八丈有奇。其工砖石木料及彩饰，共费银七百五十余金。所有乐输姓名，另镌石备考。阁既成，予独购求二十一史、十三经，并将奉颁御制《朱子全书》《周易折中》《古文渊鉴》，备造韫匮藏于楼。乃命府州两学司其钥，使责有攸归。兹届庆成之日，率诸生俯仰瞻视，思昔之鞠为茂草者，今转为斯翚斯革矣，昔之青燐萤火者，今转为庭燎暂暂矣。况夫储经贮史，学有渊源，日见敛浮华以归笃实，后必有理学硕儒，黼黻皇猷，岂独雕龙绣虎，鼓吹休明已哉！若高子之好义乐施，后之燕翼而兴者，余又将拭目俟之。是为记。①

同时，泸州同知夏诏新在《重修黉宫碑记》亦佐证道："雍正七年，太守杨公创建尊经阁于殿后，移魁星阁于庙左，月集士子讲经课艺，又得司铎李公讳尧畴、叶公讳遂殚心训迪，至今甲第渐多，乡科愈盛，气运转移，虽由圣人启

---

① 〔清〕杨辉祖. 重修尊经阁碑记［M］//〔清〕陆宗郑，〔清〕甘雨.［光绪］姚州志：卷八·艺文志上. 清光绪十一年（1885）刻本：62b-64b.

203

佑之灵，实皆贤公祖、师长鼓舞作育而然也。"① 1913年，姚州改置为姚安县。[民国]《姚安县志》对尊经阁的描述是："雍正八年，知府杨辉祖拓修，廪生高孚鹤捐送木材。采访：乱后倾圮。民国二十九年（1940），教育科长刘彝将就圮之先农坛材料，移就阁址，修建教室一所。"② 由此可知，尊经阁应已倾毁于清末民初的战乱之中，其旧址于1940年被改为教室。

（十一）赵州尊经阁

明正德十年（1515），知州王宗器重修文庙，"即明伦堂后为馔堂，堂之旁夹以二室，一为库、一为庖，左右为书舍各五"③。其中"书舍"即作藏书之用。康熙三十一年（1692），知州陈光稷等修建了临时存贮官学藏书的"金甲阁"。据[乾隆]《赵州志》载："（笔者注：康熙）三十一年，知州陈光稷、同知易枚、学正李北有、提督诺穆图……南建金甲阁（考各学无此名，当名'尊经'），环筑宫墙、照壁。"④ 同时，该志卷一《图说·学宫图》显示金甲阁位于礼门与明伦堂之间。但是，金甲阁应是供奉金甲神之所，并非文庙规制中存贮官学书籍的尊经阁。

实际上，赵州尊经阁创建于乾隆三年（1738），创建者为杨其楷等当地士绅。云南提学孙人龙《鼎建尊经阁记》言及此事："乾隆二年，绅士杨其楷等又请建尊经阁于文庙左右，故有文昌祠以其让为阁，而祠则改移于阁前，两学官多方筹划，鸠工庀材，经始于上年季冬下旬，迄今次第完善。请使者撰文以垂不朽，使者念滇南兴学肇于汉代，自盛览、张叔从司马相如受经学，实开滇西文章之始，迄元和中，许叔入中国受五经，越延熹中，尹珍赴汝南受经书图纬归教授其乡人，由是南人皆知所为学矣。然究之千余年以来，仍以地处极边，载籍未备，即有有志为学之士，亦苦于鲜藏书，安所得博综今古，以探索其源本？今幸得列圣继往承来，首隆文治，优重师儒，崇尚经术，复令学者濯磨文教必重至道，属在吾徒孰不仰承德意，感激奋兴，思穷经以致用，况复新构杰

---

① 〔清〕夏诏新. 重修黉宫碑记[M]//〔清〕陆宗郑，〔清〕甘雨.［光绪］姚州志：卷八·艺文志上. 清光绪十一年（1885）刻本：68b-69a.
② 霍士廉，等.［民国］姚安县志：卷十七·教育志·学校[M]//杨成彪. 楚雄彝族自治州旧方志全书：姚安卷（下）. 昆明：云南人民出版社，2005：1113.
③ 〔明〕庄诚，〔明〕王利宾.［万历］赵州志：卷二·儒学[M]. 清抄本：16a.
④ 〔清〕赵淳，〔清〕杜唐.［乾隆］赵州志：卷二·学校[M]. 清乾隆元年（1736）刻本：37a.

阁以贮圣籍,俾益得肆力于诗求知,郡之人文将必有倍盛于畴昔者。"① 此后,道光十五年(1835),知州陈钊堂作《增修学宫碑记》提及:"余忝牧斯土,每月初吉祇谒宫墙,棂星门前有坊耸然,曰'文明'……前仰大成殿庄严而端整,后望尊经阁巩峙而巍峨,其上有拱壁一楼,左右有魁星、金甲两阁。"② 可见,其时尊经阁与金甲阁均存世。值得一提的是,在道光四年(1824,甲申)前后,赵州尊经阁前生出紫色灵芝一棵,"道光甲申,华藏寺产紫芝一茎。今年夏五月念四日,尊经阁前产紫芝一茎,体质坚刚,其光奕奕射人。昔人云:'醴泉无源,芝草无根,'盖言灵气所钟,不择地而生也。矧尊经阁为藏先圣经籍之所,芝产于斯,兆阖州文明,益见物生得地,抑古今来,符瑞所臻,其先必有人事启之,其后必有人事承之"③。可见,时人将象征儒学与科举的尊经阁前生长灵芝,视为赵州人文鼎盛之瑞兆。遗憾的是,因资料奇缺且目前可见的清代赵州方志仅有上述乾隆、道光两种,因此,赵州尊经阁在道光十五年(1835)之后的情况尚不可知。

(十二)景东直隶厅尊经阁

景东直隶厅尊经阁在乾隆年间即已存世,直至民国期间仍屹立不倒,可惜现已不存。据[乾隆]《景东直隶厅志》载,至乾隆五十三年(1788),"崇圣祠在先师殿后,尊经阁在崇圣祠后"④。据成书于1923年的《景东县志稿》载:"藏经阁,玉振金声,道德门,棂星门,圣域,贤关,礼门,义路,文星阁,泗水关,以上黉宫内建。"⑤ 可见,其中所言黉宫内的藏经阁即为尊经阁,且当时仍安然存世。因资料匮乏,景东尊经阁倾塌时间尚难考证。

(十三)宣威州尊经阁

宣威州学宫建于雍正五年(1727),"时方建造黉宫,缘乌蒙有事,仅卜基

---

① 〔清〕孙人龙.鼎建尊经阁记[M]//〔清〕陈钊堂,〔清〕李其馨.[道光]赵州志:卷五·艺文中.清道光十九年(1839)刻本:1a-2a.
② 〔清〕陈钊堂.增修学宫碑记[M]//〔清〕陈钊堂,〔清〕李其馨.[道光]赵州志:卷五·艺文中.清道光十九年(1839)刻本:47b-48a.
③ 〔清〕韩榮.瑞芝记[M]//〔清〕陈钊堂,〔清〕李其馨.[道光]赵州志:卷五·艺文中.清道光十九年(1839)刻本:22a.
④ 〔清〕吴兰孙.[乾隆]景东直隶厅志:卷二·学校[M].民国二十二年(1933)国立北平图书馆抄本:2b.
⑤ 周汝钊,侯应中.[民国]景东县志稿:卷四·建设志·坊表[M].民国十二年(1923)石印本:8a.

址于城内苍坡，买游击周应岐宅为学正廨"①。自乾隆三年（1738）始，宣威州学宫屡经修缮，但均无尊经阁，同时，在［道光］《宣威州志》所载《学宫图》中亦无尊经阁。

宣威州尊经阁始建于清光绪中期，由时任知州陈鸿勋组织修建，"文庙工作经始于李东升，然仅有大成、崇圣两殿，余因款绌且为民房所碍，多年未告落成。鸿勋力为筹画，款集事举，由是民乐迁让……与夫泮池、照壁、祭器库、尊经阁、斋宿所、宰牲所应有尽有，规模之宏，几甲全省其他建筑物。"②陈鸿勋于光绪十三年至光绪十六年（1887—1890）、光绪十九年至光绪二十一年（1893—1895）先后两任知州，因此可推测尊经阁建于光绪十三年至光绪二十一年（1887—1895）。1913年，宣威州改为宣威县。1920年，宣威文庙改作县立中学校，尊经阁被改作学校教职员办公室。"县立中学校在学校街，于民国二十年奉准以孔子庙改修，划界自大成门以外，因修大成门为教室，两旁尊经阁下为职教员室。"③宣威州尊经阁早已不存，殊为可惜。

三、清代云南县学尊经阁

（一）白盐井尊经阁

白盐井文庙位于提举司治东山，始建于明洪熙元年（1425），而白盐井尊经阁始建于康熙二十三年（1684，甲子），由提举夏宗尧创建。据［雍正］《白盐井志》载："尊经阁：康熙甲子年，提举夏宗尧建于文庙西庑下，以倍风脉。四十二年，署提举卫淇补修。"④夏宗尧《新建尊经阁记》全文如下：

> 今天子崇文教，而于被兵之数省，首重补制科、修文庙，以为适皇盛治。滇之南被兵尤甚，蒙制抚两台亟疏请于朝廷，为通省有司捐俸修学之典。白井之建有学宫也，其来旧矣，宫殿制度，莫不备举，载加丹雘，巍然山井之灵光。独尊经一阁，凡有学宫皆所必建，兹则

---

① 〔清〕刘沛霖，〔清〕朱光鼎．［道光］宣威州志：卷四·学校［M］．清道光二十四年（1844）刻本：2a．
② 陈其栋，缪果章．［民国］宣威县志稿：卷四·职官志［M］．民国二十三年（1934）云南开智印刷公司铅印本：29b．
③ 陈其栋，缪果章．［民国］宣威县志稿：卷六·政治志［M］．民国二十三年（1934）云南开智印刷公司铅印本：50b．
④ 〔清〕刘邦瑞．［雍正］白盐井志：卷三·建置志·学校［M］．清雍正八年（1730）刻本：2a．

阙然，岂非创始之未尽欤？抑限于地而未之荒度欤？余牧井之二年曰，从事于宫墙，与诸生董修葺之举，得庙中西偏一隅地，其相望则魁星阁也，遂筑其址，捐金庀材，建阁于其上，得夏子琼、甘子洲、石子凤翔、郭子贞一首先任事，又命陈子尧道殚力司工，诸生协力同心，不半载而功成，于是文庙之制创修始备。当其建阁之始也，知兹地铸有金身文昌圣像，建宫在闉阇之间，每为往来商旅所亵慢，继而移之龙吟寺中，又非所以专祠崇教之道。今阁既成，诹吉集诸生虔请供奉，与斗魁交映于杏坛，圣心不滋慰矣乎？第考之晋天文志，文昌六星在北斗魁前。今东西相向，位列未宜。然群峰壁立，平土为艰，又限于地之无可设施者，但以尊经典、翼圣功云耳。嗟乎！井之人士至于今困苦极矣。论其质，皆其秀。论其文，则斐然。奈何其前因于兵，后复因于逋负，炭炭乎！治生之不暇，而寒窗膏火之资用是告匮。余又勉力延师傅、设义馆以助之。倘邀神之灵俾诸士子奋发有为，策名王国以觐天子之耿光，此又予所日夕祷祀而求者也。虽然犹有憾，阁以尊经名，所以重经籍，圣贤之心法在经，古今之事理在史，今要荒僻邑而五车万卷不克备收，兹成是阁，再得充栋之书以资后学，窃有志而未之逮焉。是为记。①

由此可知，白盐井尊经阁不仅存贮官学藏书，亦供奉文昌。康熙朝后期，白盐井尊经阁又经历了一次移建。"（康熙）四十七年，提举郑山移殿庑于左数尺。"② 郑山在《重建学宫记》中明确提及将尊经阁前移了一段距离，"因按学宫图状厥向子午，势偏于右，宜左广丈余以拓其基，坐午向丙，犹见山回水抱，诸生曰唯。余即捐俸重建……匠给以廪，工偿以价，木采诸林，石取诸山，而圣殿适成，然而两庑宜重建也，尊经阁宜前而东庑宜退也，棂星门宜挨左，而文明坊宜添设更移也……自丁丑仲冬，迄戊子孟夏，而数处获落成。其时英才迭出，岁拔二十二人，科拔十三人，是其验焉"③。此次移建工程始于康熙三十六年（1697，丁丑），至四十七年（1708，戊子）竣工。

---

① 〔清〕夏宗尧. 新建尊经阁记［M］//〔清〕刘邦瑞.［雍正］白盐井志：卷八·艺文志·记. 清雍正八年（1730）刻本：6a-7b.
② 〔清〕刘邦瑞.［雍正］白盐井志：卷三·建置志·学校［M］. 清雍正八年（1730）刻本：1b.
③ 〔清〕郑山. 重建学宫记［M］//〔清〕刘邦瑞.［雍正］白盐井志：卷八·艺文志·记. 清雍正八年（1730）刻本：8a-8b.

另据［乾隆］《白盐井志》载，雍正十三年（1735）提举刘邦瑞等重修文庙工程中亦包括尊经阁。"雍正十三年，提举刘邦瑞、绅士罗铨等重修崇圣祠、大成门、魁阁、尊经阁，疏泮池、增学署。"① 乾隆五十八年（1793）、嘉庆十六年（1811），尊经阁又经两次修葺，据［光绪］《续修白盐井志》载："采访：乾隆五十八年，提举王子音改建于灵源书院后层。嘉庆十六年，士窜捐赀重修。同治间，经乱被毁。"② 可见，白盐井尊经阁毁于同治间兵燹。

（二）广通县尊经阁

［康熙］《广通县志》对广通县学修建情况并未述及，但所述当时广通文庙基本建筑时提到了尊经阁，"明伦堂、东西斋房、省牲所、尊经阁、文昌阁（康熙二十四年，训导全五伦同通学复建，以接学宫来脉，从形家者言也）"③。另外，该志《艺文》篇目载时人尹应衡《重修广通县儒学记》、胡顼《重修儒学记》，分别提及康熙三年（1664）、二十三年（1684）广通县学重修之事，但均未述及尊经阁，加之［民国］《广通县志》亦无相关记载，因此，目前仅知截至康熙二十九年（1690），广通县尊经阁仍存世。

（三）浪穹县尊经阁

尊经阁位于浪穹县文庙最后一进，"万历八年，知县陈橙改建崇圣祠、尊经阁"④。入清之后，据［康熙］《续修浪穹县志》载："启圣祠：在文庙后，旧制狭隘，万历庚辰，知县陈橙改建，上为尊经阁。"⑤ 同时，［康熙］《大理府志》亦言及："启圣祠在文庙后（旧制狭隘，万历庚辰，知县陈橙改建，上为尊经阁，康熙三十一年，通判黄元治新造神座并增拓左右两翼）。"⑥ 由此可见，康熙间尊经阁仍存世。康熙三十一年（1692），通判黄元治组织维修了启圣祠，即新造神座并增拓左右两翼。因尊经阁位于启圣祠之后，所以黄元治改造启圣

---

① 〔清〕郭存庄.［乾隆］白盐井志：卷二·学校［M］. 清乾隆二十三年（1758）刻本：4a.
② 〔清〕李训鋐，〔清〕罗其泽.［光绪］续修白盐井志：卷二·建置志·学校［M］. 清光绪三十三年（1907）刻本：10b.
③ 〔清〕李铨，〔清〕张维房.［康熙］广通县志：卷二·建设志·学校［M］//杨成彪. 楚雄彝族自治州旧方志全书：禄丰卷（上）. 昆明：云南人民出版社，2005：408.
④ 〔清〕周沆.［光绪］浪穹县志略：卷五·学校志·庙学［M］. 清光绪二十九年（1903）刻本：1b.
⑤ 〔清〕赵琪.［康熙］续修浪穹县志：卷二·建营志·学校［M］. 清康熙年间刻本：11b.
⑥ 〔清〕傅天祥，〔清〕黄元治.［康熙］大理府志：卷十一·学校［M］. 清康熙三十三年（1694）刻本：26a.

祠时，在尊经阁两侧增建两楹以加固。对此，邑人李崇阶《修建启圣祠记》描述了增修启圣祠与尊经阁的详情："先神座，次垣墉，又次廊庑。座之制，前后四柱，深五尺，阔倍之，中界其半为上下层，上承木主，下为几，便陈设焉。材取其坚，制崇其朴，皆自手画，左右配座亦如之。且祠抚学宫之背，上即为尊经阁，祠之趾齐学宫之顶，而阁又冠祠之巅，其势既高且孤，而其制又甚隘，隘则不足以称学宫孤高，则风雨易飘摇而年不能以长久，乃建两楹于阁之肘腋以为夹辅，又拓两廊于祠之左右以为羽翼，斯高者不孤而其观愈壮，隘者得展而其气可培，于以藏经籍、承俎豆，宁惟是登降周旋之有余地而已乎。"①

此后，"乾隆三十年知县徐沅重修，阁下为苍圣殿"②。道光十一年（1831，辛卯），浪穹县尊经阁再次重修。据〔道光〕《浪穹县志》载："（笔者注：崇圣祠）又后为尊经阁，乾隆三十年知县徐沅重修。道光辛卯，邑人士重修。阁下为苍圣祠。"③咸丰六年（1856），杜文秀起义军攻陷大理地区，浪穹县文庙因此遭遇损毁。光绪十二年（1886），知县陈文锦予以重修，浪穹县文庙基本格局为："庙制正西东向。前为泮壁，左右有金声、玉振二坊，中为泮池，池上有圜桥，周围以石栏池水、左温右凉。进为棂星门三楹，左右有斋宿、省牲二所。再进为大成门三楹，左乡贤祠、右名宦祠。再进为大成殿三楹，左右有东西庑各五楹。后为崇圣祠。又后为尊经阁。"④值得注意的是，此次重修后，浪穹县尊经阁亦供奉仓圣，这种设置与宜良县、南宁县尊经阁基本一致。由上可知，起码至清末，浪穹县尊经阁仍存世。1912年，浪穹县改置为洱源县。新中国成立后，洱源县与邓川县合并为新的洱源县。遗憾的是，位于大理州洱源县邓川镇的洱源县文庙在20世纪六七十年代遭遇破坏，而尊经阁现已不存。

（四）河阳县尊经阁

河阳县尊经阁始建于明嘉靖十年（1531），但毁于明末兵燹。康熙三十四年（1695），训导朱润远联合士绅复建尊经阁，即〔道光〕《澄江府志》载："三十

---

① 〔清〕李崇阶. 修建启圣祠记［M］//〔清〕傅天祥，〔清〕黄元治.〔康熙〕大理府志：卷二十九·艺文志下［M］. 清康熙三十三年（1694）刻本：18b-19b.
② 〔清〕周沆.〔光绪〕浪穹县志略：卷五·学校志·庙学［M］. 清光绪二十九年（1903）刻本：2a.
③ 〔清〕樊肇新.〔道光〕浪穹县志：卷五·学校志［M］. 清道光二十二年（1842）刻本：2a.
④ 〔清〕周沆.〔光绪〕浪穹县志略：卷五·学校志·庙学［M］. 清光绪二十九年（1903）刻本：2a.

四年，新设县学，训导朱润远暨合学绅士建尊经阁于后。"① 对此，官至浙江巡抚的邑人赵士麟在《新建河阳县学尊经阁记》中予以佐证："澄之府、厅、县公及绅士，同捐建造尊经阁于县学学宫，以崇文教，以席师儒，以授生徒焉，此盛世之休风也。朱君不惮万里遥，具函道故而请予记，予嘉乃事，为纪岁月如此。"② 此后，"（笔者注：康熙）四十一年，知府黄元治详请附于府庙，县学改为仓颉祠"③。由此可知，因澄江府学与河阳县学合并，河阳县尊经阁遂成为仓颉祠的一部分，从而丧失了存贮官学藏书的功能。

（五）黑盐井尊经阁

黑盐井文庙位于提举司治北之锦绣坊，始建于明万历四十五年（1617），因年久失修而于明末倾塌。康熙三十八年（1699），提举沈懋价重建文庙于司治之南，其中包括尊经阁。据［康熙］《黑盐井志》载："尊经阁：在明伦堂后。"④ 因史料匮乏，黑盐井尊经阁的其他情况尚难考证。

（六）罗次县尊经阁

目前存世的《罗次县志》仅有康熙刻本、光绪刻本两种，其中《学校》篇目均未述及尊经阁。但是，［康熙］《罗次县志》中《公署》篇目言及："常平仓：在义学后，系借尊经阁权贮，今遂因之（康熙己丑年，知县谢曾祚添修一所于旧仓右）。"⑤ 由此可知，在康熙朝之前，罗次县是有尊经阁的，而且起码在康熙四十八年（1709，己丑），尊经阁旧址仍存世，但因文庙迁建，尊经阁旧址改作常平仓，已不再是官学藏书之所。文庙迁建后，罗次县并未新建尊经阁。

（七）蒙自县尊经阁

蒙自县尊经阁始建于明万历年间（1573—1620），据［康熙］《蒙自县志》

---

① 〔清〕李熙龄.［道光］澄江府志：卷九·学校［M］.清道光二十七年（1847）刻本：3a.
② 〔清〕赵士麟.新建河阳县学尊经阁记［M］//〔清〕赵士麟.读书堂彩衣全集：卷九·记.清光绪十九（1893）浙江书局刻本：4a.
③ 〔清〕李熙龄.［道光］澄江府志：卷九·学校［M］.清道光二十七年（1847）刻本：3a.
④ 〔清〕沈懋价，〔清〕杨璇.［康熙］黑盐井志：卷二·学校［M］.清康熙四十九年（1710）刻本：37a.
⑤ 〔清〕王秉煌，〔清〕梅盐臣.［康熙］罗次县志：卷一·公署［M］.清康熙五十六年（1717）刻本：31a.

载:"尊经阁:万历时教谕朱良用建,今废。"①虽然康熙末年尊经阁早已不存,但据〔乾隆〕《续修蒙自县志》记载:"尊经阁:万历时教谕宋良用建。雍正九年知县王廷净、秦仁,乾隆四十六年知县杨大观同绅士重修。"②因目前可见清代蒙自方志仅有以上康熙、乾隆两种,对于蒙自县尊经阁的其他情况尚难考证。

(八)通海县尊经阁

据〔康熙〕《通海县志》载:"尝闻宗庙之中,一器一物,好学深思之士必考其精微,况罗列经史,灿若日星乎?通之尊经阁,旧藏经籍若干卷,簠、簋、笾、豆、笙、竽、琴、敔之神器库者,罔有一缺。"③可见当时尊经阁业已存在。

乾隆元年(1736),位于文庙最后一进且地势最高处的尊经阁复建完成,"黉宫建于秀山之麓,始于知县任暹,由来已久,雍正十年知县丁沄重修,乾隆元年告竣……又于启圣宫之后,建尊经阁,东西两厢"④。对此,〔乾隆〕《云南通志》亦载:"乾隆元年,丁沄建尊经阁。"⑤之后,乾隆四十九年(1784)尊经阁迁建于秀丽书院之后,"知县陈朝书移尊经阁于书院之后,移一门忠孝祠于阁西,移一门三节祠于阁东"⑥。实际上,知县陈朝书是出于风水方位考量而迁建尊经阁。乾隆四十八年(1783),陈朝书捐修秀丽书院,"术者谓,文庙后尊经阁有伤龙脉,陈令命移书院之后,其东西二祠亦移在两厢"⑦。但是,人亡政息、朝令夕改的专制体制文化再次作祟,"嘉庆十四年,仍照旧址重建尊经阁于启圣宫后"⑧。而原建于秀丽书院之后的尊经阁则改作"阐经阁",并承担部分

---

① 〔清〕韩三异,〔清〕张殿桂.〔康熙〕蒙自县志:卷二·学校[M].清康熙五十一年(1712)刻本:43b.
② 〔清〕李焜.〔乾隆〕续修蒙自县志:卷二·学校[M].清乾隆五十六年(1791)抄本:2b.
③ 〔清〕魏荩臣,〔清〕阚祯兆.〔康熙〕通海县志:卷二·学制[M].清康熙三十年(1691)刻本:3b-4a.
④ 〔清〕赵自中.〔道光〕续修通海县志:卷二·学校[M].民国九年(1920)石印本:7b-8a.
⑤ 〔清〕鄂尔泰,〔清〕靖道谟.〔乾隆〕云南通志:卷七·学校[M].清乾隆元年(1736)刻本:15b.
⑥ 〔清〕赵自中.〔道光〕续修通海县志:卷二·学校[M].民国九年(1920)石印本:9a.
⑦ 〔清〕赵自中.〔道光〕续修通海县志:卷二·学校[M].民国九年(1920)石印本:11b.
⑧ 〔清〕赵自中.〔道光〕续修通海县志:卷二·学校[M].民国九年(1920)石印本:10a.

崇圣祠的祭祀功能,"嘉庆十四年,因尊经阁仍建故处,书院后之阁改曰'阐经',上供周、张、二程及朱子神牌"①。道光朝之后直至光绪初年,通海县尊经阁未经任何修葺,据[光绪]《续修通海县志》载:"庙学:自道光十五年后均无改建,今廊檐倾圮,正议增修。"② 1912年以后,尊经阁被学校占用。

新中国成立后,尊经阁虽经损坏,但主体仍在且被修复。如今,尊经阁依然屹立于通海文庙中轴线的最高处,"尊经阁:为最高地势最后一层建筑,位于崇圣祠后,上台阶五十余级台基上,为二层阁楼式样,重檐歇山顶,底层面宽三间,尽间为外回廊,殿内宽16.6米,进深11米,檐下无斗拱装饰,原阁内相传为创造文字仓颉之塑像(已毁),通海一中图书馆设于此,阁前两边庑房,东为'一门忠孝祠',立有董庄愍父子及孙牌位;西为'一门三节祠'立有东公旭子钦妇卢氏牌位,现已无存"③。1998年,通海县文庙被列为省级文物保护单位。

(九) 宜良县尊经阁

据[乾隆]《宜良县志》卷首《大成学宫之图》所示,尊经阁位于学宫中轴线尾部。该志《学校》载:"尊经阁:在学宫后,乾隆十二年,知县张日旼同教谕朱朴、训导阚揆修率绅士何其昌、苗永新、张肇泗等建,内供仓神,丁祭日祭。"④ 同时,该志《祀典》亦载:"尊经阁:在文昌宫后,乾隆十二年邑令张日旼率合邑绅士捐建。"⑤ 由此可知,宜良县尊经阁由知县张日旼等建于乾隆十二年(1747),因内奉仓颉,因此,尊经阁发挥着存贮县学藏书与祭祀仓圣的双重功能。

张日旼,字穆侯,号熙斋,广东琼州人,乾隆元年(1736)进士。乾隆八年至十五年(1743—1750)任宜良县知县,因政绩卓越而被举为"名宦"。[乾隆]《宜良县志》载其事迹为:"乾隆八年令宜邑,植躬端谨,治本经术,酌设文庙香灯田租,详立伏虎寺义学,建尊经阁于学后。凡七载,善政多,端大吏

---

① 〔清〕赵自中.[道光]续修通海县志:卷二·学校[M].民国九年(1920)石印本:11a.

② 〔清〕陈其栋.[光绪]续修通海县志[M].庙学.民国九年(1920)石印本:10a.

③ 林佰冀.通海文庙[M]//政协玉溪市文史委员会.政协玉溪市文史资料:第3辑·玉溪文博.昆明:云南人民出版社,2002:241.

④ 〔清〕王诵芬.[乾隆]宜良县志:卷二·学校[M].清乾隆三十二年(1767)刻本:34a.

⑤ 〔清〕王诵芬.[乾隆]宜良县志:卷二·祀典[M].清乾隆三十二年(1767)刻本:25a.

称之曰能。调繁新平，去之日，百姓咸思借寇焉。"①

乾隆五十年（1785），知县李淳因文庙面北不合礼制，为祈求文运而将文庙迁建于城内西北方并改为面南，此工程于次年九月完成，而旧文庙则改作文昌宫。据成书于乾隆五十二年（1787）的《宜良县志》载："乾隆五十年十月，知县李淳以黉宫北向非宜，倡阖邑绅士改建于城内西北隅昔雉山书院之址……崇圣祠五楹，后尊经阁。周围宫墙一百四十二丈四尺。庙左为明伦堂三楹，大门五楹，于五十一年九月造成，规模阔大，方向始正矣。"② 其中写明尊经阁位于崇圣祠之后，但并未描述尊经阁的层级数量。对此，李淳在《移建学宫碑记》中写道："初，壬寅岁，淳膺任斯土，谒于庙，仰宫墙嵬峻，殿楹高广，而瞻拜之下，窃以为圣道隆于我朝，庙祀重于寰宇。兹邑士夫祀圣者以南面将事，于体制未合，且考从前甲第，亦属寥寥。即与缙绅士类商移建，而度地于城西北隅雉山书院之址……再进为崇圣殿五楹。后为尊经阁三层，为催官星体，取发祥启秀义。庙左为明伦堂三楹，而制大备矣。"③ 由此，宜良县尊经阁在始创阶段即为三层建筑，而这种形制也保留至今。李淳为了节约成本而就地取材，"因黉宫改建，即将魁星阁改为尊经阁，在黉宫之后"④。同时，尊经阁仍然承担奉祀仓圣功能。此后，道光十三年（1833）宜良发生地震，文庙殿庑多处损毁，尊经阁却安然无恙。

李淳（？—1788），字雪堂，湖南衡阳人，监生，乾隆四十七年（1782）任宜良知县，同年调署云南元江知州至乾隆五十年（1785），乾隆五十年秋复任宜良知县至乾隆五十三年（1788）。李淳任内重视兴学，"建学宫、修邑志、创雪堂书院，士民怀德，立专祠春秋祀之"⑤。

此外，据［民国］《宜良县志》卷首《宜良学宫之图》所示，至1921年，尊经阁仍矗立在宜良县文庙之最后部。同时，该志对尊经阁的描述为："在文庙之后，内供奉始制文字仓圣夫子神位，于春秋仲月上丁日与孔圣诸贤同时致祭，

---

① ［清］王诵芬.［乾隆］宜良县志：卷二·名宦［M］. 清乾隆三十二年（1767）刻本：24b.
② ［清］李淳.［乾隆］宜良县志：卷一·学校［M］. 民国年间云南官印局铅印本：24a-24b.
③ ［清］李淳. 移建学宫碑记［M］//王槐荣，许实.［民国］宜良县志：卷十·艺文志·记. 民国十年（1921）云南官印局铅印本：22b-23b.
④ ［清］李淳.［乾隆］宜良县志：卷一·学校［M］. 民国年间云南官印局铅印本：25a.
⑤ 王槐荣，许实.［民国］宜良县志：卷八·秩官志·循吏［M］. 民国十年（1921）云南官印局铅印本：25a.

三月二十八日诞辰另祭。"① 由此可见，民国期间宜良县文庙仍然保留着李淳所移建文庙的基本格局，而尊经阁位置并未发生变化且继续发挥着祀典功用。之后，1925年尊经阁得以大修。

令人欣慰的是，新中国成立尤其是改革开放之后，宜良县文庙保护工作受到当地政府高度重视。1980年，尊经阁得以修缮，并在1987年被批准为宜良县文物保护单位。目前，尊经阁的具体状态为："尊经阁位于文庙北端最高处小梁山顶，方形飞檐斗拱式建筑。高15米，三重檐，四攒尖，琉璃瓦屋顶。阁基为10米见方石砌金刚座，前有1米高方形露台，东、南、西3面均有玉带踏跺6级，进阁有7级石阶。阁一层影壁嵌置知县李淳摹孔子69代孙孔继涑所书'大学'文句并拜赞辞序碑刻，高2米，宽2.4米，碑文楷书阴刻19行，每行18字，计342字，书体浑厚苍雄，艺术价值极高。"② 2012年1月7日，"省人民政府公布宜良文庙为第七批省级文物保护单位"③。由此，尊经阁业已成为宜良县的标志性建筑之一。

（十）马关县尊经阁

马关县尊经阁由知府汤大宾等创建于乾隆二十二年（1757，丁丑），据目前可见的唯一一种马关方志［民国］《马关县志》载，"（笔者注：乾隆）二十二年，知府汤大宾、署同知李缃、署知县王九爔、教授赵震、典史程垲，倡建明伦堂、仓圣祠、尊经阁、两厢、斋房，前后二十七间，并置文明坊于黉宫门外，监生弘嗣、生员彭贤锦监修"④。其中，尊经阁与仓圣祠是分立的。

嘉庆二十二年（1817），开化府同知周炳组织修建马关文庙，尊经阁得以重修。周炳在《修建文庙碑记》中写道："迨至（嘉庆）二十二年夏，举人戴沛、汪瀛……因前工未竣，禀恳教授陈瑞图、训导束本培介绍舆情，求余接修，计乾隆丁丑修建以来，至嘉庆丁丑已六十年矣。考其事数应一周，合其理势难再缓，是以勉从其请。即于是年八月三日公同议捐，将学置地基绘图，改作刻三日兴工，越月落成大局，适有临安之役。二十三年秋，复任得以始终其事，共

---

① 王槐荣，许实.［民国］宜良县志：卷七·祠祀志·典祀［M］.民国十年（1921）云南官印局铅印本：17a.
② 周恩福.宜良碑刻（增补本）：下册［M］.昆明：云南大学出版社，2016：323.
③ 昆明市地方志编纂委员会办公室.昆明年鉴2013［M］.昆明：云南人民出版社，2013：478.
④ 张自明，王富臣.［民国］马关县志：卷四·文教志·祀孔典礼［M］.民国二十一年（1932）石印本：9b-10a.

乐输银五千五百四十五两,建造尊经阁三间、两庑十间、文昌殿三间、后殿三间、宫门三间、两厢六间……仓圣祠三间……至二十四年六月二十二日工止。"① 由此可知,此次修建工程始于嘉庆二十二年(1817,丁丑)八月初,但因同年发生了云南临安府彝民高罗衣领导的农民起义,于是被迫停工。嘉庆二十三年(1818)秋,马关文庙复工修建,至次年六月二十二日工竣。值得注意的是,此次修葺后,尊经阁三间且仍与仓圣祠分立,应与创建之初的形制及功能相同。因资料奇缺,马关县尊经阁的其他情况尚难挖掘,仅知其早已不存。

(十一) 南宁县尊经阁

南宁县尊经阁建于乾隆二十三年(1758),"尊经阁在明伦堂前,本朝乾隆二十三年,知县方天葆建,中祀仓圣,绅士孙承恩、路觐天、武联元监修"②。可见,知县方天葆捐建了尊经阁以存储官学书籍并供奉仓颉。对此,方天葆作《新建尊经阁碑记》曰:

> 国家崇尚经术,百年有余矣。己卯岁,诏天下乡会第二场撤去表判,专以经艺,仍饬学臣加意教导,务求阐发渊奥,勿入剿袭肤浮,诚重经籍,敦实学也。考之于古周礼,外史掌三皇五帝之书,达书名于四方,此即郡县储经之始。自秦火后,百家皆灰烬,独五经无恙,乃有天禄、石渠、仁寿、崇文等阁,此又京师储经之所。我圣祖仁皇帝御纂周易春秋,世宗宪皇帝续纂诗书集说,皇上命儒臣纂修三礼,告成煌煌乎。一代天章,藏之中秘,颁之学宫,使遐州僻壤之士,雕题凿齿之乡,无不仰瞻圣籍,士生其间,诚甚幸也。然非什袭之,崇奉之将亵越,是惧乌睹,所谓敦尚之也。其斯尊经,所以有阁者欤。曲阳为入滇首郡,视他处早得观光,旧魁星有阁,文昌有阁,独尊经阙如。余莅任视事,恭谒文庙,询之博士及弟子员,咸曰无之。余因叹兴文之务,人视为迂,不仅一曲也。越明年,诣明伦堂,见废楼三楹,颓然于前。乃与诸人士谋曰,择其材而备其用,可乎? 佥曰可。于是,积学中公顷,捐以己俸,得金若干,鸠工庀材,三阅月而成,鸟革翚飞,丹艧黝垩,既轩爽,亦坚致。上着经书,崇祀仓圣,仓圣

---

① 张自明,王富臣.[民国]马关县志:卷七·艺文志四[M].民国二十一年(1932)石印本: 34a—35b.
② [清]毛玉成,[清]张翙辰.[咸丰]南宁县志:卷二·建置[M].清咸丰二年(1852)抄本: 6b.

者，文学之祖也。更为之立香灯，置坚守，勤洒扫，谨管鑰。诸生以时读经于其上，不以卑暗之地蔽其心目，不以芜秽之场亵我圣籍于戏郁哉。以极无用之物，为极有用之需，此一举也，亦明经致用之端也，而教即寓焉。于是为记以志之。①

由此碑记可知，第一，方天葆创建尊经阁的背景是清中央政府重视经学，且康熙、雍正、乾隆三位帝王均注意引导以经学取士，均组织编纂经学书籍且成果颇丰，并已分批次颁赐各级官学，以作为士子求学的官方通用教材。第二，在方天葆出任南宁知县之际，南宁亦别称"曲阳"，该县地理交通位置比较优越，理应相对较早且较快地接触到中原文化气息，却缺少官学藏书之所尊经阁，这与该县作为云南门户之地的地位是不相匹配的。第三，当时普遍存在一种"兴文之务，人视为迂，不仅一曲也"的社会风气，因此，在方天葆之前的诸任知县均未牵头创建尊经阁。第四，尊经阁是在明伦堂前废弃建筑的基础上修建的，因此工程耗时较少，3个多月即竣工。第五，尊经阁建成后，不仅成为士子读书之所，而且还体现了方天葆本人对御颁书籍的高度重视。此外，值得注意的是，尊经阁内"上着经书，崇祀仓圣"，即尊经阁还承担了仓圣祠的祭祀功能。实际上，很多州县是单独修建仓圣祠或仓圣阁的。例如，在乾隆间宣威州学宫内即有仓圣阁，"于大成左建一阁，以三层为位置，上魁星、中文昌、下仓圣"②。相比之下，这体现出当时南宁县在文教设施方面的长期缺失，当然也反衬出方天葆个人在兴办教育、倡导儒风方面的开拓之功。因史料所限，南宁县尊经阁的其他情况尚难考证。

第三节　清代贵州官学尊经阁

清代贵州官学藏书楼多为尊经阁。因贵州建省时间相对较晚，儒学传播与发展相对较慢，加之相对缺乏官私藏书风气与兴学传统，因此，清代贵州官学设立时间与数量均与同时期的四川、云南存在一定差距，例如，康熙三十八年

---

① 〔清〕方天葆. 新建尊经阁碑记［M］//〔清〕毛玉成，〔清〕张翊辰.［咸丰〕南宁县志：卷九·艺文志上. 清咸丰二年（1852）抄本：16b-17b.
② 〔清〕刘沛霖，〔清〕朱光鼎.［道光〕宣威州志：卷四·学校［M］. 清道光二十四年（1844）刻本：2b.

（1699），清廷方才批准永宁州、余庆县、清浪卫等地添设16所官学。与此相应的结果是，作为官学教育场所的学宫建设起步较晚且数量不多，在此基础上，如前文所述，清代贵州官学藏书也是清代西南官学藏书中相对最少的，因而对官学藏书楼的专门需求亦不强烈，这些因素叠加导致清代贵州官学尊经阁修建时间较晚、数量亦相对较少。

在各府中，铜仁府、镇远府、石阡府等并未建立藏书楼。［道光］《铜仁府志》载："文庙：府学所治东。"① 可见，铜仁府也是庙学合一的，但该志所载文庙内有崇圣祠、大成殿、明伦堂、乡贤祠等，却不见尊经阁之类的藏书楼，亦未标明府学所藏书目。同时，［乾隆］《石阡府志》列举了府学藏书书目，却未言及藏书楼。在各县中，尊经阁等藏书楼亦未普及。例如，有清一代，天柱县并未修建尊经阁。天柱县文庙始建于明万历二十五年（1597），此后因风水问题而三次迁建，"康熙元年，黄侯迁所治，学宫三易所矣。无异乎选举不闻，明经空老，邑人士咸以风水是，尤谓城北一隅可以妥圣发祥。甲子春，余聚多士斟酌之，金曰善，遂迁学宫于城之北，捐俸二百余两，市地兴工，一遵旧制维新云：正殿（三楹作酉卯向），两庑（东西各五楹），戟门（三楹），泮池（半壁形，在棂星门内），青云桥（仍其旧号），启圣祠（明伦之后），明伦堂（左殿之左），尊经阁（殿后有基，未建）。按，学宫三迁，兵火叠遇，乐器祭器百无一存，今殿祠堂芜重新，自应渐次捐备"② 此中所言"余"就是时任天柱县知县王复宗即［康熙］《天柱县志》的编纂者。康熙二十三年（1684，甲子），王复宗组织修建文庙于城北，其基本建筑规划中已有尊经阁却未修建。此后，道光年间天柱县文庙迁建于县署左，同治初年毁于兵乱。光绪三年（1877）署县事张济辉重建文庙于北门外故址，据［光绪］《天柱县志》载："尊经阁：殿后有基，待建。"③ 由此可见，直至清末，天柱县尊经阁仍未得以修建。

值得一提的是，囿于经费所限，清代贵州各地学宫多是历经数年而缮修始备，而咸丰、同治年间的兵乱再次重创了包括尊经阁与官学藏书在内的贵州各地学宫，而且目前可见的清代贵州方志数量也是清代西南方志中最少的，因此，发掘尊经阁等藏书楼相关史料的难度相对较大。不过，笔者经过对现存清代及

---

① 〔清〕敬文，〔清〕徐如澍. ［道光］铜仁府志：卷三·营建·坛庙［M］. 清道光四年（1824）刻本：5a.

② 〔清〕王复宗. ［康熙］天柱县志：卷上·学校［M］. 清康熙二十二年（1683）刻本：18b-19a.

③ 〔清〕林佩纶，〔清〕杨树琪. ［光绪］天柱县志：卷四·学校志［M］. 清光绪二十九年（1903）活字本：8b.

民国时期贵州方志的逐一梳理,从中发掘出有文字记载的9座尊经阁,其中,府学尊经阁有黎平、贵阳、安顺府,厅学尊经阁仅见怀仁直隶厅,州学尊经阁仅见正安州,而县学尊经阁则包括玉屏、遵义、桐梓、余庆县。

一、清代贵州府学尊经阁

(一) 黎平府(开泰县)尊经阁

黎平府学与其府治开泰县的县学共用学宫,据〔乾隆〕《开泰县志》载:"崇祯十年,知府于元叶建尊经阁,明季毁于兵。国朝顺治十八年,知府张思房、推官王文绅、教授李如鼎捐资重修。康熙二十四年,知府刘正、教授万钟粟增修大成殿、露台一座、东西庑、棂星门、泮池、泮宫坊、贤关圣域坊、礼门义路坊、腾蛟坊、起凤坊、崇圣祠、明伦堂、文昌阁(下即敬一亭)、名宦祠、乡贤祠、忠义孝悌祠、节孝祠、更衣亭。"① 其中并未提及尊经阁。但是,据〔光绪〕《黎平府志》载:"崇祯十年,知府于元叶建尊经阁(后人祀文昌魁星于阁内),即于其下竖立各箴碑(嘉庆十三年,阁将圮,知府王应模、教授李为倡捐重建,今阁嵌各箴于两壁)。国朝,顺治十八年,知府张思房、推官王文绅、教授李如鼎重修。"② 由此可知,黎平府尊经阁在建立之初包括入清之后都是与文昌阁合一而建的,直至康熙二十四年(1685),黎平知府与教授牵头增修文昌阁之后,尊经阁才剥离了文昌阁的祀典功能而回归官学藏书功能。因资料所限,其倾毁时间不详。

(二) 贵阳府尊经阁

目前可见,在贵州省内,贵阳府尊经阁建立时间最早。贵阳府学的前身是建于明洪武二十七年(1394)的贵州宣慰司学,而尊经阁由副使李睿与巡按御史杨纲建于景泰(1450—1457)初年。嘉靖三年(1524),贵州巡抚熊一洪、清军御史江良才、巡按御史刘廷簠将尊经阁增修为六楹。隆庆二年(1568)置贵阳府,次年正式设立贵阳府学。万历二十一年(1593)巡抚林乔相等在北门外贵州驿旧址捐俸改建贵阳府学,该址即清代贵阳府学之基址,府学学宫落成时间为万历二十四年(1596),其中确已建有尊经阁,但毁于明末兵燹。

清代贵阳府学尊经阁由贵州巡抚阎兴邦(1635—1698)建于康熙三十五年

---

① 〔清〕郝大成,〔清〕王师泰.〔乾隆〕开泰县志:卷二·学校志·守藏 [M]. 清乾隆十七年(1752)三阳堂刻本:23a-24b.

② 〔清〕俞渭,〔清〕陈瑜.〔光绪〕黎平府志:卷八·艺文志·第八·书籍 [M]. 清光绪十八年(1892)刻本:28a.

(1696)。据［道光］《贵阳府志》载："三十五年，巡抚阎兴邦建尊经阁。先是明万历时巡抚郭子章购书贮之尊经阁，后为兵毁。康熙二十七年，巡抚田雯去任，留其私书数百种于学宫，至是贮之尊经阁中。"① 雍正七年（1729），巡抚张广泗（？—1749）重修文庙，其中亦包括尊经阁。此后，道光十九年（1839）六月至道光二十二年（1842）二月，巡抚贺长龄捐俸倡修遭遇雷击的府学学宫并将尊经阁增建为二。据［道光］《贵阳府志》载："贺长龄捐廉倡率僚属绅民重建见制……先是尊经阁在明伦堂后，苏湛之建奎光阁也，以尊经阁材蠹朽将倾，拆以益奎光阁，而别就尊经阁故址建堂以为更衣之所，尊经阁遂废。至是复建之于此，增而为二。"② 对此，贺长龄写道："尊经阁亦建于张公，后创奎光阁以祀文昌，而尊经遂废。今建藏书楼二，复之且增之也，夫岂徒以饰观瞻，壮宫墙美富之色哉?!"③ 自道光二十二年（1842）起，贵阳府学便有两座尊经阁，这在清代西南官学中是独一无二的。1912年后，贵阳府学正式废止，"民国十年（1921年）模范小学的一部分迁至此地"④。笔者推测其时贵阳府学尊经阁仍存世。遗憾的是，20世纪50年代，贵阳府文庙被拆除，因此，尊经阁即已消失不存。

（三）安顺府尊经阁

安顺文庙始建于明洪武初年，万历三十年（1602）安顺州升为安顺府，但安顺文庙则在明清之际几经坍毁、数次复建，而安顺府尊经阁修建时间应为道光十八至道光二十年（1838—1840）。据［咸丰］《安顺府志》载："道光十七年，署知府宋庆常、教授黄淳、训导彭拔才建议增修，乡宦宋劭谷倡捐，暨阖郡绅耆杨春发等买地广基。十八年，知府经武济兴工改修崇圣祠、两厢、大成殿……尊经阁、奎文阁、明伦堂、官厅。二十年，知府张锳修成。"⑤ 实际上，尊经阁位于文庙第二进，院中为棂星门，两侧南为乡贤祠，北为名宦祠，"院子

---

① 〔清〕周作楫,〔清〕萧琯,〔清〕邹汉勋. ［道光］贵阳府志：卷四十二·略三·学校略·第四上 [M]. 清道光二十年（1840）刻咸丰二年（1852）补刻本：5b.
② 〔清〕周作楫,〔清〕萧琯,〔清〕邹汉勋. ［道光］贵阳府志：卷四十二·略三·学校略·第四上 [M]. 清道光二十年（1840）刻咸丰二年（1852）补刻本：6a-6b.
③ 〔清〕贺长龄. 重修贵阳府学文庙记 [M] // 〔清〕贺长龄,〔清〕贺熙龄. 贺长龄集·贺熙龄集. 长沙：岳麓书社，2010：470.
④ 贵阳市地方志编纂委员会. 贵阳市志·教育志 [M]. 贵阳：贵州人民出版社，1991：36.
⑤ 〔清〕常恩,〔清〕邹汉勋. ［咸丰］安顺府志：卷十八·营建志一·学校 [M]. 清咸丰元年（1851）刻本：12a.

两端建有重檐歇山顶阁楼，南为奎文阁，北为尊经阁（已毁）"①。

除了［咸丰］《安顺府志》，目前可见新中国成立前的另一种安顺方志即民国三十年（1941）稿本［民国］《续修安顺府志》，该志对清道光年间奠定了基本框架的安顺府文庙赞誉有加，"庙之建筑非惟为黔中各府、厅、州、县冠，即方之北京国子监太学中之孔庙，亦无逊色……国子监墙垣，尽皆砖制。而庙则盘基围墙，皆砌粉石……即尊经阁、奎文阁、明伦堂、官厅亦到底皆用粉石构筑，极为整洁庄严"②。其中言及尊经阁亦使用粉石材料，可见该志成书时安顺府尊经阁仍存世。2001年6月23日，安顺文庙经国务院批准公布为全国重点文物保护单位，可惜尊经阁早已不存。

二、清代贵州厅、州学尊经阁

（一）仁怀直隶厅尊经阁

康熙八年（1669），四川巡抚张德地请设仁怀县学。雍正七年（1728），仁怀由四川改隶贵州。乾隆十三年（1748），仁怀县改为仁怀厅，属遵义府管理。乾隆四十一年（1776），改通判为直隶同知，由此始设厅学。

据［嘉庆］《仁怀县草志》载："文庙：雍正十年移县后，知县杜诠始建。乾隆四十五年，知县程正坤补修。四十九年，正坤复捐重修，至五十三年毕功，有记见艺文。崇圣祠，在大成殿左。名宦祠，在大成门左。乡贤祠，在大成殿右。明伦堂，在文庙，乾隆十三年知县卢文起、教谕费大有、典史陈麟同建。"③ 实际上，该抄本方志题名"仁怀县"与其时仁怀直隶厅之设置不符，同时，其中《职官》所载时间下限已至道光二十一年（1841），即便如此，依然可知至嘉庆年间，仁怀文庙主要建筑中并无尊经阁。而［道光］《仁怀直隶厅志》载："学宫在治南。康熙三十三年，仁怀县知县赵洪基创建……道光辛卯，引城南堰灌入，四时不绝，西流自黄木沟入赤水，以其水势萦纡，有似太极图，名'太极泉'。棂星门在泮池前，圣教阁，尊经阁，义路坊，礼门坊……"④ 此中

---

① 贵州省地方志编纂委员会. 贵州省志·文物志 [M]. 贵阳：贵州人民出版社，2003：147.
② 黄元操，任可澄. [民国] 续修安顺府志：第十三卷·名胜古迹志 [M]. 安顺：安顺市志编纂委员会，1983：453.
③ [清] 禹坡. [嘉庆] 仁怀县草志·学校 [M]. 清抄本：15a.
④ [清] 陈熙晋. [道光] 仁怀直隶厅志：卷五·学校志 [M]. 清道光二十一年（1841）刻本：3a-3b.

已言及尊经阁，由此推测，仁怀直隶厅尊经阁应建于嘉庆至道光十一年（1831，辛卯）。另外，［光绪］《增修仁怀厅志》已无仁怀直隶厅尊经阁的相关记载，因此，其此后存续与倾毁时间尚难考证。

（二）正安州尊经阁

正安州学创建于明万历三十年（1602），正安州学宫毁于明末兵乱。入清之后，康熙三十一年（1692），知州胡世藻复建正安州学。嘉庆、道光年间，正安州学得到修缮。据［道光］《遵义府志》载："道光十一年，知州韩淳议仍迁于城内（档册）。崇圣祠在文庙后，名宦祠在□，乡贤祠在□，明伦堂在文庙侧，尊经阁在□。"① 值得注意的是，其中并未明确尊经阁的修建时间。同时，［嘉庆］《正安府志》始终未提及尊经阁，且对于正安州学修建历史的描述与［道光］《遵义府志》所载大同小异，记事止于嘉庆十七年冬，"冬十二月，整葺崇圣祠及东西庑，嗣后续整棂星门、甬墙，均皆完缮"②。对比两种方志所载可知，正安州尊经阁应建于道光十一年（1831）前后。另外，［咸丰］《正安州志》与［光绪］《续修正安州志》亦未述及尊经阁，由此，其倾毁时间不详。

三、清代贵州县学尊经阁

（一）玉屏县尊经阁

雍正五年（1727），清廷将平溪卫改置为玉屏县，因此，玉屏县学的前身即平溪卫学，而平溪卫学的创建时间可追溯至明弘治十七年（1504），但其于明末毁于兵乱。据［康熙］《平溪卫志书》载："康熙元年，推官许虬下车，月课生童，目击圣宫颓毁，学舍荒芜，集绅士重修圣殿、明伦堂、学署。其明伦堂系乡宦郑逢元所捐厅宅，增建尊经阁一座。"③ 可见，玉屏县（平溪卫）尊经阁修建于康熙元年（1662）。玉屏县文庙此后处于年久失修状态，而尊经阁亦未能幸免，直至乾隆年间方得以复建。据［乾隆］《玉屏县志》载："尊经阁：在大成殿左。"④ 该志卷首《学宫图》亦显示尊经阁位于大成殿左后方，即学宫最后一

---

① 〔清〕平翰，〔清〕郑珍.［道光］遵义府志：卷二十四·学校三［M］.清道光二十一年（1841）刻本：4b-5a.
② 〔清〕赵宜霔，〔清〕游玉堂.［嘉庆］正安州志：卷二·学校［M］.清嘉庆二十三年（1818）刻本：20a.
③ 〔清〕郑逢元.［康熙］平溪卫志书·学校［M］.清抄本：24b-25a.
④ 〔清〕赵沁，〔清〕田榕.［乾隆］玉屏县志：卷四·学校志［M］.清乾隆二十二年（1757）刻本：3b.

进。由此可知，其时尊经阁业已存在。实际上，玉屏县尊经阁应为乾隆九年至十年（1744—1745）教谕熊元麟等捐建。"乾隆九、十等年，知县张公能后、顾公涛、陈公齐襄、教谕熊君元麟等捐俸倡同绅士尽撤旧材，重新改建，工程坚致，视旧有加。虽诸生矢公矢慎勤之力，而教谕熊君元麟鼓舞赞勷，功实不可没云。"①

同时，乾隆十一年（1746）贵州布政使陈德荣在《玉屏县重修儒学碑记》中写道："于是，教谕熊君元麟、训导宋君应序暨邑绅士俱各欣助……自正殿、两庑、崇圣祠、尊经阁、明伦堂，以及三门六戟、宷廇榱栌榱桷楔柣之属，悉撤旧更新……名虽重修，实则创建。"② 此言佐证了熊元麟参与捐建尊经阁一事。此外，熊元麟于乾隆元年至十一年（1736—1746）任石屏县教谕，因其德行高尚而被［乾隆］《玉屏县志》列入"遗爱"篇中："以私建尊经阁、修圣庙，赞襄鼓舞，备尽勤劳，故今典型虽远，而遗泽尤在人心云。"③ 其中言及熊元麟"私建尊经阁"，这进一步证实了其确有修建尊经阁的善举。目前，玉屏县尊经阁早已不存，但因资料所限，其倾毁时间不详。

（二）遵义县尊经阁

清雍正六年（1728），遵义府由四川划归贵州，府治仍袭明制置于遵义县。康熙八年（1669），遵义县学奉旨修建，但遵义县尊经阁直至道光四年（1824）方才创建，竣工时间下限应在道光九年（1829）。据［道光］《遵义府志》载："道光四年，知县武占熊议重修，知县许华铣、王鉎、缪玉成相继，阅五年而成，有王青莲记（档册）……尊经阁在大成门前左，按：州县贮书较府学少《十三经注疏》《十七史》《宏简二录》，余悉同。"④ 目前可知，新中国成立前刊行的另一种遵义方志是《续遵义府志》，该志叙事时间为道光二十二年（1842）至宣统三年（1911），该志创修于1914年，后于1937年刊行，但该志并未言及尊经阁。由此，因资料所限，遵义县尊经阁倾毁时间尚难考证。

---

① 〔清〕赵沁，〔清〕田榕.［乾隆］玉屏县志：卷四·学校志［M］.清乾隆二十二年（1757）刻本：3a-3b.
② 〔清〕陈德荣.玉屏县重修儒学碑记［M］//〔清〕赵沁，〔清〕田榕.［乾隆］玉屏县志：卷四·学校志［M］.清乾隆二十二年（1757）刻本：63a-63b.
③ 〔清〕赵沁，〔清〕田榕.［乾隆］玉屏县志：卷六·职官志［M］.清乾隆二十二年（1757）刻本：6a-6b.
④ 〔清〕平翰，〔清〕郑珍.［道光］遵义府志：卷二十四·学校三［M］.清道光二十一年（1841）刻本：1b-2a.

（三）桐梓县尊经阁

桐梓县文庙创建于明万历二十九年（1601），桐梓县尊经阁则始建于清道光十六年（1836，丙申），由时任署理知县陈鏊组织修建。"署知县陈鏊重建大成门……复于崇圣祠左侧增修尊经阁（内竖康熙御制碑文，见典礼门）。"① 其中"增修"二字即表明此前并无尊经阁。同时，［道光］《遵义府志》亦予以确认："（道光）十六年，署知县陈鏊复率捐重建大成门、棂星门、泮池、乡宦两祠、魁阁，复于殿后左增建尊经阁……尊经阁，文庙后左。"②

陈鏊，字景溪，直隶文安县人，举人，道光十六年至道光十八年（1836—1838）署桐梓县知县，其因修建文庙有功而被视为"名宦"，"道光十六年调桐任，即议修文庙大成门、棂星门、泮池、乡宦两祠、魁阁、尊经阁、明伦堂、两学署，皆捐廉倡募，计费七千余金"③。此外，实际负责组织管理修建尊经阁等文庙建筑的是邑人傅怀芳。据［民国］《桐梓县志》载："邑文庙朽壤，屡议重修不果。丙申夏，陈令鏊来任，委怀芳董其事，司出纳，督工匠，勤慎不苟。凡七阅月告成，悉如制，而明伦堂、尊经阁、惜字阁、魁星、名宦、乡贤等祠亦次第蒇功。"④

时任遵义知府平翰应邀撰写《重修文庙记》，全文如下：

今天下郡县莫不有圣庙，所以为人心风俗根本地也。桐梓居贵州北徼地，邻于蜀风，播未平之前，其邑故无学。明万历辛丑，邑令王桂始于县署左创建先圣庙。迨本朝康熙八年，川抚张德地始题请重建圣庙。由是，已圮圣庙经始兴工，地仍旧址。至辛丑，邑令徐志培始迁建今地。雍正癸丑，邑令郑廷飙复增修之，至今垂百余年矣。文安陈君鏊以道光丙申夏来宰兹邑，初至谒见孔圣，庙貌蓬榛充阶，蓟草塞堂，俎豆莫措，拜跪无所，周视未既，恻焉疚怀曰："兹且不举，曷为令，曷为士民？"聿割廉俸，倡之更建。我士我庶，咸焉景从。凡七

---

① 李世祚，犹海龙. ［民国］桐梓县志：卷五·舆地志中·坛庙 [M]. 民国十八年（1929）铅印本：12a.
② ［清］平翰，［清］郑珍. ［道光］遵义府志：卷二十四·学校三 [M]. 清道光二十一年（1841）刻本：6b-7a.
③ 李世祚，犹海龙. ［民国］桐梓县志：卷十·秩官志·名宦 [M]. 民国十八年（1929）铅印本：54a-54b.
④ 李世祚，犹海龙. ［民国］桐梓县志：卷三十六·人物志·文苑 [M]. 民国十八年（1929）铅印本：26a.

阅月，事事如制。更以羡余为明伦堂，为尊经、惜字二阁，奉魁星祠，建乡宦，皆次第藏功。今夫桐梓无平原沃壤之树艺，无富商大贾之经营，其地故贫甚。闻昔谋更建有年，讫不就事，非以其经费不继耶？得陈君董倡之七千金之费，不忧其绌，且有赢余。前此积难，易如振叶。兹可见同然之好，不绝于人心，是在为民上者，以诚导之耳。中丞闻而嘉之。为上其事并始终佐以成事者，皆乞予议叙。此自大吏奖励之为，非陈君意也。陈君乞余撰记，俾来许有所稽。因思圣庙为人心风俗根本地，余始来守播，即遍告所属首当培此根本。今兹落成，获往观焉，四民莫不欣然，以为相诏相勉，盖由此各期于善良矣。遂为记其修建之详如是。是举也，终始佐陈君成事者，本县教谕萧君时馥，司出纳、督工匠勤慎无间者，本县廪生傅怀芳、耆民焱元升，例得具书。①

平翰指出文庙建设普遍受制于经费短期的问题，对于农商皆不兴旺的桐梓县更是如此，因此，陈鏊捐修文庙之善举便获得了上下一致称赞。

幸运的是，桐梓县文庙在咸同兵乱中幸存，而且在1920年匪乱中亦得保全。1926年桐梓县长刘尚衡组织重修文庙，其在《培修文庙碑记》中写道："咸同之乱，贼匪恣意烧掠，所过郡县华屋丘墟，桐县文庙独获瓦全，似贼犹知有敬畏也。反正以还，各省变置废除，十居八九，孔祀若绝若续，桐城文庙仍岿然完好。民九而后，股匪林立，桐署三堂，旋来一炬，惟文庙无恙也。壬戌、癸亥间，匪军至县，人处圣宫，壁门牌主，以斧以薪，礼器陈设，空无遗类，诚自有文庙数百余年未睹之奇灾浩劫也。"② 桐梓县文庙在1922—1923年遭匪洗劫，由此推之，桐梓县尊经阁起码在1922年之前仍存世。因资料所限，桐梓县尊经阁倾毁时间尚难考证。

（四）余庆县尊经阁

据［光绪］《余庆县志》载："文昌阁（在县傍左，旧无，道光十七年丁酉建），魁星阁（与文昌阁同）、尊经阁、省牲所、祭器库、乐器库、乡贤祠（以

---

① 〔清〕平翰. 知府平翰重修文庙记［M］//李世祚，犹海龙.［民国］桐梓县志：卷五·舆地志中·坛庙［M］. 民国十八年（1929）铅印本：12b-13b.
② 刘尚衡. 培修文庙碑记［M］//桐梓县地方志编辑部. 桐梓历代文存. 桐梓：桐梓县地方志编辑部，2004：106.

上六处旧无）。"① 由此可见，余庆县尊经阁大约创建于清道光十七年（1837）。余庆县尊经阁之所以创建时间较晚，原因在于余庆县学原附于黄平州学，直至康熙三十八年（1699）方才创建，加之余庆县学宫既遭兵燹又屡经迁建。遗憾的是，余庆县尊经阁早已不存，因资料所限，其倾毁时间尚难考证。

---

① 〔清〕蒋深，〔清〕许之獬，〔清〕汤鉴盘. ［光绪］余庆县志［M］. 清末抄本：36a.

第六章

清代西南官学藏书的意义与影响

在专制主义时代，武器就是法律，而在此军事主导的政治环境下，文化与教育多元性注定是奢望。与此同时，针对知识精英群体开展的单一的文化灌输，也只能通过以专制政府统一编纂并颁发的科举教材为主体的官学藏书才能得以最大限度地实现。官学藏书具有一定程度的公共性，是官方主导的公共教育的重要文化资源，其对所在地域与社会的影响非私人藏书可比。众所周知，私人藏书多满足了收藏者的个人占有欲与收藏展示癖，其私有性质决定了即便品类再多、体量再大，也难逃文玩交流与展示功能有余而文化传播与流通功能不足的固有弊端。因此，在家赀巨万的藏书家中，多出版本目录学家，却少有博雅专精的文史大家，更毋论给一定区域与社会的知识精英群体带来较大影响的思想家。相比之下，官学藏书则可发挥公共教育参考与儒家文化传播的复合功能。

由此，清代西南官学藏书在加速西南边疆教化、促进西南儒学兴盛等方面具有重要意义并发挥了重要影响。同时，因清代西南地区官学藏书中亦包含《禁毁书目》等文字狱与禁书运动的标志性典籍，其对西南生员士子的生命财产安全予以极大震慑，对其学术思想表达亦带来强烈禁锢，促使大部分生员士子主动开展自我审查并出现学术转向，从而走向了只求立学、不求立功的犬儒主义之路。此外，清代之前的西南多民族聚居，朝廷对该地区开展的人为设计的意识形态灌输强度相对不高，因而容易形成信息与文化较为单一的"信息茧房"，而清廷在西南大力发展儒学教育，以官学藏书为传播媒介向西南各民族知识精英传播和灌输以忠君爱国为核心的儒学文化，从而借助这一"信息茧房"直接造就了西南民众对清廷治下中国的国家认同。

第一节　加速西南边疆教化

官学藏书对扩大生员士子的阅读范围、提升其阅读层次、保证其阅读质量等具有重要作用。因历史传统，加之与中央政府地理距离较远，以儒家典籍为媒介的儒家文化在西南地区的传播速度，相较江南、中原地区来说是缓慢的。这种情形的表征之一即儒学教育在西南地区普及程度不高，同时，儒学典籍在西南民间亦数量较少。由此，官学藏书的优势逐渐显现，一方面，藏书中绝大部分为御纂、钦定之儒家经典，其编纂水平、校勘标准、印刷质量均有保证；另一方面，因该部分典籍专藏于学宫，存贮环境相对较好，加之对外借阅流通量相对较少，因此，官学藏书的保持条件相对更好，其在弥补西南地区儒家典籍数量不足和提高士子阅读质量方面，具有不可或缺的重要意义。

在贵州黎平府，雍正三年（1725）十一月，当地士绅捐资重修的龙标书院竣工，山长胡奉衡应邀作碑文曰："君子谓，是举也有三善焉。崇祀先贤，一也。里中子弟肄业，弦诵有其地，二也。睹御府颁赐之典籍，读人间未见之奇书，三也。后之人不可不知，所以自励乎。故记之，以相传于勿替云。"① 可见，对当时的读书人尤其是西南地区文人来说，阅览清廷颁赐的各类书籍是人生一大幸事。官学藏书多来自朝廷颁赐，同时，政府颁赐之典籍亦多存于官学，因此，亦可推知官学藏书对其时西南广大生员士子的阅读吸引力与重要价值。

乾隆年间，贵州大定府有一士子杨遑，其在私塾接受初级儒学教育之后进入府学，由此受益于府学尊经阁所藏诸书。据［道光］《大定府志》载："杨遑，字光升，大定人。大定有彭先生者，佚其名，以宋五子之学教授于乡。乾隆初，遑从受学，精进不谋衣食，卒得彭先生之传，年二十以能文补府学生，试辄冠其曹，以遐方书籍缺少，日就学宫出尊经阁藏书而读之，于是博通经史。与吴应鸿、简贵朝、徐思伯友善，三人咸推其学业精到，非时流所及。四十三年，充府学岁贡生，已从其子春萃于永善知县署。春萃在官，遑恒诲之以廉惠，居永善岁余归，卒于家，年七十八。"② 由此观之，杨遑不仅因阅读官学藏书而

---

① 〔清〕俞渭，〔清〕陈瑜.［光绪］黎平府志：卷四·典礼志·第四·学校［M］. 清光绪十八年（1892）刻本：123b.
② 〔清〕黄宅中.［道光］大定府志：卷三十七·内篇廿七［M］. 清道光二十九年（1849）刻本：18a.

博通经史，使自身水平得以提升，而且经由官学藏书所蕴含的儒家思想与官方意识形态对其思维的塑造，还将儒家倡导的仁爱之心与官方宣传的清廉之则，灌输于其子时任云南永善县知县杨春萃，从而成功地实现了个人价值观与官方意识形态的代际传递。

同时，乾隆二十二年（1757），时任四川泸州知州夏诏新作《增修学宫碑记》云："昔范文正公为秀才时，即以天下为己任，曾不居道学之名而有道学之实。今颁行书籍自经史以及性理俱存贮学宫，诸士子相与诵而习之，处则有守，出则有为，经术治术，一以贯之，斯乃监宪所为兴贤才意也。"① 可见，在知州夏诏新看来，生员士子们通过阅读官学藏书，可达到增长学识、造福社会的积极效果，进而使这一知识精英群体的理论学习与社会实践均符合经世致用的儒学价值观的基本要求，即"经术治术，一以贯之"。

因官学藏书是教学的基本教材和科举考试的官方指定参考书，因此，在清代西南官学藏书持续与生员士子科举考试紧密捆绑的背景下，清代西南三省的儒学教育均呈兴盛之势，集中表现在科举考试整体成绩明显胜于明代。在四川，明代士子考中进士1440人、举人6290人②，清代考中进士786人、举人7652人③。在云南，明代士子考中进士267人、举人2783人，清代考中进士704人、举人5101人④。在贵州，明代士子考中进士109人、举人1145人⑤，而在清代这两项数据则得到大幅提升，分别是进士611人、举人4110人⑥。其中，仅四川进士数量出现了下降，但这并不影响清代西南儒学教育水平的整体提升。值得一提的是，贵州在晚清即道光、咸丰、同治、光绪四朝的科举表现非常亮眼，"道光朝贵州进士95名，约占该朝进士总数（3226名）的2.94%；咸丰朝贵州进士30名，约占该朝进士总数（1053名）的2.85%；同治朝贵州进士45名，约占该朝进士总数（1587名）的2.84%；光绪朝贵州进士143名，约占该朝进

---

① 〔清〕夏诏新. 增修学宫碑记［M］//王禄昌，裴纲，高觐光，等.［民国］泸县志：卷一·舆地志·坛庙. 民国二十七年（1938）铅印本：30b.
② 吴宣德. 明代进士的地理分布［M］. 香港：香港中文大学出版社，2009：58.
③ 四川省地方志编纂委员会. 四川省志·教育志：上册［M］. 北京：方志出版社，2000：87-92.
④ 党乐群. 云南古代举士［M］. 昆明：云南人民出版社，2008：58-59.
⑤ 《贵州通史》编委会. 贵州通史：第3卷·明代的贵州［M］. 北京：当代中国出版社，2003：364.
⑥ 《贵州通史》编委会. 贵州通史：第3卷·清代的贵州［M］. 北京：当代中国出版社，2003：731.

士总数（4078名）的3.50%"①。其中，在光绪朝科举期间，贵州贡献了两位状元赵以炯、夏同和，由此，西南儒学教育水平取得了令人瞩目的进步。

归功于儒学教育水平的明显提升，清代西南地区不仅人才辈出，而且以儒家文化为主导的地域文化也获得了蓬勃发展。在四川，有着悠久历史的蜀学逐步走向繁荣。其中，彭端淑、李调元、张问陶被后人并称为"清代四川三才子"，晚清之际又涌现出经学大师廖平。在云南，高崶映、师范、王崧、陈履和、木正源、赵藩、周钟岳等多民族知识精英人才辈出且学术成果颇丰，共同推动了滇学的多元化发展。在贵州，以遵义郑氏、莫氏、黎氏三家为代表的"沙滩文化"十分兴盛，这一士人群体在汉学、宋学、版本目录学、地理学、天文学、医学、农学等领域成就突出，对黔学的形成起了奠基作用。

第二节　促进西南儒学兴盛

清代学者凌廷堪（1757—1809）对中国古代学术发展规律概括道："盖尝论之，学术之在天下也，阅数百年而必变。其将变也，必有一二人开其端，而千百人哗然攻之；其既变也，又必有一二人集其成，而千百人靡然从之。夫哗然而攻之，天下见学术之异，其弊未形也；靡然而从之，天下不见学术之异，其弊始生矣。当其时亦必有一二人矫其弊，毅然而持之。及其变之既久，有国家者，绳之以法制，诱之以利禄，童稚习其说，耄耋不知非，而天下相与安之。天下安之既久，则又有人焉，思起而变之，此千古学术之大较也。"② 在专制主义时代，社会学术发展进程必然要服务于政治需要，而学术风气的转变最终也是由政府主导并推动才得以实现的，即如凌廷堪所言："及其变之既久，有国家者，绳之以法制，诱之以利禄，童稚习其说，耄耋不知非，而天下相与安之。"实际上，以官学藏书为教学材料的官学教育即是实现"童稚习其说、耄耋不知非"的主要手段。

由前文可知，清代西南官学藏书以经学类为主，这在一定程度上也对西南地区经学、理学、心学等儒家学术研究，起了官方政策引领与个人心理奠基作

---

① 曾凡炎.贵州科举在晚清的崛起［J］.贵州师范大学学报（社会科学版），2008（5）：59.
② ［清］凌廷堪.校礼堂文集：卷二十三·与胡敬仲书［M］.王文锦，点校.北京：中华书局，1998：204.

用，而西南士子们多从立言角度出发，顺应清廷引导而从事相关研究。

官学藏书作为科举考试教材与参考书，自然对士子个人的儒学知识体系构建起了基础塑造作用，而采用这些教材类书籍在同一时间对同一地域的众多士子集中进行填鸭式学术训练，就会达到制度设计者所期望的引导学风建设与规范学术生产的双重效果。与此同时，官学教育内容紧密结合所在地域的学术传统与文化风气，即塑造出一个体现儒学共同价值并独具特色的地域学术文化。由此，清代西南官学藏书对西南地区儒学文化塑造起了学术奠基作用，成功地助力独具特色的蜀学、滇学、黔学等清代西南地域学术文化的繁荣发展。其中，经学、理学、心学等均在西南地区得以有序发展。

经学是儒家学术的文化核心，清代西南生员士子阅读和参考最多的官学藏书即经学类典籍，因此，这些知识精英在经学方面用力最多、成果最富。清代四川经学呈现平稳发展之势，经学家群体数量较大，成果亦十分丰富。在清初之际，四川知名经学家有费密、唐甄、胡世安、李开先等，而清中期的经学家代表人物则是李调元与刘沅，清末则涌现出廖平、宋育仁、吴之英等经学名家。据学者杨世文统计，"在整个清代268年时间里，四川地区285位经学家共著有685部经学研究著作。基本上平均每年诞生1位经学家，著作2.56部"①。值得一提的是，晚清之际四川经学出现复兴之势，其中集大成者是经学家廖平。

清代云南经学也较为发达。据笔者统计，明代经学家共计30人，著有经学著作37部；而清代经学家则有92人，著有经学著作117部。② 清代云南经学的一个显著特点是涌现出一批造诣较深、影响较大的少数民族经学家。这些少数民族知识精英多入官学且受官学藏书熏陶，对儒家文化接受程度很高，从而表现出强烈的儒家文化认同。值得一提的是，这类少数民族经学家代表人物有高䎐映、师范、王崧等白族学者。另外，有学者统计："清代滇人子部之书为204部，是明代96部的两倍多，其中'儒家类'从明代的33部增加至清代的74部，从一个侧面反映了清代云南儒家文化的广泛传播。"③ 清代贵州经学发展也取得长足进步，其成果丰富且远超明代。据学者谭德兴统计："清代贵州经学发展规模远远超过明代：明代经学家共计15人，而清代则达到近百人（98人）；

---

① 杨世文. 清代四川经学考述 [J]. 西华大学学报（哲学社会科学版），2010（2）：42.
② 龙云，卢汉，周钟岳. [民国] 新纂云南通志：卷七十一·艺文考一·滇人著述之书一·经部 [M]. 民国三十八年（1949）铅印本：1a-28a.
③ 廖国强. 清代云南"汉文书写系统"建设的文化指归 [J]. 楚雄师范学院学报，2019（1）：42.

明代经学著作计19部，而清代则达到204部。"①

清代西南理学及之后汉学等的发展历程，可以通过贵州儒家学术文化发展过程加以管窥。贵州建省与独立开科时间均较晚，加之与外界学术交流相对较少，因此，虽然明廷通过与科举取士挂钩的方式在全国推广程朱理学，但贵州学术仍是王阳明（1472—1529）在贵州龙场所传心学的天下。但是，随着清廷定鼎中原，在文教方面沿袭明制，并通过官学教育进一步强推诸如《钦定十三经注疏》《近思录》《性理精义》等政府审定书籍所代表的程朱理学后，贵州学术核心终于在乾隆朝之际从阳明心学转向至程朱理学。

其中，实现这一学术转折的关键人物是贵州人陈法。陈法（1692—1766），字世垂、圣泉，号定斋，贵州安平人。康熙五十二年（1713）进士。历任顺天乡试同考官、刑部郎中、直隶顺德知府、山东登州知府、运河道、淮扬道、直隶大名道等。革职后，归乡主贵山书院。其生平潜心性理，推崇朱子之学。其易学著作《易笺》被收入《四库全书》。同时，其通过《明辩录》包括《论象山认心为理之非》《论象山复其本心之非》《论象山之学异于孟子》《论象山之学合乎禅宗》《论象山教人之法》《论象山辟禅之非》《论象山轮对五札》《良知辩》《致良知辩》《格致论》等10篇专论，全面阐释了其尊奉程朱理学为正学的学术立场，从儒学本体论、道德修养论等方面对象山学派尤其是在贵州传播日久的阳明心学提出了严厉批判，意在树立程朱理学对儒学道统话语权的主导地位。例如，陈法写道："程朱格致之说，至阳明而始肆为异论，然其以'正'训'格'，其说之难通，见于整庵所辟者，详矣。"② 陈法在此即明确批评阳明心学将良知视为不需下功夫而皆可得之天理；是受佛教禅宗"明心见性"方法论影响之果，由此，陈法认为阳明心学并非儒学正统。

此外，陈法在贵阳的贵山书院主讲十余载，其推崇程朱理学的文教思想对贵州士子文人影响颇深。乾隆十九年（1754），陈法在《贵山书院学约》中言明："六、读书应循序而有常致。读书，先读《近思录》《性理精义》，乃见义理根源，并知圣贤言语于吾身有切实受用处。朱《注》一字不可遗。朱子自谓'一生精力无一闲字'。'闲字'皆紧要字，内注训诂本文，外注多引程子及诸家议论，文字皆与《正义》相发明。"③ 陈法所言及的《近思录》《性理精义》

---

① 谭德兴. 明清时期贵州经学家与经学著述的地域分布与成因［J］. 贵州大学学报（社会科学版），2015（3）：155.
② ［清］陈法. 明辩录［M］. 清光绪二十一年（1895）固始张氏刻本：28a.
③ 张羽琼. 贵州书院史［M］. 贵阳：孔学堂书局，2017：378-379.

即清代西南官学的必备书籍,由此可见,这类承载着程朱理学的官学藏书对陈法等人的影响。此后,在陈法等人的引领下,程朱理学逐渐成为贵州士子的主流治学取向,"可以看出理学思想在贵州的影响既深且远,这种影响牢牢地盘踞在贵州学术风气的最基层上,成为了贵州士人相互交流的基础和共同使用的文化资源,为他们的立身行事、求学问道提供给养"①。

此后,清廷主导的程朱理学出现式微之势,加之文字狱的强烈影响,儒家士子文人纷纷三缄其口而转向考据之学,而在批判宋明理学基础上形成的以训诂考据为代表的汉学成为学术主流。这种学术风气也在贵州结出硕果,最具代表性的就是晚清之际以郑珍、莫友芝、黎庶昌三人为代表的"沙滩文化"。

郑珍(1806—1864),字子尹,号柴翁、巢经巢主人、晚号小礼堂主人、五尺道人,别署且同亭长,贵州遵义人。道光五年(1825)拔贡,道光十七年(1837)举人,历任古州厅、镇远、荔波等地训导。其治经学、小学皆有成就,尤擅《说文》,且为晚清宋诗派代表人物,著《仪礼私笺》《说文逸学》《说文新附考》《说文逸字》《巢经巢经学》《巢经巢诗钞》等。莫友芝(1811—1871),字子偲,号郘亭、紫泉、眲叟,贵州独山人。道光五年(1825)秀才,道光十一年(1831)举人。幼承家学,于名物训诂、金石目录之学皆精,诗宗宋人。著《郘亭诗钞》《郘亭知见传本书目》《黔诗纪略》《声韵考略》《过廷碎录》等。黎庶昌(1837—1898),字莼斋,贵州遵义人。廪贡生。光绪二年(1876)起,历任驻英、法、德、日四国参赞,奉旨出使日本,官终川东兵备道。从学于郑珍,与莫友芝交游。曾入曾国藩幕,与张裕钊、吴汝纶、薛福成合称"曾门四弟子"。辑刻日本藏中国已佚古籍而成《古逸丛书》。编著《拙尊园丛稿》《续古文辞类纂》《西洋杂志》《春秋左传杜注校勘记》《论语附录》《广韵校札》《全黔国故颂》等。其中,郑珍与莫友芝以经学、文字学齐名,并称"西南巨儒"。黎庶昌为文宗法桐城派,"师事曾国藩,受古文法,于其四史、《通鉴》致力最深,古文恪守桐城义法,简练缜密,颇得坚强之气"②。

晚清之际,清廷治下中国身处内忧外患之中,以救亡图存为己任的儒家公羊学再度应势而兴并成为学术主流。正如许纪霖先生所言:"公羊学是以微言大义行托古改制的儒学流派,在太平盛世的和平年代,通常隐而不现,并非显学,一旦到了礼崩乐坏的乱世,社会面临制度和文化的转型时刻,志在改制立法的春秋公羊学便会大行其道。西汉的董仲舒、清末的康有为皆是一代公羊学大家,

---

① 邹芳望. 黔学的形成及其转折[J]. 社科纵横, 2019(2): 101.
② 刘声木. 桐城文学渊源考: 卷四[M]. 民国十八年(1929)铅印本: 11b.

也是变法改制的推动者。"① 当时全国上下变革之风盛行,导致政府主导的官学教育彻底走向衰亡,但仍是西南生员士子们博取功名的主要途径。同时,为了回应政治形势与社会风气变化,清代西南官学藏书中也出现了西学基本知识类书籍,以适应科举策论之需。此外,清代西南地区的一部分具有勇气的中下层儒家士子文人,也寄望于社会变革给自身带来突破阶层固化而获取个人事业发展的重要机遇,因此,他们均以此为契机,主动加入救亡革新的社会运动之中。

在此背景下,清代西南地区涌现出精于公羊学的中国近代经学大师廖平。廖平(1852—1932),原名登廷,字旭陔,旋改名平,字季平,晚号六译,四川井研人。同治十三年(1874)入县学为诸生,光绪二年(1876)补廪生,光绪五年(1879)中举,光绪十五年(1889)进士,官四川龙安府教授。著《今古学考》《群经凡例》《伦理约编》《四益诗说》《穀梁春秋经传古义疏》《公羊春秋经传验推补证》《起起穀梁废疾》《地球新义》等。其早年受学于公羊学家王闿运,秉承变通救世之说,从而奠定其个人学术思想基础。其学术虽以善变著称,但始终以尊孔宗经为核心,宣扬孔经包罗古今中外一切文化学术,使经学适应时代需求而更具活力与包容性,更使今文经学具有明显的近代思想特征,而其《知圣篇》与《辟刘篇》为康有为撰写维新变法的理论基础文献《新学伪经考》《孔子改制考》带来重要启迪。有学者认为:"廖平对制度的设计正好迎合了晚清制度变革的思想潮流。康有为吸收了廖平'素王托古改制'的思想,宣传维新变法,并进而造成了声势浩大的政治变革运动,对晚清社会的思想界产生了巨大影响。而廖平对制度的探讨,则可以看作晚清制度变革的理论先导。"② 此后,廖平的公羊学思想由西南辐射全国,对爱国士子的忧患意识与改革思想起了较大的唤醒与鼓动作用。

此外,受到公羊学救亡革新思潮的影响,贵州一些具有忧患意识的儒学士人们也参与到康有为、梁启超主导的戊戌变法运动中,其主要代表人物是李端棻。李端棻(1833—1907),字芬园,贵州贵阳人,同治二年(1863)进士。历官云南学政、监察御史、刑部侍郎、礼部尚书等。他是清廷上层官僚中最坚定的维新派大员,更是戊戌变法运动的主要倡导者之一,他倡导改革官学以济时艰,并最早提出设立京师大学堂等教育改革主张。此外,值得注意的是,在著名的"公车上书"事件中,与会举人达1300余人,但是,"实际在《上皇帝

---

① 许纪霖. 民间与庙堂:当代中国文化与知识分子[M]. 北京:生活·读书·新知三联书店, 2018:213.
② 崔海亮. 廖平今古学研究[M]. 长沙:岳麓书社, 2014:267.

书》中签名的只有603人（内缺两省），现存有《公车上书题名》，将600余人的姓名、籍贯、科甲逐一记录在册。广西人数最多，总共99人。贵州的名单虽列最后，但签名的达96人，位列第二"①，这充分说明改制图存的儒家文化已在贵州结出硕果，而清代西南儒学业已走向兴盛。

第三节 文字狱与犬儒主义

何炳棣先生对中国科举制度的利弊持有辩证态度，其认为："自宋代以来（十一世纪），科举制度是否能符合国家的需求，一直是人们论辩的问题。但在传统中国人的智慧与才干所能提出的方法中，这一制度仍是选拔人才最客观的方法。其优点在于，科举考试的科目集中于经书、文学、历史与行政难题，能培育出具备健全常识与判断力的人才，甚至是政治家。其缺点则是可能会培育出不具备原创力与想象力，只会像鹦鹉学舌一样，强力符合官方意识形态的士大夫（只有一个最重要的例外，即在十六世纪的大部分时间中，王阳明的良知与知行合一学说导致了思想的解放，这是中国史上少有的情况）。此外，科举制度另一特别的成就是突出已被独尊的儒家伦理价值体系。"②诚如其言，官学藏书虽然有助于清代西南儒学兴盛与科举事业的繁荣发展，但也塑造出大部分创造力匮乏、强力符合官方意识形态的士大夫，这些知识精英的确发挥了维护专制政权与社会稳定的作用，但在基层专制权力滥用导致官民矛盾日益激化，清中央政府忙于内忧外患而加大对普通民众的税赋压榨之际，他们并未发扬儒家经世济民的传统，更未如杨继盛一样"铁肩担道义，辣手著文章"。在这个经过程朱理学塑造的知识精英群体中，一部分如王阳明一般不问世事、淡漠苍生，一部分装聋作哑甚至助纣为虐。实际上，在现在看来，这种群体行为在本质上就是一种典型的犬儒主义。

如前文所述，清代西南地区尤其是四川、云南两省官学藏书中存有诸如《应禁书目》《应禁书籍目录》《查明违碍书目》《禁书目录》《四库全书全毁抽毁书目》《违碍书籍目录》《续奉卷缴违碍书目》《上谕四库馆议定章程查明违碍书目》《奏明销毁书目》等禁书目录类典籍。这类典籍正是清代文字狱降临西

---

① 黎铎. 贵州文化发展概观[M]. 贵阳：贵州人民出版社，2003：304.
② 何炳棣. 明清社会史论[M]. 徐泓，译注. 台北：联经出版事业股份有限公司，2013：319.

<<< 第六章 清代西南官学藏书的意义与影响

南地区的明证，而文字狱的盛行也必然会助推犬儒主义在西南地区知识分子群体中继续流行。

清代尤其是康熙、雍正、乾隆三朝是中国历史上文字狱运动的顶峰时期，与此同时，清代也是中国古代历史上禁书数量最大的时期。在乾隆帝谕令组织编纂《四库全书》这部中国古代社会规模最大的丛书过程中，席卷全国的禁书运动伴随始终，"在长达十九年的禁书过程中，共禁毁书籍三千一百多部、十五万一千多部，销毁书板八万片以上"①。当然，作为清政府治下王朝国家一部分的西南地区，自然也受到这一规模空前的全国性文化运动的波及。据学者黄爱平统计，在各省查缴禁书总量151725部中，四川查缴禁书1151部、云南2728部、贵州702部。② 同时，宁侠先生统计认为，清代各省奏缴请毁书籍次数共180次，其中西南三省15次：四川1次、云南7次、贵州7次。③

其中，云南查缴禁书数量稳居西南三省之冠。乾隆四十三年（1778）九月，云贵总督李侍尧在奏折中写道："滇省藏书之家，较之江浙等省虽属无多，而士风醇朴，一经晓示，颇知劝畏，纷纷呈送，不敢隐匿。"④ 乾隆四十六年（1781）九月，云南巡抚刘秉恬奏明："云南省先后缴过违碍书籍，业经六次，计书一千九百余部，节次奏明解京存案。臣于上年六月到滇后，即会同督臣福康安严饬各属实力查办……兹查各属送到书共四百廿五部，计四千八百七十本。"⑤ 值得注意的是，在乾隆四十三年（1778）四月初一日奏缴请毁的25部禁书中，有明代丽江土知府木增（1587—1646）的诗集《芝山集》，因其曾支持南明政权抗清，可见，即便是西南少数民族文人作品，仍未能幸免于清政府发动的文字狱运动。"《芝山集》遭禁时，木增已去世130多年，尸体都早已焚为灰烬，了无痕迹。他的后代也早在雍正初年的改土归流中被剥夺了上司的权力，沦为一般的豪绅，对清朝在滇西北的统治已毫无威胁，而乾隆还要翻达一百多年前的老账，可见清朝禁书涉及面之广，文网之密，思想文化禁锢之严。"⑥ 由

---

① 黄爱平. 四库全书纂修研究 [M]. 北京：中国人民大学出版社，1989：78.
② 黄爱平. 四库全书纂修研究 [M]. 北京：中国人民大学出版社，1989：78.
③ 宁侠. 四库禁书研究 [M]. 北京：商务印书馆，2018：250.
④ 云贵总督李侍尧等奏第五次收缴应禁书籍并再定限查办折. 清乾隆四十三年（1778）九月二十四日 [M] //中国第一历史档案馆. 纂修四库全书档案. 上海：上海古籍出版社，1997：888.
⑤ 署云南巡抚刘秉恬奏遵旨查缴应禁书籍并展限一年折. 清乾隆四十六年（1781）九月二十八日 [M] //中国第一历史档案馆. 纂修四库全书档案 [M]. 上海：上海古籍出版社，1997：1400.
⑥ 段炳昌. 文化、文本与批评 [M]. 昆明：云南大学出版社，2016：222.

此可见，文字狱对清代西南士子文人与其文化创作的控制强度与打击力度，并不比儒文化相对发达的江南、中原地区相差分毫。

与此同时，清代西南官学所藏各类清廷颁发的禁书目录，自然也包括一些叙述西南历史的史志类书籍。例如，明代安徽桐城人方孔炤辑《全边略记》共12卷，叙述了明代边疆地区地理与民族简况以及明廷筹边策略，书中卷七《蜀滇黔略》即对明廷治下西南历史与地理进行了基本梳理，可被视为后世了解西南史地的基本史料之一。不过，清廷认定该书有关明清易代之际边事的描述属"语多悖触"，即与清廷官方史学构建与宣传口径并不一致，因此将该书列入《军机处奏准全毁书目》，由此，该书直至清末再未现世。幸运的是，在1930年，国立北平图书馆铅印本《全边略记》刊行于世。此外，明末清初佚名撰《残明纪事》详述了明崇祯十六年（1643）至清顺治十八年（1661）明残余势力永历政权在滇黔的流亡史事，此书自然触及了清廷的政治敏感神经，因此也被列入《军机处奏准全毁书目》。可见，《全边略记》与《残明纪事》乃时人与后世增强对西南历史认知的重要文献，但随着清廷对其予以禁毁，意味着其以行政手段重置了西南历史的书写结构与叙事脉络。

王汎森先生指出清代文献中的"自我压抑"现象十分显著，这与清廷查缴禁书运动密切相关，这种政治高压给清代学术与社会文化带来一种"文化无主体性"，知识分子因恐惧焦虑而随波逐流，故而难以发展出有特点的文化主体性。同时，"另外一种现象是私人领域的政治化。巨大的恐慌感使得人们自觉将官方政策或对官方政策之想象内化为私人领域的一部分，要小心地看守着自己不要触犯它，官方不必直接管束每个人，而是人们自动管制自己，使得人们自发地使自己的私人领域官方化、政治化"①。这种私人领域的政治化，正是其时文化专制政策给广大士人带来的内心深处的自我文化审查与自我思想革命。

显然，查缴禁书一方面对西南地区知识分子的学习、思考、创作带来极大负面影响，使得士子认知范围窄化、思考方式受限、创作方向位移；另一方面更对西南三省民间藏书带来严重破坏。当然，这也在客观上增加了官学藏书对士子的吸引力，而阅读范围的萎缩与固化，也进一步强化了官学藏书所载官方意识形态对西南士子的价值观塑造。

实际上，在乾隆朝文字狱大行其道、告讦检举之风盛行时，乾隆十六年（1751），在西南地区发生了一件震惊全国的文字狱大案——"伪孙嘉淦奏稿

---

① 王汎森. 权力的毛细管作用：清代的思想、学术与心态（修订版）[M]. 台北：联经出版事业股份有限公司，2014：489.

案"。孙嘉淦（1683—1753），字锡公，号静轩，山西兴县人，康熙五十二年（1713）进士，历经康、雍、乾三朝，办学政、督盐务、疏河道等政绩颇佳，历任侍郎、督抚、尚书，官至协办大学士。孙嘉淦为官期间以敢言直谏而闻名朝野，这也就成为他人伪托其名攻讦乾隆帝腐败统治的最佳掩护。

乾隆十六年（1751），"又谕军机大臣等：据云贵总督硕色折奏，本年七月初一日，接古州镇总兵宋爱密禀，内称六月二十二日，据驻安顺府提塘吴士周呈禀内，另有密禀一纸，词殊不经，查系本月初八日，有赴滇过普之客人抄录传播。现即着提塘吴士周根追，阅密禀所抄传播之词，竟系假托廷臣名目，胆肆讪谤，甚至捏造朱批，种种妄诞，不一而足，显系大恶逆徒，逞其狂悖，不法已极等语。著传谕步军统领舒赫德、直隶总督方观承、河南巡抚鄂容安、山东巡抚准泰、山西巡抚阿思哈、湖北巡抚恒文、湖南巡抚杨锡绂、贵州巡抚开泰，令其选派贤员密加缉访，一有踪迹，即行严拿，奏闻请旨。勿令党羽得有漏网，务须密之又密，不可稍有张扬泄漏"①。后经清廷查明，有人冒孙嘉淦之名伪造这份指斥乾隆"五不解、十大过"的奏稿，核心是抨击乾隆帝滥杀张广泗并巡幸无度，而此伪奏稿在乾隆十五年（1750）六七月间自江西赣州开始向多省流传。

值得注意的是，这件席卷全国的另类文字狱大案首先由西南地区暴露于世。实际上，此伪奏稿的传播过程是，前往云南贩铜的江西商人左羹陶等人，将伪奏稿交给了前往云南卖黄连的一伙儿四川客商，这些四川客商回川途中在贵州安顺府普定县一个客栈中住宿数日，这份伪奏稿遂流传至普定县提塘官吴士周手中，后被汇报至贵州古州镇总兵宋爱，又由贵州巡抚开泰、云贵总督硕色逐级呈报至乾隆帝。

这份象征着高层政治权力斗争的伪奏稿的传播过程值得关注，其中参与转播者多为小商人与下层军官，而几无西南地区士子文人参与其中。"伪奏稿的传播者们无一例外均是依靠货币收入而生活的人，他们无一例外都受到市场波动的影响。'难以预料的环境'将使得人们更关注来自外界的信息特别是政治信息，以消除生活的不确定性，来减轻生活的压力；人们也更可能对市面所流传的信息产生过激的反应，或者是将其传递给别人，通过讨论形成共识以纾解焦虑。也就是说，由于自身生活正在逐渐与市场纠缠在一起，这使得在关心政治

---

① 清高宗实录：卷三百九十六［M］.清乾隆十六年（1751）八月丁酉：9a-10a.

新闻的时候，与他们的祖先们相比，18世纪的人们更基于现实的需要。"① 这些传播者均是知识素养较低的阶层，相较饱读圣贤典籍的士子生员来说，他们对与其生计息息相关的政治新闻更加热心，同时因接受儒家经典熏陶极少，因此他们更加胆大妄为也更具革命性。相比之下，恰恰显示出那些主要出身于各地官学并受到官学所藏各类御纂儒家经典形塑的生员士子们，在忠君守制方面是更加值得清廷信赖的。同时，清廷自康熙朝开始尤其是在乾隆朝之际已经制造的数次文字狱，早已极大地震慑了地处中国边疆的西南的广大士子文人，使这一知识群体不仅学会了自我审查，而且开始主动规避因言获罪的政治风险。

在中外古代发展史上，经常有一部分知识分子因政治环境不自由而走向犬儒主义。对此，学者徐贲认为："在政治意识形态主导一切，权力可以操控一切的社会里，不存在所谓的'独立学术'，尤其不存在独立的人文学术。一些知识分子因为不得已而做'纯学问'，是一种憋屈的学术自宫。这种一开始是逃避政治权力的'学术隐逸'，一旦有目的地转变为在政治、社会问题上以沉默来践行顺从和不惹麻烦时，也就变成了一种怀着憋屈装清高的犬儒主义。它以不反抗的'正确理解'来假装'纯学术'是学人自己的自由选择，明知自己在体制里寄人篱下、忍气吞声，却照样能沾沾自喜、自得其乐、自鸣得意，甚至觉得自己在学问上高人一等。也就是这样，'纯学术'被当作无可非议的'学术价值'，在学界被宣扬和传授。"② 由于中国古代知识分子历来缺乏相对独立的经济来源，因此，现代语境下的独立思考与价值判断就难以适用于这一知识精英群体，但他们从儒学典籍中学到了应该为民代言而不趋炎附势，在现实中又大多主动地讨好权力而在社会尤其是官场潜规则中游刃有余、心满意足，由此，他们便在生存与正义之间做出了理性主义选择，从而随波逐流地走上了犬儒主义之路。

在清代因言获罪、文网密织的文化环境下，包括西南地区在内的中国的士子文人大多出于生存之需而三缄其口，于是，其中一部分文人走上了犬儒主义之路。犬儒主义（Cynicism）是指公元前5世纪至公元前4世纪希腊以安提西尼、第欧根尼为代表的犬儒学派所秉承的价值观与行事作风的统称。犬儒主义者强调重返自然状态的生活方式而轻视已有秩序，因此他们或独善其身并克己自制，或桀骜不驯、自命不凡甚至玩世不恭，对任何社会政治问题与公共事务

---

① 詹佳如.十八世纪中国的新闻与民间传播网络——作为媒介的孙嘉淦伪奏稿[J].新闻与传播研究，2015（12）：31.
② 徐贲.颓废与沉默：透视犬儒文化[M].北京：东方出版社，2015：25.

均抱有不思考和不参与的消极避世态度。在清代中后期，正如孔飞力所言："即便在面临19世纪初年危机局面的情况下，文人们的行为也没有因之而出现突然的变化。要使得这种变化得以发生，精英阶层便需要克服自己根深蒂固的政治犬儒症和学究式的冷漠，尤其需要克服自己对联合起来支持一项共同议程的根深蒂固的恐惧。"① 在当时全国知识精英价值观趋同的大势下，这种政治犬儒主义也必然在西南地区笼罩和蔓延，而在此意义上，清代西南儒学兴盛尤其是经学成果频出，正是犬儒主义盛行的一种现实表现。

实际上，清代西南地区犬儒主义传统的源头，正是在明代贵州发源并传播至全国各地的阳明心学。明正德元年（1506），因正直谏言而开罪宦官刘瑾的王守仁被贬贵州龙场，其悟道成功而创立阳明心学。之后，嘉靖三年（1524），以四川籍官员杨慎为首的士大夫在著名"大礼议"事件中落败，此后，杨慎谪戍云南30余年，在多数时间里不问世事、纵情山水，以著书立说为业并泽被滇南。从此，因维护儒家礼法与士大夫尊严需要付出更大的代价，危及其生计、家庭及家族安全，因此，士大夫们纷纷转向，或顺势而为侍皇权，或求诸内心致良知，犬儒主义在西南地区流行开来。

在清代专制皇权逐步强盛尤其是所谓"康乾盛世"之际，文字狱与禁书运动对西南士人的震慑与影响更加强烈，因此，虽然阳明心学已经走向衰落，但苦隐避世、与世无争的心学及犬儒主义学术观与人生观仍然在一部分西南士人中间流传不息。同时，不可忽视的是，"孔子的社会重点，在中国人身上产生了一种显著的社会实用性——一种当有需要时，去大规模地完成事务的本领"②。儒家学说塑造了中国人实用理性的价值观，这种观念也通过清廷官学藏书在西南知识分子群体中传播开来，而这种实用理性也帮助部分知识精英说服自己心安理得地转向犬儒主义。这类犬儒主义者在学术研究方面的具体实践是：他们只关注儒学道统而只做学术争鸣，但不再也不敢抨击现实政治，亦不关心社会民生，更遑论为民请命，他们在明哲保身的前提下，与王朝国家内其他地域的儒学知识精英一样，专研于程朱义理、醉心于乾嘉考据。其结果正如前文所述，这些学术犬儒主义者以实际行动促进了清代西南地区经学、理学、心学等一系列儒家学术文化的繁荣发展。当然，这种对清廷秉承和推广的儒家文化强烈的文化认同，也在很大程度上制约了西南知识精英群体的多元文化创造性，从而

---

① ［美］孔飞力. 中国现代国家的起源［M］. 陈兼，陈之宏，译. 香港：香港中文大学出版社，2014：91.
② ［美］休斯顿·史密斯. 人的宗教［M］. 刘安云，译. 海口：海南出版社，2015：178.

造成了西南地区地域性的信息茧房，同时也有利于推动和强化西南地区民众对清廷治下中国的国家认同。

第四节　信息茧房与国家认同

美国哈佛大学法学教授凯斯·桑斯坦（Cass R. Sunstein, 1954—　）提出了比较系统的信息茧房（Information Cocoons）概念，其认为在信息传播中，民众自身的信息需求并非全方位的，因此，民众只注意同质化群体关注的事物和自己感兴趣的信息，久而久之会将自身桎梏于像蚕茧一般的"茧房"之中。① 这一理论对我们理解古代信息较为闭塞、教育并未普及的民族聚居区域中，各民族民众文化认知的单一性与封闭性具有一定的借鉴意义。此外，学者徐英瑾认为，在类似原始采集狩猎等信息源单一且资讯不发达的时代环境中，人们不会被抽象的意识形态斗争所拖累，也很少会在群体决策中出现或冒进或保守的群体极化（Group Polarization）现象。"与之相较，抽象的意识形态斗争而导致的社会极化现象，在当时反而是不普遍的。当时，中介性的信息传播环节也非常不发达，一个人所能想起来的某事物承载某性质的频率，往往就是他所看到的该事物承载该性质的客观频率，而不是在某种第三方媒介的刻意引导下，他所看到的该事物承载该性质的频率。"② 这有助于我们理解在明代"多封众建"的治疆政策的基础上，西南地区少数民族民众受到明廷人为设计的意识形态的灌输强度并不猛烈，因而相对来说更容易处于各自文化形成的"信息茧房"之中。当然，这也促使清廷致力于在西南大力发展官学等公共教育，推进官学藏书的传播以强化国家认同。

多伦多传播学派先驱哈罗德·伊尼斯（Harold Adams Innis, 1894—1952）认为大多数专制国家是在传播中存在的，"帝国辽阔领土的治理，在很大程度上依赖有效的传播"③，这一结论对于清廷治下疆域广大、族群多元的王朝国家来说尤为适用。因专制时代教育资源的稀缺性，进入各地官学接受儒学教育并经由科举入仕的知识分子，得以成功地超越固化的阶级断层而跃层至官僚阶层。

---

① ［美］凯斯·桑斯坦. 信息乌托邦［M］. 毕竞悦, 译. 北京：法律出版社，2008：15.
② 徐英瑾. 人类认知与信息茧房［J］. 读书，2021（6）：106.
③ ［加］哈罗德·伊尼斯. 帝国与传播［M］. 何道宽, 译. 北京：中国人民大学出版社，2003：5.

他们被中央政府分配至各地从事基层管理工作,因此,专制统治者只要通过对这些文化精英施加控制,便以点带面地控制这些官僚治下的广大地域,从而在和平时期对王朝国家的广阔疆土予以有效管理。由此,纵然会出现"皇权不下县"的不利情况,但清廷通过信息传播网络与文化教育网络相互叠加的交互作用,通过县学、州学、厅学、府学等各级官学教育活动的日常开展,成功地实现了主流意识形态即儒家文化在中国各地的广泛传播与逐级接受,而其文教与宣传的主要媒介就是各地官学贮藏的经过官方审定的儒学典籍。

康熙十九年(1680)清廷平定三藩之乱,从而将西南地区彻底纳入中央集权制王朝国家版图。通过以官学藏书为媒介的官学教育在西南的大力推行,清廷逐渐培养出众多具有大一统政治意识的知识精英,又通过这一群体对"沉默的大多数"的普通民众的鼓动宣传与直接代表,从而逐步完成了西南民众对清廷治下中国的主观认同。与此同时,信息来源单一、主流文化价值观一元的王朝国家信息茧房,也随着西南地区儒家文化塑造事业的不断推进而逐渐完成了最后一块政治文化拼图。

儒家文化是中国古代专制集权王朝长期信赖并极力推行的主体文化,相对于儒家文化发达的江南与中原地区等知识密集地域,地处边疆的西南三省则属于知识稀疏地域,中国大一统意识在西南地区的认同程度相对较低。同时,西南地区属于多民族民众小聚居、大杂居的多元文化格局,每个少数民族聚居区域都类似一个独立的信息茧房,从而出现了有别于中国主体区域的网格化文化区域,这无疑是不利于清政府治下中国政治稳定的。因此,清政府对西南地区进行军事征伐并在西南少数民族聚居区实行改土归流,在政局趋稳、经济复苏之际,强调忠君爱国的儒家大一统文化教育这一意识形态塑造利器必然会正式粉墨登场。

由前文可知,自康熙朝起,西南三省各地官学陆续复建或增修,而以御纂钦定儒学典籍为核心主体的各类宣传孝亲忠君观念的官学藏书,随即逐步发挥对各族生员士子的文化价值观引导与意识形态塑造双重作用。官学作为地方精英教育的主要模式,为西南边疆多族群知识精英提供了科举预备平台,同时,这些各族知识精英大概率都会成长为政治精英,因此,通过这一知识阶层的倡导与示范,有助于在下层民众中推进一定范围与限度的儒学教化,从而形塑西南边疆民众的国家认同。

国家认同是民众对国家的归属认知和情感依附。自古以来,西南地区就是多民族聚居的文化多元区域,对于各个少数民族的民族认同来说,共同的地域、语言、文字、宗教、习俗及情感认知是民族形成的意识形态基础,而民族认同均来自民众对其所在民族的文化认同。对于这种原生性的民族认同与国家认同的微妙关系,克利福德·格尔茨认为:"这种'给定'的地方、语言、血统、外貌和生活方式,塑造了人们关于他们究竟是谁以及与谁的关系密不可分的观念,其力量源于人性中非理性的基础。一经确立,这种缺乏考虑的集体自私观念一定会而且在某种程度上卷入民族国家的不断扩展的政治过程,因为这种过程似乎触及了如此极端广泛的事务。因而,单就原生情感来说,新兴国家——或是他们的领导人——必须竭尽全力去做的,不是像他们经常企图去做的那样,希望通过蔑视甚至否认其客观存在来使这些感情不再存在,而是使之驯化。他们必须使之与正在展现的公民秩序协调起来,手段是剥夺他们使政府权威合法化的力量,使与他们有关系的国家机器中立化,将由于他们与社会脱节而产生的不满导入到一个恰当的政治形式而不是准政治的表达之中。"① 其中所言"人性中非理性的基础"即指各民族的独特文化,在信息资讯传播尚不迅捷且民众基础教育尚不普及的古代时期,各民族民众尤其是忙于生计的中下层民众,长期生活在各自民族文化与地域文化共同塑造的信息茧房之中。由此,对于以少数民族身份入主中原的清廷统治者来说,从自身经历与统治利益出发,其必然要在西南地区各少数民族自身文化认同的基础上实现国家认同,但这确实是一项任重道远的国家文化与意识形态构建工程。因此,清廷统治者必须极力塑造自身的儒家文化传承者的正统身份,同时,更要在少数民族聚居的西南地区大力推广传播以忠君爱国为主旨的儒家文化,而这项文化再造工程的主要运行模式就是以官学教育为主导的儒家文化灌输,其主要介质就是发挥科举教材作用的官学藏书。

明清时期尤其是在西南地区战火过后的社会重建过程中,中央政府主导了以汉族民众为主的大规模移民涌入,这不可避免地引发了西南某些地域内移民与土著之间的利益冲突。值得一提的是,自雍正初年起,中央政府在西南进行了改土归流改革,但这一改革触动了一部分土司、土官等少数民族政治精英的根本利益。因此,以上两种冲突导致西南边疆政局难安并暗流涌动。面对此种局面,清政府始终致力于在西南边疆推广儒学教育,期望通过兴办义学、发展书院、强化官学等立体型文教手段,达到消除族群文化冲突、移风易俗、化民成俗的教化目的,从而增强当地民众尤其是其中知识与政治精英对清廷治下中

---

① [美]克利福德·格尔茨. 文化的解释[M]. 韩莉,译. 南京:译林出版社,1999:328.

国的文化认同与政治认同。进入官学准备由科举入仕的当地民众与族群知识精英，以实际言行表达了对当时政治体制的高度认可，而这背后反映的是他们及其所代表的各地大部分手无寸铁且目不识丁的底层民众对清廷治下王朝国家的高度认同。

由前文可知，清代西南官学藏书集中体现了国家意志，其中绝大部分藏书均与清朝治下中国其他地域的官学藏书相同，同时，这些藏书又以御纂、钦定类儒学典籍为主，因此，以此类典籍作为西南官学日常教学与生员备考的基本教材，必然会在价值观、人生观、世界观等意识形态方面，形塑出大量认同清廷专制体制与儒学文化且具有明显在地性的西南政治精英。例如，云南蒙自县即已出现当地民众认同并参加科举的实例，"习汉语，与罗罗间有通诗书、入庠序、领乡荐，登仕籍者"①。对此，有学者认为，"走入科举仕途则说明部分土民已经完全接受儒家的一整套世界观和人生观，表明其对王朝国家的直接认同并力图进入统治阶层的意向"②。

由此，这些西南知识精英们通过接受整齐划一的儒家文化熏陶，增强了对强大政治权力的现实依附，他们通过官学教育获取功名、官职、社会地位等诸多现实利益，基本脱离原来所在群体而加入推广儒家文化的强大体制之中，并摇身一变成为主流文化的倡导者与代理人，从而身体力行地在清廷面前、在各族民众之中，展现其对儒家文化的文化认同与国家认同。实际上，他们走出原来各自所处地域的单一文化的信息茧房，而以其实际行动补齐了清廷治下儒家文化独尊的王朝国家信息茧房的最后一个闭环。

此外，方志具有明显的属地性，但又体现着强烈的时代性与政治性。实际上，清代西南官学藏书书目均刊载于西南儒学知识精英纂修的西南方志之中，同时，西南官学藏书亦有数种西南方志，这些西南方志的书写与存储正是清廷透过官学藏书对西南文明的华夏正统架构的塑造之果。"志书也会因为'春秋大义'之书法原则，突显符合正统历史叙事的人物与事件。换句话说，随着地方政治正统的消失，地方史的书写不仅可以回避并遗忘过去的历史，同时也重新塑造地方的记忆。"③ 这些西南方志及《读史方舆纪要》等地理书籍，不仅可以

---

① 〔清〕李焜.〔乾隆〕续修蒙自县志：卷五·土官［M］.清乾隆五十六年（1791）抄本：37b.

② 李文龙.清中期边疆教化与国家认同教育——陈宏谋与义学发展［J］.民族教育研究，2019（1）：118.

③ 连瑞枝.边疆与帝国之间：明朝统治下的西南人群与历史［M］.台北：联经出版事业股份有限公司，2019：99.

拓宽西南儒学士子们的认知视野,增加他们对所在西南地区的地方文化自信,更重要的是,通过亲身参与方志纂修,他们逐渐实现了超越族群认同的西南地域认同,而这种地域认同又顺理成章地从属于国家认同。正如王明珂先生所言:"在中国边裔地区,地方志的编纂是本地成为'华夏边缘'的重要指针与象征符号。透过地方志的编纂与再编纂,一代代本地知识分子强调本地为华夏之域,本地核心文化为华夏文化,本地主流人群为华夏之人。"[1] 这些知识精英几乎都出自官学,几乎都接受过官学藏书所载儒家大一统观念的影响和形塑。他们按照各级行政主官要求,合力纂修本地方志尤其是省志,这正是主动书写西南历史与构建西南文化的直接成果。其客观上呈现给世人与后人的,不仅是清代西南民众对儒家文化的文化认同,更是对清廷治下大一统中国的国家认同,这对于维护国家统一与民族团结意义重大并影响至今。

---

[1] 王明珂. 华夏边缘:历史记忆与族群认同[M]. 北京:社会科学文献出版社,2006:235.

结　语

历史的力量不在于颂扬，而在于反思。

在中国古代阶级社会中，专制集权政府垄断了绝大部分公共资源，因此，其组织开展的文化教育在本质上就是一种思想控制利器与社会分层工具。这种情况在清代依然如是且发展至高峰。官学藏书作为官方审定的文化知识载体，承载着专制统治者意志与官方意识形态，对清代西南儒学生员士子确实发挥了知识灌输与文化传播的积极作用，这是不容否定的。在此意义上，清代西南官学藏书在巩固西南边疆安全、增进文化交流融合、提高西南民众对清廷治下中国的国家认同等方面，显示出巨大的文化力量。

文化是一种个体认知与群体记忆。清代西南官学藏书在塑造西南地方文化精英对儒家文化的文化认同方面意义重大。官学藏书所承载的儒家文化通过对当地文化精英的重复灌输和统一解释，实现了在文化多元的西南的有限传播与代际传递，从而最终确立了其在西南的主流地位并成为西南文化与政治精英群体的文化记忆。对此，德国学者扬·阿斯曼（Jan Assmann，1938—）认为："在促进文化一致性的过程中，重复和解释两种方式具有大致相同的功能。因为文化记忆并非借助基因继承，它只好通过文化的手段一代又一代地传承下去。这里涉及文化记忆术，即如何储存、激活和传统意义。我们所指的文化记忆术的作用就在于保证连续性即身份认同。不难看出，身份认同归根结底涉及记忆和回忆。正如每个人依靠自己的记忆确立身份并经年累月保持它，任何一个群体也只能借助记忆培养出群体的身份。"[①]

受制于经济基础与广阔疆域，清政府实行的依旧是传统的"大社会小政府"的治理模式，其地方治理必须依靠治下各直省、各边疆民族地区的政治精英的认同与协作，清政府与地方精英在权力共享与财富分配方面力争保持审慎的动

[①] ［德］扬·阿斯曼. 文化记忆：早期高级文化中的文字、回忆和政治身份［M］. 金寿福，黄晓晨，译. 北京：北京大学出版社，2015：87.

态平衡。因此,清廷推行官学教育将地方文化精英培植成为主民或参与地方治理的政治精英,"这些精英集团都从国家政策那里获得了利益,尽管得到的比例不同,类别不同,地域不同。地方的或区域的绅士们在他们的地盘进行权力交易,为的是对国家一级的统治结构表明忠诚,在国家这个层次,民族的或全球的精英们的利益显得更加有力。地方绅士在地方社会与民族国家之间游刃有余,他们既是政治掮客,同时也是地方首领"①。因此,对于清代西南边疆民族地区来说,官学藏书在西南各族文化精英的文化教育与科举考试方面发挥了重要作用,而御纂或钦定儒学典籍中的大一统政治观念,为这些未来的地方政治精英表达对清政府的政治认同奠定了认知基础。

但是,专制集权体制下的教育,其性质毕竟只是灌输而不是唤醒。同时,个体自由是创造力的源泉,但专制统治者对民众个体自由畏之如虎,因此,直至清末,中国的文化教育仍以儒学为纲,依然重伦常、唯服从而轻发现、禁批判,且人文传统深厚、科学逻辑相对较浅。中国古代教育尤其是官学教育的精英化的基本性质,决定了官学藏书的受众群体十分狭窄。因此,对于清代西南官学藏书对西南全体人群的影响,理应进行冷静的分析和必要的反思。清代西南官学藏书"举业指南"的基本性质,决定了其作用范围并不广泛,即仅限于追求仕途的儒家知识精英群体,而对当时生活在广袤乡村的包括西南农民在内的最广大的中国农民来说,其文教作用是微乎其微的,因此,也就几乎未达到清廷所追求的对西南乡村的思想控制目标。

对此,萧公权先生指出了中国古代广大乡村长期处于思想真空的基本特征:"广义地说,在清帝国地域辽阔的乡村地区,存在着思想的真空。乡村大众除了与自己日常生活密切相关的需要之外,对任何事情都漠不关心。他们既不积极效忠现存政权,也不反对它。他们一般都相信命运,顺从上天和神灵的安排。他们坚忍辛勤地工作,努力让生活尽可能过得好一些。就算清政府想要推行的思想控制几乎没有影响到他们,在一般情况下,他们原来就是平静与谦和的。"② 如其所言,在中国古代确实长期存在着"皇权不下县""教育不下乡"等情况,这种情况也并未在清廷治下获得任何改善。因此,当时中国乡村中的广大农民——"沉默的大多数"群体,仍然是距离普及型文化教育最遥远的非

---

① [美]曼纽尔·卡斯特. 认同的力量 [M]. 2版. 曹荣湘, 译. 北京: 社会科学文献出版社, 2006: 325.
② 萧公权. 中国乡村——论19世纪的帝国控制 [M]. 张皓, 张升, 译. 台北: 联经出版事业股份有限公司, 2014: 300.

知识群体。

时至清末，中国农业生产技术水平仍无实质性进步，这导致清代广大农民在生产效率与生活节奏方面仍保持着超级稳定性，因而其在群体思想方面依然秉承着千年不变的小农意识与实用理性，即他们满足于基本温饱或小富即安带来的心理安全感，而以外表平静的顺从言行来表现对各级政治权力的无言效忠，进而以成本最低的默认方式来换取个体和家族的生活稳定。因此，清廷治下的中国乡村虽然未被官学藏书惠及，却依然在表面上臣服于清政府的大一统政局。当然，这种广大农民的沉默式配合，也正是接受过官学藏书灌输的广大乡绅群体可以发挥基层治理作用进而配合皇权保持国家政治稳定的重要原因。实际上，只要清廷能够保证治下中国农民群体的基本生活条件不出现大的波动，中国乡村表面上就仍然呈现出一片祥和景象，因此，广大农民在大多数时间是不会主动参与或关心政治的。即便是清廷在广大乡村推行文化教育，但仍以其统一编纂和颁布的官学藏书为媒介而开展儒家文化认同教育，其效果又会有多大的不同呢？广大农民出于生计所需与成本考量，在绝大多数情况下是对政治漠不关心的，因此，他们在现实权力面前常常处于沉默无声状态，而他们的政治立场则长期被乡绅等地方儒学知识精英所代表。

同时，对于中国古代统治者来说，"愚民"是被实践证明效果最好的驭民之术。因此，对于清廷来说，成本最低的治国策略仍然是以官本位主义的职业示范效应，通过权威且稀缺的官学藏书来增加官学教育的吸引力，从而以科举为基本手段继续开展政治精英教育，最终通过吸纳政治精英来逐级管理和长期代表中国乡村的广大农民。在此意义上，清廷治下的王朝国家政治和谐局面，实际上是官、民两个阶级以最低成本而各取所需与临时合作带来的虚假繁荣。以上这种情况，在自古以来多民族聚居、儒家文化认同整体水平相对较低的清代西南地区表现得更为显著。因此，不能夸大官学藏书对清代西南尤其是乡村地区民众的思维影响以及对乡村经济与社会发展的作用与意义。

时代的发展变化不以人的意志为转移，一个政权如果不能顺应时代大势、回应民众的生存要求，则必然要被时代和民众抛弃。鸦片战争爆发后，清廷治下的中国开始被动地融入西方资本主义国家主导的全球化市场，时代形势的急剧变化导致当时中国社会结构、意识形态、学术思潮均出现连锁性异动。但是，清廷统治者对改革风险尤其是可能带来的统治地位动摇与丧失十分恐惧，所以选择了继续抱残守缺，以流于表面的改革去回应风云变幻的中外形势。在文化思想领域，清廷仍然坚持以程朱理学为官方哲学。实际上，强调"内圣"的程朱理学发展至清中后期，已经日益成为致使中国大部分知识分子脱离时代与现实所需的助推器。对此，李泽厚先生的评论十分精彩："理学成了一种具有宗教功能的准宗教，也可说是某种道德的神学。如果说，在原始儒学，道德实质乃是政治，那么在宋明理学，政治实质从属道德。由于这道德具有超道德的宗教本体性质，所以，包括皇权在内的一切，在理论上就都应服从或从属于它。从而，心性论谈高于治平方略，圣贤位置胜过世俗功勋。影响所及，就是上面讲的那些，连官吏的选拔考核也不以政绩功业而以个体道德作为标准。假道德、假道学不胫而走，社会机体在极端虚伪的衣装中腐烂。"① 同时，在教育领域，官学已彻底走入衰亡，而清廷虽然在一定程度上推行了西学与新式学堂，但在科举考试中依然以御纂或钦定的儒学典籍为指定考试教材，因此，清廷的教育改革是落后于时代的，而这类假改革也必然会以失败告终。殊不知，若没有经济、政治的近代化改革，何来文化教育与人才培养的近代化？

同时，官学藏书是专制集权政体的教育工具与文化附属品，只要清廷一日不亡且其科举制度一日不变，则官学藏书的使命仍得以继续维持，因此，官学藏书仍然在广大官学生员士子中拥有广泛的市场。例如，在光绪朝清代西南官学藏书中，虽然零星出现了一些介绍世界史地的普及性读物，但其主体依旧是御纂或钦定的各类儒学典籍。颇为讽刺的是，中国古代知识分子始终缺乏经济独立性，因此，其只能长期依附并服务于体制，但清朝统治者依然幻想着或假装坚信着依靠回光返照式的"同光中兴"能够延续专制王朝的荣光与辉煌，并寄望受益于这类官学藏书并在科举考试中脱颖而出的只懂哲学而不知数学的官僚们，能在与以近代科学技术为教育支撑的西方资本主义国家的斗争中旗开得胜，进而挽狂澜于既倒、扶大厦之将倾，这无异于痴人说梦。在此意义上，清代西南官学藏书即可被视为清廷日益腐朽的专制统治在西南乃至全国行将就木的文化符号。

---

① 李泽厚. 中国古代思想史论 [M]. 天津：天津社会科学院出版社，2003：258.

参考文献

一、古籍文献

[1]〔明〕刘芳声,〔明〕田九垓.[万历]合州志[M].明万历七年(1579)刻本.

[2]清世祖实录.

[3]清圣祖实录.

[4]清世宗实录.

[5]清高宗实录.

[6]〔清〕王复宗.[康熙]天柱县志[M].清康熙二十二年(1683)刻本.

[7]〔清〕房星,〔清〕杨维孝.[康熙]峨眉县志[M].清康熙二十四年(1685)刻本.

[8]〔清〕王清贤,〔清〕陈淳.[康熙]武定府志[M].清康熙二十八年(1689)刻本.

[9]〔清〕魏荩臣,〔清〕阚祯兆.[康熙]通海县志[M].清康熙三十年(1691)刻本.

[10]〔清〕傅天祥,〔清〕黄元治.[康熙]大理府志[M].清康熙三十三年(1694)刻本.

[11]〔清〕张毓碧,〔清〕谢俨.[康熙]云南府志[M].清康熙三十五年(1696)刻本.

[12]〔清〕蒋旭,〔清〕陈金钰.[康熙]蒙化府志[M].清康熙三十七年(1698)刻本.

[13]〔清〕陶文彬.[康熙]彭水县志[M].清康熙四十九年(1710)刻本.

[14]〔清〕沈懋价,〔清〕杨璇.[康熙]黑盐井志[M].清康熙四十九年(1710)刻本.

[15]〔清〕韩三异,〔清〕张殿桂.[康熙]蒙自县志[M].清康熙五十一年(1712)刻本.

[16]〔清〕管棆.[康熙]姚州志[M].清康熙五十二年(1713)刻本.

[17]〔清〕王世贵,〔清〕张伦.[康熙]剑川州志[M].清康熙五十二年(1713)刻本.

[18]〔清〕佟镇,〔清〕李倬云,〔清〕邹启孟.[康熙]鹤庆府志[M].清康熙五十三年(1714)刻本.

[19]〔清〕李维翰,〔清〕王一贞.[康熙]中江县志[M].清康熙五十四年(1715)刻本.

[20]〔清〕杜绍先.[康熙]晋宁州志[M].清康熙五十五年(1716)抄本.

[21]〔清〕张汉,〔清〕汪桱.[康熙]眉州属志[M].清康熙五十六年(1717)刻本.

[22]〔清〕王秉煌,〔清〕梅盐臣.[康熙]罗次县志[M].清康熙五十六年(1717)刻本.

[23]〔清〕黄德巽,〔清〕胡承灏.[康熙]罗平州志[M].清康熙五十七年(1718)刻本.

[24]〔清〕李月枝.[康熙]寻甸州志[M].清康熙五十九年(1720)刻本.

[25]〔清〕汪㷆,〔清〕任洵.[康熙]嵩明州志[M].清康熙五十九年(1720)刻本.

[26]〔清〕蒋深.[康熙]思州府志[M].清康熙六十一年(1722)刻本.

[27]〔清〕陈肇奎,〔清〕叶涞.[康熙]建水州志[M].清康熙年间刻本.

[28]〔清〕张毓瑞.[康熙]续石屏州志[M].清康熙年间刻本.

[29]〔清〕赵珙.[康熙]续修浪穹县志[M].清康熙年间刻本.

[30]〔清〕朱若功,〔清〕戴天赐.[雍正]呈贡县志[M].清雍正三年(1725)刻本.

[31]〔清〕陈希芳,〔清〕胡禹谟.[雍正]云龙州志[M].清雍正六年(1728)刻本.

[32]〔清〕管棆,〔清〕夏治源.[雍正]师宗州志[M].清康熙五十六年(1717)刻雍正七年(1729)增刻本.

[33]〔清〕刘邦瑞.[雍正]白盐井志[M].清雍正八年(1730)刻本.

[34]〔清〕张无咎,〔清〕夏冕.[雍正]临安府志[M].清雍正九年

(1731) 刻本.

[35]〔清〕崔乃镛.［雍正］东川府志［M］. 清雍正十三年（1735）刻本.

[36]〔清〕陈权,〔清〕顾琳.［雍正］阿迷州志［M］. 清雍正间刻本.

[37]〔清〕清高宗. 御制乐善堂全集定本［M］. 清乾隆元年（1736）内府刻本.

[38]〔清〕鄂尔泰,〔清〕靖道谟.［乾隆］云南通志［M］. 清乾隆元年（1736）刻本.

[39]〔清〕赵淳,〔清〕杜唐.［乾隆］赵州志［M］. 清乾隆元年（1736）刻本.

[40]〔清〕曹抡彬.［乾隆］雅州府志［M］. 清乾隆四年（1739）刻本.

[41]〔清〕周采,〔清〕李绂.［乾隆］广西府志［M］. 清乾隆四年（1739）刻本.

[42]〔清〕杨若椿,〔清〕段昕.［雍正］安宁州志［M］. 清乾隆四年（1739）刻本.

[43]〔清〕秦仁,〔清〕王纬,〔清〕伍士瑎.［乾隆］弥勒州志［M］. 清乾隆四年（1739）刻本.

[44]〔清〕文曙,〔清〕张弘映.［乾隆］峨眉县志［M］. 清乾隆五年（1740）刻本.

[45]〔清〕管学宣,〔清〕万咸燕.［乾隆］丽江府志略［M］. 清乾隆八年（1743）刻本.

[46]〔清〕宋锦,〔清〕李拔.［乾隆］犍为县志［M］. 清乾隆十一年（1746）刻本.

[47]〔清〕田朝鼎,〔清〕周彭年.［乾隆］遂宁县志［M］. 清乾隆十二年（1747）刻本.

[48]〔清〕宋锦,〔清〕刘桐.［乾隆］合州志［M］. 清乾隆十三年（1748）刻本.

[49]〔清〕任中宜,〔清〕徐正恩.［乾隆］新兴州志［M］. 清康熙五十四年（1715）刻乾隆十五年（1750）增刻本.

[50]〔清〕李德.［乾隆］大足县志［M］. 清乾隆十五年（1750）刻本.

[51]〔清〕沈生遴.［乾隆］陆凉州志［M］. 清乾隆十七年（1752）刻本.

[52]〔清〕郝大成,〔清〕王师泰.［乾隆］开泰县志［M］. 清乾隆十七年（1752）三阳堂刻本.

[53]〔清〕卢见曾. 雅雨堂文集［M］. 清乾隆二十一年（1756）德州卢氏雅雨堂刻本.

[54]〔清〕李云龙,〔清〕刘再向.［乾隆］平远州志［M］. 清乾隆二十一年（1756）刻本.

[55]〔清〕黄大本.［乾隆］荣县志［M］. 清乾隆二十一年（1756）刻本.

[56]〔清〕孙元相,〔清〕赵淳.［乾隆］琅盐井志［M］. 清乾隆二十一年（1756）刻本.

[57]〔清〕史进爵,〔清〕郭廷选.［乾隆］续编路南州志［M］. 清乾隆二十二年（1757）刻本.

[58]〔清〕赵沁,〔清〕田榕.［乾隆］玉屏县志［M］. 清乾隆二十二年（1757）刻本.

[59]〔清〕王粤麟,〔清〕曹维祺,〔清〕曹达.［乾隆］普安州志［M］. 清乾隆二十三年（1758）刻本.

[60]〔清〕董朱英,〔清〕路元升.［乾隆］毕节县志［M］. 清乾隆二十三年（1758）刻本.

[61]〔清〕郭存庄.［乾隆］白盐井志［M］. 清乾隆二十三年（1758）刻本.

[62]〔清〕夏诏新.［乾隆］直隶泸州志［M］. 清乾隆二十四（1759）刻本.

[63]〔清〕熊葵向.［乾隆］富顺县志［M］. 清乾隆二十五年（1760）刻本.

[64]〔清〕方桂,〔清〕胡蔚.［乾隆］东川府志［M］. 清乾隆二十六年（1761）刻本.

[65]〔清〕王尔鉴,〔清〕王世沿.［乾隆］巴县志［M］. 清乾隆二十六年（1761）刻本.

[66]〔清〕毛鳌,〔清〕朱阳.［乾隆］晋宁州志［M］. 清乾隆二十七年（1762）刻本.

[67]〔清〕李鸿楷.［乾隆］高县志［M］. 清乾隆二十七年（1762）刻本.

[68]〔清〕叶体仁,〔清〕朱维辟.［乾隆］合江县志［M］. 清乾隆二十七年（1762）刻本.

[69]〔清〕董梦曾.［乾隆］盐亭县志［M］. 清乾隆二十八年（1763）刻本.

[70]〔清〕许元基.［乾隆］荣昌县志［M］. 清乾隆十一年（1746）刻二十九年（1764）增刻本.

[71]〔清〕罗文思.［乾隆］石阡府志［M］. 清乾隆三十年（1765）刻本.

[72]〔清〕张德源.[乾隆]资阳县志[M].清乾隆三十年(1765)刻本.

[73]〔清〕李世保,〔清〕张圣功,〔清〕王在璋.[乾隆]云南县志[M].清乾隆三十二年(1767)刻本.

[74]〔清〕王诵芬.[乾隆]宜良县志[M].清乾隆三十二年(1767)刻本.

[75]〔清〕曾受一,〔清〕王家驹.[乾隆]江津县志[M].清乾隆三十三年(1768)刻本.

[76]〔清〕姜炳璋.[乾隆]石泉县志[M].清乾隆三十三年(1768)刻本.

[77]〔清〕刘岱.[乾隆]独山州志[M].清乾隆三十四年(1769)刻本.

[78]〔清〕王秉韬.[乾隆]沾益州志[M].清乾隆三十五年(1770)刻本.

[79]〔清〕素尔讷,等.钦定学政全书[M].清乾隆三十九年(1774)武英殿刻本.

[80]〔清〕李南晖,〔清〕张翼儒.[乾隆]威远县志[M].清乾隆四十年(1775)刻本.

[81]〔清〕张能鳞,〔清〕彭钦.[康熙]嘉定州志[M].清乾隆四十一年(1776)抄本.

[82]〔清〕管学宣.[乾隆]石屏州志[M].清乾隆二十四年(1759)刻乾隆四十五年(1780)印本.

[83]〔清〕丁映奎.[乾隆]苍溪县志[M].清乾隆四十八年(1783)刻本.

[84]〔清〕屠述濂.[乾隆]镇雄州志[M].清乾隆四十九年(1784)刻本.

[85]〔清〕张松孙,〔清〕李芳毅.[乾隆]潼川府志[M].清乾隆五十一年(1786)刻本.

[86]〔清〕张松孙.[乾隆]射洪县志[M].清乾隆五十一年(1786)刻本.

[87]〔清〕孙天宁.[乾隆]灌县志[M].清乾隆五十一年(1786)刻本.

[88]〔清〕张松孙,〔清〕李培峘,〔清〕寇资言,等.[乾隆]遂宁县志[M].清乾隆五十二年(1787)刻本.

[89]〔清〕张松孙,〔清〕陈景韩.[乾隆]中江县志[M].清乾隆五十二

253

年（1787）刻本.

［90］〔清〕周澄，〔清〕张乃孚.［乾隆］合州志［M］.清乾隆五十四年（1789）刻本.

［91］〔清〕张仲芳.［乾隆］安县志［M］.清乾隆五十四年（1789）刻本.

［92］〔清〕刘垲,〔清〕席庆年,〔清〕吴蒲，等.［乾隆］续修蒙化直隶厅志［M］.清乾隆五十五年（1790）刻本.

［93］〔清〕蔡宗建,〔清〕龚传绅.［乾隆］镇远府志［M］.清乾隆五十六年（1791）刻本.

［94］〔清〕李焜.［乾隆］续修蒙自县志［M］.清乾隆五十六年（1791）抄本.

［95］〔清〕祝宏,〔清〕赵节.［雍正］建水州志［M］.清雍正九年（1731）刻乾隆五十八年（1793）增刻本.

［96］〔清〕李斗.扬州画舫录［M］.清乾隆六十年（1795）刻本.

［97］〔清〕王诰,〔清〕黄钧.［乾隆］永川县志［M］.清乾隆六十年（1795）刻本.

［98］〔清〕丁林声.［康熙］筠连县志［M］.清乾隆间抄本.

［99］〔清〕张大鼎.［嘉庆］阿迷州志［M］.清嘉庆元年（1796）刻本.

［100］〔清〕张宁阳,〔清〕陈献瑞,〔清〕胡元善.［乾隆］井研县志［M］.清嘉庆元年（1796）刻本.

［101］〔清〕江濬源,〔清〕罗惠恩.［嘉庆］临安府志［M］.清嘉庆四年（1799）刻本.

［102］〔清〕涂长发,〔清〕王昌年.［嘉庆］眉州属志［M］.清嘉庆五年（1800）刻本.

［103］〔清〕李于垣.［嘉庆］长垣县志［M］.清嘉庆十五年（1810）刻本.

［104］〔清〕谢惟杰,〔清〕陈一津,〔清〕黄烈.［嘉庆］金堂县志［M］.清嘉庆十六年（1811）刻本.

［105］〔清〕童璜，等.钦定学政全书［M］.清嘉庆十七年（1812）刻本.

［106］〔清〕刘长庚.［嘉庆］汉州志［M］.清嘉庆十七年（1812）刻本.

［107］〔清〕戴三锡,〔清〕王之俊.［嘉庆］续眉州志略［M］.清嘉庆十七年（1812）刻本.

［108］〔清〕赵模,〔清〕郑存仁.［嘉庆］江安县志［M］.清嘉庆十七年

(1812)刻本.

[109]〔清〕丁荣表,〔清〕顾尧峰,〔清〕卫道凝,等.[嘉庆]崇庆州志[M].清嘉庆十八年(1813)刻本.

[110]〔清〕王好音.[嘉庆]洪雅县志[M].清嘉庆十八年(1813)刻本.

[111]〔清〕王钟钫.[嘉庆]彭具志[M].清嘉庆十八年(1813)刻本.

[112]〔清〕纪大奎,〔清〕林时春.[嘉庆]什邡县志[M].清嘉庆十八年(1813)刻本.

[113]〔清〕顾德昌,等.[嘉庆]新繁县志[M].清嘉庆十九年(1814)刻本.

[114]〔清〕沈昭兴.[嘉庆]三台县志[M].清嘉庆二十年(1815)刻本.

[115]〔清〕李绍祖,〔清〕徐文贡,〔清〕车酉,等.[嘉庆]温江县志[M].清嘉庆二十年(1815)刻本.

[116]〔清〕吴巩,〔清〕王来遴.[嘉庆]邛州直隶州志[M].清嘉庆二十三年(1818)刻本.

[117]〔清〕赵宜霦,〔清〕游玉堂.[嘉庆]正安州志[M].清嘉庆二十三年(1818)刻本.

[118]〔清〕苏鸣鹤,〔清〕陈璜.[嘉庆]楚雄县志[M].清嘉庆二十三年(1818)刻本.

[119]〔清〕陈廷钰,〔清〕赵燮元.[嘉庆]射洪县志[M].清嘉庆二十五年(1820)刻本.

[120]〔清〕鄂尔泰.[乾隆]贵州通志[M].清乾隆六年(1741)刻嘉庆间增刻本.

[121]〔清〕张聘三,〔清〕耿履端.[道光]隆昌县志[M].清道光三年(1823)刻本.

[122]〔清〕敬文,〔清〕徐如澍.[道光]铜仁府志[M].清道光四年(1824)刻本.

[123]〔清〕何愚.[嘉庆]广南府志[M].清道光五年(1825)刻本.

[124]〔清〕吴友箎,〔清〕熊履青.[道光]忠州直隶州志[M].清道光六年(1826)刻本.

[125]〔清〕李诚,〔清〕罗宗琏.[道光]新平县志[M].清道光七年

(1827)刻本.

[126]〔清〕刘祖宪,等.[道光]安平县志[M].清道光七年(1827)刻本.

[127]〔清〕何怀道,〔清〕周炳,〔清〕万重篔.[道光]开化府志[M].清道光九年(1829)刻本.

[128]〔清〕高学濂.[道光]江安县志[M].清道光九年(1829)刻本.

[129]〔清〕赵德林,等.[道光]石泉县志[M].清道光十四年(1834)刻本.

[130]〔清〕李德生,等.[道光]定远县志[M].清道光十五年(1835)刻本.

[131]〔清〕徐鋐,〔清〕萧琯.[道光]松桃厅志[M].清道光十六年(1836)刻本.

[132]〔清〕张澍,〔清〕李型廉,〔清〕王松.[嘉庆]大足县志[M].清嘉庆二十三年(1818)刻道光十六年(1836)增刻本.

[133]〔清〕王昶.湖海文传[M].清道光十七年(1837)经训堂刻本.

[134]〔清〕谢体仁.[道光]威远厅志[M].清道光十七年(1837)刻本.

[135]〔清〕郑士范.[道光]印江县志[M].清道光十七年(1837)刻本.

[136]〔清〕朱庆椿.[道光]昆阳州志[M].清道光十九年(1839)刻本.

[137]〔清〕陈钊堂,〔清〕李其馨.[道光]赵州志[M].清道光十九年(1839)刻本.

[138]〔清〕杨霈,〔清〕李福源,〔清〕范泰衡.[道光]中江县新志[M].清道光十九年(1839)刻本.

[139]〔清〕平翰,〔清〕郑珍.[道光]遵义府志[M].清道光二十一年(1841)刻本.

[140]〔清〕夏修恕,〔清〕萧琯.[道光]思南府续志[M].清道光二十一年(1841)刻本.

[141]〔清〕陈熙晋.[道光]仁怀直隶厅志[M].清道光二十一年(1841)刻本.

[142]〔清〕邓存咏,等.[道光]龙安府志[M].清道光二十二年

(1842) 刻本.

[143]〔清〕樊肇新.［道光］浪穹县志［M］.清道光二十二年（1842）刻本.

[144]〔清〕王梦庚,〔清〕寇宗.［道光］重庆府志［M］.清道光二十三年（1843）刻本.

[145]〔清〕刘沛霖,〔清〕朱光鼎.［道光］宣威州志［M］.清道光二十四年（1844）刻本.

[146]〔清〕张奉书,〔清〕张怀泃.［道光］新都县志［M］.清道光二十四（1844）刻本.

[147]〔清〕王培荀.［道光］荣县志［M］.清道光二十五年（1845）刻本.

[148]〔清〕黎恂,〔清〕刘荣黼.［道光］大姚县志［M］.清道光二十五年（1845）刻本.

[149]〔清〕李熙龄.［道光］澄江府志［M］.清道光二十七年（1847）刻本.

[150]〔清〕黄宅中.［道光］大定府志［M］.清道光二十九年（1849）刻本.

[151]〔清〕李文培,〔清〕高上桂,〔清〕艾濂.［道光］邓川州志［M］.清道光间刻本.

[152]〔清〕郑绍谦.［道光］普洱府志［M］.清咸丰元年（1851）刻本.

[153]〔清〕常恩,〔清〕邹汉勋.［咸丰］安顺府志［M］.清咸丰元年（1851）刻本.

[154]〔清〕周作楫,〔清〕萧琯,〔清〕邹汉勋.［道光］贵阳府志［M］.清道光二十年（1840）刻咸丰二年（1852）补刻本.

[155]〔清〕毛玉成,〔清〕张翊辰.［咸丰］南宁县志［M］.清咸丰二年（1852）抄本.

[156]〔清〕钮方图,〔清〕侯允钦.［咸丰］邓川州志［M］.清咸丰三年（1853）杨炳锃刻本.

[157]〔清〕李肇奎,〔清〕陈昆.［咸丰］开县志［M］.清咸丰三年（1853）刻本.

[158]〔清〕李英粲,〔清〕李昭.［咸丰］冕宁县志［M］.清咸丰七年（1857）刻本.

[159]〔清〕杨英灿,〔清〕余天鹏,〔清〕陈嘉绣.[同治]安县志[M].清同治二年(1863)刻本.

[160]〔清〕锡檀,〔清〕陈瑞生,〔清〕邓范之.[道光]通江县志[M].清同治二年(1863)刻本.

[161]〔清〕何庆恩,〔清〕贾振麟,〔清〕金传培.[同治]渠县志[M].清同治三年(1864)刻本.

[162]〔清〕傅华桂,〔清〕王玺尊.[同治]续增什邡县志[M].清同治四年(1865)刻本.

[163]〔清〕敖立榜.[同治]高县志[M].清同治五年(1866)刻本.

[164]〔清〕符永培.[嘉庆]梁山县志[M].清嘉庆十三年(1808)刻同治六年(1867)增刻本.

[165]〔清〕王树桐,〔清〕徐璞玉,〔清〕米绘裳,等.[同治]续金堂县志[M].清同治六年(1867)刻本.

[166]〔清〕罗廷权,〔清〕吕上珍.[同治]富顺县志[M].清同治十一年(1872)刻本.

[167]〔清〕程熙春,〔清〕文尔炘.[同治]筠连县志[M].清同治十二年(1873)刻本.

[168]〔清〕邓仁垣,〔清〕杨昶,〔清〕吴钟仑.[同治]会理州志[M].清同治十三年(1874)金江书院刻本.

[169]〔清〕何庆恩,〔清〕刘宸枫,〔清〕田正训.[同治]德阳县志[M].清同治十三年(1874)刻本.

[170]〔清〕张永熙,〔清〕周泽溥.[光绪]重修长寿县志[M].清光绪元年(1875)刻本.

[171]〔清〕方齐寿,〔清〕杨大镛.[光绪]石阡府志[M].清光绪二年(1876)刻本.

[172]〔清〕孙定扬,〔清〕胡锡祜.[光绪]庆符县志[M].清光绪二年(1876)刻本.

[173]〔清〕彭焯,〔清〕杨德明.[光绪]续修正安州志[M].清光绪三年(1877)刻本.

[174]〔清〕沈恩培,〔清〕胡麟.[光绪]增修崇庆州志[M].清光绪三年(1877)刻本.

[175]〔清〕王德嘉,〔清〕高云从.[光绪]大足县志[M].清光绪三年

(1877) 刻本.

[176]〔清〕费兆钺,〔清〕程业修. [光绪] 合州志 [M]. 清光绪四年 (1878) 刻本.

[177]〔清〕陈昌言,〔清〕徐廷燮. [光绪] 毕节县志 [M]. 清光绪五年 (1879) 刻本.

[178]〔清〕孙海,〔清〕李星根. [光绪] 遂宁县志 [M]. 清光绪五年 (1879) 刻本.

[179]〔清〕张龙甲,〔清〕吕调阳. [光绪] 彭县志 [M]. 清光绪六年 (1880) 刻本.

[180]〔清〕段玉裁,〔清〕李芝. [乾隆] 富顺县志 [M]. 清光绪八年 (1882) 刻本.

[181]〔清〕郭怀礼,〔清〕孙泽春. [光绪] 武定直隶州志 [M]. 清光绪九年 (1883) 刻本.

[182]〔清〕黄允钦,〔清〕罗锦城. [光绪] 射洪县志 [M]. 清光绪十年 (1884) 刻本.

[183]〔清〕文康,〔清〕施学煌,〔清〕敖册贤. [光绪] 荣昌县志 [M]. 清光绪十年 (1884) 刻本.

[184]〔清〕陈燕,〔清〕韩宝琛,〔清〕李景贤. [光绪] 沾益州志 [M]. 清光绪十一年 (1885) 刻本.

[185]〔清〕陆宗郑,〔清〕甘雨. [光绪] 姚州志 [M]. 清光绪十一年 (1885) 刻本.

[186]〔清〕朱若功,〔清〕戴天赐,〔清〕李明鉴,等. [光绪] 呈贡县志 [M]. 清光绪十一年 (1885) 昆山向集贤堂刻本.

[187]〔清〕庄思恒,〔清〕郑珶山. [光绪] 增修灌县志 [M]. 清光绪十二年 (1886) 刻本.

[188]〔清〕顾怀壬,〔清〕周克堃. [光绪] 广安州志 [M]. 清光绪十三年 (1887) 刻本.

[189]〔清〕胡绪昌,〔清〕王沂渊,〔清〕梁恩明. [光绪] 续修嵩明州志 [M]. 清光绪十三年 (1887) 刻本.

[190]〔清〕俞渭,〔清〕陈瑜. [光绪] 黎平府志 [M]. 清光绪十八年 (1892) 刻本.

[191]〔清〕李毓兰,〔清〕甘孟贤. [光绪] 镇南州志略 [M]. 清光绪十

八年（1892）刻本.

[192]〔清〕赵士麟. 读书堂彩衣全集［M］. 清光绪十九（1893）浙江书局刻本.

[193]〔清〕田秀栗,〔清〕徐昌绪,〔清〕蒋履泰，等.［光绪］丰都县志［M］. 清光绪十九年（1893）刻本.

[194]〔清〕岑毓英,〔清〕陈灿.［光绪］云南通志［M］. 清光绪二十年（1894）刻本.

[195]〔清〕王宝仪,〔清〕杨金和,〔清〕杨金铠.［光绪］鹤庆州志［M］. 清光绪二十年（1894）刻本.

[196]〔清〕许曾荫,〔清〕马慎.［光绪］永川县志［M］. 清光绪二十年（1894）刻本.

[197]〔清〕辜培源,〔清〕曹永贤.［光绪］盐源县志［M］. 清光绪二十年（1894）刻本.

[198]〔清〕朱言诗，等［光绪］梁山县志［M］. 清光绪二十年（1894）刻本.

[199]〔清〕彭洵. 灌记初稿［M］. 清光绪二十年（1894）刻本.

[200]〔清〕陈法. 明辩录［M］. 清光绪二十一年（1895）固始张氏刻本.

[201]〔清〕王麟祥,〔清〕邱晋成.［光绪］叙州府志［M］. 清光绪二十二年（1896）刻本.

[202]〔清〕盛康. 皇朝经世文续编［M］. 清光绪二十三年（1897）武进盛氏思补楼刻本.

[203]〔清〕阿麟,〔清〕王龙勋.［光绪］新修潼川府志［M］. 清光绪二十三年（1897）刻本.

[204]〔清〕王文韶,〔清〕唐炯.［光绪］续云南通志稿［M］. 清光绪二十四年（1898）刻本.

[205]〔清〕昆冈，等.［光绪］钦定大清会典事例［M］. 清光绪二十五年（1899）会典馆石印本.

[206]〔清〕吴宗周,〔清〕欧阳曙.［光绪］湄潭县志［M］. 清光绪二十五年（1899）刻本.

[207]〔清〕陈宗海,〔清〕陈度.［光绪］普洱府志稿［M］. 清光绪二十六年（1900）刻本.

[208]〔清〕叶桂年,〔清〕吴嘉谟,〔清〕龚煦春，等.［光绪］井研志

[M]. 清光绪二十六年（1900）刻本.

[209]〔清〕戴絅孙.［道光］昆明县志［M］. 清光绪二十七年（1901）刻本.

[210]〔清〕周沆.［光绪］浪穹县志略［M］. 清光绪二十九年（1903）刻本.

[211]〔清〕林佩纶,〔清〕杨树琪.［光绪］天柱县志［M］. 清光绪二十九年（1903）活字本.

[212]〔清〕叶如桐,〔清〕秦定基,〔清〕刘必苏,等.［光绪］续修永北直隶厅志［M］. 清光绪三十年（1904）刻本.

[213]〔清〕党蒙,〔清〕周宗洛.［光绪］续顺宁府志稿［M］. 清光绪三十一年（1905）务本堂书坊刻本.

[214]〔清〕马忠良,〔清〕马湘,〔清〕孙镴,等.［光绪］越巂厅全志［M］. 清光绪三十二年（1906）越巂厅厅署铅印本.

[215]〔清〕李训鋐,〔清〕罗其泽.［光绪］续修白盐井志［M］. 清光绪三十三年（1907）刻本.

[216]〔清〕詹鸿谟,〔清〕徐堉. 钦定科场条例［M］. 清光绪间刻本.

[217]〔清〕曾学传.［宣统］温江县乡土志［M］. 清宣统元年（1909）刻本.

[218]〔清〕崇谦,〔清〕沈宗舜.［宣统］楚雄县志［M］. 清宣统二年（1910）抄本.

[219]〔清〕李锦成,〔清〕朱荣邦.［宣统］峨眉县续志［M］. 清宣统三年（1911）刻本.

[220]〔清〕汪炳谦.［宣统］恩安县志［M］. 清宣统三年（1911）抄本.

[221]〔清〕蒋深,〔清〕许之獬,〔清〕汤鉴盘.［光绪］余庆县志［M］. 清末抄本.

[222]〔清〕章学诚. 文史通义［M］. 清王氏十万卷楼抄本.

[223]〔明〕庄诚,〔明〕王利宾.［万历］赵州志［M］. 清抄本.

[224]〔清〕郑逢元.［康熙］平溪卫志书［M］. 清抄本.

[225]〔清〕陈克绳.［乾隆］保县志［M］. 清抄本.

[226]〔清〕陈此和,〔清〕戴文奎.［嘉庆］中江县志［M］. 清抄本.

[227]〔清〕禹坡.［嘉庆］仁怀县草志［M］. 清抄本.

[228]〔清〕王正玺,〔清〕扎拉芬,〔清〕周范.［同治］毕节县志稿

[M]. 清抄本.

[229] 刘润畴, 俞赓唐. [民国] 陆良县志稿 [M]. 民国四年（1915）石印本.

[230]〔清〕佚名. [宣统] 宁州志 [M]. 民国五年（1916）刘启藩铅印本.

[231] 王懋昭. [民国] 续修马龙县志 [M]. 民国六年（1917）铅印本.

[232] 丁国梁, 梁家荣. [民国] 续修建水县志稿 [M]. 民国九年（1920）铅印本.

[233]〔清〕赵自中. [道光] 续修通海县志 [M]. 民国九年（1920）石印本.

[234]〔清〕陈其栋. [光绪] 续修通海县志 [M]. 民国九年（1920）石印本.

[235] 李春曦, 梁友檍. [民国] 蒙化志稿 [M]. 民国九年（1920）铅印本.

[236] 郑贤书, 张森楷. [民国] 新修合川县志 [M]. 民国十年（1921）刻本.

[237] 王槐荣, 许实. [民国] 宜良县志 [M]. 民国十年（1921）云南官印局铅印本.

[238] 黄元直, 刘达武. [民国] 元江志稿 [M]. 民国十一年（1922）铅印本.

[239] 王国维. 观堂集林 [M]. 民国十二年（1923）乌程蒋氏密韵楼铅印本.

[240] 严希慎, 陈天锡. [民国] 江安县志 [M]. 民国十二年（1923）铅印本.

[241] 周汝钊, 侯应中. [民国] 景东县志稿 [M]. 民国十二年（1923）石印本.

[242] 王铭新, 杨卫星. [民国] 眉山县志 [M]. 民国十二年（1923）汉文石印社石印本.

[243]〔清〕朱庆椿,〔清〕陈金堂. [道光] 晋宁州志 [M]. 民国十五年（1926）铅印本.

[244] 谢汝霖, 罗元黼. [民国] 崇庆县志 [M]. 民国十五年（1926）铅印本.

[245] 熊道琛, 钟俊, 李灵椿, 等. [民国] 苍溪县志 [M]. 民国十七年（1928）铅印本.

[246] 全奂泽, 许实. [民国] 禄劝县志 [M]. 民国十七年（1928）云南开智公司铅印本.

[247] 李世祚, 犹海龙. [民国] 桐梓县志 [M]. 民国十八年（1929）铅印本.

[248] 陈习删, 闵昌术. [民国] 新都县志 [M]. 民国十八年（1929）铅印本.

[249] 甘焘, 王懋昭. [民国] 遂宁县志 [M]. 民国十八年（1929）刻本.

[250] 刘声木. 桐城文学渊源考 [M]. 民国十八年（1929）铅印本.

[251] 〔清〕雷伊. [乾隆] 江安县志 [M]. 民国十九年（1930）国立北平图书馆抄本.

[252] 苏洪宽, 陈品全. [民国] 中江县志 [M]. 民国十九年（1930）日新印刷工业社铅印本.

[253] 彭文治, 李永成, 卢庆家, 等. [民国] 富顺县志 [M]. 民国二十年（1931）刻本.

[254] 林志茂, 等. [民国] 三台县志 [M]. 民国二十年（1931）铅印本.

[255] 〔清〕王庆熙. [乾隆] 忠州志 [M]. 民国二十一年（1932）国立北平图书馆抄本.

[256] 钟正懋, 杨维中, 郭奎铨. [民国] 渠县志 [M]. 民国二十一年（1932）铅印本.

[257] 张自明, 王富臣. [民国] 马关县志 [M]. 民国二十一年（1932）石印本.

[258] 〔清〕吴兰孙. [乾隆] 景东直隶厅志 [M]. 民国二十二年（1933）国立北平图书馆抄本.

[259] 叶大锵, 等. [民国] 灌县志 [M]. 民国二十二年（1933）铅印本.

[260] 朱纬, 罗凤章. [民国] 罗平县志 [M]. 民国二十二年（1933）石印本.

[261] 陈其栋, 缪果章. [民国] 宣威县志稿 [M]. 民国二十三年（1934）云南开智印刷公司铅印本.

[262] 王禄昌, 裴纲, 高觐光, 等. [民国] 泸县志 [M]. 民国二十七年（1938）铅印本.

[263] 袁嘉谷. [民国] 石屏县志 [M]. 民国二十七年（1938）铅印本.

[264] 夏时行, 刘公旭. [民国] 安县志 [M]. 民国二十七年（1938）石

[265] 刘裕常, 王琢. [民国] 汉源县志 [M]. 民国三十年 (1941) 铅印本.

[266] 许同莘. 张文襄公年谱 [M]. 民国二十八年 (1939) 武汉南皮张氏舍利函斋铅印本.

[267] 陈毅夫, 刘君锡, 张名振, 等. [民国] 长寿县志 [M]. 民国三十三年 (1944) 铅印本.

[268] 陈诒孙, 杨思诚. [民国] 嵩明县志 [M]. 民国三十四年 (1945) 铅印本.

[269] 祝世德. [民国] 续修筠连县志 [M]. 民国三十七年 (1948) 铅印本.

[270] 龙云, 卢汉, 周钟岳. [民国] 新纂云南通志 [M]. 民国三十八年 (1949) 铅印本.

[271] 〔明〕刘天征. 滇志 [M]. 民国年间抄本.

[272] 〔清〕张嘉颖, 等. [康熙] 楚雄府志 [M]. 民国年间抄本.

[273] 〔清〕李淳. [乾隆] 宜良县志 [M]. 民国年间云南官印局铅印本.

[274] 〔清〕孙世榕. [道光] 寻甸州志 [M]. 民国年间抄本.

二、现代论著

[1] 商衍鎏. 清代科举考试述录 [M]. 北京：生活·读书·新知三联书店, 1958.

[2] 赵尔巽, 等. 清史稿 [M]. 北京：中华书局, 1976.

[3] 毛礼锐. 中国古代教育史 [M]. 北京：人民教育出版社, 1979.

[4] 〔清〕昭梿. 啸亭杂录 [M]. 北京：中华书局, 1980.

[5] 顾树森. 中国历代教育制度 [M]. 南京：江苏教育出版社, 1981.

[6] 黄元操, 等. [民国] 续修安顺府志 [M]. 安顺：安顺市志编纂委员会, 1983.

[7] 中国第一历史档案馆. 康熙起居注 [M]. 北京：中华书局, 1984.

[8] 王德昭. 清代科举制度研究 [M]. 北京：中华书局, 1984.

[9] 中国科学院北京天文台. 中国地方志联合目录 [M]. 北京：中华书局, 1985.

[10]《元江哈尼族彝族傣族自治县概况》编写组. 元江哈尼族彝族傣族自治县概况 [M]. 昆明：云南民族出版社, 1986.

[11] 魏隐儒. 中国古籍印刷史 [M]. 北京：印刷工业出版社, 1988.

[12] 黄爱平. 四库全书纂修研究 [M]. 北京：中国人民大学出版社, 1989.

[13] 政协云南省巍山彝族回族自治县委员会文史资料研究委员会. 巍山县文史资料：第 3 辑 [M]. 巍山：政协云南省巍山彝族回族自治县委员会文史资料研究委员会, 1989.

[14] 刘大鹏. 退想斋日记 [M]. 太原：山西人民出版社, 1990.

[15] 贵州省教育委员会. 贵州省志·教育志 [M]. 贵阳：贵州人民出版社, 1990.

[16] 四川省温江县志编纂委员会. 温江县志 [M]. 成都：四川人民出版社, 1990.

[17] 石屏县志编纂委员会. 石屏县志 [M]. 昆明：云南人民出版社, 1990.

[18] 全汉升. 中国经济史研究 [M]. 台北：稻乡出版社, 1991.

[19] 贵阳市地方志编纂委员会. 贵阳市志·教育志 [M]. 贵阳：贵州人民出版社, 1991.

[20] 王河. 中国历代藏书家辞典 [M]. 上海：同济大学出版社, 1991.

[21] 四川省眉山县志编纂委员会. 眉山县志 [M]. 成都：四川人民出版社, 1992.

[22] 中国人民政治协商会议楚雄市委员会. 楚雄市文史资料：第 3 辑 [M]. 楚雄：中国人民政治协商会议楚雄市委员会, 1992.

[23] 陈世松. 四川通史 [M]. 成都：四川大学出版社, 1993.

[24] 熊明安, 等. 四川教育史稿 [M]. 成都：四川教育出版社, 1993.

[25] 四川省中江县志编纂委员会. 中江县志 [M]. 成都：四川人民出版社, 1994.

[26] 云南省地方志编纂委员会. 云南省志·教育志 [M]. 昆明：云南人民出版社, 1995.

[27] 陈力. 中国图书史 [M]. 北京：文津出版社, 1996.

[28] 中国第一历史档案馆. 纂修四库全书档案 [M]. 上海：上海古籍出版社, 1997.

[29] 梁启超. 清代学术概论 [M]. 上海：上海古籍出版社, 1998.

[30] 劳思光. 中国文化要义新编 [M]. 香港：香港中文大学出版社, 1998.

[31] 漆永祥. 乾嘉考据学研究 [M]. 北京：中国社会科学出版社, 1998.

[32]〔清〕凌廷堪. 校礼堂文集［M］. 王文锦, 点校. 北京: 中华书局, 1998.

[33]［美］克利福德·格尔茨. 文化的解释［M］. 韩莉, 译. 南京: 译林出版社, 1999.

[34]陶湘. 书目丛刊［M］. 窦水勇, 点校. 沈阳: 辽宁教育出版社, 2000.

[35]马镛. 中国教育制度通史［M］. 济南: 山东教育出版社, 2000.

[36]四川省地方志编纂委员会. 四川省志·教育志［M］. 北京: 方志出版社, 2000.

[37]云南省地方志编纂委员会. 云南省志·出版志［M］. 昆明: 云南人民出版社, 2000.

[38]方国瑜. 云南史料丛刊［M］. 昆明: 云南大学出版社, 2001.

[39]蔡寿福. 云南教育史［M］. 昆明: 云南教育出版社, 2001.

[40]政协玉溪市文史委员会. 政协玉溪市文史资料: 第3辑［M］. 昆明: 云南人民出版社, 2002.

[41]《贵州通史》编委会. 贵州通史［M］. 北京: 当代中国出版社, 2003.

[42]张羽琼. 贵州古代教育史［M］. 贵阳: 贵州教育出版社, 2003.

[43]瞿同祖. 清代地方政府［M］. 范忠信, 等, 译. 北京: 法律出版社, 2003.

[44]李泽厚. 中国古代思想史论［M］. 天津: 天津社会科学院出版社, 2003.

[45]［加］哈罗德·伊尼斯. 帝国与传播［M］. 何道宽, 译. 北京: 中国人民大学出版社, 2003.

[46]黎铎. 贵州文化发展概观［M］. 贵阳: 贵州人民出版社, 2003.

[47]贵州省地方志编纂委员会. 贵州省志·文物志［M］. 贵阳: 贵州人民出版社, 2003.

[48]梁启超. 中国近三百年学术史［M］. 北京: 东方出版社, 2004.

[49]钱穆. 现代中国学术论衡［M］. 北京: 生活·读书·新知三联书店, 2004.

[50]［美］萨义德. 文化与帝国主义［M］. 李琨, 译. 北京: 生活·读书·新知三联书店, 2004.

[51]孔令中. 贵州教育史［M］. 贵阳: 贵州教育出版社, 2004.

[52]桐梓县地方志编辑部. 桐梓历代文存［M］. 桐梓: 桐梓县地方志编辑

部，2004.

[53] 杨成彪. 楚雄彝族自治州旧方志全书 [M]. 昆明：云南人民出版社，2005.

[54] 贵州省教育厅. 贵州教育概览 [M]. 贵阳：贵州人民出版社，2005.

[55] [美] 曼纽尔·卡斯特. 认同的力量（第二版）[M]. 曹荣湘，译. 北京：社会科学文献出版社，2006.

[56] 王明珂. 华夏边缘：历史记忆与族群认同 [M]. 北京：社会科学文献出版社，2006.

[57] 林开良，林朝晖. 贵州教育溯源 [M]. 贵阳：贵州人民出版社，2006.

[58] [法] 卢梭. 爱弥儿 [M]. 李平沤，译. 北京：商务印书馆，2007.

[59] 涂文涛. 四川教育史 [M]. 成都：四川教育出版社，2007.

[60] 杨世钰，赵寅松. 大理丛书·方志篇 [M]. 北京：民族出版社，2007.

[61] 红河州文化局. 红河州文物志 [M]. 昆明：云南人民出版社，2007.

[62] 林存阳. 三礼馆：清代学术与政治互动的链环 [M]. 北京：社会科学文献出版社，2008.

[63] [美] 凯斯·桑斯坦. 信息乌托邦 [M]. 毕竞悦，译. 北京：法律出版社，2008.

[64] 党乐群. 云南古代举士 [M]. 昆明：云南人民出版社，2008.

[65] 楚雄彝族自治州博物馆. 楚雄彝族自治州文物志 [M]. 昆明：云南民族出版社，2008.

[66] 〔清〕谢圣纶. 滇黔志略点校 [M]. 古永继，点校. 贵阳：贵州人民出版社，2008.

[67] 吴宣德. 明代进士的地理分布 [M]. 香港：香港中文大学出版社，2009.

[68] 本书编委会. 中国地方志集成·云南府县志辑 [M]. 南京：凤凰出版社，2009.

[69] 〔清〕贺长龄，〔清〕贺熙龄. 贺长龄集·贺熙龄集 [M]. 长沙：岳麓书社，2010.

[70] 何耀华. 云南通史 [M]. 北京：中国社会科学出版社，2011.

[71] 云南省文化厅. 中国文物地图集·云南分册 [M]. 昆明：云南科学技术出版社，2001.

[72] 刘尚恒. 室名章释义 [M]. 合肥：黄山书社，2011.

［73］政协巍山彝族回族自治县委员会. 巍山名城保护［M］. 昆明：云南美术出版社，2011.

［74］何炳棣. 明清社会史论［M］. 徐泓，译注. 台北：联经出版事业股份有限公司，2013.

［75］昆明市地方志编纂委员会办公室. 昆明年鉴2013［M］. 昆明：云南人民出版社，2013.

［76］萧公权. 中国乡村——论19世纪的帝国控制［M］. 张皓，张升，译. 台北：联经出版事业股份有限公司，2014.

［77］余英时. 宋明理学与政治文化［M］. 桂林：广西师范大学出版社，2014.

［78］王汎森. 权力的毛细管作用：清代的思想、学术与心态（修订版）［M］. 台北：联经出版事业股份有限公司，2014.

［79］［美］孔飞力. 中国现代国家的起源［M］. 陈兼，陈之宏，译. 香港：香港中文大学出版社，2014.

［80］崔海亮. 廖平今古学研究［M］. 长沙：岳麓书社，2014.

［81］眉山市地方志办公室. 志说眉山［M］. 成都：电子科技大学出版社，2014.

［82］钱穆. 国史大纲［M］. 北京：商务印书馆，2015.

［83］［美］休斯顿·史密斯. 人的宗教［M］. 刘安云，译. 海口：海南出版社，2015.

［84］［德］扬·阿斯曼. 文化记忆：早期高级文化中的文字、回忆和政治身份［M］. 金寿福，黄晓晨，译. 北京：北京大学出版社，2015.

［85］徐贲. 颓废与沉默：透视犬儒文化［M］. 北京：东方出版社，2015.

［86］王胜军. 清初庙堂理学研究［M］. 长沙：岳麓书社，2015.

［87］曹之. 中国古籍版本学［M］. 武汉：武汉大学出版社，2015.

［88］杨大禹. 儒教圣殿：云南文庙建筑研究［M］. 昆明：云南大学出版社，2015.

［89］段炳昌. 文化、文本与批评［M］. 昆明：云南大学出版社，2016.

［90］周恩福. 宜良碑刻（增补本）［M］. 昆明：云南大学出版社，2016.

［91］梁庚尧. 中国社会史［M］. 台北：台湾大学出版中心，2017.

［92］林满红. 银线——十九世纪的世界与中国［M］. 台北：台湾大学出版中心，2017.

[93] [美] 魏斐德. 大清帝国的衰亡 [M]. 廖彦博, 译. 台北：时报文化出版企业股份有限公司, 2017.

[94] 张羽琼. 贵州书院史 [M]. 贵阳：孔学堂书局, 2017.

[95] 蒋廷黻. 中国近代史 [M]. 香港：商务印书馆（香港）有限公司, 2018.

[96] 宁侠. 四库禁书研究 [M]. 北京：商务印书馆, 2018.

[97] 许纪霖. 民间与庙堂：当代中国文化与知识分子 [M]. 北京：生活·读书·新知三联书店, 2018.

[98] 贾大泉, 陈世松. 四川通史 [M]. 成都：四川人民出版社, 2018.

[99] 李峰. 苏州通史 [M]. 苏州：苏州大学出版社, 2019.

[100] 萧公权. 中国政治思想史 [M]. 台北：联经出版事业股份有限公司, 2019.

[101] 连瑞枝. 边疆与帝国之间：明朝统治下的西南人群与历史 [M]. 台北：联经出版事业股份有限公司, 2019.

三、期刊论文

[1] 李中清. 一二五〇—一八五〇年西南移民史 [J]. 吴宏元, 译. 社会科学战线, 1983 (1).

[2] 欧多恒. 浅析清代贵州教育发展的原因 [J]. 贵州社会科学, 1985 (2).

[3] 段德龙. 云南古代学校教育 [J]. 云南师范大学学报（对外汉语教学与研究版）, 1985 (3).

[4] 向功晏. 清代殿本浅析 [J]. 故宫博物院院刊, 1985 (4).

[5] 解炳昆, 杨友苏. 清代云南的教育概况 [J]. 云南民族大学学报（哲学社会科学版）, 1987 (4).

[6] 吴晞. 我国古代的官学藏书 [J]. 中国图书馆学报, 1991 (4).

[7] 黄海明. 概述四川尊经书院的刻书 [J]. 四川大学学报（哲学社会科学版）, 1992 (4).

[8] [美] 本杰明·艾尔曼. 清代科举与经学的关系 [J]. 故宫博物院院刊, 1996 (4).

[9] 党乐群. 云南古代的学校 [J]. 云南师范大学学报（对外汉语教学与研究版）, 1998 (6).

[10] 张羽琼. 论清代前期贵州民族教育的发展 [J]. 贵州民族研究, 2001 (2).

[11] 古永继. 清代云南官学教育的发展及其特点 [J]. 云南社会科学, 2003 (2).

[12] 李良品. 渝东南民族地区明清官学教育与科举考试 [J]. 西南民族大学学报（人文社科版）, 2003 (11).

[13] 王秀山. 清代湖南地方官学藏书考 [J]. 湘潭师范学院学报（社会科学版）, 2003 (2).

[14] 薛栋. 甘州儒学尊经阁贮书考 [J]. 图书与情报, 2004 (1).

[15] 史革新. 略论清顺治年间程朱理学的涌动 [J]. 清史研究, 2006 (4).

[16] 曾凡炎. 贵州科举在晚清的崛起 [J]. 贵州师范大学学报（社会科学版）, 2008 (5).

[17] 何俊伟. 云南古代官府藏书浅谈 [J]. 云南图书馆, 2009 (2).

[18] 马玉蕻. 明清时期河西走廊学校图书收藏及其特点——以四篇藏书目录为中心 [J]. 甘肃社会科学, 2009 (4).

[19] 杨世文. 清代四川经学考述 [J]. 西华大学学报（哲学社会科学版）, 2010 (2).

[20] [美] 李中清. 清代中国西南的粮食生产 [J]. 秦树才, 林文勋, 译. 史学集刊, 2010 (4).

[21] 黄秀蓉. 论清代改流与中国西南疆域的整合 [J]. 云南师范大学学报（哲学社会科学版）, 2010 (6).

[22] 顾霞, 顾胜华. 清代滇东北地区的学校教育 [J]. 昭通师范高等专科学校学报, 2011 (2).

[23] 王德泰, 强文学. 清代云南铜矿的开采规模与西南地区社会经济开发 [J]. 西北师大学报（哲学社会科学版）, 2011 (5).

[24] 王筱宁, 李忠. 清代官学教育的特点——兼论适应性教育的后果及其启示 [J]. 教育理论与实践, 2012 (31).

[25] 田建荣. 论古代地方官学与科举的关系 [J]. 考试研究, 2013 (4).

[26] 姜明. 清代清水江下游地区的官学教育 [J]. 教育文化论坛, 2013 (5).

[27] 赵永翔. 尊经以明伦：明代儒学尊经阁的隐喻 [J]. 孔子研究, 2015 (3).

[28] 谭德兴. 明清时期贵州经学家与经学著述的地域分布与成因 [J]. 贵州大学学报（社会科学版），2015（3）.

[29] 谭德兴. 晚清时期贵州的儒学教育及影响 [J]. 教育文化论坛，2015（6）.

[30] 詹佳如. 十八世纪中国的新闻与民间传播网络——作为媒介的孙嘉淦伪奏稿 [J]. 新闻与传播研究，2015（12）.

[31] 姜海军. 清入关前后："尊孔崇儒"与儒学官学化 [J]. 河北学刊，2017（1）.

[32] 许晓红. 《御制训饬士子文》碑与丽江儒学 [J]. 丽江师范高等专科学校学报，2018（2）.

[33] 李正亭. 清代云南盐业生产视角下的西南边疆内地化析论 [M] // 中国盐文化研究中心. 中国盐文化：第11辑. 成都：西南交通大学出版社，2018.

[34] 李文龙. 清中期边疆教化与国家认同教育——陈宏谋与义学发展 [J]. 民族教育研究，2019（1）.

[35] 廖国强. 清代云南"汉文书写系统"建设的文化指归 [J]. 楚雄师范学院学报，2019（1）.

[36] 邹芳望. 黔学的形成及其转折 [J]. 社科纵横，2019（2）.

[37] 马亚辉. 从清代西南边疆的民族政策看中华民族共同体意识的铸建 [J]. 广西民族研究，2019（3）.

[38] 吴洪成，蔡晓莉. 清代前期重庆官学述评 [J]. 河北科技师范学院学报（社会科学版），2019（3）.

[39] 杨永福. 崇儒重道与文化象征：清代云贵地区的学宫 [J]. 文山学院学报，2021（4）.

[40] 徐英瑾. 人类认知与信息茧房 [J]. 读书，2021（6）.

四、学位论文

[1] 姜传松. 清代科举与官学教育的关系研究 [D]. 厦门：厦门大学，2006.

[2] 霍红伟. 清代府州县学研究 [D]. 北京：北京大学，2007.

[3] 赵美仙. 明清时期大理地区的儒学教育及其影响 [D]. 昆明：云南师范大学，2007.

[4] 薛晓丽. 明代江浙地区府州县学藏书研究 [D]. 长春：东北师范大学，2012.

[5] 娄玲敏. 清代《圣谕广训》在西南少数民族地区的传播与影响［D］. 昆明：云南大学，2014.

[6] 胡玉雷. 清代甘肃府州县学藏书研究［D］. 兰州：西北师范大学，2016.

[7] 张雄. 清代山西府州县学藏书研究［D］. 武汉：华中师范大学，2018.

[8] 刘畅. 清代黔东南侗族地区官办儒学研究［D］. 南昌：江西科技师范大学，2018.

[9] 蔡晓莉. 清代重庆官学研究［D］. 保定：河北大学，2019.

后　记

本书选题是我在 2020 年春节期间，阅读连瑞枝教授的大作《边疆与帝国之间：明朝统治下的西南人群与历史》时确定的。随后，我利用业余时间查阅了 1000 多部清代及民国时期西南方志，其中绝大部分为近年以来国内各大公藏机构的古籍数字化资源。值得一提的是，国家图书馆的"数字方志"使我在史料收集与文献利用的效率方面得到极大提升，着实令我受益良多。

我的专业研究方向是清代藏族史，之前已完成《六世班禅额尔德尼研究》（尚未能出版）、《清代西藏方志考论》（已出版）。我此次选择与业务工作相关的清代西南官学藏书史题材，一方面是因为此选题仍是学界研究空白，故而发挥空间相对较大，另一方面也是基于现实环境与资料条件的认真考量。在个人学术研究过程中，我始终对方志"情有独钟"，其不仅是"一方之全史"，而且是一座学术资料宝库，对于研究者接近或还原某一地域的史实助力极大。同时，中国古代西南地区是多元文化融汇之地，其文化流变与人群心理也是我目前的学术研究旨趣所在。此外，若对中国古代官学藏书史开展整体性研究，亦非目前我一人之力可完成。因此，我选择聚焦清代西南官学藏书，望以一孔之见而抛砖引玉。

此书能得以顺利出版，我必须感谢家人给予我的信任与温暖，感谢领导、同事、朋友对我的支持与鼓励，更要感谢光明日报出版社诸位工作人员的辛苦付出。

当然，本书依旧是我利用业余时间独立完成的，其间很难拥有相对固定的写作时间与环境。为此，我时刻催促自己抓紧时间、提高效率。虽然每天午夜之际都难免困倦与焦虑，但如今搁笔之际，仍然倍感欣慰。

不惑之年，日趋平和。现实生活与历史研究一样，不存在任何假设与幻想，唯有脚踏实地，慎思明辨，不负光阴。

柳　森
2021 年 12 月 12 日